AF572971

Michail Bulgakow
Der Meister und Margarita

Michail Bulgakow

# Der Meister und Margarita

Illustriert von Alexander Fedorov

Aus dem Russischen übersetzt
und mit einem Nachwort von
Alexandra Berlina

Anaconda

Titel der russischen Originalausgabe: *Master i Margarita*
Eine Schmuckausgabe mit den Illustrationen von Alexander Fedorov erschien in Russland 2017 bei Anatoly Danilov in St. Petersburg. Die Übersetzung von Alexandra Berlina erschien erstmals 2020 im Anaconda Verlag.

Die Gedichtzeile »Wirbelt Sturm den Schnee in Säulen« auf S. 96 stammt von Alexander Puschkin, in der Übertragung von Theodor Opitz. Die Strophe aus *Dem geizigen Ritter* von Alexander Puschkin auf S. 208 entstammt der Übertragung von Henry von Heiseler.

Penguin Random House Verlagsgruppe FSC® N001967

Die Deutsche Nationalbibliothek verzeichnet diese Publikation in der Deutschen Nationalbibliografie; detaillierte bibliografische Daten sind im Internet über http://dnb.d-nb.de abrufbar.


Umschlaggestaltung: www.katjaholst.de
Satz und Layout: InterMedia – Lemke e. K., Heiligenhaus
Druck und Bindung: CPI books GmbH, Leck
Printed in the EU
ISBN 978-3-7306-1425-9
www.anacondaverlag.de

– Nun gut, wer bist du denn?
– Ein Teil von jener Kraft,
die stets das Böse will und stets das Gute schafft.

Goethe, *Faust*

# TEIL EINS

# Kapitel 1

## Redet niemals mit Unbekannten

In der Frühlingshitze kurz vor Sonnenuntergang erschienen am Patriarchenteich zwei Bürger. Der erste war um die vierzig, klein, beleibt, mit dunklem Haarkranz. Er hatte einen aschgrauen Anzug an und hielt einen ordentlichen Filzhut in der Hand; eine schwarze Hornbrille von übernatürlichem Ausmaß zierte das glatt rasierte Gesicht. Der zweite – ein breitschultriger junger Mann mit rotblonden Locken – trug ein legeres Hemd und eine keck zurückgeschobene Kappe, beides kariert, zerknautschte weiße Hosen und schwarze Treter.

Der Erste war niemand anders als Michail Berlioz, Vorsitzender eines der größten Moskauer Schriftstellerverbände, unter dem Kürzel MassLit bekannt, und Chefredakteur einer ebenso seriösen wie voluminösen Literaturzeitschrift. Sein junger Begleiter war der Dichter Iwan Ponyrjow, der unter dem Pseudonym Besdomny – »Ohnehaus« – schrieb.

Kaum im Schatten der frisch ergrünten Linden angekommen, stürmten die beiden Literaten den bunt angestrichenen Getränkekiosk.

Ach ja, hier müsste übrigens die erste Absonderlichkeit dieses grauenvollen Maiabends erwähnt werden. Nicht nur am Kiosk, sondern in der ganzen Allee, die parallel zur Malaja Bronnaja im Zentrum der ausgedörrten Stadt verlief, war nicht ein einziger Mensch zu sehen. Niemand kam unter die Linden zu dieser Stunde, in der man kaum noch atmen konnte und die Sonne ins trockene Flirren hinter dem Gartenring kippte, niemand nahm Platz auf den Bänken; leer blieb die Allee.

»Ein Mineralwasser«, bat Berlioz.

»Keins da«, entgegnete, unergründlicherweise beleidigt, die Frau im Kiosk.

»Bier?«, krächzte Besdomny.

»Kommt erst später«, sagte die Frau.

»Was ist denn jetzt zu haben?«, fragte Berlioz.

»Aprikosensprudel, ist aber warm.«

»Na dann her damit, her damit!«

Der Aprikosensprudel schäumte gelb und reichlich, die Luft roch nach Friseursalon. Den Durst gestillt, nun aber vom Schluckauf gepeinigt, zahlten die beiden Literaten und setzten sich auf eine Bank mit Blick auf den Teich, den Rücken der Bronnaja zugekehrt.

Da passierte die zweite Absonderlichkeit, diesmal mit Berlioz. Sein Schluckauf verschwand, sein Herz zuckte und stürzte für einen Augenblick in die Tiefe. Dann kam es wieder empor, doch hatte sich eine stumpfe Nadel hineingebohrt. Das Grauen packte ihn, unbegründet, jedoch so heftig, dass er am liebsten sofort auf und davon gelaufen wäre, weg, weg vom Patriarchenteich.

Er schaute elend umher, ratlos über den Grund seiner Beklemmung, wischte sich die erbleichte Stirn mit dem Taschentuch und dachte: »Was ist bloß mit mir? So was hab ich ja noch nie gehabt … Mein Herz spielt verrückt … Bin wohl überstrapaziert. Zum Teufel mit allem! Ich müsste mal zur Kur, nach Kislowodsk.«

Da verquoll die schwüle Luft vor ihm mit einem Mal zu einem Klumpen, und aus dieser Luft heraus wob sich ein durchsichtiger Bürger von äußerst merkwürdiger Gestalt. Auf dem kleinen Kopf trug er eine Jockeymütze und dazu ein knappes kariertes Jäckchen, alles aus Luft. Der Bürger war lang wie eine Bohnenstange, ungeheuer mager und schmal gebaut, und hatte, wohlgemerkt, eine höhnische Visage.

Nun hatte Berlioz' bisheriges Leben ihn nicht auf ungewöhnliche Erscheinungen vorbereitet. Er wurde noch bleicher, riss die Augen auf und dachte bestürzt: »Das gibt es doch nicht!«

Doch bedauerlicherweise gab es das sehr wohl. Die schwankende Gestalt des langen durchsichtigen Bürgers nahte, ohne den Boden zu berühren.

Hier nahm das Grauen von Berlioz vollends Besitz, und er musste prompt die Augen schließen. Als er sie wieder öffnete, war alles vorbei; das Trugbild zerstoben, der Karierte verschwunden und mit ihm auch die stumpfe Nadel aus dem Herzen.

»Pfui Teufel!«, rief der Redakteur. »Weißt du, Iwan, grade eben war ich kurz vor einem Hitzschlag! Ich hatte sogar so eine Art Halluzination …« Er versuchte zu lächeln, aber in seinen Augen flackerte immer noch das Unbehagen, und ihm zitterten die Hände. Allmählich beruhigte er sich aber, fächelte sich mit seinem Taschentuch Luft zu, sagte recht munter: »Nun also!«, und kehrte zu dem Monolog zurück, den der Genuss von Aprikosensprudel unterbrochen hatte.

Darin ging es, wie man später festgestellt hat, um Jesus Christus. Der Redakteur hatte nämlich bei dem Dichter für die nächste Ausgabe seiner Zeitschrift eine antireligiöse Ballade in Auftrag gegeben. Besdomny hatte diese Ballade geschrieben, sehr flott sogar, aber leider war der Redakteur damit überhaupt nicht zufrieden. Der Dichter hatte die Hauptfigur – also Jesus – ordentlich schwarzgemalt, aber nach Ansicht des Redakteurs gehörte das ganze Werk trotzdem neu geschrieben. Und so hielt der Redakteur dem Dichter nun, um den grundlegenden Fehler der Ballade zu verdeutlichen, eine Art Vortrag über Jesus.

Schwer zu sagen, ob es an Iwans erzählerischem Talent lag oder an seiner völligen Unkenntnis der Materie – jedenfalls war sein Jesus vollkommen lebendig, ein Jesus, der zwar mit allerlei negativen Eigenschaften versehen war, aber doch ganz und gar real.

Nun wollte Berlioz dem Dichter nachweisen, dass es nicht darum ging, ob Jesus gut oder schlecht war, sondern darum, dass es einen solchen Menschen nie gegeben hatte, dass alle Geschichten über ihn reine Fiktion waren, ganz gewöhnliche Mythen.

Es sei hier erwähnt, dass der belesene Redakteur in seinem Exkurs sehr gekonnt auf antike Historiker verwies – zum Beispiel auf den berühmten Philo von Alexandria und den überaus gebildeten Flavius Josephus –, die nie ein Wort über eine etwaige Existenz Jesu verloren hatten. Mit solider Gelehrsamkeit erklärte er auch, die Passage im fünfzehnten Buch von Tacitus' berühmten Annalen, Kapitel vierundvierzig, worin von der Hinrichtung Jesu die Rede ist, sei nichts als eine nachträgliche Fälschung.

Der Dichter, dem all das ganz neu war, lauschte gespannt, die aufgeweckten grünen Augen auf den Redakteur gerichtet, und ließ sich durch den Schluckauf kaum ablenken; nur gelegentlich verfluchte er leise den Aprikosensprudel.

»Es gibt keine einzige östliche Religion«, dozierte Berlioz, »in der nicht eine Frau – in der Regel eine makellose Jungfrau – einen Gott gebiert. Genauso, ohne jegliche Originalität, haben die Christen ihren Jesus erschaffen. In Wirklichkeit hat er nie gelebt: Darauf sollte der Schwerpunkt liegen.«

Berlioz' Tenor hallte durch die leere Allee, und während er immer tiefer in ein Dickicht eindrang, das nur ein hochgebildeter Mensch betreten kann, ohne sich das Genick zu brechen, lernte der Dichter allerlei Interessantes und Nützliches über den gnädigen ägyptischen Gott Osiris, den Sohn von Himmel und Erde, über den phönizischen Gott Tammuz, über Marduk und sogar über den weniger bekannten, von den Azteken in Mexiko einst inbrünstig verehrten, gestrengen Gott Huitzilopochtli.

Und nun, während der Redakteur dem Dichter gerade erzählte, wie die Azteken ihre Huitzilopochtli-Figuren aus Teig kneteten, ist in der leeren Allee jemand erschienen.

Danach, als es, offen gesagt, schon viel zu spät war, legten verschiedene Behörden ihre Berichte vor, in denen dieser Jemand beschrieben wurde. Beim Vergleich dieser Berichte kommt man aus dem Staunen nicht heraus. So besagt der erste, die Person sei klein gewesen, habe goldene Zähne gehabt und auf dem rechten Bein gehinkt. Der zweite behauptet, der Mann sei ein Riese gewesen, habe Platinkronen getragen und auf dem linken Bein gehinkt. Der dritte vermerkt lakonisch die Abwesenheit jeglicher besonderer Kennzeichen.

Man muss schon zugeben, dass keiner dieser Berichte etwas taugt.

Zuerst einmal hinkte der Beschriebene überhaupt nicht und war weder klein noch riesig, sondern einfach nur hochgewachsen. Was seine Zähne betrifft, so hatte er links Kronen aus Platin und rechts welche aus Gold. Er trug einen teuren grauen Anzug und westliche Schuhe, ebenfalls grau. Die Baskenmütze, von der gleichen Farbe, war verwegen übers Ohr gezogen, und unter seinem Arm klemmte ein Gehstock, dessen Knauf den Kopf eines schwarzen Pudels darstellte. Der Mann schien knapp über vierzig. Der Mund irgendwie schief. Sauber rasiert. Dunkles Haar. Das rechte Auge schwarz, das linke komischerweise grün. Die Brauen zwar beide schwarz, dafür jedoch die eine höher als die andere. Kurzum, ein Ausländer.

Der Ausländer ging zunächst an der Bank vorbei, auf welcher der Redakteur und der Dichter saßen, sah die beiden dann aber von der Seite an, blieb stehen und setzte sich auf die nächste Bank, zwei Schritte von den Plaudernden entfernt.

»Ein Deutscher«, dachte Berlioz.

»Ein Engländer«, dachte Besdomny. »Dass er nicht schwitzt mit diesen Handschuhen!«

Der Ausländer blickte neugierig auf die hohen Gebäude, die den rechteckigen Teich umrahmten. Offenbar sah er den Ort zum ersten Mal. Sein Blick blieb an den oberen Etagen hängen, in deren Fenstern sich grell die zersplitterte Sonne spiegelte, als sie Berlioz den letzten Abschiedsgruß entbot.

Dann schaute er weiter unten an den sich vorabendlich verdunkelnden Scheiben entlang, schmunzelte über irgendetwas, kniff die Augen zusammen, legte die Hände auf den Knauf seines Spazierstocks und das Kinn auf die Hände.

»Nun, Iwan«, sagte währenddessen der Redakteur, »die satirische Darstellung der Geburt Jesu ist dir sehr gut gelungen, aber das Wesentliche ist doch, dass schon vor Jesus eine ganze Reihe von Gottessöhnen geboren wurde, wie beispielsweise der phönizische Adonis, der phrygische Attis oder der persische Mithras. Das heißt, sie wurden eben

nicht geboren, keiner von ihnen hat wirklich existiert, auch Jesus nicht! Anstatt also seine Geburt oder, sagen wir, die Ankunft der drei Könige darzustellen, musst du schildern, wie all diese absurden Gerüchte zustande gekommen sind. Du schreibst aber so, als wäre er tatsächlich geboren worden!«

Besdomny versuchte, den verdammten Schluckauf zu stoppen, indem er die Luft anhielt, was die Plage nur noch schlimmer und lauter machte, und im selben Moment unterbrach Berlioz den Vortrag, weil der Ausländer plötzlich aufstand und zu ihnen herüberkam.

Überrascht sahen sie ihn an.

»Verzeihen Sie bitte«, sprach er mit Akzent, ansonsten jedoch in korrektem Russisch, »dass ich mir erlaube, auch wenn wir uns nicht kennen – aber das Thema Ihrer gelehrten Konversation ist für mich von solchem Interesse, dass …«

Hier nahm er mit einer kultivierten Geste seine Baskenmütze ab, und den Freunden blieb nichts weiter übrig, als sich leicht von ihren Plätzen zu erheben und eine halbe Verbeugung zu machen.

»Nein, eher ein Franzose«, dachte Berlioz.

»Ein Pole?«, dachte Besdomny.

An dieser Stelle muss erwähnt werden, dass der Ausländer dem Dichter vom ersten Wort an widerwärtig war. Berlioz hingegen fand ihn eher sympathisch – das heißt, nicht unbedingt sympathisch, aber, nun ja … faszinierend.

»Darf ich mich zu Ihnen gesellen?«, fragte der Ausländer höflich, und irgendwie ergab es sich so, dass die beiden auseinanderrückten. Flink setzte er sich zwischen sie und übernahm das Gespräch.

»Wenn ich mich nicht verhört habe, beliebten Sie zu sagen, Jesus habe nie existiert?«, und er richtete sein linkes grünes Auge auf Berlioz.

»Nein, Sie haben sich durchaus nicht verhört«, antwortete Berlioz galant, »genau das habe ich gesagt.«

»Ach, wie aufregend!«, rief der Ausländer.

»Was zum Teufel will der?«, dachte Besdomny und runzelte die Stirn.

»Und Sie, haben Sie zugestimmt?«, fragte der Fremde, nun in seine Richtung gewandt.

»Aber total!«, bestätigte der junge Mann, der sich gern dergestalt blumig und poetisch ausdrückte.

»Fabelhaft!«, rief der ungebetene Gesprächspartner. Dann schaute er sich verstohlen um, dämpfte seine tiefe Stimme und fuhr fort: »Verzeihen Sie meine Aufdringlichkeit, aber wenn ich Sie recht verstehe, dann glauben Sie auch nicht an Gott?« Er riss erschrocken die Augen auf und fügte hinzu: »Ich schwöre, ich werde es niemandem verraten!«

»Nein, wir glauben nicht an Gott«, erwiderte Berlioz, das Entsetzen des Touristen milde belächelnd, »aber darüber kann man bei uns ganz frei sprechen.«

Der Ausländer lehnte sich auf der Bank zurück und kreischte, geradezu vor Neugier platzend:

»Sie sind also Atheisten?!«

»Ja, wir sind Atheisten«, schmunzelte Berlioz, während Besdomny wütend dachte: »Was rückt uns der denn so auf die Pelle, der verflixte Westler!«

»Oh, wie zauberhaft!«, rief der wundersame Fremde und drehte den Kopf vom einen zum anderen.

»Hierzulande kann der Atheismus niemanden überraschen«, sagte Berlioz diplomatisch. »Die Mehrheit unserer Bevölkerung hat längst bewusst aufgehört, an Märchen über Gott zu glauben.«

Da zog der Ausländer die folgende Nummer ab – er stand auf, schüttelte dem staunenden Redakteur die Hand und sagte:

»Erlauben Sie mir, Ihnen von Herzen zu danken!«

»Wofür das denn?«, erkundigte sich Besdomny und blinzelte verwirrt.

»Für eine sehr wichtige Information, die für mich als Reisenden von großem Interesse ist«, erklärte der komische Ausländer und hob bedeutungsvoll den Zeigefinger.

Diese wichtige Information hatte wohl tatsächlich einen starken Eindruck auf ihn gemacht, denn sein Blick streifte bang über die Häuser, offenbar in der Befürchtung, hinter jedem Fenster sitze ein Atheist.

»Nein, Engländer ist er nicht«, dachte Berlioz, während Besdomny sich stirnrunzelnd wunderte: »Wo hat der bloß das ganze Russisch aufgeschnappt?«

»Aber gestatten Sie mir die Frage«, sprach der Reisende nach einigem besorgten Überlegen, »was ist es denn dann mit den Beweisen der Gottesexistenz, derer es bekanntlich exakt fünf gibt?«

»Tut mir leid«, erwiderte Berlioz bedauernd, »kein einziger dieser Beweise taugt etwas; die Menschheit hat sie längst für nichtig erklärt. Sie werden doch zustimmen, dass es nach vernünftigen Maßstäben keinen Beweis für die Existenz Gottes geben kann.«

»Bravo!«, rief der Ausländer. »Bravo! Da sind Sie mit dem guten alten Immanuel ganz auf einer Linie. Das Kuriose ist bloß: Der emsige Alte hat zwar alle fünf Beweise in Grund und Boden gestampft, doch dann, wie um sich selbst zu verhöhnen, einen sechsten zusammengebastelt!«

»Kants Beweis«, widersprach der hochgebildete Redakteur mit einem feinsinnigen Lächeln, »ist ebenso wenig überzeugend. Nicht umsonst sagt Schiller, die kantsche Argumentation in dieser Frage sei nur für Knechte geeignet. Auch Strauss hatte für diesen Beweis nichts als Spott übrig.«

Während er das sagte, dachte er: »Ja aber, wer ist er denn? Und warum spricht er so fließend Russisch?«

»Dieser Kant, der gehört auf die Solowki-Inseln für solche Beweise! So für drei Jährchen, wenn's recht wär!«, platze Iwan heraus.

»Aber Iwan!«, flüsterte Berlioz verlegen.

Indessen war der Ausländer von dem Vorschlag, Kant in ein Lager zu schicken, keineswegs schockiert, sondern vielmehr überaus entzückt.

»Ganz genau!«, rief er, und sein grünes linkes Auge, das Berlioz zugewandt war, leuchtete auf, »da gehört er hin! Ich habe ihm ja damals schon beim Frühstück gesagt: ›Wie Sie wollen, Herr Professor, aber was

Sie sich da ausgedacht haben, ist ungereimt! Es mag ja klug sein, aber viel zu kompliziert. Man wird Sie auslachen.‹«

Berlioz starrte ihn an. Kant? Beim Frühstück? Was redete er denn da?

So unübersehbar das Befremden des Redakteurs auch war, der Ausländer sprach ungeniert weiter, wobei er sich nun an den jungen Dichter wandte: »Man kann ihn aber nicht auf die Solowki schicken, aus dem einfachen Grunde, dass er seit über hundert Jahren an einem weitaus entlegeneren Ort weilt. Ihn von dort zu extrahieren ist ganz und gar unmöglich, das kann ich Ihnen versichern.«

»So ein Pech aber auch!«, versetzte der Dichter zänkisch.

»Finde ich ebenfalls«, sagte der Fremde mit funkelndem Auge und fuhr fort: »Da stellt sich mir nun aber eine Frage: Wenn es keinen Gott gibt, wer ist es dann, der über das Leben des Menschen und das ganze irdische Geschehen schaltet und waltet?«

»Der Mensch halt!«, erwiderte Besdomny augenblicklich und gereizt auf die zugegebenermaßen nicht allzu klare Frage.

»Verzeihung«, sprach der Unbekannte sanft, »aber zum Walten braucht man doch einen genauen und einigermaßen langfristigen Plan. Darf ich fragen, wie der Mensch walten soll, wenn er doch selbst für eine lächerlich kurze Spanne – sagen wir, tausend Jahre – nicht planen kann, ja wenn er nicht einmal für sein persönliches Morgen zu bürgen vermag? Stellen Sie sich zum Beispiel vor«, hier wandte er sich an Berlioz, »Sie fangen an, über sich und andere zu schalten und zu walten, kommen sozusagen auf den Geschmack, und plötzlich – öchött, öchött – ein Lungensarkom …« Hier grinste der Ausländer genüsslich, als würde ihm der Gedanke an ein Lungensarkom Vergnügen bereiten.

»Ja, ein Sarkom«, er wiederholte das sonore Wort und kniff katzenhaft die Augen zusammen, »und schon ist alles Walten vorbei! Sie interessieren sich nur noch für Ihr eigenes Schicksal. Ihre Nächsten beginnen, Sie anzulügen; Sie befürchten das Schlimmste, eilen zu gelehrten Ärzten, dann zu Quacksalbern, schließlich vielleicht gar zu Wahrsagern. Sie wissen sehr wohl, dass das Erste und das Zweite genauso sinnlos ist wie das Dritte. Das Ganze endet tragisch: Gerade haben sie noch scheinbar über ihr Leben gewaltet, und schon liegen Sie reglos in einer Holzkiste; die Menschen um Sie herum stellen fest, dass Sie für nichts mehr zu gebrauchen sind, und verbrennen Sie in einem Ofen. Oder es kommt noch schlimmer: Da beschließt einer, nach Kislowodsk zu fahren«, hier schielte der Ausländer auf Berlioz, »scheinbar keine große Sache, aber selbst das schafft er nicht, denn plötzlich rutscht er aus und gerät unter eine Straßenbahn! Sie werden doch nicht sagen, er wollte selbst dergestalt über sein Leben schalten und walten? Müsste man nicht vielmehr annehmen, er wurde von jemand anderem verwaltet und ausgeschaltet?« Und der Unbekannte lachte seltsam auf.

Berlioz lauschte gebannt der unbehaglichen Erzählung von dem Sarkom und der Straßenbahn, und ihm wurde immer mulmiger. »Das ist kein Ausländer!«, dachte er. »Nein, kein Ausländer, sondern ein höchst eigentümliches Subjekt … Ja, aber wer ist er denn nun?«

»Sie würden gerne rauchen, wie ich sehe«, wandte sich der Fremde plötzlich an Besdomny. »Mit welcher Marke kann ich dienen?«

»Haben Sie eine Auswahl dabei oder was?«, erkundigte sich mürrisch der Dichter, dem die Zigaretten ausgegangen waren.

»Mit welcher Marke kann ich dienen?«, wiederholte der Unbekannte.

»Sowjetskaja, wenn Sie's unbedingt wissen wollen«, gab Besdomny zänkisch zurück.

Sogleich holte der Unbekannte ein Zigarettenetui aus der Hosentasche und hielt es ihm hin: »Hier, Sowjetskaja.«

Was den Redakteur und den Dichter am meisten verblüffte, war weniger die Tatsache, dass sich ausgerechnet Zigaretten dieser Marke in dem Etui befanden, sondern vielmehr das Etui selbst. Es war von gewaltiger Größe und aus reinem Dukatengold; beim Öffnen blitzte auf dem Deckel ein Dreieck aus Diamanten weißblau auf.

Darauf nun dachten die beiden sich gänzlich verschiedene Dinge. Berlioz: »Also doch ein Ausländer!« Besdomny aber: »Na so was aber auch, verflixt und zugenäht!«

Der Dichter und der Besitzer des Etuis zündeten sich je eine an, der Nichtraucher Berlioz lehnte ab.

»Ich sollte folgendermaßen erwidern«, beschloss Berlioz, »gewiss, der Mensch ist sterblich, das will ja niemand bestreiten. Aber die Sache ist –«

Doch ehe er diese Worte aussprechen konnte, sagte der Ausländer: »Gewiss, der Mensch ist sterblich, aber das wäre halb so schlimm. Das Schlimme ist: Er ist ganz unvermittelt sterblich. Das ist des Pudels Kern! Der Mensch kann noch nicht mal sagen, was er am selben Abend macht.«

»Was für eine absurde Behauptung«, dachte Berlioz. Laut sagte er: »Nun, das ist wahrhaftig eine Übertreibung. Ich weiß durchaus, was ich heut Abend mache. Natürlich, wenn mir auf der Bronnaja ein Ziegelstein auf den Kopf fällt –«

»Aus heiterem Himmel«, versetzte der Fremde gewichtig, »fällt niemandem ein Ziegelstein auf den Kopf. Insbesondere in Ihrem Fall, das kann ich Ihnen versichern, besteht keine solche Gefahr. Sie werden eines anderen Todes sterben.«

»Wissen Sie womöglich auch, eines welchen?«, erkundigte sich Berlioz mit vollkommen verständlicher Ironie. Das Gespräch wurde immer absurder. »Und würden Sie es mir gar verraten?«

»Mit Vergnügen«, antwortete der Unbekannte. Er musterte Berlioz von oben bis unten, als wollte er ihm einen Anzug nähen, murmelte etwas wie »eins, zwei … Merkur im zweiten Haus … der Mond verschwindet … sechs, Unglück … Abend – sieben …«, und verkündete dann laut und freudig: »Ihnen wird der Kopf abgetrennt!«

Besdomny starrte den unverfrorenen Unbekannten mit wilder Wut an, während Berlioz mit einem schiefen Grinsen fragte: »Von wem denn? Von Feinden? Von westlichen Spionen?«

»Nichts dergleichen. Von einer Russin, einer jungen Kommunistin.«

»Hmpf«, grunzte Berlioz, verärgert über den dreisten Scherz. »Sie müssen mir schon verzeihen, aber das ist nicht sehr wahrscheinlich.«

»Ich bitte ebenfalls, mir zu verzeihen, aber es ist nun einmal so. Was haben Sie denn heute Abend vor, wenn ich fragen darf?«

»Fragen dürfen Sie schon. Ich gehe erst kurz heim, in die Sadowaja, und dann gibt es abends um zehn eine Sitzung im MassLit, dort werde ich den Vorsitz führen.«

»Nein, das kann nicht sein«, erwiderte der Ausländer entschieden.

»Und warum nicht?«

»Darum«, der Ausländer blinzelte zum Himmel hinauf, wo schwarze Vögel in Erwartung der Abendkühle lautlos ihre Bahnen zogen, »weil Annuschka das Sonnenblumenöl bereits gekauft hat, ja nicht nur gekauft, sondern auch schon verschüttet. Also findet die Sitzung nicht statt.«

Daraufhin herrschte, wie man sich denken kann, Stille unter den Linden.

»Verzeihung«, sprach Berlioz nach einer Pause und musterte den offenbar übergeschnappten Fremden, »aber was hat denn Sonnenblumenöl mit dem Ganzen zu tun? Und wer ist bitte diese Annuschka?«

»Sonnenblumenöl hat mit dem Ganzen Folgendes zu tun –«, fuhr Besdomny dazwischen, offenbar entschlossen, dem ungebetenen Gesprächspartner den Krieg zu erklären, »– sind Sie schon mal in einer Anstalt für Geisteskranke gewesen, Bürger?«

»Iwan!«, rief Berlioz leise.

Der Ausländer war aber keinesfalls beleidigt, sondern brach in denkbar fröhliches Gelächter aus.

»Aber sicher, aber sicher doch, recht oft sogar!«, gestand er lachend. Sein Auge aber, mit dem er den Dichter anstarrte, das lachte nicht. »Ja, wo bin ich wohl nicht gewesen! Schade nur, dass ich nicht dazu gekommen bin, den Professor zu fragen, was Schizophrenie ist. Das müssen Sie schon selbst herausfinden, mein lieber Herr Besdomny!«

»Woher kennen Sie meinen Namen?«

»Ich bitte Sie, wer kennt Sie denn nicht?« Damit zog der Ausländer die *Literaturgazette* vom Vortag aus der Tasche, und Iwan sah auf der ersten Seite sein eigenes Konterfei und darunter seine Verse. Doch dieses Ruhmesblatt, das ihn gestern noch so erfreut hatte, bereitete ihm diesmal kein Vergnügen.

»Entschuldigung«, sagte er, und seine Miene wurde düster, »könnten Sie wohl einen Moment warten? Ich will ein paar Worte an meinen Kameraden richten.«

»Aber herzlich gern!«, beteuerte der Fremde. »Es ist so schön hier unter den Linden, und im Übrigen, ich habe es nicht eilig.«

»Hör zu, Michail«, flüsterte der Dichter, nachdem er Berlioz beiseite gezerrt hatte, »das ist gar kein ausländischer Tourist, das ist ein Spion! Ein zurückgeschleuster russischer Emigrant. Frag ihn nach seinen Papieren, eh er entkommt!«

»Meinst du?«, wisperte Berlioz besorgt und dachte: »Da hat er wohl recht!«

»Glaub mir«, krächzte ihm der Dichter ins Ohr, »er tut nur so dumm, um etwas herauszufinden. Hörst du, wie gut er Russisch spricht?« Während er redete, schielte er immer wieder zur Seite, damit der Unbekannte sich ja nicht davonmachte. »Komm, wir müssen ihn aufhalten, sonst entkommt er noch.«

Und damit eilten der Dichter und Berlioz zurück.

Der Unbekannte saß jetzt nicht mehr auf der Bank, sondern stand daneben. In den Händen hielt er ein dunkelgrau eingebundenes Heftchen, einen dicken Umschlag aus gutem Papier und eine Visitenkarte.

»Entschuldigen Sie, dass ich in der Hitze der Diskussion vergaß, mich vorzustellen. Hier sind meine Visitenkarte, mein Reisepass und eine Einladung, als Berater nach Moskau zu kommen«, sagte der Fremde gewichtig und schaute die beiden mit wissendem Blick an.

Das war ihnen nun peinlich. »Teufel aber auch, er hat alles gehört«, dachte Berlioz und deutete mit einer höflichen Geste an, dass es nicht nötig sei, irgendwelche Nachweise vorzulegen. Aber der Ausländer hielt dem Redakteur die Papiere vor die Nase, und der Dichter erhaschte auf der Karte das Wort »Professor« in lateinischen Lettern sowie den Anfangsbuchstaben eines Namens, ein W.

»Sehr erfreut«, murmelte der Redakteur verlegen, und der Ausländer steckte die Papiere wieder ein. Damit war der Friede wiederhergestellt, und alle drei setzten sich von Neuem auf die Bank.

»Sie wurden also als Berater eingeladen, Herr Professor?«, erkundigte sich Berlioz.

»Jawohl.«

»Sind Sie Deutscher?«, fragte Besdomny.

»Wer, ich?« Der Professor wurde auf einmal nachdenklich. »Ja, ich bin wohl Deutscher«, sagte er schließlich.

»Ihr Russisch ist aber tipptopp«, bemerkte Besdomny.

»Ich spreche überhaupt in vielen Zungen.«

»Was ist denn Ihr Fachgebiet?«, wollte Berlioz wissen.

»Ich bin Spezialist für schwarze Magie.«

»Das ist ja ein Ding!«, pochte es im Kopf des Redakteurs. »Und Sie – man hat Sie in dieser Eigenschaft nach Moskau eingeladen?«, fragte er stotternd.

»Ja, in ebendieser Eigenschaft«, sagte der Professor und erklärte: »In der Staatsbibliothek sind einige Originalmanuskripte des Totenbeschwörers Gerbert von Aurillac gefunden worden, zehntes Jahrhundert, diese soll ich nun durchsehen. Ich bin weltweit der einzige Experte.«

»Ah, Sie sind Geschichtswissenschaftler?«, fragte Berlioz mit großer Erleichterung und Respekt.

»Jawohl«, bestätigte der Gelehrte und fügte unvermittelt hinzu: »Heute Abend passiert übrigens am Patriarchenteich eine spannende Geschichte!«

Das verblüffte nun wieder sowohl den Dichter als auch den Redakteur. Der Professor winkte sie indes näher zu sich heran, und als sie sich zu ihm herüberbeugten, flüsterte er: »Dass Sie es nur wissen: Jesus hat existiert.«

»Sehen Sie, Herr Professor«, erwiderte Berlioz und rang sich ein Lächeln ab, »wir respektieren Ihre Gelehrsamkeit, aber in dieser Frage sind wir anderer Ansicht.«

»Das ist keine Frage von irgendwelchen Ansichten«, entgegnete der seltsame Professor, »er hat existiert, Punktum.«

»Aber es braucht doch einen Beweis –«, sagte Berlioz.

»Nein, auch einen Beweis braucht es nicht«, versetzte der Professor. Und dann begann er leise und mit einem Mal akzentfrei zu erzählen: »Sehen Sie: Im weißen Umhang mit blutrotem Saum, frühmorgens am vierzehnten Tage des Frühlingsmonats Nisan, betrat …«

# Kapitel 2

## Pontius Pilatus

Im weißen Umhang mit blutrotem Saum, frühmorgens am vierzehnten Tage des Frühlingsmonats Nisan, betrat mit schleppendem Gang, der sogleich den Reiter erkennen ließ, ein Mann die Kolonnade zwischen den beiden Flügeln des Palasts von Herodes dem Großen: Pontius Pilatus, der Prokurator von Judäa.

Nichts verabscheute der Prokurator so sehr wie den Geruch von Rosenöl, und nun sprach alles dafür, dass dieser Tag kein guter werden sollte, verfolgte ihn doch dieser Geruch schon seit dem Morgengrauen. Es schien dem Prokurator, als komme er von den Zypressen und den Palmen im Garten; selbst durch den Mief nach Lederrüstungen und Schweiß, den sein Geleit verströmte, drang der verfluchte Gestank der Rosen. Aus den Gebäuden hinter dem Palast, in denen die erste Kohorte der Zwölften Legion einquartiert war, die der Prokurator nach Jerschalaim gebracht hatte, wehten Rauchschwaden über die obere Gartenterrasse hinunter in die Kolonnade – die Küchenbullen kochten schon das Mittagessen für die Centurien –, und selbst in die bitteren Rauchnoten mischte sich der fettige Rosendunst.

»Oh Götter, Götter, warum straft ihr mich? Kein Zweifel, das ist sie, da ist sie wieder, die unbesiegbare, furchtbare Krankheit ... Hemikranie ... Der halbe Kopf schmerzt, kein Mittel, kein Entkommen. Vielleicht, wenn ich versuche, den Kopf nicht zu bewegen –«

Auf dem Mosaikboden am Springbrunnen stand ein Sessel bereit; der Prokurator setzte sich, ohne irgendwen anzusehen, und streckte die Hand zur Seite aus. Ehrerbietig legte der Sekretär ein Pergament hinein. Der Prokurator warf einen flüchtigen Blick darauf, wobei er vor Schmerz das Gesicht unwillkürlich zu einer Grimasse verzog, reichte das Schriftstück wieder an den Sekretär und stieß mühsam hervor:

»Der Angeklagte kommt aus Galiläa? War der Fall schon beim Tetrarchen?«

»Jawohl, Herr Prokurator.«

»Und?«

»Er weigert sich, eine Entscheidung zu treffen, und sendet Euch das Todesurteil des Sanhedrin mit der Bitte um Eure Sanktionierung.«

Die Wange des Prokurators zuckte.

»Bringt den Angeklagten«, sagte er leise.

Alsbald führten zwei Legionäre einen etwa siebenundzwanzigjährigen Mann von der Gartenterrasse her auf den Balkon und bis vor den Sessel des Prokurators. Der Gefangene trug einen zerrissenen, alten hellblauen Chiton. Ein Lederband umfasste das weiße Tuch um seinen Kopf, die Hände waren hinter dem Rücken gefesselt. Unter dem linken Auge hatte er einen großen blauen Fleck, im Mundwinkel einen blutverkrusteten Striemen. Der Mann betrachtete den Prokurator mit beklommener Neugier.

Dieser schwieg eine Weile und fragte dann leise auf Aramäisch: »Du hast also das Volk angestiftet, den Tempel von Jerschalaim zu zerstören?«

Der Prokurator saß da wie versteinert, während er sprach, nur seine Lippen bewegten sich leicht. Ja, wie versteinert saß er da, denn er hatte Angst, seinen höllisch brennenden Kopf zu bewegen.

Der Mann mit den gefesselten Händen machte einen halben Schritt auf ihn zu und sprach: »Guter Mann! Glaube mir –«

Noch immer reglos, ohne die Stimme zu heben, fiel ihm der Prokurator ins Wort: »Mich nennst du einen guten Mann? Du irrst dich. In Jerschalaim geht das Gerücht, ich sei ein blutrünstiges Ungeheuer. Und dieses Gerücht stimmt.« Dann fügte er ebenso monoton hinzu: »Holt den Rattenschinder.«

Als Centurio Marcus, genannt der Rattenschinder, vor den Prokurator trat, war allen so, als sei es plötzlich dunkler geworden auf dem

Balkon. Der Kommandeur der ersten Centurie überragte den größten Söldner der Legion um Haupteslänge und hatte so breite Schultern, dass er die morgendlich tiefstehende Sonne vollständig verdeckte.

»Der Verbrecher redet mich mit ›guter Mann‹ an«, sagte der Prokurator auf Lateinisch. »Schaff ihn hinaus und mach ihm klar, wie man mit mir zu sprechen hat. Aber nicht verstümmeln.«

Marcus der Rattenschinder bedeutete dem Gefangenen mitzukommen, und außer dem reglos verharrenden Prokurator schaute alles den beiden hinterher.

Überhaupt schauten dem Centurio stets alle hinterher, wo immer er erschien, allein schon seiner Größe wegen, und, besonders wenn man ihn zum ersten Mal sah, auch wegen seines entstellten Gesichts: Die Nase war ihm einst von einem germanischen Streitkolben zerschmettert worden.

Marcus polterte mit seinen schweren Caligae über den Mosaikboden, lautlos folgte ihm der Gefesselte, und dann war es ganz still in der Kolonnade, so still, dass man das Gurren der Tauben auf der Gartenterrasse hörte, und die arabeskenreichen Melodien des Wassers im Springbrunnen.

Gern wäre der Prokurator aufgestanden, gern hätte er sich, reglos verharrend, das Wasser über die Schläfe rinnen lassen. Aber er wusste: Auch das würde ihm nicht helfen.

Nachdem der Rattenschinder den Gefangenen in den Garten gebracht hatte, ließ er sich von einem Legionär, der am Fuße einer Bronzestatue stand, eine Peitsche reichen, holte gemächlich aus und zog sie dem Gefesselten über die Schultern. Die Bewegung des Centurios war lässig und leicht, doch der Gefangene brach zusammen und ging zu Boden, als hätte man ihm die Beine abgeschnitten; er keuchte, alle Farbe wich aus seinem Gesicht, und sein Blick wurde leer.

Mit der Linken hob Marcus den Gefallenen wie einen leeren Sack in die Luft, stellte ihn auf die Füße und näselte in gebrochenem Aramäisch: »Den römischen Prokurator Hegemon nennen. Keine anderen Wörter sagen. Stillstehen. Verstehest mich, oder schlage dich?«

Der Gefangene schwankte, kam aber zu sich; die Farbe kehrte in sein Gesicht zurück, er holte Luft und antwortete heiser: »Ich verstehe dich. Schlage mich nicht.«

Einen Moment später stand er wieder vor dem Prokurator.

»Name?«, ertönte eine kranke, dumpfe Stimme.

»Mein Name?«, fragte der Gefangene hastig, sichtlich bestrebt, vernünftig zu sein und keinen Zorn mehr zu erregen.

Der Prokurator sagte leise: »Meinen kenne ich. Stell dich nicht dümmer als du bist. Dein Name.«

»Jeschua«, antwortete der Gefangene prompt.

»Beiname?«

»Ha-Nozri.«

»Wo kommst du her?«

»Aus der Stadt Gamala«, und er machte mit dem Kopf eine Geste, die andeuten sollte, dass sich irgendwo zu seiner Rechten, weit entfernt im Norden, die Stadt Gamala befand.

»Aus welchem Geblüte stammst du?«

»Das weiß ich nicht genau, ich kann mich an meine Eltern nicht erinnern. Man sagte mir, mein Vater sei Syrer gewesen.«

»Wo wohnst du?«

»Ich habe kein Zuhause«, sagte der Gefangene schüchtern, »ich wandere von Stadt zu Stadt.«

»Kurzum, ein Landstreicher. Familie?«

»Keine. Ich bin allein auf der Welt.«

»Kannst du lesen und schreiben?«

»Ja.«

»Sprichst du noch etwas anderes als Aramäisch?«

»Ja. Griechisch.«

Ein geschwollenes Lid hob sich, ein schmerzgetrübtes Auge fixierte den Gefangenen. Das andere Auge blieb geschlossen.

Pilatus redete nun Griechisch: »Du warst es also, der das Tempelgebäude zerstören wollte und das Volk dazu anstiftete?«

Hier belebte sich das Gesicht des Gefangenen wieder, die Angst wich aus seinen Augen, und er antwortete in der griechischen Sprache: »Niemals, gu –«

Wieder blitzte die Furcht auf, denn um ein Haar hätte er sich versprochen. »Niemals, Hegemon, nie im Leben wollte ich das Tempelgebäude zerstören, niemals habe ich irgendwen zu solch einer sinnlosen Tat angestiftet.«

Überraschung zeigte sich in der Miene des Sekretärs, der über einen niedrigen Tisch gebückt das Protokoll führte. Er hob kurz den Kopf, beugte sich aber gleich wieder über das Pergament.

»In dieser Stadt versammeln sich alle möglichen Menschen zum Fest. Da sind Magier, Astrologen, Wahrsager, Mörder«, sprach der Prokurator monoton, »und auch Lügner. Du zum Beispiel bist ein Lügner. Hier steht klar und deutlich geschrieben: stiftete an, den Tempel zu zerstören. Es gibt Menschen, die dies bezeugen.«

»Diese guten Menschen«, sagte der Gefangene und fügte hastig ein »Hegemon« hinzu, »sind ungebildet und haben mich missverstanden. Ich befürchte mittlerweile, dieses Durcheinander könnte noch lange so weitergehen. Und alles nur, weil dieser Mensch falsch aufschreibt, was ich sage.«

Stille trat ein. Inzwischen hatte der Prokurator auch das zweite, leidende Auge geöffnet; sein Blick lag schwer auf Jeschua Ha-Nozri.

»Ich wiederhole, nun aber zum letzten Mal: Spiel hier nicht den Verrückten, Schurke«, sagte er gleichmäßig und sanft, »es steht nicht viel in deiner Akte, aber genug, um dich zu hängen.«

»Nein, nein, Hegemon«, sprach der Gefangene erregt, bemüht, Pilatus zu überzeugen, »es gibt da so einen mit einem Ziegenpergament, der läuft mir nach auf Schritt und Tritt, und er schreibt, die ganze Zeit schreibt er. Einmal habe ich in dieses Pergament geschaut und war entsetzt. Ich habe nie etwas von dem gesagt, was dort geschrieben steht, nichts davon! Ich habe ihn angefleht: ›Verbrenn doch dein Pergament, um Gottes willen!‹ Aber er hat es mir aus den Händen gerissen und ist weggerannt.«

»Wer war das?«, fragte Pilatus mit Widerwillen und fasste sich an die Schläfe.

»Levi Matthäus«, erklärte Jeschua rasch, »er ist Steuereintreiber gewesen. Das erste Mal traf ich ihn auf der Straße in Bethanien, an der Ecke zum Feigenhain, da kam ich mit ihm ins Gespräch. Am Anfang war er feindselig, hat mich sogar beleidigt – das heißt, er hat gedacht, er würde mich beleidigen –, indem er mich einen Hund genannt hat.« Er lächelte. »Ich für meinen Teil finde an diesem Tier nichts Schlechtes und nehme keinen Anstoß an dem Wort.«

Überrascht hielt der Sekretär im Schreiben inne und sah verstohlen auf, doch galt sein Blick nicht etwa dem Gefangenen, sondern dem Prokurator.

»Aber nachdem er mich angehört hatte, wurde er milder«, fuhr der Gefangene fort, »schließlich warf er das Geld auf die Straße und sagte, er wolle mit mir wandern.«

Pilatus verzog den Mund zu einem schiefen Grinsen und wandte seinen Oberkörper dem Sekretär zu: »Oh, Jerschalaim! Was man hier nicht alles zu hören kriegt! Ein Steuereintreiber, hörst du, und wirft Geld auf die Straße!«

Darauf wusste der Sekretär nichts zu antworten, und so lächelte er zurück.

»Er hat eben gesagt, von nun an sei ihm Geld verhasst«, erklärte Jeschua die seltsame Tat und fügte hinzu: »Seitdem ist er mein Begleiter, dieser Levi Matthäus.«

Mit dem gleichen unguten Lächeln blickte der Prokurator erst auf den Gefangenen und dann nach der Sonne, die unaufhaltsam über den Reiterstatuen des Hippodroms weit unter ihm aufstieg, und auf einmal war da der quälende, fast schon Übelkeit erregende Gedanke, es brauchte nur zwei Worte, um diesen seltsamen Verbrecher loszuwerden: »Hängt ihn.« Dann das Geleit wegschicken, die Kolonnade verlassen, in den Palast gehen, auf dem Bett zusammenbrechen, das Zimmer verdunkeln, kaltes Wasser holen lassen, stöhnend nach dem Hund rufen und sich bei ihm, bei Banga, über die Hemikranie beklagen. Und jäh blitzte im kranken Kopf des Prokurators ein verlockender Gedanke auf, der Gedanke an Gift.

Er schaute den Gefangenen dumpf an, schwieg eine Zeit lang und versuchte schmerzhaft, sich zu erinnern, warum dieser Mensch mit dem wund geprügelten Gesicht in der gnadenlosen Morgensonne Jerschalaims vor ihm stand, und was für unnötige Fragen er ihm sonst noch stellen musste.

»Levi Matthäus?«, wiederholte der Kranke heiser und schloss die Augen.

»Ja, Levi Matthäus«, die Antwort gellte schmerzhaft in seinen Ohren.

»Nun, was hast du denn der Menge auf dem Basar wirklich über den Tempel gesagt?«

Jetzt war es dem Prokurator, als bohre sich die Stimme des Gefangenen geradewegs in seine Schläfe. Es tat unsagbar weh, als sie fortfuhr: »Ich sagte, Hegemon, der Tempel des alten Glaubens würde fallen, und ein neuer Tempel der Wahrheit würde entstehen. Ich habe das so gesagt, um es verständlicher zu machen.«

»Warum hast du die Leute auf dem Basar aufgewiegelt, du Landstreicher, mit deinem Gerede von Wahrheit, von der du keine Ahnung hast? Was ist Wahrheit?«

Und sogleich dachte der Prokurator: »Oh Götter, Götter! Diese Frage hat in einer Vernehmung nichts zu suchen … Mein Verstand gehorcht mir nicht mehr.« Wieder stellte er sich eine Schale dunkler Flüssigkeit vor. »Gift will ich, Gift …«

Erneut hörte er die Stimme: »Die Wahrheit ist zuallererst, dass dir der Kopf schmerzt, und zwar so sehr, dass du kleinmütig an den Tod denkst. Mit mir zu sprechen, ja sogar mich anzusehen, fällt dir schwer. Ich bin jetzt dein unwilliger Folterer, und das macht mich traurig. Du kannst nicht mal mehr denken, du wünschst dir nur noch, dein Hund würde kommen, anscheinend das einzige Wesen, an dem du hängst. Aber bald ist dein Leiden vorüber, deine Kopfschmerzen werden verschwinden.«

Der Sekretär hielt mitten im Wort inne, hörte auf zu schreiben und starrte den Gefangenen an.

Gequält hob Pilatus den Blick und sah, dass die Sonne bereits recht hoch über dem Hippodrom stand, dass einer ihrer Strahlen in die Kolonnade eingedrungen war und über die abgenutzten Sandalen von Jeschua kriechen wollte, der vor dem grellen Licht zurückscheute.

Der Prokurator stand auf; er umklammerte den Kopf mit beiden Händen, und Entsetzen entstellte sein glatt rasiertes gelbliches Gesicht. Doch er beherrschte sich sogleich wieder und ließ sich in den Sessel sinken.

Unterdessen sprach der Gefangene weiter, aber der Sekretär schrieb nicht mehr mit, sondern reckte nur noch wie eine Gans den Hals, um ja kein Wort zu versäumen.

»Da, schon ist es vorbei«, Jeschua Ha-Nozri sah Pilatus wohlwollend an, »und darüber bin ich sehr froh. Ich würde dir raten, Hegemon, den Palast für eine Weile zu verlassen und einen Spaziergang zu machen, zum Beispiel in die Gärten am Ölberg. Es wird ein Gewitter geben«, er drehte sich um und blinzelte in die Sonne, »aber erst am Abend. Ein Spaziergang würde dir guttun, und ich würde dich gerne begleiten. Mir sind ein paar neue Gedanken gekommen, die für dich vielleicht interessant wären, und ich möchte sie gerne mit dir teilen, zumal mir scheint, dass du ein sehr kluger Mensch bist.«

Der Sekretär wurde totenblass und ließ die Schriftrolle auf den Boden fallen.

»Du leidest daran«, fuhr der Gefangene fort, und niemand unterbrach ihn, »dass du zu verschlossen bist und den Glauben an die Menschen verloren hast. Man kann doch nicht seine ganze Zuneigung in einen Hund stecken, nicht wahr? Dein Leben ist verarmt, Hegemon.« Hier erlaubte er sich ein Lächeln.

Der Sekretär war sich nicht sicher, ob er seinen Ohren trauen sollte. Allein, was blieb ihm weiter übrig? Er versuchte sich auszumalen, was für eine absonderliche Form der Zorn des aufbrausenden Prokurators angesichts solch unerhörter Unverfrorenheit wohl annehmen würde.

Doch so gut der Sekretär den Prokurator auch kannte, hier versagte seine Fantasie.

Schließlich ertönte die brüchige Stimme des Prokurators, der heiser auf Lateinisch sagte: »Bindet ihn los.«

Einer aus dem Geleit stieß mit seinem Speer auf den Boden, reichte ihn einem anderen Legionär, ging hin und nahm dem Gefangenen die Fesseln ab. Der Sekretär beschloss, vorerst nichts aufzuschreiben und sich über nichts mehr zu wundern.

»Gestehe«, sagte Pilatus leise, nun wieder auf Griechisch, »du bist wohl ein großer Arzt?«

»Nein, ich bin kein Arzt«, antwortete Jeschua und rieb sich lustvoll die befreiten Handgelenke, die rotgequetscht und geschwollen waren.

Pilatus blickte ihn an, und seine Augen waren nicht mehr dumpf, sondern sprühten ihre wohlbekannten Funken.

»Ich hatte dich nicht gefragt«, sagte er, »sprichst du vielleicht auch Lateinisch?«

»Ja, Prokurator.«

Pilatus' gelbliche Wangen wurden rot, und er fragte in dieser Sprache: »Woher wusstest du, dass ich den Hund rufen wollte?«

»Ganz einfach«, antwortete der Gefangene. »Du hast deine Hand in der Luft bewegt«, er wiederholte Pilatus' Geste, »wie zum Streicheln, und deine Lippen –«

»Ja«, sagte Pilatus. Er schwieg eine Zeit lang und fragte dann, diesmal auf Griechisch: »Bist du also Arzt?«

»Nein, nein«, entgegnete Jeschua mit Nachdruck, »glaub mir, ich bin kein Arzt.«

»Nun gut, wenn du es geheim halten willst, das ist deine Sache. Das hat mit der Angelegenheit kaum etwas zu tun. Du behauptest also, nicht zur Zerstörung des Tempels angestiftet zu haben, noch dazu, ihn anzuzünden oder in sonst irgendeiner Weise zu vernichten?«

»Ich wiederhole, ich habe niemanden zu solchen Handlungen angestiftet, Hegemon. Wirke ich etwa wie ein Schwachsinniger?«

»Oh nein, du wirkst keineswegs wie ein Schwachsinniger«, erwiderte der Prokurator leise, und sein Lächeln hatte etwas Furchtbares, »schwöre also, dass du nichts dergleichen getan hast.«

»Wobei soll ich schwören?«, fragte der seiner Fesseln ledige Gefangene lebhaft.

»Nun, sagen wir, bei deinem Leben. Es ist höchste Zeit, bei deinem Leben zu schwören, denn wisse – es hängt an einem Haar.«

»Du glaubst doch nicht etwa, du hättest es aufgehängt, Hegemon? Wenn doch, dann irrst du gewaltig.«

Pilatus zuckte zusammen und zischte: »Ich kann dieses Haar jedenfalls durchschneiden.«

»Auch darin irrst du dich.« Der Gefangene lächelte milde und hielt die Hand gegen die Sonne. »Gewiss kann doch allein derjenige das Haar durchschneiden, der das Leben daran aufgehängt hat, nicht wahr?«

»So, so«, schmunzelte Pilatus zurück, »ich weiß vielleicht nicht, wieso dein Leben an einem Haar hängt, aber warum die schaulustigen Nichtstuer von Jerschalaim an deinen Lippen hängen – das weiß ich. Eine flinke Zunge hast du, das muss man dir lassen. Übrigens: Stimmt es, dass du auf einem Esel durch das Susa-Tor nach Jerschalaim hereingeritten bist, begleitet von allerlei Gesindel, das dich als Prophet feierte?« Hier deutete der Prokurator auf die Pergamentrolle.

Jeschua schaute ihn verdutzt an.

»Ich habe gar keinen Esel, Hegemon«, sagte er. »Ich bin zwar wirklich durch das Susa-Tor nach Jerschalaim gekommen, aber zu Fuß, allein von Levi Matthäus begleitet, und gefeiert hat mich auch niemand, weil mich damals in Jerschalaim gar niemand kannte.«

»Kennst du zufällig«, fuhr Pilatus fort, ohne den Gefangenen aus den Augen zu lassen, »einen gewissen Dismas, einen Gestas und einen Bar-Rabban?«

»Nein, diese guten Menschen kenne ich nicht.«

»Wirklich nicht?«

»Wirklich nicht.«

»Erkläre mir dann, warum du schon wieder ›gute Menschen‹ sagst. Heißen bei dir etwa alle so?«

»Ja, alle. Es gibt keine schlechten Menschen auf der Welt.«

»Na, das höre ich ja zum ersten Mal. Aber vielleicht weiß ich zu wenig vom Leben!«, grinste Pilatus. »Du brauchst nicht mehr mitzuschreiben«, wandte er sich an den Sekretär, der ohnehin längst aufgehört hatte zu protokollieren, und sprach dann weiter: »Hast du das aus irgendeinem griechischen Buch?«

»Nein, ich habe es selbst herausgefunden.«

»Und das predigst du?«

»Ja.«

»Nehmen wir doch mal den Centurio Marcus; man nennt ihn den Rattenschinder. Ist er ein guter Mensch?«

»Ja«, antwortete der Gefangene, »aber er ist ein unglücklicher Mensch. Seit die guten Menschen ihn entstellt haben, ist er grausam und hart geworden. Ich wollt, ich wüsste, wer ihn so verstümmelt hat.«

»Das kann ich dir gern berichten, ich war nämlich dabei. Die guten Menschen stürzten sich auf ihn wie die Hunde auf einen Bären. Die Germanen hingen ihm am Hals, an den Armen, an den Beinen. Der Infanterie-Manipel war umzingelt, und hätte nicht eine Kavallerie-Turma, die übrigens unter meinem Kommando stand, die Flanke durchbrochen, dann hättest du heute nicht das Vergnügen seiner Bekanntschaft. Es war die Schlacht von Idistaviso, im Tal der Jungfrauen.«

»Einmal mit ihm reden ...«, sinnierte der Gefangene verträumt, »ich bin mir sicher, das würde ihn sehr verändern.«

»Ich vermute«, erwiderte Pilatus, »der Legat wäre nicht begeistert, solltest du versuchen, mit einem seiner Offiziere oder Soldaten zu sprechen. Das wird aber zum Glück nicht passieren, dafür werde ich zu sorgen wissen.«

In diesem Moment sauste eine Schwalbe in die Kolonnade, drehte unter der goldenen Decke einen Kreis, schoss nach unten, streichelte mit ihrem spitzen Flügel beinahe das Gesicht einer bronzenen Nischenstatue und verschwand hinter dem Kapitell einer Säule. Vielleicht war sie auf die Idee verfallen, dort zu nisten.

Während die Schwalbe noch dahinflog, entstand im Kopf des Prokurators, in welchem nunmehr Leichtigkeit und Klarheit herrschten, eine Formulierung: Der Hegemon hat den Fall des Wanderphilosophen Jeschua, genannt Ha-Nozri, untersucht und keinen Straftatbestand gefunden. Insbesondere konnte er keinerlei Zusammenhang zwischen Jeschuas Handeln und den jüngsten Unruhen in Jerschalaim feststellen. Der Wanderphilosoph hat sich als psychisch krank erwiesen. Folglich lehnt der Prokurator das von dem Kleinen Sanhedrin gegen Ha-Nozri verhängte Todesurteil ab. Da aber der utopische Unfug des Ha-Nozri die Gemüter in der Stadt aufwiegeln könnte, entfernt der Prokurator ihn aus Jerschalaim und sperrt ihn ein in Caesarea am Mittelmeer, unweit seiner eigenen Residenz …

Es blieb nur, dies dem Sekretär zu diktieren.

*Pfft* machten die Schwalbenflügel über dem Kopf des Hegemonen; der Vogel huschte zum Brunnenbecken und entschwand sodann in die Freiheit. Pilatus blickte auf, schaute den Gefangenen an und sah, wie die um ihn flirrenden Staubkörnchen zu einer leuchtenden Säule wurden.

»War das alles?«, fragte Pilatus den Sekretär.

»Nein, zu meinem Bedauern«, antwortete dieser überraschend und reichte ihm ein weiteres Pergament.

»Was denn noch?« Der Prokurator legte die Stirn in Falten.

Nachdem er gelesen hatte, was ihm übergeben worden war, veränderte sich sein Gesicht vollends. Es verlor seinen Gelbstich und wurde graubraun, die Haut füllte sich mit dunklem Blut, die Augäpfel versanken tief in ihren Höhlen.

Wohl ebenfalls des Blutes wegen, das ihm in die Schläfen stieg und dort pulsierte, geschah etwas mit dem Augenlicht des Prokurators. Es kam ihm vor, als sei der Kopf des Gefangenen davongeschwommen und an seiner Stelle ein anderer erschienen. Dieser neue Kopf hatte eine Glatze und trug einen unregelmäßig gezackten goldenen Kranz. Auf der Stirn fraß sich eine runde, salbenverschmierte Schwäre in die Haut. Der Mund eingefallen, zahnlos, mit gleichsam schmollend vorgeschobener Unterlippe. Es schien Pilatus, als verschwänden die rosa Säulen des Balkons und die Dächer von Jerschalaim irgendwo in der Tiefe, als ertränke alles im dichtesten Grün der capreischen Gärten. Auch mit seinem Gehör passierte etwas Seltsames: Er vermeinte in der Ferne Posaunen zu hören, gedämpft und bedrohlich, und dann, ganz deutlich, eine arrogant näselnde, jedes Wort zerdehnende Stimme, die verkündete: »Erlass in Sachen Majestätsbeleidigung …«

Da rasten hektisch die Gedankenfetzen, ungereimt und unerhört: »Verloren!« Und dann: »Beide, verloren!« Und dann noch etwas völlig Absurdes, etwas von Unsterblichkeit, wobei diese Unsterblichkeit, warum auch immer, unerträgliche Wehmut auslöste.

Pilatus sammelte seine ganz Kraft, jagte die Erscheinung davon, richtete den Blick auf den Balkon und sah wieder die Augen des Gefangenen vor sich.

»Höre, Ha-Nozri«, sprach der Prokurator und sah Jeschua auf seltsame Weise an: Seine Miene war drohend, der Blick indes voll Unbehagen. »Hast du jemals etwas über den großen Cäsar gesagt? Antworte! Hast du das? Ja … oder … nein?« Pilatus betonte das Wort »nein« ein klein wenig deutlicher, als es sich für einen Richter geziemt, und blickte dem Gefangenen eindringlich ins Gesicht, als wollte er ihm etwas mitteilen.

»Die Wahrheit zu sagen, ist leicht und beglückend«, bemerkte dieser.

»Ich muss nicht wissen«, zischte Pilatus, »ob es für dich beglückend oder nicht beglückend ist, die Wahrheit zu sagen. Du wirst sie so oder so sagen müssen. Wäge aber jedes Wort sorgfältig ab, wenn du redest, es sei denn, du wünschst dir einen nicht nur unvermeidlichen, sondern auch qualvollen Tod.«

Niemand wusste, was mit dem Prokurator von Judäa geschehen war, aber er erlaubte sich, die Hand zu heben, als wollte er sich vor der

Sonne schützen und dahinter, wie hinter einem Schild, dem Gefangenen einen bedeutungsschweren Blick zu senden.

»Sprich«, fuhr er fort, »kennst du einen gewissen Judas aus Kirjat? Was genau, wenn überhaupt etwas, hast du ihm über Cäsar gesagt?«

»Also, das war so«, begann Jeschua bereitwillig. »Vorgestern Abend lernte ich am Tempel einen jungen Mann kennen, der sich Judas nannte, aus der Stadt Kirjat. Er lud mich in sein Haus in der Unterstadt ein und tischte auf.«

»Ein guter Mensch?«, fragte Pilatus, und ein teuflisches Feuer blitzte in seinen Augen.

»Ein sehr guter und wissbegieriger Mensch«, bestätigte der Gefangene. »Er zeigte größtes Interesse an meinen Gedanken, empfing mich sehr herzlich –«

»– zündete die Lampen an …«, äffte ihn Pilatus knurrend nach, und seine Augen glimmerten.

»Ja«, fuhr Jeschua fort, ein wenig überrascht, dass der Prokurator das wusste, »und bat mich, meine Meinung über die Staatsgewalt darzulegen. Er war sehr interessiert an dieser Frage.«

»Und was hast du gesagt? Oder willst du nun vielleicht behaupten, du hast es vergessen?« Doch in der Stimme des Pilatus war keine Hoffnung mehr.

»Unter anderem sagte ich, dass jede Staatsgewalt eben eine Gewalt ist, und dass die Zeit kommen wird, in der weder Cäsaren noch sonst irgendwer etwas befiehlt. Der Mensch wird eintreten ins Reich der Wahrheit und Gerechtigkeit, wo es keiner Gewalt mehr bedarf.«

»Und weiter!«

»Weiter nichts. Auf einmal kamen Leute angerannt, fesselten mich und brachten mich ins Gefängnis.«

Der Sekretär, bemüht, nichts zu verpassen, füllte das Pergament zügig mit Wörtern.

»Eine größere und bessere Staatsgewalt als die des Imperators Tiberius gab es nie und wird es niemals geben!«, schallte Pilatus' kranke, heisere Stimme. »Wie kannst du es wagen, dies anzuzweifeln, du irrsinniger Übeltäter!«

Merkwürdigerweise war sein hasserfüllter Blick dabei auf den Sekretär und das Geleit gerichtet.

Dann rief er: »Das Geleit soll den Balkon verlassen!«, und wandte sich an den Sekretär: »Lass mich allein mit dem Verbrecher; hier geht es um die Staatsräson.«

Das Geleit hob die Speere und marschierte, mit den Hacken der beschlagenen Stiefel klackend, in den Garten; der Sekretär folgte.

Eine Zeit lang störte nur das Singen des Brunnens die Stille auf dem Balkon. Pilatus sah zu, wie eine Schale aus Wasser über dem Rohr emporschoss, sich an den Rändern brach und in Bächen hinabfiel.

Der Gefangene sprach als Erster.

»Ich sehe, ein Unglück ist geschehen, weil ich mit diesem jungen Mann aus Kirjat geredet habe. Hegemon, ich ahne, ihm wird Schlimmes zustoßen, und er tut mir sehr leid.«

»Ich denke«, erwiderte der Prokurator mit einem merkwürdigen Lächeln, »es gibt jemanden, um den du dich mehr sorgen solltest als um Judas aus Kirjat. Jemanden, der es viel schlimmer haben wird! … Nun also, Marcus der Rattenschinder, dieser kalte Folterer aus Überzeugung, und auch die Leute, die dich, wie ich sehe«, der Prokurator deutete auf Jeschuas entstelltes Gesicht, »für deine Predigten schlugen, und die Banditen Dismas und Gestas, die mit ihren Handlangern vier Soldaten töteten, und schließlich der dreckige Verräter Judas – die alle sind also gute Menschen?«

»Ja.«

»Und das Reich der Wahrheit wird kommen?«

»Es wird kommen, Hegemon«, antwortete der Gefangene mit Überzeugung.

»Nie wird es kommen!«, schrie Pilatus plötzlich mit so fürchterlicher Stimme, dass Jeschua zurückwich. Mit dieser Stimme hatte der Prokurator viele Jahre zuvor, im Tal der Jungfrauen, seine Reiter angespornt: »Attacke! Attacke! Sie haben den Riesen, den Rattenschinder!« Nun erhob er diese befehlsraue Stimme noch lauter und donnerte so heftig, dass man ihn bis in den Garten hörte: »Verbrecher! Verbrecher! Verbrecher!«

Dann fragte er auf einmal leise: »Jeschua Ha-Nozri, glaubst du an irgendwelche Götter?«

»Es gibt nur einen Gott«, antwortete Jeschua, »und ich glaube an ihn.«

»Dann bete zu ihm! Bete gut! Obwohl …«, sagte Pilatus, plötzlich heiser, »das wird dir auch nichts helfen.« Er wusste nicht, wie ihm geschah. »Eine Frau hast du nicht?«, fragte er unvermittelt und gequält.

»Nein, ich bin allein.«

»Verhasste Stadt«, murmelte der Prokurator, zuckte fröstelnd die Achseln und rieb sich die Hände, als wollte er sie waschen. »Hätte dich doch einer niedergestochen, eh du diesem Judas aus Kirjat begegnet bist! Es wäre besser für dich gewesen.«

»Und wenn du mich einfach gehen lässt, Hegemon?«, fragte der Gefangene, und seine Stimme klang besorgt. »Ich sehe, man will mich töten.«

Ein Krampf verzerrte Pilatus' Gesicht; er wandte seine entzündeten, rot geäderten Augen Jeschua zu und sagte: »Du Elender, meinst du, der römische Prokurator kann einen Mann gehen lassen, der gesagt hat, was du gesagt hast? Oh Götter, Götter! Denkst du etwa, ich will mich in deiner Lage wiederfinden? Ich teile deine Gedanken nicht! Höre mir zu: Wenn du von diesem Moment an auch nur ein Wort sagst, wenn du mit irgendjemandem sprichst, dann hüte dich vor mir! Ich wiederhole – hüte dich!«

»Hegemon –«

»Ruhe!«, donnerte Pilatus, und sein gequälter Blick folgte der Schwalbe, die wieder auf den Balkon gesegelt war. Dann rief er: »Zu mir!«

Nachdem der Sekretär und das Geleit zurückgekehrt waren, verkündete Pilatus, er habe das Todesurteil bestätigt, welches bei der Versammlung des Kleinen Sanhedrin über den Verbrecher Jeschua Ha-Nozri verhängt worden war, und der Sekretär schrieb seine Worte auf.

Im nächsten Moment stand Marcus der Rattenschinder vor dem Prokurator. Dieser befahl ihm, den Verbrecher dem Befehlshaber der geheimen Schutzpolizei zu übergeben, und zwar mit der Anweisung, ihn von den anderen Verurteilten zu trennen; zudem sollte der Befehlshaber auch seinen Leuten unter Androhung schwerster Strafen untersagen, mit Jeschua Ha-Nozri zu reden oder seine Fragen zu beantworten.

Auf ein Zeichen von Marcus schloss sich das Geleit um Jeschua und führte ihn vom Balkon.

Als Nächstes erschien vor dem Prokurator ein gut aussehender Mann mit blondem Bart und Adlerfedern am Helm; auf seiner Brust glänzten goldene Löwenmäuler, und golden waren auch die Beschläge am Gürtel seines Schwertes; sein dreifach besohltes Schuhwerk war kniehoch geschnürt, sein scharlachroter Umhang lag über der linken Schulter. Es war der Legat, der das Kommando über die Legion innehatte.

Der Prokurator fragte ihn, wo die Sebasterkohorte gerade stationiert sei. Der Legat erklärte, die Sebaster riegelten den Platz vor dem Hippodrom ab, wo das Urteil vor dem Volke verkündet werden solle.

Darauf befahl der Prokurator dem Legaten, zwei Centurien aus der römischen Kohorte auszuwählen. Die eine, unter dem Kommando des Rattenschinders, sollte die Verbrecher, die Henker und die Wagen mit dem Hinrichtungswerkzeug zum Kahlen Berg begleiten und sich sodann dem oberen Absperrkommando anschließen. Die andere würde direkt zum Kahlen Berg marschieren, um dort mit der Abriegelung zu beginnen. Zusätzlich bat der Prokurator, ein Kavallerie-Regiment zur Bewachung des Berges abzukommandieren, und zwar die syrische Ala.

Nachdem der Legat den Balkon verlassen hatte, befahl der Prokurator, den Präsidenten und zwei Mitglieder des Sanhedrin sowie den Leiter der Tempelwache von Jerschalaim in den Palast zu rufen, und zwar so, dass er zuerst allein mit dem Präsidenten sprechen könnte.

Der Sekretär führte den Befehl rasch und präzise aus. Die Sonne, die an diesen Tagen Jerschalaim mit besonders unbändigem Zorn versengte, hatte sich ihrem Höhepunkt noch nicht genähert, als der Prokurator auf der oberen Gartenterrasse, an der von zwei weißen Marmorlöwen flankierten Treppe, den Hohepriester der Juden traf, der auch der Vorsteher des Sanhedrins war – Josef Qajfa.

Es war still im Garten. Aber als der Prokurator unter der Kolonnade hervortrat und seine Schritte auf die sonnenüberflutete obere Ebene des Gartens lenkte, wo die Palmen auf ihren monströsen Elefantenbeinen standen und von wo sich die ganze verhasste Stadt seinem Blick darbot – all die Hängebrücken, Festungen und vor allem dieser schier unbeschreibliche, drachenschuppenvergoldete Marmorbrocken, der Tempel von Jerschalaim –, vernahm sein scharfes Ohr von fern, von unten, wo die Steinmauer den Schlossgarten vom Stadtplatz trennte, ein tiefes Brummen, über dem hier und da ein schwaches Stöhnen oder Schreien aufwirbelte.

Dem Prokurator wurde klar, dass sich dort auf dem Platz bereits unzählige durch die jüngsten Unruhen aufgewiegelte Einwohner Jerschalaims versammelt hatten, dass diese Menge ungeduldig auf die Verkündung des Urteils wartete und dass eifrige Wasserverkäufer dort mit lautem Rufen ihre Ware feilboten.

Zum Schutz vor der gnadenlosen Hitze lud der Prokurator den Hohepriester sogleich auf den Balkon ein, doch Qajfa entschuldigte sich höflich und erklärte, dass er das Gebäude am Vorabend des Festes nicht betreten dürfe. Pilatus zog die Kapuze über seine Halbglatze und begann die Unterredung auf Griechisch.

Er sagte, er habe den Fall Jeschua Ha-Nozris untersucht und das Todesurteil bestätigt.

Nun seien also drei Räuber verurteilt, am heutigen Tage hingerichtet zu werden – Dismas, Gestas und Bar-Rabban –, und außerdem dieser Jeschua Ha-Nozri. Die ersten beiden hatten es gewagt, das Volk zum Aufstand gegen Cäsar aufzurufen, und waren von römischen Soldaten nach einem Kampf festgenommen worden; da sie der Gerichtsbarkeit des Prokurators unterlagen, gab es über sie nichts zu besprechen. Aber die beiden anderen, Bar-Rabban und Ha-Nozri, waren von den örtlichen Behörden verhaftet worden und vom Sanhedrin verurteilt. Einer dieser zwei Verbrecher sollte nach Gesetz und Brauch dem großen Pessachfest zu Ehren freigelassen werden.

Darum wollte der Prokurator wissen, welchen der beiden Verbrecher der Sanhedrin freizulassen beabsichtigte: Bar-Rabban oder Ha-Nozri?

Zum Zeichen, dass er die Frage verstanden hatte, neigte Qajfa den Kopf und antwortete: »Der Sanhedrin bittet um die Freilassung des Bar-Rabban.«

Der Prokurator wusste sehr wohl, dass der Hohepriester diese Antwort geben würde, aber nun war es an ihm, sein Erstaunen darüber zu zeigen.

Das tat er auch, und zwar sehr gekonnt. Die Brauen hoben sich in dem hochmütigen Gesicht, und er schaute dem Hohepriester verwundert in die Augen.

»Ich gestehe, diese Antwort verblüfft mich«, sagte er milde, »ob hier wohl nicht ein Missverständnis vorliegt?«

Und dann erklärte Pilatus sein Befremden. Die römische Staatsgewalt sei weit davon entfernt, in die Rechte der lokalen geistlichen Autoritäten einzugreifen, das wisse der Hohepriester sicherlich, im vorliegenden Falle handle es sich jedoch unzweifelhaft um einen Fehler. Und Rom habe selbstverständlich ein Interesse daran, dass dieser Fehler behoben werde.

Man betrachte nur die Verbrechen von Bar-Rabban und Ha-Nozri: In ihrer Schwere seien diese nicht zu vergleichen. Der Letztere, offenbar wahnsinnig, habe lediglich in Jerschalaim und an einigen anderen Orten zur allgemeinen Verwirrung irgendwelche Absurditäten geschwafelt, während die Schuldlast des Ersteren weit erheblicher sei. Er habe sich nicht nur direkte Aufrufe zur Rebellion erlaubt, sondern auch bei dem Versuch, ihn zu verhaften, einen Wächter getötet. Bar-Rabban sei ungleich gefährlicher als Ha-Nozri.

Aufgrund all dessen bitte der Prokurator den Hohepriester, die Entscheidung zu überdenken und den weniger gefährlichen der beiden Verurteilten freizulassen, und das sei doch gewiss Ha-Nozri. Nun …?

Qajfa sagte leise, aber bestimmt, der Sanhedrin habe sich gründlich mit dem Fall befasst; zum zweiten Male müsse er verkünden, dass Bar-Rabban befreit werden solle.

»So? Auch nach meiner Fürsprache? Obwohl ich für die römische Staatsgewalt spreche? Wiederhole es ein drittes Mal, Hohepriester.«

»Ein drittes Mal: Ich wiederhole, dass wir Bar-Rabban freilassen«, sagte Qajfa leise.

Nun war alles vorbei, es gab nichts mehr zu sagen. Ha-Nozri verließ den Prokurator für immer, und nur der Tod würde seine furchtbaren, rasenden Schmerzen heilen. Aber es war nicht dieser Gedanke, der ihn nun traf. Dieselbe unverständliche Wehmut, die ihn bereits auf dem Balkon befallen hatte, durchbohrte sein ganzes Wesen. Sogleich versuchte der Prokurator, eine Erklärung dafür zu finden, und die Erklärung, die er fand, war seltsam: Ihn beschlich das Gefühl, er habe mit dem Verurteilten nicht zu Ende geredet oder ihn vielleicht nicht zu Ende angehört.

Pilatus verscheuchte diesen Gedanken, und er verflog so schnell, wie er gekommen war. Er verflog, und die Wehmut blieb ohne Erklärung, denn auch ein anderer blitzartig aufflackernder und im nächsten Augenblick wieder erloschener Fetzen erklärte sie nicht: »Unsterblichkeit … Die Unsterblichkeit ist gekommen …« Wessen Unsterblichkeit? Das konnte der Prokurator nicht begreifen, aber der Gedanke an diese rätselhafte Unsterblichkeit jagte ihm trotz der sengenden Sonne einen eisigen Schauer über den Rücken.

»Gut«, sagte Pilatus, »so sei es.«

Und damit drehte er sich um, betrachtete die ihm sichtbare Welt und wunderte sich über die Veränderung, die mit ihr vonstattengegangen war. Der rosenbeladene Busch war verschwunden, verschwunden waren die Zypressen um die obere Terrasse; der Granatapfelbaum, die weiße Statue inmitten des Grüns und das Grün selbst – alles verschwunden.

Stattdessen waberte vor ihm eine scharlachrote Masse. Algen schwankten und regten sich darin, zogen ihn mit sich. Der schlimmste Zorn überschwemmte, versengte und erstickte ihn – der Zorn der Ohnmacht.

»Eng«, brachte Pilatus heraus, »mir ist eng!«

Mit klammer Hand zerrte er an der Fibel seines Umhangs, bis sie in den Sand fiel.

»Es ist schwül heute. Irgendwo gewittert es wohl«, antwortete Qajfa, ohne den Blick vom geröteten Gesicht des Prokurators zu lassen, aller noch bevorstehenden Qualen gewahr. Ein schlimmer Monat, dieser Nisan!

»Nein«, sagte Pilatus, »es liegt nicht an der Schwüle; deinetwegen ist mir eng, Qajfa.« Er kniff die Augen zusammen, lächelte und fügte hinzu: »Nimm dich in Acht, Hohepriester.«

Die dunklen Augen des Hohepriesters funkelten, und seine Miene trug Erstaunen zur Schau – nicht minder gekonnt als vorhin bei Pilatus.

»Was höre ich, Prokurator?«, erwiderte er stolz und ruhig. »Du drohst mir, nachdem du selbst das verhängte Urteil bestätigt hast? Kann das denn sein? Wir sind gewohnt, dass der römische Prokurator seine Worte mit Bedacht wählt. Was, wenn uns jemand hört, Hegemon?«

Pilatus sah den Hohepriester mit toten Augen an und bleckte die gelben Zähne in einem Lächeln: »Wo denkst du hin, Hohepriester? Wer kann uns hier und jetzt schon hören? Bin ich etwa dieses Unschuldslamm, dieser närrische Landstreicher, der heute hingerichtet werden soll? Bin ich etwa ein Kind, Qajfa? Ich weiß, was ich sage und wo ich es sage. Abgesperrt ist der Garten, abgesperrt der Palast, keine Maus kommt hier durch! Keine Maus, und nicht einmal dieser, wie heißt er noch gleich … aus Kirjat … auch er käme hier nicht durch. Übrigens: Kennst du ihn vielleicht, Hohepriester? Ja, wenn so einer hier eingedrungen wäre, dann müsste er es bitter bereuen. Das glaubst du mir doch hoffentlich? Wisse also, Hohepriester, dass du von nun an keinen Frieden finden wirst! Du nicht, und auch dein Volk nicht.«

Pilatus zeigte in die Ferne, nach rechts und oben, wo der Tempel in der Sonne glühte. »Das sage ich, Pontius Pilatus, Ritter des Goldenen Speers!«

»Das weiß ich längst!«, antwortete der schwarzbärtige Qajfa furchtlos, und seine Augen blitzten. Er reckte den Arm zum Himmel empor und sprach weiter: »Das jüdische Volk weiß, dass du es verabscheust und ihm viel Leid zufügen wirst, aber du kannst es niemals ganz vernichten. Gott wird es retten! Der allmächtige Cäsar wird uns hören; er wird uns hören und uns beschützen vor Pilatus dem Zerstörer!«

»Oh nein!«, rief Pilatus. Mit jedem Wort atmete er leichter: Er musste sich nicht mehr verstellen, musste die Worte nicht mehr auf die Goldwaage legen. »Zu oft hast du dich beim Cäsar über mich beschwert, jetzt ist meine Stunde gekommen, Qajfa! Nun fliegt meine Botschaft hinaus – und zwar nicht an den Statthalter in Antiochia und auch nicht nach Rom, sondern geradewegs nach Capreae, an den Cäsar selbst –, die Botschaft, dass ihr hier in Jerschalaim offenkundige Verbrecher vor der Hinrichtung versteckt. Wasser aus den Teichen Salomos wollte ich früher einmal nach Jerschalaim bringen; nun werde ich dieser Stadt etwas anderes zum Trinken vorsetzen! Ja, etwas anderes! Erinnere dich, wie ich euretwegen die Schilde mit den Insignien Cäsars von den Mauern entfernte und die Truppen verlegte; du siehst, ich musste persönlich kommen, um zu sehen, was hier bei euch geschieht. Denk an meine Worte: Nicht nur eine Kohorte wirst du hier in Jerschalaim erleben, Hohepriester, nein! Die ganze Zwölfte Legion kommt unter die Stadtmauern, und die arabische Kavallerie auch; bitteres Weinen und Klagen wirst du hören! Dann erinnerst du dich an Bar-Rabban, den du gerettet hast, dann bereust du es, den Philosophen mit seiner Friedenspredigt in den Tod geschickt zu haben!«

Das Gesicht des Hohepriesters wurde fleckig, seine Augen brannten. Wie der Prokurator bleckte er nun die Zähne: »Glaubst du selbst, was du da sagst, Prokurator? Nein, du glaubst es nicht! Nicht, um Frieden zu bringen, ist er nach Jerschalaim gekommen, dieser Verführer des Volkes, nein, und das weißt du sehr wohl, Ritter. Du wolltest ihn befreien, damit er den Glauben schändet, das Volk aufstachelt und es unter die römischen Schwerter treibt! Aber ich, der Hohepriester der Juden, lasse nicht zu, dass unser Glaube geschändet wird, nicht, solange ich lebe; ich werde mein Volk beschützen. Hörst du, Pilatus?«

Und Qajfa hob drohend die Hand: »Höre, Prokurator!«

Er verstummte, und der Prokurator hörte wieder einen Lärm, als wollte das Meer gleich über die Mauern des Herodes-Gartens rollen. Der Lärm schwoll an, schwoll bis zu den Füßen des Prokurators, bis zu seinem Gesicht. In seinem Rücken, hinter den beiden Flügeln des Palastes, waren beklemmende Posaunenrufe zu vernehmen, schweres Knirschen von Hunderten Füßen, eisernes Gerassel – und er begriff, dass die römische Infanterie, seinen Befehl befolgend, schon eilig unterwegs war zu der für die Rebellen und Räuber so fürchterlichen Todesparade.

»Hörst du das, Prokurator?«, wiederholte der Hohepriester leise. »Willst du mir sagen, all das« – er hob die Arme, und die dunkle Kapuze rutschte ihm vom Kopf – »sei die Schuld des erbärmlichen Räubers Bar-Rabban?«

Der Prokurator wischte sich die klamme Stirn mit dem Handrücken ab, senkte zuerst den Blick und blinzelte dann zum Himmel: Die glühende Kugel stand beinahe unmittelbar über seinem Kopf, und Qajfas Schatten lag verkümmert unterm Schweif eines marmornen Löwen. Leise und gleichgültig sagte der Prokurator: »Der Mittag ist nicht mehr weit. Wir haben uns verplaudert, dabei muss es weitergehen.«

Mit erlesener Höflichkeit bat er um Entschuldigung und lud den Hohepriester ein, kurz auf der Bank im Schatten der Magnolie zu warten, während er die anderen für eine abschließende Unterredung herbeirufe und eine weitere Anweisung für die Hinrichtung gebe.

Qajfa legte die Hand auf das Herz und verbeugte sich höflich. Er blieb im Garten, während Pilatus auf den Balkon zurückkehrte. Dort befahl er dem Sekretär, alle in den Garten einzuladen, die auf der unteren Terrasse im runden Pavillon am Springbrunnen gewartet hatten – den Legaten der Legion, den Tribunen der Kohorte sowie die beiden Mitglieder des Sanhedrin und den Leiter der Tempelwache. Er fügte hinzu, er werde seinerseits sogleich dazustoßen, und zog sich in den Palast zurück.

Während der Sekretär alle versammelte, ging der Prokurator in einen verdunkelten Raum und traf sich dort mit einem Mann, dessen Gesicht halb hinter einer Kapuze verborgen war, obwohl die Vorhänge hier bestens vor der Sonne schützten. Das Treffen war sehr kurz. Der Prokurator sprach leise ein paar Worte, worauf der Mann sich entfernte, und ging dann durch die Kolonnade zum Garten hinaus.

Dort bestätigte er in Gegenwart aller Geladenen feierlich und trocken das Todesurteil gegen Jeschua Ha-Nozri und erkundigte sich offiziell bei den Mitgliedern des Sanhedrin, welchem Verbrecher sie das Leben schenken wollten. Als er den Namen Bar-Rabban zur Antwort erhielt, sagte der Prokurator: »Sehr gut«, und befahl dem Sekretär, dies sofort ins Protokoll aufzunehmen. Dann umklammerte er mit einer Hand die Fibel, welche der Sekretär vom Boden aufgehoben hatte, und verkündete: »Es ist Zeit!«

Daraufhin stiegen alle die breite Marmortreppe hinab, zwischen wuchernden Rosen, die ihren betäubenden Geruch verströmten, immer weiter hinunter, bis zur Palastmauer, bis zu den Toren und schließlich zu dem großen glattgepflasterten Platz, an dessen anderem Ende die Säulen und Statuen der Arena von Jerschalaim zu sehen waren.

Sobald die Gruppe den Platz betreten und die riesige steinerne Bühne bestiegen hatte, die darüber thronte, sah Pilatus sich mit halbgesenkten Lidern um und erfasste sogleich die Situation. Die Strecke von der Palastmauer bis zur Bühne, die er gerade durchschritten hatte, war leer, doch den Platz vor ihm konnte er nicht sehen: Die Menge hatte ihn verschlungen. Sie hätte auch den Weg bis zur Bühne überflutet und ebenso die Bühne selbst, wäre sie nicht durch drei Reihen von Soldaten – Sebaster zu Pilatus' Linken und die ituräische Hilfskohorte zu seiner Rechten – zurückgehalten worden.

Pilatus bestieg also die Bühne, die nutzlose Fibel immer noch mechanisch umklammernd, und die Lider gesenkt. Das lag durchaus nicht an der Sonne. Nein, er wollte die Verurteilten nicht sehen, die man jetzt, wie er sehr wohl wusste, hinter ihm auf die Bühne heraufführte.

Sobald der weiße Umhang mit blutrotem Saum oben auf der Steinklippe über dem Menschenmeer erschien, schlug eine Woge von Lauten dem blicklos dastehenden Pilatus ans Ohr: »Ha-a-a-a …« Sie begann gedämpft, weit weg, am Hippodrom, steigerte sich für einige Sekunden zu tosendem Donner und klang dann langsam ab. »Sie haben mich gesehen«, dachte der Prokurator. Die Woge hatte ihren Tiefpunkt nicht erreicht, da stieg schon eine zweite an und schwoll weit über die erste hinaus; auf dem Kamm dieser zweiten Woge schäumten Pfiffe, und Schmerzensschreie drangen durch das Tosen hindurch. »Die Verurteilten wurden auf die Bühne geführt«, dachte Pilatus, »und das Geschrei – da hat es wohl im Gedränge ein paar Frauen zerquetscht.«

Er wartete ab: Keine Macht der Welt konnte die Menge jetzt zum Schweigen bringen; sie musste alles, was sich in ihr angesammelt hatte, herausschreien und von allein wieder zur Ruhe kommen.

Als dieser Augenblick eintrat, riss der Prokurator den rechten Arm hoch, und schon war auch der letzte Rest von Lärm verklungen.

Dann sog Pilatus so viel heiße Luft ein, wie er konnte, und brüllte los, dass seine wund geschriene Stimme über die vieltausenden Köpfe hinwegschallte: »Im Namen des Cäsars und Imperators!«

Da drangen ihm abgehackte bleierne Schreie in die Ohren. Die Soldatenkohorten hatten ihre Speere und Feldzeichen erhoben und riefen donnernd: »Lang lebe der Cäsar!«

Pilatus warf den Kopf zurück und schob das Gesicht zornig in die Sonne. Grünes Feuer flammte hinter seinen Augenlidern auf und versengte ihm das Hirn; heiser flogen aramäische Worte über die Menge hinweg:

»Vier Verbrecher, in Jerschalaim wegen Mordes, Blasphemie, Aufstachelung zur Rebellion und Missachtung der Gesetze verhaftet, sind zu einer schändlichen Hinrichtung verurteilt. Sie werden an Pfählen gehängt! Die Hinrichtung beginnt sogleich auf dem Kahlen Berg. Die Namen der Verbrecher sind Dismas, Gestas, Bar-Rabban und Ha-Nozri. Hier stehen sie vor euch!«

Pilatus deutete zu seiner Rechten, ohne auch nur einen Verbrecher zu sehen, aber gewiss, dass sie dort waren, wo sie sein mussten.

Die Menge dröhnte darauf gedehnt, scheinbar überrascht oder vielleicht erleichtert. Als das Dröhnen abgeebbt war, fuhr Pilatus fort: »Doch nur drei werden hingerichtet, denn nach Gesetz und Brauch wird der großherzige Cäsar und Imperator zu Ehren des Pessachfestes einem der Verurteilten, vom Kleinen Sanhedrin auserwählt und von Rom bestätigt, sein elendes Leben zurückgeben!«

Pilatus schrie diese Worte heraus und hörte, wie an die Stelle des Dröhnens eine große Stille trat. Kein Seufzer, kein Rascheln erreichte nunmehr sein Ohr, und einen Augenblick lang war es ihm sogar, als sei alles um ihn herum vollends verschwunden. Die verhasste Stadt schien tot, er ganz allein stand da, versengt von den lotrecht herniederbrennenden Strahlen, das Gesicht dem Himmel entgegengereckt. Er ließ die Stille noch ein wenig verweilen und schrie dann stoßweise heraus: »Derjenige – der nun – hier vor euch – freigelassen wird – heißt ...«

Er machte noch eine Pause, hielt den Namen zurück, vergewisserte sich, dass er alles gesagt hatte, denn er wusste: Die tote Stadt wird auferstehen, sobald der Name des Glücklichen gesprochen ist, und dann hört keiner mehr etwas.

»Das war's?«, flüsterte Pilatus lautlos. »Das war's. Der Name!«

Und er rollte das R über die stille Stadt:

»Bar-Rabban!«

Da wurde ihm mit einem Mal, als wäre die Sonne klirrend über seinem Kopf geplatzt, als hätte sie seine Ohren mit Feuer überflutet. Dieses Feuer wütete, brüllte, schrie und pfiff, es lachte und stöhnte.

Pilatus drehte sich um und ging über die Bühne zurück zur Treppe, die Augen halb geschlossen, den gesenkten Blick starr auf die Karos unter seinen Füßen gerichtet, um nicht zu stolpern. Er wusste: Hinter ihm fliegen bronzene Münzen und Datteln auf die Bühne, Menschen zerquetschen einander im heulenden Gedränge, klettern sich gegenseitig auf die Schultern, um dieses Wunder mit eigenen Augen zu sehen – einen Mann, der dem Griff des Todes entkommen war! Um zu sehen, wie die Legionäre ihm die Fesseln abnehmen und dabei ungewollt unsägliche Schmerzen in den beim Verhör verrenkten Gliedern bereiten; um zu sehen, wie er zuckend und stöhnend ein besinnungsloses, irres Lächeln lächelt.

Pilatus wusste, dass das Geleit die drei Menschen bereits mit gefesselten Händen zur Seitentreppe bringt, um sie dann nach Westen zu führen, aus der Stadt hinaus, zum Kahlen Berg. Erst hinter der Bühne öffnete er die Augen, nun, da die Gefahr vorüber war und er sich sicher sein konnte, dass er die Verurteilten nicht mehr sehen würde.

In das abklingende Raunen der Menge mischten sich, ohne ganz mit ihm zu verschmelzen, die durchdringenden Rufe der Herolde, die wiederholten, was der Prokurator auf der Bühne geschrien hatte, einige auf Aramäisch, andere auf Griechisch. Auch vernahm der Prokurator das nahende Staccato von Hufen und den fröhlichen Ruf einer Trompete. Als Antwort erscholl das schrille Pfeifen der Jungen auf den Dächern entlang der Straße, die vom Basar zum Hippodrom führte, und dann ein gellendes »Obacht!«.

Ein Soldat stand ganz allein auf dem nunmehr geräumten Platz; seine Standarte schwang kurz und ahnungsvoll in der Luft. Der Prokurator, der Legat, der Sekretär und das Geleit blieben stehen.

Die Kavallerie-Ala schwärmte im gestreckten Galopp auf den Platz hinaus, um ihn abseits der Menschenmenge zu überqueren und durch eine Gasse unter einer rankenbewachsenen Steinmauer eine Abkürzung zum Kahlen Berg zu nehmen.

Schon raste der syrische Kommandant der Ala, klein wie ein Knabe, dunkel wie ein Mulatte, an Pilatus vorbei; dabei rief er etwas mit hoher Stimme und riss sein Schwert aus der Scheide. Der schwitzende

Rappe scheute und bäumte sich zornig auf; der Kommandant gab ihm die Peitsche und galoppierte in die Gasse. Nach ihm schwirrten in Dreierreihen die anderen Reiter in einer Staubwolke an dem Prokurator vorbei. Die Spitzen ihrer leichten Bambusspeere wippten, ihre Zähne glänzten, unter den weißen Turbanen waren die fröhlichen Gesichter besonders dunkel.

In einem himmelhohen Staubwirbel brach die Ala in die Gasse ein, und zuletzt ritt ein Soldat an Pilatus vorbei, auf dem Rücken eine in der Sonne blitzende Trompete.

Eine Hand gegen den Staub vor dem Gesicht, die Stirn gerunzelt, gefolgt von dem Legaten, dem Sekretär und dem Geleit, schritt Pilatus auf das Tor des Palastgartens zu.

Das war gegen zehn Uhr morgens.

# Kapitel 3

## Der siebte Beweis

»Ja, das war gegen zehn Uhr morgens, mein lieber Herr Besdomny«, sagte der Professor.

Der Dichter fuhr sich mit der Hand übers Gesicht wie einer, der gerade zur Besinnung kommt, und sah, dass es am Patriarchenteich schon Abend war.

Auf dem nunmehr dunklen Wasser glitt ein leichtes Boot dahin; Besdomny hörte, wie die Ruder plätscherten und eine Bürgerin im Boot kicherte. Auf den Bänken entlang der Wege erschienen Menschen, aber nur auf den anderen drei Seiten des Rechtecks, nicht dort, wo unsere Diskutanten saßen.

Der Himmel über Moskau sah verwaschen aus, und hoch oben stand der Vollmond, ganz deutlich sichtbar, aber noch nicht golden, sondern weiß. Das Atmen fiel nun viel leichter, und die Stimmen unter den Linden klangen weicher, abendlich.

»Er hat da eine ganze Geschichte zusammengesponnen. Ist denn wirklich so viel Zeit vergangen?«, dachte Besdomny verblüfft. »Es ist ja schon dunkel! Oder hat er das Ganze gar nicht erzählt, sondern ich bin einfach eingeschlafen, und das war alles ein Traum?«

Aber anscheinend hatte der Professor die Geschichte tatsächlich erzählt, sonst müsste man annehmen, Berlioz habe genau das Gleiche geträumt. Denn dieser schaute dem Ausländer nun ins Gesicht und sagte:

»Eine äußerst interessante Erzählung, Professor, obwohl sie überhaupt nicht mit den Evangelien übereinstimmt.«

»Ich bitte Sie«, erwiderte der Professor mit einem nachsichtigen Lächeln, »rein gar nichts von dem, was in den Evangelien geschrieben steht, hat jemals wirklich stattgefunden; in Ihnen erkenne ich doch einen gelehrten Herrn, gerade Sie sollten das wissen! Ja, wenn wir anfangen, uns auf die Evangelien als eine historische Quelle zu stützen …« Und wieder lächelte er ironisch, und Berlioz stockte, weil er selbst vorhin in der Bronnaja, auf dem Weg zum Patriarchenteich, wortwörtlich dasselbe zu Besdomny gesagt hatte.

»Das stimmt natürlich«, antwortete Berlioz, »ich fürchte bloß, dass auch das, was Sie uns da gerade erzählt haben, niemand bestätigen kann.«

»Im Umgekehrten! Das wohl jemand bestätigen kann!«, versetzte der Professor, der mit einem Mal sein Russisch verlernt zu haben schien; dann schaute er plötzlich geheimnisvoll drein und winkte die beiden näher zu sich heran.

Als die zwei sich rechts und links zu ihm herüberlehnten, sagte er, nun wieder fehlerfrei und diesmal auch ohne Akzent (weiß der Teufel, was mit seiner Sprache los war):

»Es ist nämlich so …«, der Professor sah sich ängstlich um und fuhr dann im Flüsterton fort, »dass ich persönlich dabei war. Auf Pontius Pilatus' Balkon bin ich gewesen, und im Garten beim Gespräch mit Qajfa, und auf der Bühne auch, nur insgeheim, inkognito gewissermaßen, also bitte – kein Wort, zu niemandem, völlige Geheimhaltung! Pssst!«

Hierauf trat Stille ein. Berlioz war kreidebleich geworden.

»Wie … wie lange sind Sie denn schon in Moskau?«, fragte er mit brüchiger Stimme.

»Ich bin gerade eben in Moskau angekommen«, sagte der Professor geistesabwesend, und da erst kam es den zwei Kameraden in den Sinn, ihm einmal richtig in die Augen zu schauen. Und sie sahen: Im linken, dem grünen, flackerte der Wahnsinn, das rechte aber war leer, schwarz und tot.

»Da haben wir doch die ganze Erklärung!«, dachte Berlioz verstört. »Ein wahnsinniger Deutscher ist nach Moskau gekommen. Oder hat er eben erst den Verstand verloren, hier am Teich? So eine Geschichte aber auch!«

Ja, in der Tat, das erklärte alles: das höchst seltsame Frühstück mit dem verstorbenen Philosophen Kant, das absurde Gerede von einer Annuschka mit Sonnenblumenöl, die Prophezeiung mit dem abgetrennten Kopf und alles andere – der Professor war schlichtweg wahnsinnig.

Berlioz erkannte sofort, was zu tun war. Er zwinkerte Besdomny hinter dem Rücken des Professors zu, er solle ja nicht widersprechen, doch der Dichter war viel zu verwirrt, um dieses Zeichen zu verstehen.

»Ja, ja, sicher«, sprach Berlioz aufgeregt, »das kann natürlich gut sein! Sehr gut kann das sein, das mit Pontius Pilatus und dem Balkon und so weiter. Übrigens, sind Sie allein angereist oder vielleicht mit Gattin?«

»Allein, allein. Ich bin immer allein«, erwiderte der Professor bitter.

»Wo ist denn Ihr Gepäck, Professor?«, fragte Berlioz scheinbar beiläufig. »Im Metropol? Wo haben Sie sich einquartiert?«

»Wer, ich? Nirgendwo«, antwortete der umnachtete Deutsche und ließ sein grünes Auge wild und gequält über den Patriarchenteich schweifen.

»Wie? Aber … Wo wollen Sie denn wohnen?«

»Na bei Ihnen doch!«, sagte der Verrückte plötzlich salopp und zwinkerte Berlioz zu.

»Ich – ich bin sehr geschmeichelt«, stammelte Berlioz, »aber ich fürchte, bei mir werden Sie es nicht bequem haben. Im Metropol hingegen sind die Zimmer ganz ausgezeichnet, es ist ein erstklassiges Hotel –«

»Und den Teufel, den gibt es also auch nicht?«, wandte sich der Kranke, auf einmal heiter, an Iwan.

»Ja, den auch nicht!«

»Nicht widersprechen«, hauchte Berlioz. Er klammerte sich hinter dem Rücken des Professors an die Bank und schnitt verzweifelte Grimassen.

Iwan war aber von all dem Unsinn ganz durcheinandergekommen und rief genau das Falsche: »Es gibt keinen Teufel! Meine Güte! Jetzt drehen Sie doch nicht durch!«

Da brach der Wahnsinnige in ein so schallendes Gelächter aus, dass aus der Linde über den Köpfen der drei ein Spatz herausgeflattert kam.

»Na, das ist ja wirklich spannend hier bei Ihnen«, rief der Professor und klopfte sich vor Vergnügen auf die Schenkel, »wonach man auch fragt, alles gibt's nicht!« Dann hörte er mit einem Mal auf zu lachen und fiel, geisteskrank wie er war, ins andere Extrem. Zornig brüllte er: »Den Teufel gibt es also ganz und gar nicht?«

»Beruhigen Sie sich, Professor, beruhigen Sie sich«, murmelte Berlioz, bemüht, den Kranken nicht aufzuregen. »Bleiben Sie doch bitte ein Minütchen hier bei dem Bürger Besdomny; ich muss eben mal kurz telefonieren, es gibt hier eine Zelle an der Ecke, und dann können wir Sie gern begleiten, wo Sie auch hinmöchten. Sie kennen sich ja nicht aus in der Stadt ...«

Man muss schon sagen, das war ein vernünftiger Plan: Berlioz wollte schnell zum nächsten öffentlichen Münzfernsprecher und das Fremdenverkehrsbüro informieren, ein Berater aus dem Westen sitze in einem offensichtlich abnormen Zustand am Patriarchenteich. Es sollten Maßnahmen ergriffen werden, denn dieser Sachverhalt war unsinnig und unangenehm.

»Telefonieren? Nun gut, telefonieren Sie«, erlaubte der Kranke melancholisch und bat dann mit plötzlicher Inbrunst: »Aber ich flehe Sie an, glauben Sie zum Abschied doch wenigstens an den Teufel! Um mehr will ich Sie gar nicht bitten. Denken Sie daran: Es gibt auch einen siebten Beweis, den sichersten von allen! Und dieser wird Ihnen sogleich präsentiert.«

»Aber gewiss doch, gewiss«, sagte Berlioz zuckersüß; dann zwinkerte er dem Dichter zu, der sich keineswegs darauf freute, den verrückten Deutschen allein zu bewachen, und machte sich auf den Weg zur Bronnaja, Ecke Jermolajewski-Gasse.

Der Professor schien darauf augenblicklich genesen.

»Herr Berlioz!«, rief er dem Redakteur nach.

Dieser zuckte zusammen, drehte sich um, beruhigte sich aber mit dem Gedanken, dass der Berater vielleicht auch seinen Namen aus irgendwelchen Zeitungen kannte. Dieser hielt sich indes die Hände wie einen Schalltrichter vor den Mund und rief:

»Soll ich schon mal Ihrem Onkel in Kiew telegrafieren lassen?«

Und wieder fuhr Berlioz zusammen. Woher weiß der Verrückte denn, dass er einen Onkel in Kiew hat? Das wird nun ganz bestimmt in keiner Zeitung stehen. He, ob Besdomny etwa doch recht hat? Vielleicht sind die Papiere gefälscht? So ein seltsames Subjekt aber auch … Telefonieren, sofort telefonieren! Die werden ihn schon durchleuchten!

Und ohne weiter zuzuhören, lief Berlioz los.

Hier, direkt an der Abbiegung zur Bronnaja, erhob sich von einer Bank just derselbe Bürger, der sich kürzlich im Sonnenlicht aus der fettigen Glut zusammengeklumpt hatte. Nun war er nicht mehr luftig, sondern ganz gewöhnlich, leibhaftig. In der einsetzenden Dämmerung sah Berlioz deutlich einen Schnurrbart, dünn wie Hühnerfedern, ironische halb-trunkene Äuglein und eine karierte Hose, so hoch gezogen, dass die ehemals weißen Socken zum Vorschein kamen.

Der Redakteur wich zurück, sagte sich dann aber, das müsse ein absurder Zufall sein, und überhaupt habe er nicht die Zeit, sich darüber groß Gedanken zu machen.

»Sie suchen wohl das Drehkreuz, Bürger?«, fragte der Karierte mit brüchigem Tenor. »Hier entlang, bitte! Geradeaus weiter und schnurstracks zum Ziel. Wie wär's mit einem kleinen Saufgeld für den freundlichen Hinweis? Gegen den Kater, nicht? Für einen ehemaligen Kantor!« Er schnitt eine Grimasse und riss sich die Jockeymütze vom Kopf.

Berlioz aber, ohne dem herumkaspernden Schnorrer-Kantor noch länger zuzuhören, setzte seinen Weg fort und ergriff das Drehkreuz. Schon hatte er es weitergedreht und wollte gerade die Schienen überqueren, als ihm die Leuchtschrift im Glaskasten rot-weiß ins Gesicht spritzte: »Achtung Straßenbahn!«

Und im nächsten Moment kam die Straßenbahn, die eben auf der neuen Linie von der Jermolajewski-Gasse in die Bronnaja um die Kurve gebogen war, auch schon angebraust. Jetzt, auf gerader Strecke, erfüllte sie sich schlagartig mit Licht, heulte auf und kam richtig in Fahrt.

Zwar war Berlioz dort, wo er stand, nicht in Gefahr, er beschloss aber dennoch, umsichtig hinter das Drehkreuz zurückzutreten; er fasste die Stange an einer anderen Stelle an und ging einen Schritt rückwärts. Da rutschte seine Hand ab, er verlor den Halt; sein Fuß geriet ins Schlittern; unaufhaltsam – wie auf Eis – sauste er die gepflasterte Böschung hinab, die zu den Schienen führte; sein anderer Fuß wurde hochgeschleudert, und der Redakteur flog auf die Schienen.

Er versuchte, sich an irgendetwas festzuhalten, fiel auf den Rücken, sodass er mit dem Hinterkopf aufs Pflaster schlug, wenn auch nicht übermäßig fest, und erblickte hoch über sich am Himmel – ob rechts oder links, das wusste er indes nicht mehr – den goldnen Mondenglanz. Er schaffte es noch, sich auf die Seite zu drehen und mit einem Ruck die Beine anzuziehen – da sah er das unaufhaltsam auf ihn zurasende, vor Entsetzen kreideweiße Gesicht der Straßenbahnfahrerin und ihre purpurrote Jungkommunisten-Armbinde. Berlioz schrie nicht, aber um ihn herum kreischte die ganze Straße mit schrillen Frauenstimmen. Die Fahrerin riss die elektrische Bremse zu sich heran, der Wagen grub sich mit der Nase in den Boden und machte gleich darauf einen Satz nach vorn; klirrend zersprangen die Fensterscheiben. In Berlioz' Gehirn rief jemand verzweifelt: »Tatsächlich …?« Noch einmal, zum letzten Mal, blinkte der Mond, doch da zerstob er auch schon in lauter Scherben, und dann wurde es dunkel.

Berlioz verschwand unter der Straßenbahn, und gleich darauf flog etwas Rundes, Dunkles auf die gepflasterte Böschung unter der Patriarchenallee, kullerte den Damm hinunter, erreichte die Bronnaja und hüpfte auf dem Pflaster weiter.

Es war Berlioz' abgetrennter Kopf.

# Kapitel 4

## Die Verfolgungsjagd

Verhallt war das Frauengeschrei, verhallt das Trillern der Polizistenpfeifen. Zwei Krankenwagen waren mit ihrer Fracht davongefahren: in dem einen, Richtung Leichenhaus, der geköpfte Körper samt dem abgetrennten Kopf, im anderen die schöne, durch die Glassplitter verwundete Fahrerin; Straßenkehrer in weißen Schürzen hatten die Scherben weggefegt und Sand über die Blutlachen gestreut. Iwan aber saß noch immer auf der Bank kurz vor dem Drehkreuz, auf die er nach einem atemlosen Sprint gesunken war.

Er versuchte mehrmals aufzustehen, aber die Beine gehorchten ihm nicht. Besdomny war wie gelähmt.

Sobald er den ersten Schrei hörte, war der Dichter zum Drehkreuz gestürzt; da sah er den Kopf über die Pflastersteine hüpfen. Das ging ihm so an die Nieren, dass er auf der Bank zusammenbrach und sich in die Hand biss, dass es blutete. Natürlich dachte er dabei nicht mehr an den verrückten Deutschen, er wollte nur das eine begreifen: Wie war das möglich? Gerade noch hatte er mit Berlioz gesprochen, und nun, einen Augenblick später – sein Kopf …

Menschen rannten aufgeregt durch die Allee an dem Dichter vorbei, riefen irgendwas, doch Iwan hörte ihre Worte nicht.

Aber dann prallten unmittelbar vor ihm zwei Frauen zusammen, und die eine, die mit der spitzen Nase und dem offenen Haar, schrie direkt über seinem Ohr ihrer Bekannten zu:

»Die Annuschka, ja, die! Von der Sadowaja! Alles ihre Schuld! Hat sich Sonnenblumenöl im Laden an der Ecke geholt, na, und dann rennt die doch los und knallt gegen das Drehkreuz und, rumms, ist die Flasche kaputt! Den ganzen Rock versaut. Na die hat vielleicht geflucht! Und der Ärmste ist da also drauf ausgerutscht und zack, rauf auf die Schienen!«

Von all dem, was die Frau da so herausposaunte, bohrte sich ein Wort in Iwans verstörtes Hirn: »Annuschka«.

»Annuschka … Annuschka?«, murmelte der Dichter und sah sich unbehaglich um, »Moment mal, Moment mal …« Von dem Wort »Annuschka« kam er auf das Wort »Sonnenblumenöl«, und dann, warum auch immer, auf »Pontius Pilatus«. Den Pilatus verwarf der Dichter gleich wieder und begann die Kette von Neuem mit »Annuschka«. Diese Kette war sehr schnell geknüpft und führte ihn unmittelbar zu dem verrückten Professor.

Eben! Der hatte doch gesagt, die Sitzung werde nicht stattfinden, weil Annuschka das Öl verschüttet habe. Und, siehe da, sie findet tatsächlich nicht statt! Mehr noch: Hatte er nicht ganz klar behauptet, eine Frau würde Berlioz den Kopf abtrennen?! Richtig, richtig! Und die Fahrerin war ja eine Frau! Wie war das nur möglich …?! Wie?

Es gab nun nicht den geringsten Zweifel, dass der mysteriöse Berater den furchtbaren Tod von Berlioz exakt vorausgesagt hatte. Da durchzuckten zwei Gedanken das Hirn des Dichters. Erstens: »Der ist alles andere als verrückt! Das ist Unsinn!« Und zweitens: »Hat er das alles etwa selbst arrangiert?«

Aber wie denn, wenn man fragen darf?

Eben! Das gehört herausgefunden!

Mit immenser Anstrengung riss er sich hoch von der Bank und rannte dorthin zurück, wo er mit dem Professor gesprochen hatte. Zum Glück stand dieser noch in der Allee.

Auf der Bronnaja leuchteten bereits die Laternen, über dem Teich glänzte der goldene Mond, und in seinem trügerischen Licht schien es Iwan, als habe der Professor nicht einen Spazierstock unterm Arm, sondern einen Degen.

Der umtriebige Ex-Kantor saß genau dort, wo Iwan selbst erst kürzlich gesessen hatte. Er hatte jetzt einen offensichtlich überflüssigen Zwicker auf der Nase, dessen eines Glas einen Sprung hatte, während das andere gänzlich fehlte. Damit sah der karierte Bürger noch widerlicher aus als vorhin, da er Berlioz den Weg aufs Gleisbett gezeigt hatte.

Als Iwan sich dem Professor näherte, wurde ihm immer kälter ums Herz. Er blickte ihm ins Gesicht und sah: Es gab darin keinerlei Anzeichen von Wahnsinn, noch hatte es je eines gegeben.

»Raus mit der Sprache: Wer sind Sie?«, fragte Iwan tonlos.

Der Ausländer zog das Gesicht in Falten, schaute den Dichter an, als sähe er ihn zum ersten Mal, und erwiderte feindselig:

»Nicht verstehen. Russisch Sprache nicht verstehen.«

»Der Herr versteht Sie nicht!«, mischte sich der Kantor von der Bank her ungebeten ein.

»Lassen Sie das«, sagte Iwan drohend und sein Magen krampfte sich kalt zusammen, »Sie haben gerade noch ausgezeichnet Russisch gesprochen.« Und dann schrie er: »Sie sind kein Deutscher und auch kein Professor! Sie sind ein Mörder und ein Spion! Ihre Papiere!«

Der mysteriöse Ausländer verzog angewidert den ohnehin schiefen Mund und zuckte die Achseln.

»Bürger!«, redete der abscheuliche Kantor wieder dazwischen. »Wieso brüskieren Sie den Touristen? Das wird strengstens geahndet!« Der verdächtige Professor drehte sich unterdessen um und schritt mit blasierter Miene von dannen.

Iwan wusste nicht weiter. Atemlos wandte er sich an den Kantor:

»Sie, Bürger! Helfen Sie mir doch, den Verbrecher festzunehmen! Das ist Ihre Pflicht!«

Da kam Leben in den Kantor. Er sprang auf und kreischte:

»Ein Verbrecher? Wer? Wo? Ein ausländischer Verbrecher?!« Die Augen des Kantors funkelten begeistert. »Der da? Wenn der ein Verbrecher ist, müssen wir zuallererst ›Wachtmeister!‹ rufen, sonst läuft er uns noch davon! Na los, zusammen, eins, zwei!« Und der Kantor öffnete das Maul.

Vollends durcheinander, gehorchte Iwan und rief »Wacht-meis-ter!«, aber der Kantor hatte ihn reingelegt und gar nicht mitgemacht.

Iwans einsamer, heiserer Schrei brachte keinen Erfolg. Zwei junge Frauen wichen zurück, und er hörte das Wort »besoffen«.

»Ihr zwei steckt wohl unter einer Decke!«, knurrte der Dichter. Er wurde immer wütender. »Machst dich lustig über mich, wie? Aus dem Weg!«

Er wollte nach rechts, der Kantor ebenfalls. Darauf stürmte er nach links, der Schurke tat es ihm nach.

»Rennst du mir absichtlich vor die Füße oder was?!«, brüllte Iwan. »Dann übergeb ich dich halt auch der Polizei!«

Er versuchte, den Schurken am Ärmel zu packen, verfehlte ihn aber und griff ins Leere. Der Kantor war wie vom Erdboden verschluckt.

Schnaufend schaute Iwan in die Ferne und sah dort den verhassten Professor. Er war schon an der Patriarchengasse, und er war nicht allein. Der überaus zweifelhafte Kantor hatte sich ihm angeschlossen. Und auch das war noch nicht alles; urplötzlich hatte sich, weiß der Teufel, woher, ein Dritter zu den beiden gesellt – ein Kater, riesig wie ein Nilpferd, schwarz wie Pech, mit forschem Kavalleristenschnurrbart. Die drei machten sich auf den Weg zur Patriarchengasse, wobei der Kater auf den Hinterbeinen lief.

Iwan raste den Schurken hinterher, musste aber sehr bald feststellen, dass sie kaum einzuholen waren.

Blitzschnell hatten sie die Gasse hinter sich gelassen und waren in der Spiridonowka angelangt. Sosehr sich Iwan auch beeilte, die Entfernung zwischen ihm und den Flüchtigen wollte einfach nicht kleiner werden. Ehe der Dichter noch recht wusste, wie ihm geschah, war er bereits am Nikitski-Tor, wo seine Chancen noch schlechter standen als in der stillen Spiridonowka. In dem Gedränge stieß er mit anderen Passanten zusammen und wurde beschimpft. Obendrein bedienten sich die drei Banditen hier eines bewährten Tricks: Sie rannten in verschiedene Richtungen auseinander.

Der Kantor schlängelte sich äußerst geschickt in einen Bus Richtung Arbat und war somit entschlüpft. Da einer der Flüchtigen verloren war, konzentrierte sich Iwan auf den Kater. Er sah, wie das seltsame Tier an der Haltestellte auf das Trittbrett einer Straßenbahn aufspringen wollte und dabei frech eine Frau beiseiteschob. Während diese noch quiekte, griff er nach der Stange und versuchte gleichzeitig, der Schaffnerin durch das in der Hitze offene Fenster ein Zehn-Kopeken-Stück in die Hand zu drücken.

Das Gebaren des Katers verblüffte Besdomny so sehr, dass er neben dem Laden an der Ecke stehen blieb und erstarrte, nur um wieder und viel stärker verblüfft zu werden, und zwar von der Reaktion der Schaffnerin. Als sie sah, wie sich der Kater in die Straßenbahn hineindrängelte, wetterte sie nämlich vor Wut zitternd los: »Katzen verboten! Katzen mitführen verboten! Ksch! Absteigen, oder ich hol die Polizei!«

Das Wesentliche hatte offenbar weder die Schaffnerin noch die Fahrgäste beeindruckt: Nicht nur, dass da ein Kater in die Straßenbahn steigen wollte, was ja halb so schlimm gewesen wäre, nein, er wollte auch noch bezahlen!

Das Tier war nicht bloß zahlungsfähig, sondern auch brav und artig. Schon auf den ersten Zuruf der Schaffnerin stoppte es die Offensive, stieg vom Trittbrett ab, setzte sich an der Haltestelle hin und rieb sich mit der Münze nachdenklich die Schnurrhaare. Doch sobald die Schaffnerin an der Schnur gezogen hatte und die Straßenbahn losgefahren war, tat der Kater, was jeder tut, der nicht mitfahren darf, aber doch mitfahren muss. Er ließ alle drei Wagen vorbei, sprang hinten auf die Stoßstange, krallte sich an einem darmartig herausragenden Schlauch fest und fuhr mit seinen eingesparten zehn Kopeken davon.

Des widerlichen Katers wegen hätte Iwan den wichtigsten der drei beinah aus den Augen verloren, den Professor – noch aber hatte der sich nicht aus dem Staub gemacht. Iwan sah die graue Baskenmütze in der Menge am Anfang der Großen Nikitskaja. Im Handumdrehen war auch der Dichter dort, allerdings war der Verfolgung hier kein Erfolg beschert. Iwan legte erst einen Schritt zu, begann dann zu traben, musste Passanten beiseite schubsen, kam dem Professor aber nicht einen Zentimeter näher.

So verstört er auch war, wunderte sich Iwan doch über das unnatürliche Tempo der Verfolgungsjagd. Keine zwanzig Sekunden, und er war nicht mehr am Nikitski-Tor, sondern wurde bereits von den Lichtern des Arbat geblendet. Noch ein paar Augenblicke später kam eine dunkle Gasse mit alterskrummen Bürgersteigen, wo Iwan stürzte und sich das Knie aufschlug. Dann wieder eine beleuchtete Hauptstraße, wieder eine Gasse, dann die Ostoschenka, dann noch eine Gasse, trübselig, dreckig und spärlich beleuchtet. Hier verlor Iwan endgültig den, um dessentwillen er all die Mühe auf sich genommen hatte. Der Professor war verschwunden.

Doch Iwan blieb nicht lange ratlos. Mit einem Mal wurde ihm klar, dass der Professor unbedingt im Haus 13 sein musste, und zwar nirgendwo anders als in der Wohnung 47.

Er stürmte ins Haus, flitzte hinauf in den ersten Stock, fand sofort die richtige Nummer und klingelte ungeduldig. Er musste nicht lange warten: Ein Mädchen von etwa fünf Jahren öffnete ihm die Tür und verschwand wortlos in der Wohnung.

In der riesigen, unsäglich verwahrlosten, von einer winzigen Lichtbogenlampe schwach beleuchteten Eingangshalle hing ein Fahrrad ohne Reifen unter der hohen, verrußten Decke. Auf dem Boden stand eine wuchtige eisenbeschlagene Truhe, und auf dem Regal über der Garderobe ließ eine warme Mütze die langen Ohrenklappen hängen. Hinter einer Zimmertür brüllte eine männliche Radiostimme sonor und zornig in Versen.

Iwan ließ sich von der unbekannten Umgebung kein bisschen verwirren, sondern stürzte direkt in den Flur, denn natürlich hatte sich der Verfolgte im Badezimmer versteckt. Der Flur war dunkel. Iwan tappte gegen die Wände, sah dann einen schwachen Lichtstreifen unter einer Tür, ertastete die Klinke und zog sachte daran. Der Schließhaken sprang heraus, und Iwan sah, dass er Glück hatte, denn er war tatsächlich im Badezimmer.

So richtig Glück hatte er nun aber doch wieder nicht. Heißer Dampf traf ihn ins Gesicht, und im Licht der Kohlen, die im Heizkessel schwelten, sah er große Waschzuber an den Wänden und eine Badewanne mit lauter hässlichen schwarzen Flecken, wo die Emaille abgeblättert war. Und in dieser Badewanne stand eine nackte Bürgerin, eingeseift, einen Bastwisch in der Hand.

Sie blinzelte den hereingeplatzten Iwan kurzsichtig an, verwechselte ihn wohl in dem Höllenlicht und flötete leise und fröhlich: »Also weißt du, Kirill! Hör doch auf mit dem Quatsch! Hast du den Verstand verloren? Fjodor wird jede Minute zurück sein. Raus, raus hier!« Und sie scheuchte Iwan mit dem Bastwisch weg.

Das Missverständnis war offensichtlich, und natürlich war Iwan voll und ganz dafür verantwortlich. Aber er wollte es nicht zugeben, sondern rief dramatisch und vorwurfsvoll »Kokotte!«, woraufhin er sich irgendwie in der Küche wiederfand. Da war niemand, und auf dem Ofen schwiegen im Halbdunklen ein Dutzend gelöschter Petroleumkocher. Ein einzelner Mondstrahl sickerte durch das staubige, seit Ewigkeiten ungeputzte Fenster und beleuchtete dürftig eine Ecke, wo inmitten von Fusseln und Spinnweben eine vergessene Ikone hing, hinter deren Einfassung die Enden zweier Hochzeitskerzen hervorlugten. Darunter, festgepinnt mit einer Stecknadel, war eine zweite, kleinere Ikone aus Papier.

Niemand weiß, welcher Gedanke dem Dichter an dieser Stelle durch den Kopf schoss, doch ehe er zur Hintertür rannte, entwendete er eine der Kerzen und die Papierikone. Dies beides in der Hand, lief er hinaus, murmelte in Erinnerung an das soeben im Badezimmer Erlebte etwas verlegen und konnte nicht umhin, sich zu fragen, wer wohl dieser unverschämte Kirill war, und ob die widerliche Ohrenmütze etwa ihm gehörte.

In der verödeten, trostlosen Gasse sah er sich nach dem Flüchtigen um, doch der war nirgendwo zu sehen. Da sagte Iwan sich entschlossen: »Er ist natürlich am Moskwa-Fluss! Vorwärts!«

Vielleicht hätte man Iwan fragen sollen, warum er annahm, dass der Professor ausgerechnet am Moskwa-Fluss sei und nicht an irgendeinem anderen Ort. Doch das war ja das Schlimme: Es war niemand da, der hätte fragen können. Die abscheuliche Gasse war gänzlich leer.

Bald erschien Iwan auf der Granittreppe des Moskwa-Amphitheaters.

Er zog seine Kleidung aus und vertraute sie einem netten bärtigen Kerl an, der eine Selbstgedrehte rauchte und bereits eine verschlissene weiße Tolstoi-Bluse und ein aufgeschnürtes Paar abgetragene Stiefel hütete. Dann schwenkte Iwan, um sich nach dem Rennen etwas abzukühlen, die Arme und machte einen Kopfsprung. Das eisige Wasser nahm ihm den Atem, und er dachte schon, er würde es nicht wieder an die Oberfläche schaffen. Er schaffte es aber doch und begann mit schreckensrunden Augen keuchend und schnaubend durch das schwarze, nach Öl riechende Wasser zu schwimmen, inmitten der Uferlaternen, die sich zackig um ihn wellten.

Als er nass und vor Kälte tänzelnd die Treppe erreichte, wo er seine Sachen in der Obhut des Bärtigen zurückgelassen hatte, entdeckte er, dass man ihm nicht nur die Kleidung, sondern auch den Bärtigen selbst gestohlen hatte. Stattdessen fand er nur die verschlissene Tolstoi-Bluse samt einer gestreiften langen Unterhose, die Kerze, die Ikone und eine Streichholzschachtel. In ohnmächtigem Zorn schüttelte Iwan drohend die Faust und nahm mit dem vorlieb, was ihm geblieben war.

Da kamen ihm zwei beunruhigende Gedanken: Erstens war sein MassLit-Ausweis weg, von dem er sich sonst niemals trennte, und zweitens könnte sich der Weg durch Moskau in einem solchen Aufzug schwierig gestalten. In Unterhosen, nun … Das ging zwar eigentlich niemanden etwas an, aber vielleicht würde ja doch irgendjemand Anstoß nehmen und ihn anhalten wollen.

In der Hoffnung, dass sie so als lässige Sommerhose durchgehen könnte, riss Iwan der langen Unterwäsche die Knöpfe unten an den Knöcheln ab, sammelte die Ikone, die Kerze und die Streichhölzer ein und lief los. Dabei sagte er zu sich: »Das Gribojedow! Ganz sicher ist er dort.«

Die Stadt lebte bereits ihr Abendleben. Lastwagen brausten mit klirrenden Ketten durch den Staub, und auf den Ladeflächen lagen Männer rücklings auf Säcken ausgestreckt. In allen Häusern standen sämtliche Fenster offen. In jedem brannte ein Licht unter einem orangefarbenen Lampenschirm, und aus jedem Fenster, aus jeder Tür, aus jedem Tor, von jedem Dach und Dachboden, aus jedem Keller und Innenhof erklang laut und heiser die Polonaise zur Oper *Eugen Onegin*.

Iwans Befürchtungen erwiesen sich als vollauf berechtigt: Er fiel auf. Die Passanten drehten sich nach ihm um und lachten, und so entschied er sich, statt der Hauptstraßen lieber die engen Gässchen zu nehmen, wo die Leute nicht so penetrant waren, wo man einen barfüßigen Menschen vielleicht in Ruhe lassen würde, anstatt ihn mit Fragen zu piesacken zu diesem Beinkleid, das partout nicht wie eine Sommerhose aussehen wollte.

Also vertiefte er sich in das Gewirr der Gässchen des Arbat und tastete sich an den Häusern entlang, mit ängstlichen Seitenblicken und gelegentlichen Fluchten in Hauseingänge, möglichst weitab beampelter Kreuzungen und der eleganten Türen der Botschaftsvillen.

Und auf dem ganzen schweren Weg quälte ihn ebenso unsäglich wie unbegreiflich das allgegenwärtige Orchester, zu dem Onegin mit bleischwerem Bass von seiner Liebe zu Tatjana sang.

# Kapitel 5

## Es geschah im Gribojedow

Auf dem Ringboulevard stand in einem vernachlässigten Garten, den ein schmiedeeisernes Ziergitter vom Bürgersteig trennte, ein zweistöckiger, cremeweißer Altbau. Ein Teil des Grundstücks, direkt vor dem Haus, war asphaltiert; darauf thronte im Winter ein von einer Schaufel gekrönter Schneehaufen, im Sommer aber öffnete hier das hauseigene Restaurant unter einem Sonnensegel seine prächtige Terrasse.

Das Gebäude trug den Namen »Gribojedow-Haus«, weil es früher einmal der Tante des Schriftstellers Alexander Gribojedow gehört haben soll. Ob das nun wirklich stimmt, wissen wir nicht genau. Ja, wir haben sogar das Gefühl, dass es unter seinen Tanten überhaupt keine Immobilienbesitzerinnen gab. Sei's drum: Jedenfalls hieß das Haus so. Irgend so ein Moskauer Fabulant behauptete sogar, der berühmte Schriftsteller habe der bewussten Tante dort oben – im ersten Stock, in dem runden Saal mit den Säulen – Passagen aus seinem Stück *Weh dem Verstand* vorgelesen, während sich Tantchen auf dem Sofa fläzte. Weiß der Teufel, womöglich stimmt es ja doch, im Grunde ist das auch egal.

Nicht egal ist hingegen, dass dieses Haus jetzt dem MassLit gehörte, also jenem Verband, den der unglückliche Michail Berlioz vor den Ereignissen am Patriarchenteich geleitet hatte. Irgendwann hatten die Mitglieder angefangen, das Haus einfach nur »Gribojedow« zu nennen. Etwa so: »Hab gestern im Gribojedow zwei Stunden Schlange gestanden.« »Und?« »Vier Wochen Krim ergattert.« »Gut gemacht!« Oder: »Geh doch zu Berlioz, er empfängt heute von vier bis fünf im Gribojedow«, und so weiter.

Der MassLit hatte sich im Gribojedow ganz wunderbar gemütlich eingerichtet. Wenn man das Haus betrat, sah man als Allererstes immer die Ankündigungen diverser Sportvereine und dazu Gruppen- und Einzelfotos von MassLit-Mitgliedern, denn diese (die Fotos) waren, soweit das Auge reichte, im Treppenhaus an den Wänden aufgehängt.

Gleich an der ersten Tür in dem besagten ersten Stock stand in großen Lettern »Datschen: Angebote und Angel-Angelegenheiten«, und daneben das Bild einer frisch gefangenen Karausche.

Etwas unklar war die Aufschrift an der nächsten: »Schöpferische Tagesausflüge. Kontakt: M. Podloschnaja.«

An der nächsten Tür stand lakonisch, aber ganz und gar kryptisch: »Perelygino«. Noch mehr verwirren dürften einen zufälligen Besucher die vielen anderen bunten Anschläge an den walnussfurnierten Türen der Schriftstellertante, beispielsweise »Anmeldung zur Papierwarteliste bei der Bürgerin Pokljowkina« und »Sketch-Kasse. Persönliche Ab- und Anrechnung«.

Wer sich durch die gigantische Schlange gedrängelt hatte, die bis hinunter zum Pförtner reichte, sah eine Tür, die im Sekundentakt aufgerissen und wieder zugeschlagen wurde. Die Aufschrift daran lautete: »Wohnungswesen«.

An der nächsten Tür, neben dem Wohnungswesen, prangte ein Plakat, auf dem man einen Bergkamm sah und darauf einen Reiter im Fellumhang, das Gewehr über der Schulter; darunter Palmen und einen Balkon, auf dem ein junger Mann mit Stirnlocke, Füllfederhalter in der Hand, höchst belebt dem Morgenrot entgegenblickte. Darauf stand: »Vollwertiger schöpferischer Urlaub im Umfang von zwei Wochen (Kurzgeschichte, Novelle) bis zu einem Jahr (Roman, Trilogie). Jalta, Suuk-Su, Borowoje, Zikhisdziri, Machindzhauri, Leningrad (Winterpalast)«. An dieser Tür stand auch eine Schlange, jedoch keine übermäßige – etwa hundertfünfzig Menschen.

Als nächstes folgten entlang der skurrilen Kurven, Auf- und Abstiege des Gribojedow: »MassLit-Vorstand«, »Kassen Nr. 2, 3, 4 und 5«, »Redaktionsausschuss«, »MassLit-Vorsitzender«, »Billardzimmer«, alle möglichen Wirtschaftsräume und schließlich jener Säulensaal, in dem die Tante der Komödie ihres genialen Neffen gelauscht haben soll.

Abgesehen von unverbesserlichen Schwachköpfen fiel einem jeden Besucher sogleich ins Auge, was für ein gutes Leben die glücklichen MassLit-Mitglieder doch hatten, und prompt begann an einem jeden Besucher der blanke Neid zu nagen. Man richtete bittere Vorwürfe an den Himmel, weil dieser einen nicht mit literarischem Talent versehen hatte, ohne welches man von einem Mitgliedsausweis des MassLit natürlich nicht mal träumen konnte, jenem braunen Ausweis mit dem teuren Lederduft und dem breiten Goldrand, den ganz Moskau kannte.

Wer will schon den Neid in Schutz nehmen? Es ist ein niederträchtiges Gefühl, ja, aber man muss sich auch mal in die Lage des Besuchers versetzen. Was er hier im Obergeschoss sah, war ja noch nicht alles – noch lange nicht. Das gesamte Erdgeschoss des Tantenhauses beherbergte ein Restaurant, und was für eins! Nicht zu Unrecht galt es als das beste in ganz Moskau. Und das nicht allein wegen seiner zwei riesigen Säle, deren Eckengewölbe mit assyrisch gelockten violetten Pferden ausgemalt waren, nicht allein weil an jedem Tisch eine Schirmlampe stand und weil man nur Mitglieder hereinließ, sondern auch, weil die Verpflegung im Gribojedow bezüglich der Qualität jedes andere Moskauer Restaurant übertrumpfte und dabei durchaus bezahlbar war, ja geradezu ein Schnäppchen.

So überrascht auch das folgende Gespräch nicht, das der Autor dieser wahrheitsgetreuen Zeilen einmal an dem schmiedeeisernen Gitter des Gribojedow zufällig mitgehört hat:

»Wo isst du heute denn zu Abend, Ambrosius?«

»Was für eine Frage! Hier, wo denn sonst, mein lieber Phokas! Artschibald Artschibaldowitsch hat mich wissen lassen, dass es heute frischen Zander natur gibt. Das sucht schon seinesgleichen!«

»Du verstehst zu leben, Ambrosius!«, seufzte der dürre Phokas, ungepflegt und mit einem Karbunkel am Hals, und schaute den Poeten Ambrosius an, einen Riesen mit rosigen Lippen, prallen Wangen und goldenem Haar.

»Da gibt's nicht viel zu verstehen«, erwiderte Ambrosius, »man muss nur eben anständig leben wollen. Du sagst jetzt bestimmt, den Zander gibt's auch im Colosseo. Nun kostet eine Portion dort aber dreizehn Rubel fünfzehn Kopeken und hier bei uns nur fünf Rubel fünfzig! Außerdem sind die Zander im Colosseo drei Tage alt, und dazu noch hast du dort keine Garantie, dass dir nicht plötzlich der erstbeste aus der Theaterpassage dahergelaufene Bursche mit einer Traubenrebe eine wischt. Nein, ich bin kategorisch gegen das Colosseo!« So donnerte der Feinschmecker Ambrosius über den ganzen Boulevard. »Das lasse ich mir nicht ausreden, Phokas!«

»Ich will dir ja gar nichts ausreden, Ambrosius«, quiekte Phokas. »Man kann auch zu Hause essen …«

»Danke vielmals!«, trompetete Ambrosius. »Das stelle ich mir ja lustig vor, wie deine Frau versucht, in der Gemeinschaftsküche in einem Kochtöpfchen Zander natur zu basteln, hühühü! Au revoir, Phokas!« Und mit einem Lied auf den Lippen strebte Ambrosius auf die überschirmte Terrasse zu.

Ach ja, ach ja … Das waren Zeiten! Nie werden alte Moskauer das berühmte Gribojedow vergessen! Was ist schon so ein pochierter frischer Zander? Firlefanz, mein lieber Ambrosius! Aber ein Stör, ein Stör auf einem silbrigen Pfännchen, Störscheiben mit Krebsschwänzen und frischem Kaviar dazwischen? Und Œufs Cocotte mit Champignonpüree in Schälchen? Und die Drosselfilets, schmeckten die Ihnen etwa nicht? Mit Trüffeln? Und die Wachteln à la génoise? Neuneinhalb Rubel! Und der Jazz, und der zuvorkommende Service! Oh, und im Juli, wenn die ganze Familie auf der Datscha ist, Sie aber wegen dringlicher literarischer Angelegenheiten in der Stadt bleiben müssen – da, auf der Terrasse, im Schatten der rankenden Reben, in einem goldenen Sonnenfleck auf der reinsten aller Tischdecken, ein Schüsselchen Potage Printanier? Erinnern Sie sich, Ambrosius? Was frage ich! Ich sehe es an Ihren Lippen, Sie erinnern sich. Kommen Sie mir nicht mit Renken und Zandern! Nein, die Wachteln, die Bekassinen, die Schnepfen sollen es sein – die Doppelschnepfen, die Zwergschnepfen, die Wasserschnepfen … Das kaukasische Mineralwasser, das so die Kehle kitzelt! Aber genug, lass dich nicht ablenken, geneigter Leser. Mir nach!

An jenem Abend, an dem Berlioz am Patriarchenteich sein Ende fand, war um halb elf oben im Gribojedow nur ein Raum beleuchtet, und darin schmachteten zwölf Literaturschaffende, die sich zu einer Sitzung versammelt hatten und auf den MassLit-Vorsitzenden warteten.

Sie saßen auf Stühlen, Tischen und sogar auf den beiden Fensterbänken im Vorstandsbüro und litten unter der Hitze. Kein frisches Lüftchen kam durch die offenen Fenster herein. Moskau gab die Wärme ab, die sich den Tag über im Asphalt angestaut hatte, und wie es aussah, würde auch die Nacht keine Erlösung bringen. Aus dem Keller des Tantenhauses, aus der Restaurantküche, roch es nach Zwiebeln; der Literaturbetrieb war durstig, verärgert und nervös.

Der Belletrist Beskudnikow – ein ruhiger, adrett gekleideter Mann mit aufmerksamen, doch stets ausweichenden Augen – nahm seine Uhr heraus. Der Zeiger kroch auf die Elf zu. Beskudnikow klopfte mit dem Finger auf das Ziffernblatt und zeigte es dem Dichter Dwubratski, der neben ihm auf dem Tisch saß und gelangweilt die in gummibesohlten gelben Schuhen steckenden Füße baumeln ließ.

»Also wirklich«, murrte Dwubratski.

»Der gute Junge kommt wohl nicht vom Kljasma-Fluss weg«, sprach mit sämiger Stimme Nastasja Nepremenowa, Tochter eines verstorbenen Moskauer Kaufmanns, die unter dem Pseudonym »Steuermann George« Seeabenteuergeschichten schrieb.

»Ja nun!«, rief der populäre Sketchautor Zagriwow kühn. »Ich würde auch lieber ein Tässchen Tee auf dem Balkon trinken als hier zu schmoren. Die Sitzung war für zehn Uhr angesetzt, nicht wahr?«

»Auf dem Kljasma ist es grad so richtig schön«, stichelte die Steuermann George, wohl wissend, dass das Literatendorf Perelygino auf dem Kljasma für alle Anwesenden ein wunder Punkt war. »Es singen dort wohl schon die Nachtigallen. Auf dem Lande kann ich immer besser arbeiten, vor allem im Frühling.«

»Das dritte Jahr schon zahle ich Beiträge, um meine Frau mit ihrem Schilddrüsenleiden in dieses Paradies zu schicken, aber es scheint sich nichts zu regen«, sagte der Novellist Hieronimus Poprichin giftig.

»Glück muss man haben«, dröhnte der Kritiker Ababkow vom Fenstersims.

Frohsinn flammte in den Äuglein der Steuermann auf; sie stimmte ihren Kontraalt weicher:

»Jetzt seien Sie nicht neidisch, Genossen. Es gibt eben nur zweiundzwanzig Datschas, sieben weitere werden noch gebaut, aber wir sind dreitausend Mann bei MassLit.«

»Dreitausendeinhundertelf«, meldete sich eine Stimme aus der Ecke.

»Da sehen Sie«, fuhr die Steuermann fort, »was soll man machen? Es ist nur natürlich, dass die Datschas an die Begabtesten gehen.«

»Die Generäle!«, stürzte sich der Drehbuchautor Glucharjow ins Gefecht.

Beskudnikow gähnte gekünstelt und ging hinaus.

»Da gehen fünf Zimmer in Perelygino«, kommentierte Glucharjow.

»Lawrowitsch hat sechs«, rief Deniskin, »und das Esszimmer ist mit Eiche getäfelt!«

»Darum geht es gerade nicht«, dröhnte Ababkow, »es geht darum, dass es halb zwölf ist.«

Es wurde laut; eine Art Meuterei braute sich zusammen. Man rief das verhasste Perelygino an, erwischte aber die falsche Datscha, nämlich die von Lawrowitsch; dort wurde gemeldet, Lawrowitsch sei gerade am Fluss, was die Anwesenden vollends verstimmte. Sie riefen auf gut Glück beim Ausschuss für schöngeistige Literatur an, Durchwahl 930, und fanden dort natürlich niemanden vor.

»Er hätte doch wenigstens anrufen können!«, riefen Deniskin, Glucharjow und Quant. Aber ach, da lagen sie ganz falsch: Er hätte keinesfalls anrufen können. Weit, weit weg vom Gribojedow lag in einem riesigen Raum, von Tausend-Watt-Glühbirnen beleuchtet, auf drei Zinktischen das, was bis vor kurzem noch Michail Berlioz gewesen war.

Auf dem ersten Tisch befand sich der nackte Körper, mit getrocknetem Blut verschmiert, ein Arm gebrochen, der Brustkorb zerquetscht; auf dem zweiten der Kopf mit ausgeschlagenen Vorderzähnen und starren Augen, denen selbst das grellste Licht nichts mehr ausmachen konnte; auf dem dritten ein Haufen dreck- und blutverkrusteter Lumpen.

An dem geköpften Leib standen der Professor für Rechtsmedizin, der Pathologe mit seinem Prosektor, mehrere Ermittler und der Schriftsteller Zheldybin, Berlioz' Stellvertreter im MassLit, den man vom Bett seiner kranken Frau wegtelefoniert hatte.

Man hatte Zheldybin mit einem Auto abgeholt und ihn zu allererst zusammen mit den Ermittlern in die Wohnung des Getöteten gebracht (das war gegen Mitternacht gewesen), wo sämtliche Papiere versiegelt wurden, und anschließend waren alle in die Leichenhalle gefahren.

Nun stand man um die Überreste des Verstorbenen herum und diskutierte, was besser wäre: den abgetrennten Kopf an den Hals anzunähen oder den Körper bei der Aufbahrung in der Gribojedow-Halle einfach bis zum Kinn mit einem schwarzen Tuch zuzudecken?

Nein, anrufen hätte Berlioz auf keinen Fall können; Deniskin, Glucharjow, Beskudnikow und Quant empörten sich vollkommen grundlos. Genau um Mitternacht verließen die zwölf Literaturschaffenden schließlich das Obergeschoss und stiegen hinab ins Restaurant. Hier ärgerten sie sich wieder über Berlioz, wenn auch im Stillen: alle Tische auf der Terrasse waren natürlich schon besetzt, sodass sie in einem der schönen, aber luftlosen Säle essen mussten.

Gleichzeitig, um Punkt Mitternacht, schepperte und klirrte es in dem ersten Saal, irgendetwas sprang umher, und eine hohe Männerstimme kreischte »Halleluja!«. Der berühmte Gribojedow-Jazz war los. Mit einem Mal leuchteten die schweißglänzenden Gesichter, die Pferde an der Decke schienen sich zu regen, die Lampen heller zu strahlen. Beide Hallen brachen wie entfesselt in Tanz aus, und wenig später tanzte die Terrasse ebenfalls.

Es tanzte Glucharjow mit der Dichterin Tamara Polumesez, es tanzte Quant, es tanzte der Romancier Zhukopow mit einer Filmschauspielerin im gelben Kleid. Es tanzten: Dragunski, Tscherdaktschi, der kleine Deniskin mit der riesigen Steuermann George; die schöne Architektin Semeikina-Gall tanzte eng an einen Unbekannten in weißen Basthosen geschmiegt. Es tanzten Mitglieder und geladene Gäste, Moskauer und Nicht-Moskauer, der Schriftsteller Johann aus Kronstadt und ein gewisser Viktor Kuftik aus Rostow, der wohl Regisseur war und eine lila Schuppenflechte über die ganze Wange hatte; es tanzten die bedeutendsten Vertreter und Vertreterinnen der lyrischen Abteilung des MassLit, nämlich Pavianow, Bogochulski, Sladki, Schpitschkin und Adelfina Buzdjak; es tanzten kurz geschorene junge Männer ohne klare literarische Spezialisierung, dafür aber mit wattegepolsterten Schultern; es tanzte ein sehr betagter Herr, in dessen Bart ein Hälmchen Schnittlauch schaukelte, mit einem anämiebenagten Mädchen im zerknautschten orangefarbenen Seidenkleid.

Die Kellner trugen schwitzende Bierkrüge über den Köpfen, trieften auch selbst vor Schweiß, riefen ebenso heiser wie hasserfüllt: »Tschuldigung, Bürger!« Aus dem Sprechrohr kommandierte eine Stimme: »Schaschlik in Weinmarinade, einer! Zubrowka-Braten, zwei! Kuttelsuppe, eine!« Die hohe Stimme kreischte nicht mehr, sondern heulte ihr Halleluja. Mitunter übertönte das Scheppern des Geschirrs, von den Tellerwäscherinnen auf einer Schräge in die Küche befördert, sogar das Scheppern der goldenen Jazz-Becken. Kurzum, es war die Hölle los.

Um Mitternacht wurde diese Hölle von einer Vision heimgesucht. Ein schwarzäugiger, befrackter Schönling mit Spitzbart trat auf die Veranda und ließ den majestätischen Blick über sein Reich schweifen. Die Mystiker – nun, die Mystiker behaupten, der Schönling habe früher statt eines Fracks einen breiten Ledergürtel mit Pistolen getragen, sein rabenschwarzes Haar habe ein Tuch aus scharlachroter Seide geziert, und unter seinem Kommando sei eine Brigg durch die Karibik gesegelt, und eine schwarze Flagge mit Totenkopf habe über ihr geweht.

Doch nein! Die Mystiker wollen nur mit ihren Lügen verführen. Es gibt keine karibischen Meere auf der Welt, keine verwegenen Korsaren segeln darauf, keine Korvette jagt ihnen nach, kein Kanonenrauch weht über den Wellen. Dergleichen gibt es nicht und hat es nie gegeben. Es gibt nur diese kränkliche Linde, das schmiedeeiserne Gitter und den Boulevard dahinter. Und das Eis schmilzt in der Schüssel, und am nächsten Tisch stiert einer mit blutunterlaufen Augen, und die Angst … O Götter, Götter! Gift, bringt mir Gift!

Plötzlich kam von einem der Tische ein Wort geflattert: »Berlioz!« Der Jazz zerfiel und verstummte, als hätte ihn jemand mit der Faust zerschlagen. »Was, was, was ist denn?!« »Berlioz!« Und dann das Aufspringen, das Aufschreien …

Eine Welle der Trauer schwappte durch den Raum, als die schreckliche Nachricht über Michail Berlioz vernommen wurde. Jemand rief hektisch, man müsse unbedingt, sofort und auf der Stelle als Kollektiv ein Telegramm verfassen und es eiligst abschicken.

Aber was denn für ein Telegramm, wenn man fragen darf, und wohin? Wozu? Und vor allem noch einmal: wohin denn bitte? Was nützt ein Telegramm einem, dessen plattgefahrenen Hinterkopf gerade die Gummihände des Prosektors drücken, während ihm der Professor seine gebogenen Nadeln in den Hals sticht? Tot ist er und braucht keine Telegramme. Alles aus und vorbei. Wozu noch die Telegrafenleitungen verstopfen?

Tot ist er, tot. Doch wir sind noch am Leben!

Ja, eine Welle der Trauer schwappte durch den Raum, und sie hielt sich auch ein Weilchen, aber dann ebbte sie ab; schon kehrten die Ersten an die Tische zurück und tranken – zunächst noch verstohlen, dann offen – ein Schlückchen kalten Wodka, aßen eine Kleinigkeit dazu. Und tatsächlich, soll man Côtelettes de volaille etwa verderben lassen? Was nützt es Michail Berlioz, wenn wir hungrig bleiben? Wir sind ja noch am Leben!

Natürlich wurde das Klavier zugeklappt, die Jazzband ging auseinander, und mehrere Journalisten fuhren in ihre Redaktionen, um Nachrufe zu schreiben. Dann hörte man, Zheldybin sei direkt aus der Leichenhalle ins Gribojedow gekommen. Er richtete sich oben im Büro des Verstorbenen ein, und sogleich verbreitete sich das Gerücht, er werde dessen Platz einnehmen. Zheldybin rief die zwölf Vorstandsmitglieder aus dem Restaurant zu sich, und in Berlioz' Büro begann eine Notsitzung zu so dringenden Fragen wie der Ausschmückung des Säulensaals im Gribojedow, dem Transport des Leichnams aus dem Schauhaus in den besagten Saal, der Öffnung des Saals für die Moskauer Bürger und anderen Angelegenheiten im Zusammenhang mit dem traurigen Ereignis.

Das Restaurant führte unterdes sein gewohntes Nachtleben und hätte es auch bis zur Sperrstunde so fortgeführt, also bis vier Uhr morgens, wenn nicht etwas völlig Außerordentliches passiert wäre, etwas, das die Gäste noch viel mehr schockierte als die Nachricht vom Tode des Vorsitzenden.

Als erste schlugen die Kutscher Alarm, die mit ihren schicken Gespannen draußen vor dem Gribojedow warteten. Einer stand von seinem Kutschbock auf und rief: »Oho! Schaut mal, da!«

Auf einmal flammte an dem schmiedeeisernen Gitter ein Lichtlein auf und näherte sich langsam der Veranda. Die Menschen an den Tischen erhoben sich, schauten in die Dunkelheit und sahen, dass mit dem Lichtlein ein weißes Gespenst auf das Restaurant zukam. Als es das Gitter erreichte, starrten es alle reglos an, die Gabeln mit dem Stör verharrten in der Luft. Der Portier, der in diesem Moment aus der Garderobe herausgetreten war, um im Hof eine zu rauchen, trat seine Zigarette aus und bewegte sich auf das Gespenst zu, mit der offenkundigen Absicht, ihm den Weg ins Restaurant zu versperren – gab sein Vorhaben dann aber aus irgendeinem Grunde auf und blieb dümmlich lächelnd stehen.

So konnte das Gespenst durch eine Öffnung im Gitter ungehindert auf die Veranda treten, und da sahen alle: Es war gar kein Gespenst – es war der bekannte Dichter Iwan Besdomny.

Er war barfuß und trug eine lange gestreifte Unterhose, dazu eine verschlissene schmutzig-weiße Tolstoi-Bluse, an der mit einer Sicherheitsnadel die ausgeblichene Papierikone eines unbekannten Heiligen befestigt war. In der Hand hielt er eine brennende Hochzeitskerze, und auf seiner rechten Wange prangte ein frischer Kratzer. Die Stille, die nunmehr auf der Veranda eintrat, war unermesslich. Ein Kellner erstarrte, den Krug schief in der Hand, und das Bier tropfte auf den Boden.

Der Dichter hob die Kerze über den Kopf und sagte laut: »Seid gegrüßt, Kameraden!« Dann schaute er unter einen Tisch und rief wehleidig: »Nein, da ist er auch nicht!«

Zwei Stimmen waren zu hören. Ein Bass urteilte erbarmungslos: »Da haben wir's. Delirium tremens.«

Die zweite Stimme, weiblich und verängstigt, sprach: »Dass ihn die Polizei so hat auf der Straße laufen lassen!«

Das hörte Iwan, und er antwortete: »Die wollten mich ja auch zweimal festnehmen, erst in der Skatertny-Gasse und dann hier in der Bronnaja, aber ich bin über einen Zaun gesprungen! Hab mir dabei die Wange aufgeschlitzt, seht ihr?« Dann hob er die Kerze hoch und rief: »Brüder *in texti!*« Seine heisere Stimme wurde stärker; sie glühte. »So höret alle! Er ist erschienen. Fangen müssen wir ihn, sonst geschieht unermessliches Ungemach!«

»Was? Was? Was sagt er da? Wer ist erschienen?«, kam es von allen Seiten.

»Der Berater! Und dieser Berater hat gerade am Patriarchenteich unseren Michail umgebracht.«

Da strömten die Menschen aus den Innenräumen auf die Veranda und versammelten sich um Iwans Feuer.

»Mit Verlaub, mit Verlaub, könnten Sie uns das genauer erklären?«, sagte eine sanfte, höfliche Stimme. »Was heißt ›umgebracht‹? Wer hat ihn umgebracht?«

»Na, der ausländische Berater, Professor und Spion!«, antwortete Iwan und sah sich um.

»Wie heißt der Mann denn?«, fragte die leise Stimme.

»Das ist es ja gerade!«, stöhnte der Dichter gequält. »Wenn ich den Namen doch bloß wüsste! Ich hab ihn auf der Karte nicht richtig gesehen. Kann mich nur an den ersten Buchstaben erinnern, ein W, sein Name fängt mit W an! Welcher Name fängt denn mit W an?«, fragte er, griff sich an die Stirn und fing an zu murmeln: »We, we, we … Wa … Wo … Waschner? Wagner? Weiner? Wegner? Winter?« Die Haare auf seinem Kopf knisterten vor Spannung.

»Wulf?«, rief eine Frau mitleidig.

Iwan wurde wütend.

»Blöde Kuh!«, schrie er, und sein Blick suchte die Frau. »Was hat Wulf damit zu tun? Wulf hat nichts getan! Wa … wo … Nein, ich weiß es einfach nicht mehr! Nun also, Bürger: Ruft sofort die Polizei, die sollen fünf Motorräder mit Maschinengewehren schicken, um Jagd auf den Professor zu machen. Ihr müsst noch sagen, dass zwei andere dabei sind: ein langer Karierter, mit Sprung im Zwicker – und ein Kater, so ein fetter, schwarzer. In der Zwischenzeit durchsuche ich das Gribojedow. Ich kann riechen, dass er hier ist!«

Er schob die Umherstehenden beiseite, schwenkte seine Kerze, bekleckerte sich dabei mit Wachs und schaute unter die Tische. Jemand rief »einen Arzt!«, und vor Iwan erschien ein fleischiges, herzliches Gesicht, rasiert, bebrillt und wohlgenährt.

»Genosse Besdomny«, sagte das Gesicht mit einer Jubiläumstoast-Stimme, »Sie müssen sich fassen. Unser hochgeschätzte Genosse Berlioz – nein, einfach unser lieber Michail! – ist verstorben; natürlich sind Sie verstört. Wir alle verstehen das sehr gut. Sie brauchen Ruhe. Die Genossen bringen Sie gleich ins Bett, ein wenig Schlaf wird Ihnen guttun …«

»Verstehst du denn nicht?«, unterbrach Iwan zähneknirschend. »Der Professor muss gefasst werden! Und da kommst du mir mit deinem Quatsch! Schwachkopf!«

»Verzeihen Sie, Genosse Besdomny, aber –«, erwiderte das Gesicht. Es errötete, zog sich zurück und bereute schon, sich eingemischt zu haben.

»Dir werde ich ganz bestimmt nicht verzeihen«, sagte Iwan mit stillem Hass.

Ein Krampf verzerrte seine Züge. Er nahm schnell die Kerze von der rechten in die linke Hand, holte schwungvoll aus und versetzte dem teilnahmsvollen Gesicht eine schallende Ohrfeige.

Da kamen die Leute auf die Idee, sich auf Iwan zu stürzen – und so stürzten sie sich auf ihn. Die Kerze ging aus, die Brille sprang von dem Gesicht und wurde umgehend zertrampelt. Iwan verteidigte sich. Seine gellenden Schlachtrufe waren bis zum Boulevard zu hören und lockten jeden an, der Lust auf eine Schlägerei hatte. Geschirr flog klirrend von den Tischen, Frauen kreischten.

Während die Kellner den Dichter mit ihren Handservietten fesselten, fand in der Garderobe ein Gespräch zwischen dem Kapitän der Brigg und dem Portier statt.

»Hast du gesehen, dass er in Unterhosen war?«, erkundigte sich der Korsar eisig.

»Aber, Artschibald Artschibaldowitsch«, stammelte der kauernde Portier, »wie hätte ich den Herrn denn nicht hereinlassen können, wenn der Herr doch MassLit-Mitglied ist?«

»Hast du gesehen, dass er in Unterhosen war?«, wiederholte der Korsar.

»Aber Artschibald Artschibaldowitsch!«, flehte der Portier und lief glutrot an. »Was konnte ich denn tun? Mir ist ja selber klar, da sitzen Damen auf der Veranda –«

»Die Damen haben damit nichts zu tun, den Damen macht das nichts aus«, erwiderte der Korsar, und seine Augen brannten Löcher in den Portier, »der Polizei macht es aber sehr wohl etwas aus! In Unterwäsche darf man nur in einem einzigen Fall durch Moskau gehen, nämlich wenn man von der Polizei begleitet wird, und zwar zur Polizeistation! Wer sich anmaßt, ein Portier zu sein, muss wissen: Beim Anblick einer solchen Erscheinung hat man ohne Verzug zu pfeifen! Hörst du das? Hörst du, was auf der Veranda los ist?«

Der verstörte Portier hörte von der Veranda ein Buhen und Heulen, das Klirren von Geschirr und das Kreischen der Frauen.

»Und, was soll ich jetzt mit dir machen?«, fragte der Korsar.

Das Gesicht des Portiers wurde typhusgelb, und etwas starb in seinen Augen. Das exakt gescheitelte schwarze Haar seines Vorgesetzten verschwand unter einem Tuch aus flammend roter Seide. Das Hemd und der Frack verschwanden ebenfalls, stattdessen schaute nun aus einem Ledergürtel ein Pistolengriff hervor. Der Portier sah sich am Fockmast hängen. Mit eigenen Augen sah er, wie ihm die Zunge aus dem Mund quoll und sein lebloser Kopf ihm schlaff auf der Schulter lag; er hörte sogar das Plätschern der Wellen. Seine Knie wurden weich. Da erbarmte sich der Korsar und löschte das Feuer in seinen Augen.

»Pass auf, Nikolai, das ist das letzte Mal! Solche Portiers können diesem Restaurant gestohlen bleiben. Als Kirchennachtwächter wärst du besser aufgehoben.« Dann befahl der Kapitän präzise, klar und prompt: »Pantelej vom Buffet. Einen Polizisten, fürs Protokoll. Ein Auto, in die Psychiatrische.« Und schließlich: »Pfeif ab!«

Eine Viertelstunde später sah das erstaunte Publikum – nicht nur im Restaurant, sondern auch auf dem Boulevard und hinter den Fenstern der umstehenden Häuser –, wie Pantelej, der Portier, ein Polizist, ein Kellner und der Dichter Rjuchin einen wie in Windeln gewickelten und in Tränen aufgelösten jungen Mann aus dem Gribojedow schleppten, der in Rjuchins Richtung spuckte und aus voller Kehle schrie: »Du Drecksack! Du verdammter Drecksack!«

Ein boshaft dreinblickender Lastwagenfahrer startete seinen Motor. Neben ihm zog ein Kutscher vorauseilend dem noch stehenden Pferd mit den violetten Zügeln eins über die Kruppe und rief: »Ein Rennpferd, ein wahres Rennpferd ist das! Ich weiß, wo es langgeht zur Psychiatrischen!«

Um sie herum summte die Menge, das beispiellose Ereignis wurde heftig diskutiert. Kurzum, es war ein widerlicher, abscheulicher, verführerischer, schweinischer Skandal, der erst endete, als der Lastwagen den unglückseligen Iwan Besdomny mit Pantelej, dem Polizisten und Rjuchin davongefahren hatte.

# Kapitel 6

## Schizophrenie, genau wie prophezeit

Es war bereits halb zwei Uhr nachts, als ein Mann mit Spitzbart und in weißem Kittel den Untersuchungsraum der berühmten psychiatrischen Klinik betrat, die kürzlich am Stadtrand von Moskau am Flussufer entstanden war. Drei Sanitäter ließen Iwan, der auf einer Couch saß, nicht aus dem Blick. Auch der äußerst erregte Dichter Rjuchin war dabei. Auf derselben Couch häuften sich die Stoffservietten, mit denen man Iwan gefesselt hatte. Seine Arme und Beine waren nun frei.

Als Rjuchin den Eintretenden sah, wurde er blass, hüstelte und sagte zaghaft: »Guten Abend, Herr Doktor.«

Der Arzt begrüßte ihn mit einer Verbeugung, schaute dabei aber auf Iwan. Dieser saß mit wütendem Gesicht und zusammengezogenen Brauen und rührte sich nicht einmal, als der Arzt hereinkam.

»Nun, Herr Doktor«, flüsterte Rjuchin, wobei er ängstlich zu Iwan hinüberschielte, »der bekannte Dichter Iwan Besdomny – die Sache ist … Wir befürchten, es ist vielleicht Delirium tremens.«

»Trinker?«, knirschte der Arzt.

»Das nicht. Trinken tut er schon, aber nicht gerade bis zum, nun –«

»Kakerlaken, Ratten, Teufel, huschende Hunde gejagt?«

»Nein«, erwiderte Rjuchin schaudernd, »ich habe ihn gestern gesehen, und heute früh auch. Er war vollkommen gesund.«

»Und warum ist er in Unterhosen? Wurde er aus dem Bett geholt?«

»Nein, Herr Doktor, er ist so ins Restaurant gekommen.«

»Aha, aha«, nickte der Arzt höchst zufrieden, »und die Abschürfungen? Eine Schlägerei?«

»Er ist vom Zaun gefallen, und dann hat er sich im Restaurant mit einem geprügelt – und noch mit ein paar anderen.«

»So, so«, sagte der Doktor und begrüßte nun erst Iwan.

»Hallo, Arztverschwörer!«, erwiderte der Dichter laut und zänkisch.

Das war Rjuchin nun so peinlich, dass er es nicht wagte, den Blick auf den höflichen Arzt zu richten. Aber dieser war nicht im Geringsten beleidigt. Mit einer geübten Bewegung nahm er die Brille ab, steckte sie, den Kittel kurz anhebend, in die Gesäßtasche seiner Hose und fragte Iwan:

»Wie alt sind Sie?«

»Fahrt doch alle zur Hölle!«, brüllte Iwan und wandte sich ab.

»Aber warum ärgern Sie sich denn? Habe ich etwas Unangenehmes gesagt?«

»Ich bin 23 Jahre alt«, sagte Iwan zornig, »und ich reiche gegen euch alle eine Beschwerde ein. Vor allem gegen dich, du Zecke!«, informierte er Rjuchin gesondert.

»Und worüber wollen Sie sich beschweren?«

»Darüber, dass ich, ein gesunder Mensch, mit Gewalt ins Irrenhaus geschleppt wurde!«

Hier sah Rjuchin den Dichter genau an, und ihm wurde kalt: Iwans Augen waren frei von Wahnsinn, nicht mehr trüb wie im Gribojedow, sondern vollkommen klar.

»Meine Güte!«, dachte Rjuchin erschrocken. »Ist er wirklich bei Vernunft? Verdammt! Warum haben wir ihn eigentlich hierhergeschleppt? Er ist bei Vernunft, ganz bei Vernunft, nur mit zerkratzter Visage …«

»Sie befinden sich«, erklärte der Arzt ruhig, während er sich auf einen einbeinigen weißen Hocker setzte, »nicht in einem Irrenhaus, sondern in einer Klinik, in der niemand Sie unnötig aufhalten wird.«

Iwan schielte ihn misstrauisch an, brummte aber: »Gott sei Dank! Endlich mal ein vernünftiger Mensch. Das andere sind doch alles Idioten, zuallererst dieser ahnungslose Stümper Alex!«

»Wer ist dieser Stümper Alex?«, erkundigte sich der Arzt.

»Na, der hier!«, antwortete Iwan und stieß mit seinem schmutzigen Finger in Richtung Rjuchin.

Dieser errötete vor Empörung.

»Das ist der Dank dafür«, dachte er bitter, »dass ich mich um ihn gekümmert habe! So ein Mistkerl!«

»Psychologisch gesehen ist er ein typischer kleiner Kulak«, berichtete Iwan, den es offensichtlich drängte, Rjuchin anzuprangern, »ein Kulak, penibel als Proletarier verkleidet. Schauen Sie sich seine biedere Visage an – und dann die jugendfrischen Verse, die er für den Ersten Mai geschrieben hat! He-he … Lauter flatternde Flaggen und flackernde Fackeln. Aber wenn Sie in ihn hineinschauen und sehen, was er denkt – ja, da werden Sie was erleben!« Iwan brach in unheilvolles Gelächter aus.

Rjuchin atmete schwer, war rot und dachte nur daran, dass er eine Schlange an seiner Brust genährt, dass das Objekt seiner Fürsorge sich als böser Feind entpuppt hatte. Und vor allem konnte er nichts tun: Sollte er sich etwa mit einem Geisteskranken streiten?

»Warum wurden Sie denn eigentlich zu uns gebracht?«, fragte der Arzt, nachdem er Besdomnys Spottrede aufmerksam angehört hatte.

»Weiß der Teufel, was diese Schwachköpfe sich gedacht haben! Die haben mich gepackt, mit irgendwelchen Lumpen gefesselt und in einem Lastwagen hierher verschleppt!«

»Darf ich fragen, warum Sie in Unterwäsche ein Restaurant aufgesucht haben?«

»Da ist doch nichts dabei. Ich war im Moskwa-Fluss baden, da hat man mir halt meine Klamotten geklaut, und mir ist dieser Müll hier geblieben! Ich konnte ja nicht nackt durch Moskau laufen, also hab ich geschnappt, was da war, weil ich dringend zum Gribojedow musste.«

Der Arzt blickte fragend zu Rjuchin, und dieser murmelte: »So heißt das Restaurant.«

»Aha«, nickte der Arzt, »und warum hatten Sie es so eilig? Ein Geschäftstreffen?«

»Ich bin hinter dem Berater her«, sagte Iwan und sah sich rastlos um.

»Welchem Berater?«

»Kennen Sie Berlioz?«, fragte der Dichter bedeutungsvoll.

»Den Komponisten?«

Diese Antwort verstimmte Iwan.

»Wieso denn Komponisten? Ach ja! Nein, der Komponist hat nur denselben Namen wie unser Michail.«

Rjuchin hatte keine Lust zu reden, musste aber doch erklären: »Der Sekretär vom MassLit, Genosse Berlioz, wurde heute Abend am Patriarchenteich von einer Straßenbahn überfahren.«

»Halt doch den Mund, wenn du keine Ahnung hast!«, rief Iwan wütend. »Ich war da, nicht du! Der hat ihn absichtlich unter die Straßenbahn befördert!«

»Geschubst, meinen Sie?«

»Wieso geschubst?!«, schrie Iwan, immer zorniger darüber, dass alle so schwer von Begriff waren. »So einer braucht nicht zu schubsen! Der hat Tricks drauf, da kannst du dein blaues Wunder erleben! Er hat halt vorher gewusst, dass Berlioz unter die Straßenbahn kommt!«

»Hat denn irgendjemand außer Ihnen diesen Berater gesehen?«

»Das ist ja das Schlimme! Außer Berlioz und mir war eben keiner da!«

»Ich verstehe. Was haben Sie denn unternommen, um diesen Mörder zu fangen?« Der Arzt drehte sich um zu einer Frau in weißem Kittel, die seitlich an einem Tisch saß. Sie nahm ein Formular heraus und begann, die Leerstellen zu füllen.

»Folgendes hab ich unternommen: Ein Kerzlein aus der Küche geholt –«

»Dieses hier?«, fragte der Arzt und zeigte auf die zerbrochene Kerze, die neben der Ikone auf dem Tisch der weißbekittelten Frau lag.

»Genau dieses, und –«

»Warum denn die Ikone?«

»Ja, die Ikone«, Iwan errötete. »Die Ikone hat die alle am meisten erschreckt.« Er zeigte erneut mit dem Finger auf Rjuchin. »Aber die Sache ist, dass der Berater – tja, der ist, jetzt mal ganz ehrlich, der ist mit dem Unheil im Bunde. Einfach so lässt der sich nicht erwischen.«

An dieser Stelle richteten sich die Sanitäter aus irgendeinem Grunde auf und fassten Iwan fest ins Auge.

»Jawohl«, fuhr dieser fort, »im Bunde! Tatsache, aber total. Hat persönlich mit Pontius Pilatus gesprochen. Nun hört schon auf, mich anzuglotzen! Es stimmt! Er hat alles gesehen – den Balkon, die Palmen … Kurzum, er war bei Pontius Pilatus, dafür kann ich bürgen.«

»So, so.«

»Nun, also hab ich mir die Ikone auf die Brust gesteckt und bin losgelaufen.«

Da schlug die Uhr abrupt zwei.

»Mensch!«, rief Iwan und sprang von der Couch auf. »Es ist schon zwei, und ich vergeude hier die Zeit! Entschuldigung, wo ist das Telefon?«

»Lasst ihn zum Telefon durch«, sagte der Arzt den Sanitätern.

Während Iwan den Hörer packte, wandte sich die Frau leise an Rjuchin: »Ist er verheiratet?«

»Nein«, antwortete Rjuchin erschrocken.

»Gewerkschaftsmitglied?«

»Ja.«

»Polizei?«, rief Iwan in den Hörer. »Polizei? Genossen, schicken Sie sofort fünf Motorräder mit Maschinengewehren für die Festnahme des ausländischen Beraters. Was? Holen Sie mich ab, ich komme selbst mit. Es spricht der Dichter Besdomny aus dem Irrenhaus. Wie ist die Adresse?«, flüsterte er dem Arzt zu, wobei er den Hörer mit der Hand zuhielt, und sprach dann wieder hinein: »Hören Sie? Hallo?« Dann rief er auf einmal »Unverschämtheit!« und schleuderte den Hörer gegen die Wand. Anschließend wandte er sich an den Arzt, streckte ihm die Hand entgegen, sagte trocken: »Auf Wiedersehen«, und schickte sich an zu gehen.

»Nanu, wo wollen Sie denn hin?«, fragte der Arzt und blickte Iwan tief in die Augen. »Mitten in der Nacht, in Unterwäsche … Sie fühlen sich nicht wohl, bleiben Sie doch bei uns.«

»Lasst mich vorbei«, verlangte Iwan von den Sanitätern, die vor der Tür zusammenrückten. »Lasst ihr mich vorbei oder nicht?«, brüllte er rasend.

Rjuchin zuckte zusammen. Die Frau drückte einen Knopf auf dem Tisch, und eine glänzende kleine Schachtel mit einer versiegelten Ampulle sprang auf seine Glasoberfläche.

»So steht's also?!« Der Dichter schaute sich wild und gehetzt um. »Nun dann! Macht's gut!« Und er rannte mit dem Kopf voran gegen das Fenster.

Es krachte ziemlich laut, doch das Glas hinter dem Vorhang blieb unversehrt, und schon im nächsten Augenblick wand sich Iwan in den Armen der Sanitäter. Er keuchte, versuchte zu beißen, brüllte: »Feine Fensterchen habt ihr hier! Lass mich! Lass mich los!«

In der Hand des Arztes blitzte eine Spritze, mit einer raschen Bewegung schlitzte die Frau den morschen Ärmel der Tolstoi-Bluse auf und packte Iwan mit ganz und gar unweiblicher Kraft. Äthergeruch stieg auf, der Dichter erschlaffte in den Händen der vier, und der Arzt nutzte den Moment geschickt aus, um ihm eine Nadel in den Arm zu stechen. Noch ein paar Sekunden lang wurde er festgehalten, dann legte man ihn auf die Couch.

»Banditen!«, schrie er und sprang wieder auf, wurde aber sogleich erneut auf die Couch verfrachtet. Und noch einmal versuchte er hochzukommen, als man ihn losließ, doch diesmal setzte er sich sogleich von alleine hin. Er hielt inne, blickte wild umher, dann gähnte er auf einmal.

»Habt ihr mich also doch eingekerkert«, sagte er bitter, gähnte wieder, legte sich hin, bettete seinen Kopf auf das Kissen, tat die Faust wie ein Kind unter den Kopf und murmelte, nun schon ganz schläfrig, ohne jede Bosheit: »Ausgezeichnet... Seid halt selber schuld ... Ich hab euch gewarnt, nun schaut selbst, wie ihr weiterkommt! Was mich jetzt interessiert, ist vor allem Pontius ... Pilatus.« Und er schloss die Augen.

»Ein Bad, Einzelzimmer 117, Beobachtung«, befahl der Arzt, während er die Brille aufsetzte. Da zuckte Rjuchin wieder zusammen: Die weiße Tür öffnete sich lautlos und gab den Blick auf einen mit blauen Nachtlampen beleuchten Flur frei. Von dort kam auf Gummirädern ein Bett gerollt, auf das man den nun ganz stillen Iwan bugsierte. Schon rollte er auf den Flur hinaus, und die Tür schloss hinter ihm.

»Herr Doktor«, fragte der erschütterte Rjuchin gedämpft, »er ist also wirklich krank?«

»Oh ja«, sagte der Arzt.

»Was hat er denn?«, erkundigte sich Rjuchin schüchtern.

Der Arzt blickte ihn müde an und antwortete erschöpft: »Übermäßiger Bewegungs- und Sprechdrang, deliriöse Deutungsmuster … Ein komplexer Fall, wie es scheint. Schizophrenie, nehme ich an. Dazu der Alkoholismus …«

Rjuchin begriff nichts von dem, was der Arzt sagte, außer dass es um Iwan nicht gut stand. Er seufzte und fragte: »Was redet er denn ständig von einem Berater?«

»Er muss jemanden gesehen haben, der einen tiefen Eindruck in seinem gestörten Bewusstsein hinterlassen hat. Vielleicht auch eine Halluzination.«

Wenige Minuten später fuhr Rjuchin in dem Lastwagen zurück nach Moskau. Es dämmerte schon, und das Licht der Laternen entlang der Landstraße war überflüssig und unangenehm. Der Fahrer ärgerte sich über die vertane Nacht und gab so kräftig Gas, dass der Wagen bei jeder Kurve ins Schleudern kam.

Nun fielen die Wälder ab, blieben zurück, der Fluss verschwand seitlich, und allerlei Zeug stürzte dem Lastwagen entgegen: Irgendwelche Zäune mit Wachhäuschen, Holzstapel, turmhohe Pfosten und Mäste, und darauf aufgefädelte Spulen, Schotterhaufen, von Kanälen durchzogener Grund – kurzum, man spürte, dass sie ganz nah war, die Stadt, dort hinter der nächsten Kurve, man spürte, dass Moskau einen gleich packen und verschlucken würde.

Rjuchin wurde gerüttelt und herumgeworfen. Der Klotz, auf dem er hockte, wollte ihm immer wieder wegrutschen. Die Servietten, die der Polizist und Pantelej hineingeworfen hatten, bevor sie mit dem Trolleybus vorgefahren waren, rutschten auf der ganzen Ladefläche hin und her. Rjuchin versuchte erst, sie einzusammeln, zischte dann auf einmal gehässig: »Hol sie doch der Teufel! Wieso hantiere ich hier denn herum wie ein Idiot?«, stieß sie mit dem Fuß beiseite und schaute weg.

Sein Geisteszustand war entsetzlich. Es wurde immer klarer, dass der Besuch der Anstalt einen tiefen Eindruck auf ihn gemacht hatte. Rjuchin wollte verstehen, was ihn quälte. Der Flur mit den blauen Lichtern, der in seinem Gedächtnis klebte? Der Gedanke daran, dass nichts schlimmer ist, als den Verstand zu verlieren? Ja, schon, auch das, natürlich. Doch das war ja nur ein allgemeiner Gedanke. Da steckte noch etwas anderes dahinter. Aber was denn nur? Eine Kränkung. Das war es. Ja, ja, die kränkenden Worte, die ihm Besdomny ins Gesicht geschleudert hatte. Und das Schlimme war nicht die Kränkung an sich, sondern die Wahrheit, die darin steckte.

Der Dichter sah nicht mehr auf die Straße, sondern starrte auf den schmutzigen ruckelnden Boden und murmelte, jammerte, nagte an sich selbst.

Ja, die Gedichte … Du bist 32 Jahre alt! Wirklich, was nun? – Jedes Jahr dasselbe: ein paar Gedichte. – Bis ins Greisenalter? – Ja, bis ins Greisenalter. – Was werden dir diese Gedichte bringen? Ruhm? – Papperlapapp! Dir selber brauchst du doch nichts vorzumachen. Der Ruhm kommt nie zu einem, der schlechte Gedichte schreibt. – Warum sind sie schlecht? – Die Wahrheit, die Wahrheit hat er gesagt! Du glaubst kein Wort von dem, was du schreibst.

Rjuchin war gnadenlos zu sich. Vergiftet von diesem Nervenzusammenbruch schwankte er und spürte, wie der Boden unter ihm zu ruckeln aufhörte. Er hob den Kopf und sah, dass er schon längst in Moskau war, dass die aufgehende Sonne eine Wolke golden umleuchtete, dass sein Lastwagen in einer Kolonne anderer Fahrzeuge an der Kurve zum Boulevard stehen geblieben war, und dass vor ihm auf einem Sockel ein Mann aus Metall mit leicht zur Seite geneigtem Kopf gleichgültig auf den Boulevard sah.

Seltsame Gedanken überfluteten das Hirn des erkrankten Dichters. »So ein Glückspilz!« Hier reckte sich Rjuchin auf der Ladefläche zu voller Höhe empor und hob den Arm zu einer auf den unschuldigen Gusseisernen gerichteten Drohgebärde. »Was auch immer er im Leben machte, was auch immer ihm geschah, alles wendete sich zu seinem Vorteil, alles führte zu seinem Ruhm! Aber was hat er schon vollbracht? Das soll mir mal einer erklären! Was ist schon besonders an so einem ›Wirbelt Sturm den Schnee in Säulen? Unbegreiflich! Glück, reines Glück!‹, beschloss Rjuchin giftig und fühlte, wie sich der Lastwagen unter ihm wieder regte. »Dieser Weißgardist, der hat auf ihn geschossen, ihm die Hüfte zertrümmert – und ihn unsterblich gemacht.«

Der Stau löste sich nach und nach auf. Schon zwei Minuten später betrat der Dichter – völlig krank, ja gealtert – die Gribojedow-Terrasse. Sie war bereits leer. Nur in einer Ecke trank noch eine Gesellschaft zu Ende, und in ihr wuselte der bekannte Conférencier mit einem Fes auf dem Kopf und einem Glas Abrau-Djurso in der Hand.

Rjuchin wurde mit seiner Ladung Servietten von Artschibald Artschibaldowitsch freundlich empfangen und sofort von den verfluchten Lumpen befreit. Hätten die Klinik und der Lastwagen dem Dichter nicht so zugesetzt, wäre es ihm wohl ein Vergnügen gewesen, alles zu erzählen und die Geschichte mit erfundenen Details auszuschmücken. Aber danach war ihm gerade ganz und gar nicht zumute. Zudem fasste Rjuchin, dessen Beobachtungsgabe ansonsten eher zu wünschen übrig ließ, den Korsaren nach der Folter im Lastwagen zum ersten Mal richtig scharf ins Auge und erkannte, dass dieser, auch wenn er nach Besdomny fragte und sogar »Oje, oje!« ausrief, sich in Wahrheit keinesfalls für dessen Schicksal interessierte und ihn keineswegs bemitleidete. »Recht hat er! Gut so!«, dachte Rjuchin mit zynischer, selbstzerstörerischer Bosheit.

Er unterbrach seine Erzählung über Besdomnys Schizophrenie und bat: »Artschibald Artschibaldowitsch, könnte ich etwas Wodka …?«

Der Korsar machte ein mitfühlendes Gesicht, wisperte: »Verstehe, sofort«, und winkte einen Kellner herbei.

Eine Viertelstunde später saß Rjuchin in völliger Einsamkeit über seine Zährte gekrümmt und trank ein Glas nach dem anderen. Er begriff und sah ein, dass er in seinem Leben nichts mehr verbessern konnte, höchstens vergessen.

Er hatte seine Nacht vergeudet, derweil andere feierten, und verstand nun, dass sie ihm für immer entschwunden war. Er brauchte nur den Kopf zu heben, zum Himmel zu blicken: Die Nacht war unwiederbringlich verloren. Die Kellner rissen die Decken von den Tischen. Die Katzen, die um die Terrasse huschten, sahen morgendlich aus. Der Tag wuchtete sich unerbittlich auf den Dichter nieder.

# Kapitel 7

## Die unselige Wohnung

Hätte einer zu Stepan Lichodejew gesagt »Stepan! Du wirst erschossen, wenn du nicht sofort aufstehst!«, so käme schmachtend, kaum hörbar zurück: »Erschießt mich, macht, was ihr wollt, aber ich stehe nicht auf.«

Von wegen Aufstehen, selbst die Augen konnte Stepan nicht öffnen, denn wenn er es täte, würde wohl ein Blitz einschlagen und seinen Kopf in Stücke reißen. Eine schwere Glocke dröhnte in diesem Kopf; zwischen den Augäpfeln und den geschlossenen Lidern schwammen braune, mit feurigem Grün umrandete Flecken, und dazu war ihm auch noch übel, wobei die Übelkeit irgendwie mit einem zudringlichen Grammophonklang zu tun hatte.

Stepan versuchte, sich an den Vorabend zu erinnern, entsann sich aber nur, dass er wohl irgendwo mit einer Serviette in der Hand versucht hatte, eine Dame zu küssen, und zwar unter Beteuerungen, ihr am nächsten Tag genau um zwölf Uhr mittags einen Besuch abstatten zu wollen. Die Dame hatte sich widersetzt – »nein, nein«, hatte sie beteuert, »ich werde nicht zu Hause sein!« –, aber Stepan war hartnäckig geblieben: »Ich komm aber trotzdem!«

Doch was für eine Dame, und wie spät es jetzt war, und welcher Tag, und welcher Monat – das alles wusste Stepan überhaupt nicht; schlimmer noch, er konnte auch nicht bestimmen, wo er sich befand. Bemüht, zumindest dies zu erfahren, klebte er die Lider seines linken Auges auseinander. Etwas schimmerte matt im Halbdunkel. Stepan erkannte schließlich den Pfeilerspiegel und sah sich auf dem Rücken liegen, und zwar in seinem Bett, also dem ehemaligen Bett der Juwelierswitwe. Da pochte es so in seinem Kopf, dass er das Auge schloss und aufstöhnte.

An dieser Stelle ist eine Erklärung vonnöten: Stepan Lichodejew, Direktor des Moskauer Varietés, war an jenem Morgen zu Hause zur Besinnung gekommen, in einem sechsstöckigen, U-förmigen Gebäude in der Sadowaja, in einer Wohnung, die er mit dem am Vorabend verstorbenen Berlioz teilte.

Es sollte erwähnt werden, dass der Ruf dieser Wohnung mit der Nummer 50 seit Langem seltsam war, ja vielleicht geradezu schlecht. Vor zwei Jahren gehörte sie noch der Witwe des Juweliers de Fougeret. Madame de Fougeret, eine respektable und äußerst geschäftstüchtige fünfzigjährige Dame, vermietete drei der fünf Zimmer. Ein Mieter hatte Belomut oder so ähnlich geheißen, der Nachname des zweiten ist in Vergessenheit geraten.

Dann, vor zwei Jahren, ging es los mit den unerklärlichen Ereignissen: Menschen begannen, spurlos aus der Wohnung zu verschwinden.

Eines Tages kam ein Polizist herein, rief den zweiten Mieter (dessen Nachname nun verloren ist) in die Eingangshalle und sagte, er müsse für eine Minute zur Polizeiwache mitkommen, um irgendetwas zu unterschreiben. Der Mieter befahl Anfissa, Madame de Fougerets langjähriger und loyaler Haushälterin, im Falle von Anrufen auszurichten, dass er zehn Minuten später zurück sein werde, und folgte dem höflichen, weißbehandschuhten Polizisten. Doch kehrte er weder zehn Minuten später noch irgendwann zurück. Das Seltsamste war, dass mit ihm offenbar auch der Polizist verschwand.

Die fromme (oder, seien wir aufrichtig, abergläubische) Anfissa erklärte ihrer trostlosen Arbeitgeberin ganz unverblümt: Es handle sich um Hexenwerk. Sie wisse genau, wer den Mieter und den Polizisten fortgeschleppt hatte – nur wolle sie so spät am Abend das Wort nicht aussprechen.

Nun ist es ja mit Hexenwerk bekanntermaßen wie folgt bestellt: Geht es einmal los, gibt es kein Halten mehr. Der namenlose Mieter war, soweit man sich erinnert, an einem Montag verschwunden; am Mittwoch darauf war auch Belomut wie vom Erdboden verschluckt, obschon unter anderen Umständen. Am Morgen kam wie immer ein Auto, um ihn zur Arbeit zu bringen, und es brachte ihn auch weg – kehrte aber nie zurück.

Frau Belomuts Trauer und Entsetzen waren unbeschreiblich. Bedauerlicherweise blieb für diese Gefühle aber wenig Zeit. Noch in derselben Nacht kam Madame de Fougeret mit Anfissa von ihrer Datscha zurück, die sie, warum auch immer, eilig aufgesucht hatte – und fand in der Wohnung nun auch keine Frau Belomut mehr. Nicht nur das: Die Türen der beiden Zimmer des Ehepaares Belomut waren versiegelt!

Irgendwie vergingen zwei Tage. Am dritten Tag fuhr die schlafmangelgeplagte Madame wieder schleunigst auf ihre Datscha. Muss man noch erwähnen, dass sie nie zurückkam?

Allein gelassen, weinte sich Anfissa irgendwann nach ein Uhr nachts in den Schlaf. Was danach mit ihr geschah, ist nicht bekannt, aber die Nachbarn erzählten, aus der 50 habe man die ganze Nacht etwas klopfen hören, und in den Fenstern habe bis zum Morgen elektrisches Licht gebrannt. Am Morgen stellte sich heraus: Anfissa war auch weg!

Lange Zeit geisterten im Haus allerlei Legenden über die Verschwundenen und die verfluchte Wohnung, wie zum Beispiel, dass die spröde, fromme kleine Anfissa auf ihrer dürren Brust einen Wildlederbeutel mit fünfundzwanzig großen Diamanten getragen habe, die Madame de Fougeret gehörten. Dass im Holzschuppen jener Datscha, die Madame mehrmals so eilig aufgesucht hatte, sagenhafte Schätze – und zwar ebenfalls Diamanten sowie Goldmünzen aus der Zarenzeit – ganz von allein aufgetaucht seien. Und so weiter und so fort. Nun, was wir nicht wissen, das wollen wir auch nicht behaupten.

Jedenfalls blieb die Wohnung nur eine Woche lang leer und versiegelt. Dann zog Berlioz mit seiner Gattin ein, und eben jener Stepan Lichodejew, ebenfalls mit Gattin. In der unseligen Wohnung war natürlich auch mit ihnen gleich die Hölle los! Und zwar verschwanden innerhalb eines Monats beide Gattinnen. Jedoch nicht spurlos. Von Frau Berlioz wurde erzählt, man habe sie in Charkow mit einem Ballettmeister gesehen; Stepans Gemahlin wollte man in der Boschedomka-Straße entdeckt haben, wo, wie man munkelte, der Varieté-Direktor dank seiner unzähligen Bekanntschaften ihr ein Zimmer ergattert hatte, unter der Bedingung, dass sie sich nie wieder in der Sadowaja blicken ließ.

Nun also, Stepan stöhnte auf. Er wollte erst die Haushälterin Grunja rufen und Kopfschmerztabletten verlangen, aber woher sollte Grunja schon welche haben? Er versuchte, Berlioz um Hilfe zu bitten, rief zweimal schwach »Michail … Michail!«, erhielt aber, wie der werte Leser sich wohl denken kann, keine Antwort. Die Wohnung war völlig still.

Stepan bewegte die Zehen und erkannte, dass diese in Socken steckten, strich sich mit der zittrigen Hand über die Hüfte, um festzustellen, ob er auch eine Hose anhatte, kam aber zu keinem eindeutigen Ergebnis. Schließlich beschloss er, aufzustehen – allein, verlassen und ohne Helfer –, wie unmenschlich schwierig dies auch sein mochte.

Sobald er die Lider auseinandergeklebt hatte, sah er im Spiegel einen Mann mit wirr abstehenden Haaren über einer aufgedunsenen, stoppeligen Visage mit verquollenen Augen. Der Mann trug ein schmutziges Nachthemd, dazu Kragen und Krawatte, sowie eine lange Unterhose und Socken.

Das war sein Spiegelbild; neben dem Spiegel erblickte er aber einen Unbekannten, schwarz bekleidet, mit schwarzer Baskenmütze.

Stepan setzte sich aufs Bett und richtete seine blutunterlaufenen Augen, so gut er konnte, auf den Unbekannten.

Dieser brach schließlich die Stille, indem er mit tiefer, schwerer Stimme und fremdem Akzent die folgenden Worte sagte: »Guten Morgen, hochsympathischer Herr Lichodejew!«

Es entstand eine Pause, nach der Stepan sich aus aller Kraft anstrengte und antwortete: »Was wünschen Sie?«

Die eigene Stimme erstaunte ihn. Das Wort »was« hatte er im Diskant gesagt, »wünschen« im Bass und »Sie« gar nicht hinbekommen.

Der Fremde lächelte freundlich, nahm eine große goldene Taschenuhr mit einem Diamantendreieck auf dem Deckel heraus, die elfmal schlug, und sagte: »Elf! Genau seit einer Stunde warte ich auf Ihr Erwachen, da Sie mich für zehn Uhr bestellt hatten. Da bin ich!«

Stepan ertastete seine Hose auf dem Stuhl neben dem Bett, flüsterte »Entschuldigung«, zog sie an und fragte heiser: »Könnten Sie mir bitte Ihren Namen nennen?«

Das Sprechen fiel ihm schwer. Bei jedem Wort bohrte jemand eine Nadel in sein Gehirn, was höllisch wehtat.

»So etwas! Sogar meinen Namen haben Sie vergessen?«, lächelte der Unbekannte.

»Verzeihen Sie«, krächzte Stepan und spürte, dass sein Katzenjammer ihm ein neues Symptom beschert hatte: Der Boden vor seinem Bett schien zu entschwinden, und ihm war, als könnte er jeden Moment kopfüber zu Teufels Großmutter in die Unterwelt purzeln.

»Mein lieber Herr Lichodejew«, sagte der Besucher mit einem scharfsinnigen Lächeln, »es wird Ihnen keine Kopfschmerztablette helfen. Befolgen Sie die weise alte Regel: Gleiches heile man mit Gleichem. Das Einzige, was Sie wieder zum Leben erwecken kann, sind zwei Gläschen Wodka und ein paar heiße, scharfe Häppchen.«

Stepan war ein gewiefter Zeitgenosse. Krank wie er war, erkannte er: Wenn er schon in diesem Zustand angetroffen wurde, sollte er alles gestehen.

»Offen gesagt«, begann er mit widerspenstiger Zunge, »hatte ich gestern etwas –«

»Kein Wort mehr!«, antwortete der Besucher und rollte auf seinem Sessel zur Seite.

Stepan riss die Augen auf. Auf dem Beistelltisch stand ein Tablett, darauf geschnittenes Weißbrot, Kaviar in einem Schüsselchen, eingelegte Steinpilze auf einem Tellerchen, dazu noch ein Kasseröllchen und schließlich Wodka in der geräumigen Karaffe der Juwelierswitwe. Besonders verblüffte es Stepan, dass die Karaffe vor Kälte beschlagen war.

Dies war jedoch ganz verständlich: Sie saß in einer mit Eis gefüllten Schale. Kurz gesagt, der Tisch war ordentlich und gekonnt gedeckt.

Der Fremde gab Stepans Verblüffung keine Zeit, sich krankhaft zu steigern, sondern goss ihm geschickt ein halbes Schnapsglas ein.

»Und Sie?«, quietschte Stepan.

»Mit Vergnügen!«

Mit zuckender Hand brachte Stepan sich das Glas an die Lippen, indes der Fremde seins mit einem Schluck leerte. Während er einen Klumpen Kaviar kaute, brachte der Varieté-Direktor heraus: »Für Sie – etwas zum Nachessen?«

»Herzlichen Dank, aber ich esse nie, wenn ich trinke«, antwortete der Fremde und goss wieder ein. Die Kasserolle wurde geöffnet: Sie enthielt Würstchen in Tomatensoße.

Nach und nach löste sich der verfluchte grüne Dunst vor Stepans Augen, Worte kamen klarer heraus, und vor allem erinnerte er sich an ein paar Dinge. Nämlich, dass er am Tag davor auf der Datscha des Sketch-Autors Hustow gewesen war. Dieser Hustow hatte Stepan in einem Taxi dahingebracht, und nun konnte er sich sogar entsinnen, wie sie das Taxi beim Metropol anheuerten, es war noch ein Schauspieler oder so etwas dabei … mit Grammophon im Köfferchen. Ja, ja, genau, die Datscha! Dieses Grammophon brachte die Hunde zum Jaulen. Nur die Dame, die sich von Stepan nicht hatte küssen lassen, blieb schleierhaft; weiß der Teufel, wer sie war … Vielleicht arbeitete sie beim Radio, oder auch nicht.

So klärte sich der Vortag allmählich auf. Gerade interessierte sich Stepan aber vielmehr für das aktuelle Geschehen, und vor allem für das Erscheinen des Fremden in seinem Schlafzimmer, dazu noch mit Wodka und Häppchen. Das gehörte doch mal geklärt!

»Nun, ich hoffe, Sie erinnern sich inzwischen an meinen Namen?«

Aber Stepan lächelte nur beschämt und breitete die Arme aus.

»Nanu! Sie haben wohl nach dem Wodka noch Likörwein getrunken! Ja, macht man denn so etwas?«

»Ich möchte Sie bitten, dies unter uns bleiben zu lassen«, sagte Stepan einschmeichelnd.

»Aber selbstverständlich! Für Hustow kann ich aber natürlich nicht bürgen.«

»Sie kennen Hustow?«

»Gestern habe ich in Ihrem Büro dieses Individuum kurz gesehen. Es braucht nur einen flüchtigen Blick auf sein Gesicht, um ihn zu erfassen – ein Lump, Wendehals, Kriecher und Querulant.«

»Ganz genau!«, dachte Stepan, fassungslos über eine so korrekte, präzise und prägnante Definition.

Ja, der Vortag fügte sich Stück für Stück zusammen, aber trotzdem blieb der Varieté-Direktor beunruhigt. In diesem Vortag klaffte nämlich ein riesiges schwarzes Loch. Und zwar: Den Fremden mit Baskenmütze hatte Stepan gestern in seinem Büro nicht gesehen, das könnte er schwören.

»Woland, Professor für schwarze Magie«, sagte der Besucher gewichtig und zeigte Verständnis für Stepans Schwierigkeiten, indem er alles der Reihe nach erzählte.

Gestern Nachmittag sei er aus dem Ausland in Moskau angereist und habe sich sofort Herrn Lichodejew vorgestellt, um ein Gastspiel im Varieté anzubieten. Herr Lichodejew habe den Moskauer Ausschuss für Spiele, Späße und vereinfachte Volksbelustigung angerufen und eine Genehmigung erhalten (Stepan wurde blass und blinzelte), habe mit Professor Woland einen Vertrag über sieben Aufführungen unterzeichnet (Stepan öffnete den Mund) und einen Termin am nächsten Morgen um zehn ausgemacht, um die Details auszuarbeiten. Also sei Woland erschienen und von der Haushaltshilfe Grunja empfangen worden, die erklärt hatte, sie sei selbst gerade hereingekommen, sie wohne hier nämlich nicht; Herr Berlioz sei nicht zu Hause, Herr Lichodejew befinde sich aber in seinem Schlafzimmer. Der Besucher solle selbst hineingehen, habe sie gesagt, Lichodejew schlafe nämlich so fest, dass sie ihn nicht wecken könne. In Anbetracht seines Zustands habe der

Künstler Grunja zum nächsten Laden geschickt, für Wodka und die Häppchen, und dann in die Apotheke für das Eis …

»Erlauben Sie mir, Ihnen das Geld zurückzuzahlen«, winselte Stepan gedemütigt und kramte nach seiner Geldbörse.

»Unsinn!«, rief der Künstler und wollte nichts mehr davon hören.

Damit waren der Wodka und die Häppchen geklärt, aber trotzdem war Stepan ein Häufchen Elend: Er erinnerte sich partout nicht an den Vertrag. Nein, er hatte diesen Woland gestern nicht gesehen! Hustow schon; Woland nicht.

»Darf ich mir den Vertrag ansehen?«, bat er leise.

»Bitte, bitte.«

Stepan sah sich das Papier an und fröstelte. Alles war an Ort und Stelle. Da war seine eigene fesche Unterschrift. Schräg am Rand eine Notiz in der Handschrift des Finanzdirektors Rimski, die veranlasste, 10.000 Rubel an den Künstler Woland auszuzahlen, als Vorschuss auf die 35.000, die ihm für sieben Aufführungen zustanden. Mehr noch: Wolands Unterschrift bestätigte, dass er diese 10.000 schon erhalten hatte!

»Was ist denn los?!«, dachte der elende Stepan. Sein Kopf schwirrte. Was waren das für bedrohliche Gedächtnislücken? Nachdem er den Vertrag gesehen hatte, wäre jede weitere Überraschungsbekundung einfach unanständig. Stepan bat den Besucher um Erlaubnis, sich für einen Moment zu entfernen und lief auf Socken in die Diele, zum Telefon. Auf dem Weg rief er in Richtung Küche: »Grunja!«

Aber niemand antwortete. Er blickte auf die Tür zu Berlioz' Arbeitszimmer neben der Diele – und war, wie man so sagt, versteinert. Am Türgriff prangte ein riesiges Siegel an einer Schnur. »Scheibenkleister!«, schnauzte jemand in Stepans Kopf. »Das hat ja grade noch gefehlt!« Da begannen seine Gedanken zweigleisig zu laufen, allerdings, wie stets in Katastrophenzeiten, immer nur in ein und dieselbe Richtung, weiß der Teufel, in welche. Der Brei in seinem Kopf lässt sich kaum wiedergeben. Da war diese Teufelei mit der schwarzen Baskenmütze, dem gekühlten Wodka und dem unglaublichen Vertrag – und nun auch noch, sieh mal einer an, das Siegel an der Tür! Dass Berlioz sich etwas zu Schulden kommen ließe, das würde doch kein Mensch glauben, kein Mensch! Doch da war es, das Siegel! Ja nun …

Da wuselten in Stepans Gehirn äußerst unangenehme Gedankenfetzchen über den Artikel, den er Berlioz unglückseligerweise erst kürzlich für seine Zeitschrift aufgeschwatzt hatte. Dabei war der Artikel reiner Blödsinn! Vollkommen wertlos, und nicht mal gut bezahlt.

Sobald er an den Artikel gedacht hatte, dachte er auch an eine etwas fragwürdige Unterhaltung, die am 24. April abends stattgefunden hatte, ja, daran konnte er sich noch genau erinnern, und zwar in ebendieser Wohnung, im Esszimmer, während Stepan mit Berlioz zu Abend aß. »Fragwürdig« war vielleicht zu viel gesagt (auf eine solche Unterhaltung hätte sich Stepan nicht eingelassen), aber es ging um ein ganz und gar unnötiges Thema. Ja, Genossen, dieses Gespräch hätte er nicht anfangen sollen. *Vor* dem Siegel wäre es ja nichts gewesen, eine Lappalie, aber jetzt, *nach* dem Siegel …

»Ah, Berlioz, Berlioz!«, brodelte es in Stepan. »Das geht einem doch nicht in den Kopf!«

Aber zum Trauern war keine Zeit. Stepan rief das Büro des Varieté-Finanzdirektors Rimski an. Die Lage war brenzlig: Erstens könnte der Ausländer es ihm übel nehmen, dass er die Sache nach der Begutachtung des Vertrags noch einmal überprüfte; zweitens würde sich das Gespräch mit dem Finanzdirektor äußerst schwierig gestalten. Er konnte ja nicht gut fragen: »Sagen Sie mal, habe ich gestern mit einem Professor für schwarze Magie einen Vertrag über 35.000 Rubel unterzeichnet?« Nein, das konnte er nicht!

»Ja!«, kam Rimskis scharfe, unangenehme Stimme aus dem Hörer.

»Guten Morgen«, grüßte Stepan leise, »hier spricht Lichodejew. Die Sache ist – tja … Ich habe hier diesen, ähm, Künstler Woland bei mir sitzen. Nun … Da wollte ich fragen, wie sieht es für heute Abend aus?«

»Ah, der schwarze Magier?«, fragte Rimski im Hörer. »Die Plakate sind gleich fertig.«

»Aha«, sagte Stepan mit schwacher Stimme, »gut, bis dann also.«

»Kommen Sie denn bald?«

»In einer halben Stunde«, antwortete Stepan, legte auf und presste den heißen Kopf in die Hände. Es war schon eine böse Sache! Was war da bloß mit seinem Gedächtnis los, Leute?

Länger in der Diele zu bleiben gehörte sich jedoch auch nicht, also schmiedete er prompt einen Plan: mit allen Mitteln seine unglaubliche Vergesslichkeit zu verbergen und zunächst einmal aus dem Ausländer herauszuhorchen, was er an diesem Abend im Varieté, für das Stepan schließlich verantwortlich war, eigentlich zeigen wollte.

Da wandte er sich vom Telefon ab und sah im Dielenspiegel, den die faule Grunja längst nicht mehr abwischte, ganz deutlich einen seltsamen Typen, dürr und lang wie eine Stange, mit Zwicker auf der Nase. (Wäre Iwan Besdomny bloß hier! Sofort hätte er ihn erkannt!) Er spiegelte sich kurz und verschwand. Stepan spähte voller Unbehagen tiefer in die Diele und taumelte wieder, denn im Spiegel schlenderte ein gigantischer schwarzer Kater vorbei und verschwand ebenfalls.

Stepans Herz stürzte in die Tiefe. Er torkelte.

»Was ist das denn?«, dachte er. »Verliere ich etwa den Verstand? Woher diese Reflexionen?!« Er steckte seinen Kopf in die Diele und krähte ängstlich: »Grunja! Was treibt sich hier für ein Kater herum? Wo kommt er her? Und da ist noch jemand!«

»Keine Sorge, Herr Lichodejew«, kam die Antwort. Es war nicht Grunja, sondern der Besucher, der aus dem Schlafzimmer sprach. »Der Kater gehört mir. Regen Sie sich nicht auf. Grunja ist nicht da, ich habe sie nach Woronesch geschickt. Sie beschwerte sich, Sie hätten sie um den Urlaub gemogelt.«

Diese Worte waren so unerwartet und absurd, dass Stepan entschied, er hätte nicht richtig gehört. Völlig durcheinander trottete er zurück ins Schlafzimmer und erstarrte an der Schwelle. Sein Haar regte sich, kleine Schweißperlen bedeckten seine Stirn.

Der Besucher war nicht mehr allein im Schlafzimmer, sondern hatte Gesellschaft. In dem zweiten Sessel saß nun der Typ, der ihm eben in der Diele erschienen war. Jetzt sah Stepan ihn klar und deutlich: ein Schnurrbart wie Federn, ein Zwicker mit einer glänzenden Linse, die andere Linse nicht vorhanden. Es gab aber auch Schlimmeres: Auf dem Polsterhocker der Juwelierswitwe machte sich in einer vulgären Pose noch jemand breit – nämlich ein schwarzer Kater von ungeheurer Größe, in der einen Pfote ein Glas Wodka, in der anderen ein aufgegabelter eingelegter Pilz.

Das im Schlafzimmer ohnehin schwache Licht begann in Stepans Augen zu erlöschen. »So verliert man also den Verstand!«, dachte er und hielt sich am Türpfosten fest.

»Ich sehe, Sie sind etwas verwundert, mein herzallerliebster Herr Lichodejew?«, erkundigte sich Woland bei dem zähneklappernden Varieté-Direktor. »Dabei brauchen Sie sich gar nicht zu wundern. Das hier ist mein Gefolge.«

Hier schluckte der Kater seinen Wodka, und Stepans Hand rutschte langsam den Türpfosten hinunter.

»Und dieses Gefolge braucht Platz«, fuhr Woland fort, »also ist einer in der Wohnung zu viel. Und dieser eine, so scheint es mir, sind Sie!«

»Die sind's, eben, die sind's«, leierte der Lange mit Ziegenstimme, wobei er von Stepan in der dritten Person Plural sprach. »Übrigens treiben die neuerdings allerlei Schweinereien. Saufen tun die, ihre Position für Frauengeschichten missbrauchen tun die auch, und sonst tun die nix und können auch nix tun, weil die nix darüber wissen, was die tun sollen. Den Vorgesetzten binden die einen Bären auf!«

»Brausen privat im Dienstwagen herum!«, petzte der Kater, während er an einem Pilz kaute.

Da folgte die vierte und letzte Erscheinung, die Stepan zu Boden gleiten ließ, wo er mit schwacher Hand hilflos am Türpfosten kratzte.

Unmittelbar aus dem Pfeilerspiegel trat ein kurzer, aber außerordentlich breitschultriger Mann. Aus dem Mund ragte ihm ein Reißzahn, der seine ohnehin unsagbar abscheuliche Visage noch widerwärtiger machte. Unter seinem Bowler schaute flammend rotes Haar hervor.

»Überhaupt«, steuerte dieser Neue bei, wobei er mit jedem Wort nasaler sprach, »verstehe ich nicht, wie er Direktor werden konnte. Er – und Direktor, da bin ich ja glatt Bischof.«

»Du siehst aber nicht aus wie ein Bischof, Asasello«, kommentierte der Kater, indes er sich Würstchen auf den Teller häufte.

»Eben«, näselte der Rothaarige und wandte sich respektvoll an Woland: »Erlauben Sie mir, Messère, ihn aus Moskau zur Hölle herauszuschmeißen?«

»Husch!«, zischte der Kater plötzlich; sein Fell richtete sich auf.

Da fing das Schlafzimmer an, sich um Stepan zu drehen, er schlug mit dem Kopf gegen den Türpfosten und dachte, als ihn das Bewusstsein verließ: »Ich sterbe …«

Aber er starb nicht. Durch halb offene Augen sah er sich auf etwas Steinernem sitzen. Etwas lärmte rings umher. Als er die Augen richtig öffnete, erkannte er, dass es das Meer war, dass sich die Wellen direkt vor seinen Füßen wogten – kurzum, er saß am Ende eines Wellenbrechers, über ihm ein gleißend blauer Himmel und hinter ihm eine weiße Stadt in den Bergen.

Da er nicht wusste, wie man sich in einem solchen Fall zu verhalten hatte, stand er zitternd auf und wankte den Wellenbrecher entlang Richtung Ufer.

Irgendwann stand ein Mann vor ihm; er rauchte und spuckte ins Meer. Bestürzt sah er Stepan an und hörte auf zu spucken.

Da machte Stepan eine unerwartete Kapriole. Er kniete vor dem Mann nieder und sagte: »Ich flehe Sie an – welche Stadt ist das?«

»Nanu!«, erwiderte der herzlose Raucher.

»Ich bin nicht betrunken«, sagte Stepan heiser, »etwas ist mir passiert … Ich bin krank. Wo bin ich? Welche Stadt ist das?«

»Jetzt wirklich? Na, von mir aus, Jalta.«

Stepan seufzte leise, sank zur Seite, und sein Kopf schlug auf den warmen Stein des Wellenbrechers. Das Bewusstsein verließ ihn.

# Kapitel 8

## Der Wettkampf zwischen Dichter und Professor

Genau um die Zeit, als das Bewusstsein den unglückseligen Stepan in Jalta verließ, also gegen halb zwölf mittags, kehrte es zu Iwan Besdomny zurück, der nach langem und tiefem Schlaf erwachte. Kurz wunderte er sich, wie er in diesen unbekannten Raum geraten war, einen Raum mit weißen Wänden, einem erstaunlichen Nachttisch aus hellem Metall und weißen Jalousien, hinter denen sich die Sonne andeutete.

Er schüttelte den Kopf, stellte fest, dass dieser nicht wehtat, und erinnerte sich: Er war in einer Klinik. Dieser Gedanke zog die Erinnerung an Berlioz' Tod nach sich, aber heute löste sie keinen großen Schock aus. Nach dem Schlaf war Iwan ruhiger und dachte klarer. Eine Zeit lang blieb er reglos in dem äußerst sauberen, weichen und bequemen Springbett liegen, bemerkte dann direkt vor sich einen Knopf. Aus der Gewohnheit, Dinge unnötig anzufassen, drückte er diesen. Er erwartete, dass etwas klingeln oder jemand erscheinen würde, aber es geschah etwas anderes.

Am Fuß seines Betts leuchtete matt ein Zylinder mit dem Wort »Trinken« auf. Nach einer Weile drehte sich der Zylinder, sodass das Wort »Pflegerin« erschien. Die schlaue Vorrichtung beeindruckte den Dichter natürlich zutiefst. Dem Wort »Pflegerin« folgte »Arzt«.

»Hm«, murmelte Iwan und wusste nicht, was er nun mit dem Zylinder anstellen sollte. Aber er hatte Glück: Als er den Knopf wieder drückte, stand darauf gerade das Wort »Schwester«. Der Zylinder reagierte mit leisem Klingeln, stoppte, das Licht erlosch; es kam eine sympathische, beleibte Frau in einem sauberen weißen Kittel herein und sagte: »Guten Morgen!«

Iwan antwortete nicht: Diesen Gruß fand er unter den gegebenen Umständen unangemessen. Da sperren die einen gesunden Menschen in eine Klinik und tun so, als wäre das ganz normal!

Die Frau, immer noch gutmütig, brachte die Jalousien mit einem Knopfdruck hoch, und die Sonne durchflutete das Zimmer durch ein leichtes weitmaschiges Gitter, das bis zum Boden reichte. Jenseits des Gitters kam ein Balkon in Sicht, dann das Ufer eines gewundenen Flusses und am anderen Ufer ein heiterer Kiefernwald.

»Zeit für Ihr Bad«, lud die Frau ein; unter ihren Händen teilte sich die Innenwand und enthüllte ein Badezimmer und einen hervorragend ausgestatteten Toilettenraum.

Obschon Iwan sich entschlossen hatte, nicht mit der Frau zu sprechen, konnte er sich nicht zurückhalten. Als das Wasser in einem breiten Strom aus dem glänzenden Wasserhahn in die Wanne sprudelte, spottete er: »Sieh mal einer an! Wie im Metropol!«

»Oh nein«, antwortete die Frau stolz, »viel besser. Weder in irgendeinem Hotel noch im Ausland gibt es solche Ausstattung. Wissenschaftler und Ärzte reisen eigens an, um unsere Klinik zu besichtigen. Wir haben jeden Tag ausländische Besucher.«

Bei diesen Worten erinnerte sich Iwan sofort an den Berater vom Vortag. Ihm wurde wieder neblig zumute, und er sagte mit einem finsteren Blick: »Ausländische Besucher … Ihr könnt ja alle von ausländischen Besuchern nicht genug kriegen! Da gibt es aber solche und solche. Ich zum Beispiel habe gestern einen getroffen – der ist nicht ohne!«

Und er begann beinahe, von Pontius Pilatus zu erzählen, hielt sich aber zurück: Die Frau würde damit nichts anfangen können, und helfen konnte sie ihm ohnehin nicht.

Nach den Baden erhielt Iwan sofort alles, was ein frischgewaschener Mann braucht: ein gebügeltes Unterhemd, eine Unterhose, Socken. Dann öffnete die Frau ein Schränkchen und fragte: »Was ziehen wir heute denn Hübsches an: einen Morgenmantel oder einen Pyjama?«

In die neuen Verhältnisse gezwungen, sah Iwan davon ab, ob dieser intimen Ausdrucksweise die Hände überm Kopf zusammenzuschlagen. Schweigend zeigte er auf den purpurroten Flanellpyjama.

Danach wurde er durch einen leeren und geräuschlosen Korridor in einen überdimensionierten Untersuchungsraum gebracht. Entschlossen, diesem wunderbar ausgestatteten Gebäude ironisch gegenüberzustehen, taufte Iwan den Raum für sich »die Industrieküche«.

Und das aus gutem Grund: Hier gab es allerlei Schränke und Glasvitrinen mit glänzend vernickelten Instrumenten, Stühle von außerordentlich komplexer Konstruktion, Hängebauchlampen mit schimmernden Schirmen, eine Unzahl von Fläschchen und Bunsenbrenner und Stromkabel und jede Menge unbekannte Geräte.

Im Untersuchungszimmer machten sich gleich drei über Iwan her – zwei Frauen und ein Mann, alle in Weiß. Zuerst führten sie ihn zum kleinen Tisch in der Ecke, mit dem offensichtlichen Ziel, ihn auszufragen.

Iwan begutachtete seine Lage. Drei Wege standen vor ihm. Der erste war äußerst verlockend: sich auf all diese Lampen und den raffinierten Schnickschnack zu stürzen, sie kaputtzuhauen und damit gegen die unrechtmäßige Einweisung zu protestieren. Aber der heutige Iwan unterschied sich bereits deutlich von dem gestrigen, und dieser erste Weg erschien ihm zweifelhaft: Dann würden sie ihn nämlich erst recht für einen gewalttätigen Verrückten halten. Er entschied sich also dagegen. Der zweite Weg bestand darin, sofort über den Berater und Pontius Pilatus zu berichten. Gestrige Erfahrung zeigte jedoch, dass man ihm diese Erzählung nicht glaubte oder sie ganz falsch verstand. Deshalb verzichtete Iwan auch darauf und wählte den dritten Weg – den Rückzug in die stolze Stille.

Diese Entscheidung vollständig zu verwirklichen gelang ihm aber nicht; er musste, wenn auch knapp und mürrisch, eine ganze Reihe Fragen beantworten. Alles Mögliche über sein vergangenes Leben wollten sie wissen: Selbst, wie und wann er etwa fünfzehn Jahre zuvor Scharlach überstanden hatte. Als sich eine ganze Seite mit Notizen zu Iwan bedeckt hatte, wurde die nächste aufgeschlagen, und die Frau in Weiß ging zu seinen Verwandten über. Sie fragte und fragte: Wer verstorben sei und wann und warum, wer getrunken und wer an Geschlechtskrankheiten gelitten habe und so weiter und so fort. Abschließend wurde er gebeten, über die Ereignisse am Patriarchenteich zu berichten, gerade da ging man aber nicht ins Detail, und die Erwähnung von Pontius Pilatus rief keine Überraschung hervor.

Iwan wurde dann von der Frau an den Mann weitergereicht, der sich ganz ohne Fragen mit ihm befasste. Er maß seine Temperatur, zählte seinen Puls und leuchtete ihm mit einem Lämpchen in die Augen. Dann kam die zweite Frau ihm zur Hilfe, und beide stachen Iwan mit irgendetwas in den Rücken, was aber nicht wehtat, zeichneten mit dem Griff eines kleinen Hammers Zeichen auf seine Brust, klopften ihm die Knie ab, was seine Beine aufspringen ließ, pikten zwecks Blutabnahme seinen Finger und die Innenseite seines Ellenbogens, zogen ihm irgendwelche Armbänder aus Gummi über …

Iwan lächelte nur bitter vor sich hin und sinnierte darüber, wie dumm und seltsam alles war. Allein der Gedanke! Er hatte alle über den gefährlichen Berater warnen wollen, hatte ihn erwischen wollen – und nun saß er in diesem mysteriösen Raum und redete irgendwelchen Unsinn über Onkel Fjodor, der sich in Wologda kaputtgesoffen hatte. Eine unerträglich blöde Lage!

Schließlich wurde Iwan freigelassen und zurück auf sein Zimmer begleitet, wo er eine Tasse Kaffee, zwei weich gekochte Eier und eine gebutterte Scheibe Weißbrot erhielt.

Nachdem er alles aufgegessen und ausgetrunken hatte, beschloss er, auf irgendein hohes Tier dieser Institution zu warten und von diesem Aufmerksamkeit und Gerechtigkeit zu fordern.

Lange warten musste er nicht. Direkt nach dem Frühstück öffnete sich die Tür, und eine Gruppe Menschen in weißen Kitteln betrat sein Zimmer. Als Erster kam ein Mann von etwa fünfundvierzig herein – sorgfältig rasiert wie ein Schauspieler, mit angenehmen, aber durchdringenden Augen und höflichen Manieren. Das ganze Gefolge erwies ihm Achtung und Respekt, was sein Eintreten sehr feierlich gestaltete. »Wie Pontius Pilatus!«, dachte Iwan.

Ja, das war zweifellos das hohe Tier. Er setzte sich auf einen Hocker, derweil alle anderen stehen blieben.

»Professor Strawinsky«, stellte er sich vor und sah Iwan freundlich an.

»Hier, Professor«, sagte ein Mann mit gepflegtem Bärtchen und reichte ihm das vollgeschriebene Blatt.

»Eine ganze Kriminalakte!«, dachte Iwan. Das hohe Tier las mit geübten Augen das Blatt quer, murmelte »mm-hm, mm-hm« und tauschte mit den Anwesenden ein paar Sätze in einer fremden Sprache aus.

»Latein sprechen tut er auch, wie Pilatus«, dachte Iwan traurig. Da ließ ihn ein Wort zusammenzucken. Dieses Wort war »Schizophrenie« – unseligerweise bereits gestern von dem verfluchten Ausländer am Patriarchenteich ausgesprochen und nun von Professor Strawinsky wiederholt.

»Das wusste er also auch noch!«, dachte Iwan mit Unbehagen.

Das hohe Tier hatte es sich offenbar zur Regel gemacht, mit allem einverstanden zu sein, sich über alles zu freuen, was andere sagten, und dies stets mit den Worten »schön, schön!« auszudrücken.

»Schön, schön!«, sagte Strawinsky, gab das Blatt wieder ab und wandte sich an Iwan:

»Sie sind also Dichter?«

»Das bin ich«, antwortete Iwan mürrisch, und zum ersten Mal fühlte er plötzlich einen unerklärlichen Abscheu vor der Dichtung; die eigenen Verse, die ihm sofort in den Sinn kamen, waren ihm unangenehm.

Stirnrunzelnd fragte er Strawinsky im Gegenzug: »Sie sind also Professor?«

Strawinsky nickte höflich.

»Und Sie haben hier das Kommando?«, fuhr der Dichter fort.

Auch das beantwortete der Professor mit einem Nicken.

»Ich muss mit Ihnen reden«, sagte Iwan bedeutungsvoll.

»Dafür bin ich hier.«

»Die Sache ist die«, begann Iwan und fühlte, dass seine Stunde gekommen war, »man macht mich hier zu einem Verrückten, und niemand will mir zuhören!«

»Oh, nein, wir werden Ihnen mit aller Aufmerksamkeit zuhören«, antwortete Strawinsky ernst und beruhigend, »und keinesfalls lassen wir zu, dass man Sie zu einem Verrückten macht.«

»Dann hören Sie: Gestern Abend habe ich am Patriarchenteich eine mysteriöse Person getroffen – vielleicht einen Ausländer, vielleicht auch nicht; jedenfalls wusste er im Voraus von Berlioz' Tod und hat Pontius Pilatus persönlich gesehen!«

Das Gefolge hörte still und reglos zu.

»Pilatus? Den Pilatus aus der Zeit Jesu Christi?«, erkundigte sich Strawinsky und blinzelte Iwan an.

»Genau den.«

»Aha. Und dieser Berlioz ist unter einer Straßenbahn ums Leben gekommen?«

»Das ist es ja, gestern hat ihn vor meinen Augen eine Straßenbahn am Teich niedergemetzelt, und dieser mysteriöse Bürger –«

»Der Bekannte von Pontius Pilatus?«, fragte Strawinsky, der offenbar flink von Begriff war.

»Eben der«, bestätigte Iwan und studierte Strawinskys Gesicht, »nun, er hat vorher schon gesagt, Annuschka habe das Sonnenblumenöl verschüttet – und genau dort ist er ausgerutscht! Wie finden Sie das?«, fragte er schließlich signifikant in der Hoffnung, mit seinen Worten eine große Wirkung erzielt zu haben.

Aber die Wirkung blieb aus. Strawinsky fragte einfach: »Wer ist denn diese Annuschka?«

Diese Frage verstimmte Iwan. Sein Gesicht zuckte.

»Annuschka ist hier absolut unwichtig«, sagte er nervös, »weiß der Teufel, wer sie ist. Irgendeine dumme Kuh aus der Sadowaja. Wichtig ist, dass er vorher schon – ja, vorher! – über das Sonnenblumenöl Bescheid wusste! Verstehen Sie mich?«

»Ich verstehe Sie absolut«, antwortete Strawinsky ernsthaft, berührte den Dichter am Knie und fügte hinzu: »Erzählen Sie ganz ruhig weiter.«

»Weiter«, sagte Iwan. Er versuchte, in dem gleichen Tonfall wie Strawinsky zu reden, denn er wusste bereits aus bitterer Erfahrung, dass ihm nur die Ruhe helfen würde. »Nun, dieser furchtbare Typ, angeblich ein Berater, hat ganz außergewöhnliche Fähigkeiten. Du rennst ihm zum Beispiel nach, aber einholen lässt er sich nicht. Und dann hat er noch ein Pärchen dabei, auch nicht übel, auf ihre Weise: so ein Langer mit zerbrochenem Zwicker und dazu ein unglaublich großer Kater, der ganz allein Straßenbahn fährt. Und außerdem«, da er nicht unterbrochen wurde, sprach Iwan mit immer größerer Leidenschaft und Überzeugung, »ist er persönlich auf dem Balkon von Pontius Pilatus gewesen, daran besteht kein Zweifel. Das geht doch nicht an! Sofort verhaften muss man den, bevor er etwas Grauenvolles anrichtet.«

»Also versuchen Sie, ihn verhaften zu lassen? Verstehe ich richtig?«, fragte Strawinsky.

»Er ist klug«, dachte Iwan. »Man muss zugeben, dass es auch in der Intelligenzija durchaus kluge Leute gibt. Kann man nicht leugnen.«

»Genau richtig!«, antwortete er. »Wie denn auch sonst, das sehen Sie doch sicherlich ein! Und nun werde ich hier gewaltsam festgehalten, ausgeleuchtet, in eine Badewanne gesteckt und nach Onkel Fjodor ausgefragt – dabei ist der längst hinüber. Ich verlange sofortige Freilassung!«

»Nun, schön, schön! Jetzt ist alles klar. Wirklich, wozu einen gesunden Menschen in der Klinik aufhalten? Sehr gut. Sie bekommen von mir sofort ein Entlassungsschreiben, wenn Sie mir sagen, dass Sie bei Vernunft sind. Nicht beweisen, nur sagen. Nun: Sind Sie bei Vernunft?«

Darauf herrschte völlige Stille, und die mollige Frau, die sich am Morgen um Iwan gekümmert hatte, sah den Professor ehrfürchtig an. Iwan dachte wieder: »Definitiv klug.«

Der Vorschlag des Professors gefiel ihm sehr. Er wollte keinesfalls leichtfertig antworten, sondern dachte angestrengt nach, zog die Stirn kraus und verkündete schließlich mit Bestimmtheit: »Ich bin bei Vernunft.«

»Schön, sehr schön!«, rief Strawinsky erleichtert aus. »Wenn es denn so ist, wollen wir einmal vernünftig überlegen. Nehmen wir Ihren gestrigen Tag.« Hier drehte er sich um, und sofort wurde ihm Iwans Akte ausgehändigt. »Auf der Suche nach einem Fremden, der sich Ihnen als Bekannter von Pontius Pilatus vorgestellt hatte, haben Sie gestern Folgendes unternommen.« Und Strawinsky begann, an seinen langen Fingern abzuzählen, während er mal das Blatt, mal Iwan anblickte. »Sie haben sich eine Ikone an die Brust gehängt. Korrekt?«

»Korrekt«, pflichtete Iwan mürrisch bei.

»Sie sind von einem Zaun gefallen und haben sich das Gesicht verletzt. Korrekt? Sie sind in einem Restaurant in Unterwäsche und mit brennender Kerze in der Hand erschienen. Dort haben Sie eine Schlägerei begonnen. Sie wurden hier gefesselt eingeliefert. Von hier aus haben Sie die Polizei angerufen und Maschinengewehre verlangt. Dann haben Sie versucht, sich aus dem Fenster zu werfen. Korrekt? Die Frage ist nun: Kann man auf eine solche Weise jemanden fangen oder festnehmen? Wenn Sie bei Vernunft sind, werden Sie selbst sagen: ganz bestimmt nicht. Sie wollen gehen? Wie Sie wünschen. Aber darf ich fragen, wohin Sie gehen werden?«

»Zur Polizei natürlich«, antwortete Iwan etwas weniger sicher; unter dem Blick des Professors verlor er seine Überzeugung.

»Direkt von hier aus?«

»Sicher.«

»Und zu Hause schauen Sie nicht vorbei?«, fragte Strawinsky schnell.

»Ach was – vorbeischauen! Wenn ich mit Vorbeischauen anfange, kommt er doch davon!«

»Ich verstehe. Und wovon erzählen Sie der Polizei zuallererst?«

»Von Pontius Pilatus«, erwiderte Iwan, und ein düsterer Nebel trübte seine Augen.

»Nun, sehr schön!«, rief der besiegte Strawinsky und befahl dem Mann mit dem Bärtchen: »Entlassen Sie Bürger Besdomny in die Stadt. Dieses Zimmer aber bitte nicht belegen und die Bettwäsche nicht wechseln. In zwei Stunden ist er wieder hier.« Dann wandte er sich an den Dichter: »Nun, Erfolg werde ich Ihnen nicht wünschen, weil ich nicht im Geringsten an diesen Erfolg glaube. Bis bald!« Er stand auf, und sein Gefolge rührte sich.

»Aus welchem Grund soll ich in zwei Stunden wieder hier sein?«, fragte Iwan bestürzt und sah sich verwirrt um.

Strawinsky schien auf diese Frage gewartet zu haben, denn er setzte sich sofort wieder hin und erklärte: »Aus dem folgenden Grund: Wenn Sie in Unterhosen zur Polizei kommen und dort behaupten, einen Mann gesehen zu haben, der Pontius Pilatus persönlich kannte, wird man Sie direkt hierherbringen – und schon kommen Sie wieder auf dieses Zimmer.«

»Was haben denn Unterhosen damit zu tun?«

»Hauptsächlich Pontius Pilatus. Aber Unterhosen auch. Wir werden Ihnen die Klinikbekleidung ja abnehmen und Ihr Gewand zurückgeben. Eingewiesen wurden Sie in Unterhosen. Und doch hatten Sie keineswegs vor, erst zu Hause vorbeizuschauen, obwohl ich Ihnen die Möglichkeit angedeutet habe. Dazu noch Pilatus – und das war's!«

Hier geschah etwas Seltsames mit Iwan. Es war, als ob sein Wille zerschellte. Er spürte, dass er schwach war, dass er Rat brauchte.

»Was soll ich denn tun?«, fragte er schüchtern.

»Sehr schön«, antwortete Strawinsky, »eine äußerst vernünftige Frage! Ich will Ihnen mal erzählen, was eigentlich passiert ist. Gestern hat Sie jemand sehr erschreckt und verstimmt, mit Geschichten über Pontius Pilatus und anderen Dingen. Sie waren überstrapaziert, mit den Nerven am Ende; also haben Sie angefangen, durch die Stadt zu laufen und von Pilatus zu erzählen. Natürlich hat man Sie da für verrückt gehalten. Nur eines kann Ihnen helfen: absolute Ruhe. Sie sollten unbedingt hier bleiben.«

»Aber er gehört doch gefangen!«, rief Iwan, nunmehr mit flehender Stimme.

»Gut, gut, aber warum selbst umherlaufen? Erklären Sie all Ihre Verdächtigungen und Anklagen schriftlich. Nichts ist einfacher, als Ihr

Schreiben an die entsprechende Behörde zu schicken, und wenn es sich, wie Sie meinen, um einen Verbrecher handelt, wird die Sache schnell geklärt. Nur eine Bedingung: Belasten Sie den Verstand nicht übermäßig und machen Sie sich möglichst wenig Gedanken über Pontius Pilatus. Erzählen lässt sich doch jeder Unsinn! Man darf nicht alles für bare Münze nehmen.«

»Verstanden!«, erklärte Iwan entschlossen. »Ich bitte um Papier und Füllfeder.«

»Papier und einen kurzen Bleistift«, befahl Strawinsky der molligen Frau. Zu Iwan sagte er: »Ich rate aber, heute noch nicht zu schreiben.«

»Nein, nein, heute, unbedingt heute!«, rief der Dichter alarmiert.

»Na schön. Aber bitte das Gehirn nicht überstrapazieren. Wenn es heute nicht klappt, klappt es morgen.«

»Er entkommt doch!«

»Oh nein«, widersprach Strawinsky, »er entkommt nicht, das garantiere ich. Vergessen Sie nicht: Hier bei uns wird Ihnen mit allen Mitteln geholfen; ohne uns kommen Sie nicht weiter. Hören Sie?« Hier wurde seine Stimme bedeutungsvoll, und er fasste Iwan an beiden Händen. Er hielt sie in den seinen und wiederholte lange, während er Iwan direkt in die Augen blickte: »Hier wird Ihnen geholfen ... Hören Sie? Hier wird Ihnen geholfen. Bald geht es Ihnen besser. Es ist ganz ruhig hier, ganz friedlich. Es wird Ihnen geholfen.«

Iwan gähnte plötzlich, und sein Gesicht wurde sanfter.

»Ja«, sagte er leise, »ja ...«

»Nun, schön, schön!«, beendete Strawinsky auf seine gewohnte Weise das Gespräch und stand auf. »Auf Wiedersehen!« Er schüttelte Iwan die Hand und wandte sich schon im Hinausgehen zu dem Bärtigen: »Ja, den Sauerstoff können Sie versuchen – und Bäder.«

Wenige Augenblicke später waren Strawinsky und sein Gefolge verschwunden. Hinter dem Fenstergitter, in der Mittagssonne, freute sich der schöne Kiefernwald des Frühlings, und etwas näher funkelte der Fluss.

# Kapitel 9

## Korowjews Kapriolen

Seit der Nacht von Mittwoch auf Donnerstag fand Nikanor Bossoi, der Vorsitzende der Hausgemeinschaftsleitung des Gebäudes 302b in der Moskauer Sadowaja-Straße, wo der verstorbene Berlioz gewohnt hatte, keine ruhige Minute mehr.

Um Mitternacht war nämlich, wie wir bereits wissen, die Kommission einschließlich Zheldybin erschienen, hatte Bossoi einbestellt, ihn über Berlioz' Tod unterrichtet und mit ihm zusammen die Wohnung 50 aufgesucht.

Dort wurden die Manuskripte und das Eigentum des Verstorbenen versiegelt. Weder Grunja, die nur tagsüber zum Haushalten kam, noch der leichtsinnige Stepan waren zu diesem Zeitpunkt da. Die Kommission teilte Bossoi mit, dass der Wohnraum des Verstorbenen, also drei Zimmer (das ehemalige Arbeits-, Wohn- und Esszimmer der Juwelierswitwe) an die Hausgemeinschaft übergehe, dass seine Manuskripte zum Sortieren mitgenommen würden und dass der sonstige Besitz bis zur Bekanntgabe der Erben zur Aufbewahrung im zuvor genannten Wohnraum bestimmt sei.

Die Nachricht vom gewaltsamen Tode Berlioz' verbreitete sich mit übernatürlicher Geschwindigkeit im ganzen Haus, und ab Donnerstagmorgen um sieben erhielt Bossoi Anrufe und dann auch persönliche Besuche mit Erklärungen zu Ansprüchen auf den Wohnraum des Verstorbenen. Im Laufe von zwei Stunden bekam Bossoi davon 32 Stück.

Darunter fanden sich Bitten, Drohungen, Querulationen, Denunziationen, Versprechungen, auf eigene Kosten zu renovieren, Hinweise auf unerträgliche Überbelegung sowie die Unzumutbarkeit, »eine Wohnung mit Banditen teilen zu müssen«. Es gab auch eine in ihrer künstlerischen Wucht überwältigende Beschreibung eines Verbrechens in Wohnung 31, und zwar der Entwendung etlicher brühwarmer Pelmeni in einer Sakkotasche; zudem zwei Suizidandrohungen und ein Geständnis heimlicher Schwangerschaft.

Bossoi wurde in die Diele seiner Wohnung gerufen, angeflüstert, angezwinkert und angefleht; man versicherte ihm auch, greifbarer Dank werde nicht lange auf sich warten lassen.

Diese Folter dauerte bis Mittag, als Bossoi sich zur Flucht entschloss, erst zum Hausgemeinschaftsbüro am Tor – und als er sah, dass man auch dort auf ihn wartete, noch weiter. Nachdem der korpulente Vorsitzende die Bittsteller, die ihm über den asphaltierten Innenhof nachgerannt waren, mit Müh und Not abgeschüttelt hatte, verschwand er im Hauseingang 6 und stieg in den vierten Stock, wo sich jene verdammte Wohnung 50 befand.

Im Treppenhaus wieder zu Atem gekommen, klingelte er an der Tür, aber niemand öffnete. Er klingelte wieder, dann noch mal, begann zu murren und leise zu fluchen. Selbst dann öffnete niemand. Der Vorsitzende war mit der Geduld am Ende. Er holte den Duplikaten-Schlüsselbund der Hausgemeinschaft heraus, öffnete souverän die Tür und ging hinein.

»Du, Haushälterin!«, rief er in der halbdunklen Diele. »Hallo? Grunja, oder wie auch immer du heißt! Bist du da?«

Niemand antwortete.

Da nahm Bossoi einen Zollstock aus seiner Aktentasche, entfernte das Siegel von der Arbeitszimmertür und tat einen Schritt hinein. Aber eben nur den einen Schritt, denn er blieb verblüfft in der Tür stehen, ja zuckte sogar zusammen.

Am Schreibtisch des Verstorbenen saß nämlich ein unbekannter dürrer und langer Bürger in einem karierten Jäckchen, mit Jockeymütze und Zwicker – ja, eben der.

»Wer sind Sie denn?«, fragte Bossoi erschrocken.

»Oh, das ist ja der gute Iwan Bossoi!«, krähte der Dürre im klirrenden Tenor und zwang dem Vorsitzenden jäh einen Handschlag auf.

Diese Begrüßung erfreute Bossoi keinesfalls, und er wiederholte: »Mit Verlaub, aber wer sind Sie? Sind Sie in einer offiziellen Kapazität hier?«

»He, mein lieber Bürger Bossoi!«, rief der Unbekannte gemütsvoll. »Was sind schon offizielle und inoffizielle Kapazitäten? Alles Ansichtssache! Alles schwankend und schwebend, mein teurer Freund. Heute mag meine Kapazität inoffiziell sein, und morgen, siehe da, ganz und gar offiziell! Umgekehrt kommt's auch vor – und wie!«

Auch diese Ausführung fand der Vorsitzende der Hausgemeinschaft ganz und gar nicht befriedigend. Von Natur aus misstrauisch, kam er zu dem Schluss, dass der schwadronierende Bürger keinerlei offizielle Kapazitäten hatte, ja, es handelte sich womöglich um einen gänzlich unbefugten Eckensteher.

»Noch einmal, wer sind Sie? Wie ist ihr Name?«, fragte der Vorsitzende mit zunehmender Strenge und begann, auf den Unbekannten nahezu bedrohlich zuzugehen.

»Mein Name«, antwortete der Bürger, der ihm diese Strenge nicht übel zu nehmen schien, »ist, sagen wir, Korowjew. Aber wollen Sie nicht einen Bissen essen? Genieren Sie sich nicht!«

»Mit Verlaub«, wiederholte Bossoi, nun vollends empört, »also wirklich – Bissen!« (So unangenehm es uns auch ist, müssen wir leider gestehen, dass der Vorsitzende ein wenig unwirsch veranlagt war.) »Der Wohnraum des Verstorbenen darf nicht betreten werden! Was tun Sie hier?«

»Machen Sie's sich doch mal gemütlich, mein Guter!«, rief der Bürger unbeirrt und begann, dem Vorsitzenden mit viel Gewusel einen Sessel zuzuschieben.

Dieser stieß den Sessel aber von sich und schrie: »Wer sind Sie?!«

Darauf schlug der Mann, der sich Korowjew nannte, die Hacken seiner rötlichen, ungeputzten Schuhe zusammen und meldete: »Wenn Sie gestatten, funktioniere ich in der Dolmetscherkapazität für eine in dieser Wohnung residierende ausländische Person.«

Bossoi riss die Augen auf. Die Anwesenheit eines Ausländers, dazu noch mit Dolmetscher, in dieser Wohnung kam für ihn völlig überraschend, und er verlangte Erklärungen.

Der Dolmetscher erklärte bereitwillig. Der ausländische Künstler, Herr Woland, sei freundlicherweise vom Varieté-Direktor Stepan Lichodejew eingeladen worden, im Laufe des etwa einwöchigen Gastspiels in seiner Wohnung zu logieren, – worüber Bürger Lichodejew den Vorsitzenden bereits gestern schriftlich informiert habe, mit der Bitte, den Ausländer als vorübergehend ansässig anzumelden –, während Lichodejew selbst eine Reise nach Jalta unternehmen würde.

»Gar nichts hat er mir geschrieben!«, sagte der Vorsitzende erstaunt.

»Schauen Sie doch mal in Ihrer Aktentasche nach«, schlug Korowjew mit gesalbter Stimme vor.

Bossoi zuckte mit den Schultern, öffnete die Aktentasche und fand darin einen Brief von Lichodejew.

»Wie konnte ich das vergessen haben?«, murmelte er, indes er dumpf den geöffneten Umschlag anstarrte.

»Kommt vor, kommt vor, werter Bürger Bossoi, alles Mögliche kommt vor!«, plapperte Korowjew. »Zerstreutheit, mein lieber Freund, Zerstreutheit und Müdigkeit, und dazu Bluthochdruck! Bin selbst zerstreut wie sonst was. Eines Tages werde ich Ihnen bei einem Gläschen ein paar Fakten aus meiner Biografie erzählen – da lachen Sie sich krumm!«

»Wann fährt Lichodejew denn nach Jalta?«

»Er ist doch schon abgereist!«, rief der Dolmetscher. »Der ist schon, wie man so sagt, auf Achse! Über alle Berge ist der schon!« Und er ruderte mit den Armen wie eine Windmühle.

Bossoi erklärte, er müsse den Ausländer persönlich sehen, dies lehnte der Dolmetscher aber ab: ganz und gar unmöglich. Sei beschäftigt. Dressiere den Kater.

»Den Kater, den kann ich gerne zeigen«, bot er an.

Dies lehnte Bossoi seinerseits ab, woraufhin der Dolmetscher ihm einen unerwarteten, aber äußerst interessanten Vorschlag machte.

Da Herr Woland auf keinen Fall in einem Hotel logieren wolle und großzügige Räumlichkeiten gewohnt sei, könnte die Hausgemeinschaft vielleicht für eine Woche, also die Zeit seines Gastspiels in Moskau, die gesamte Wohnung inklusive der Zimmer des Verstorbenen an ihn vermieten?

»Dem Verstorbenen ist es ja egal«, hauchte Korowjew heiser, »er kann die Wohnung jetzt wohl kaum gebrauchen, stimmt's?«

Bossoi wandte etwas verwirrt ein, dass es sich für Ausländer gehöre, im Metropol zu leben, und nicht in privaten Wohnungen.

»Ich sag ja, der hat weiß der Teufel was für Launen!«, flüsterte Korowjew. »Er will halt nicht! Mag keine Hotels, sagt er! Mir stehen sie bis hierhin, diese Ausländer!«, beschwerte er sich vertraulich und stieß mit dem Finger auf seinen sehnigen Hals. »Ich bin mit den Nerven am Ende, das können Sie mir glauben! Da kommt so einer – und spioniert entweder was aus, der Hurensohn, oder quält dich mit seinen Launen: Das eine passt ihm nicht, das andere ist ihm nicht recht! Dabei ist es für Sie, also die Hausgemeinschaft, mein lieber Bossoi, reinster Gewinn und offensichtlicher Profit. Geld ist für ihn kein Thema.« Korowjew sah sich um und hauchte dem Vorsitzenden ins Ohr: »Millionär!«

Das Angebot des Dolmetschers machte klaren praktischen Sinn, ja, es war ein sehr solides Angebot. Seine Art zu sprechen aber, seine Kleidung und dieser abscheuliche, gänzlich unbrauchbare Zwicker waren ganz erstaunlich unsolide. Dies belastete vage das Herz des Vorsitzenden und doch entschied er sich, das Angebot anzunehmen. Die Hausgemeinschaft hatte nämlich ein recht großes Defizit. Bis zum Herbst musste Brennstoff für die Heizungsanlage gekauft werden, und wo sollte der Zaster dafür herkommen? Mit dem Ausländergeld könnte man es vielleicht noch hinbiegen. Der geschäftstüchtige und umsichtige Bossoi sagte jedoch, er müsse die Frage zunächst vom Fremdenverkehrsbüro absegnen lassen.

»Ich verstehe!«, rief Korowjew. »Wie denn auch ohne Absegnung! Unbedingt! Hier ist das Telefon, Bossoichen, und ran ans Absegnen! Und seien Sie nicht schüchtern, was das Geld angeht«, fügte er flüsternd hinzu, während er den Vorsitzenden in die Diele zum Telefon dirigierte, »wann gibt's denn sonst so eine Chance? Sie hätten seine Villa in Nizza sehen sollen! Ja, nächsten Sommer, wenn Sie mal so im Ausland herumreisen, schauen Sie doch extra in Nizza vorbei – die ist schon ein Ding, die Villa!«

Die telefonische Abklärung mit dem Fremdenverkehrsbüro erfolgte mit einer für den Vorsitzenden ganz und gar erstaunlichen Rasanz. Es stellte sich heraus, dass man dort Herrn Wolands Absicht, Lichodejews Privatwohnung zu beziehen, bereits kannte und keinerlei Einwände hatte.

»Na fabelhaft!«, brüllte Korowjew.

Von seinem Geschwätz etwas wirr im Kopf, erklärte der Vorsitzende, die Hausgemeinschaft sei bereit, die Wohnung Nr. 50 für eine Woche an den Künstler Woland zu vermieten, zum Preis von –

Er zögerte etwas und sagte schließlich: »Fünfhundert Rubel pro Tag.«

Da verblüffte Korowjew ihn endgültig. Diebisch in Richtung Schlafzimmer zwinkernd, aus dem gewichtig-geschmeidige Katzensprünge zu hören waren, flüsterte er heiser: »Also dreitausendfünfhundert für die Woche?«

Bossoi dachte, gleich käme: »Sie haben aber auch Appetit, mein Guter!« Aber Korowjew sagte etwas ganz anderes: »Warum so bescheiden! Verlangen Sie fünftausend, er wird's schon zahlen.«

Bossoi grinste konfus und war sogleich, er wusste selbst nicht wie, am Schreibtisch des Verstorbenen, wo Korowjew äußerst geschwind und geschickt einen Vertrag in zwei Exemplaren aufstellte. Damit huschte er ins Schlafzimmer; als er zurückkam, trugen beide Ausfertigungen die schwungvolle Unterschrift des Ausländers. Der Vorsitzende unterzeichnete den Vertrag ebenfalls. Korowjew bat um eine Quittung für fünf –

»In Worten ausschreiben, Bürger Bossoi, fünftausend, so!« Dann überreichte er mit einem gänzlich unpassenden »Allez hopp!« dem Vorsitzenden fünf Bündel nagelneuer Banknoten.

Die Zählung erfolgte unter einem Strom von Scherzen und Sprüchen seitens Korowjews: »Gut gezählt ist halb gewonnen«, »Vertrauen ist gut, Kontrolle ist besser« und dergleichen mehr.

Nachdem er das Geld abgezählt hatte, erhielt der Vorsitzende von Korowjew den Pass des Ausländers für die vorübergehende Anmeldung, legte ihn zusammen mit dem Vertrag und dem Geld in seine Aktentasche und konnte es sich nicht verkneifen, verschämt nach Freikarten für die Vorstellung zu fragen.

»Na klaro!«, brüllte Korowjew. »Wie viele Kärtchen sollen's sein, mein Bossoichen – ein Dutzend, anderthalb?«

Der verblüffte Vorsitzende erklärte, er brauche nur zwei Karten, für sich und seine Gattin Pelageja.

Korowjew schnappte sich ein Notizbuch und notierte flott, dass dem Präsentanten mitsamt Begleitung zwei Sitze in der ersten Reihe einzuräumen seien. Mit der Linken übergab der Dolmetscher diese Notiz elegant an Bossoi, während er mit der Rechten in seine andere Hand ein dickes, knisterndes Bündel legte. Der Vorsitzende warf einen Blick darauf, errötete tief und versuchte, es wegzustoßen.

»Das gehört sich nicht«, murmelte er.

»Ach was«, raunte Korowjew ihm direkt ins Ohr, »bei uns gehört es sich nicht, aber bei Ausländern gehört es sich wohl. Sonst würden Sie ihn beleidigen, und das wollen wir doch nicht! Sie haben hart gearbeitet …«

»Wird strengstens verfolgt«, sagte der Vorsitzende sehr, sehr leise und blickte sich um.

»Aber wo sind die Zeugen?«, flüsterte Korowjew ihm ins andere Ohr. »Ja, wo sind sie denn? Na?«

Da geschah, wie der Vorsitzende später berichtete, ein Wunder: Das Bündel schlich von selbst in seine Aktentasche. Anschließend fand er sich, ganz schlaff und irgendwie ausgelaugt, auf der Treppe wieder. Ein Sturm wütete in seinem Kopf. Darin wirbelten die Villa in Nizza und der dressierte Kater, die unbestreitbare Abwesenheit von Zeugen und die Tatsache, dass seine Frau Gemahlin sich über die Freikarte freuen würde. Die Gedanken waren zwar wirr, aber insgesamt angenehm. Und trotzdem pikte eine ganz kleine Nadel den Vorsitzenden tief im Herzen. Es war die Nadel des Unbehagens. Einen Augenblick später, immer noch auf der Treppe, traf ihn ein Gedanke wie ein Schlag: Wie ist der Dolmetscher denn ins Arbeitszimmer gekommen, wenn die Tür doch versiegelt war?! Und wieso hat er, Bossoi, nicht danach gefragt? Eine Zeit lang starrte er wie ein Mondkalb die Stufen an, dann beschloss er, sich über diese verzwickte Frage nicht den Kopf zu zergrübeln.

Sobald der Vorsitzende die Wohnung verlassen hatte, kam eine tiefe Stimme aus dem Schlafzimmer: »Mir gefällt dieser Bossoi nicht. Er ist ein miserabler Halunke. Ließe es sich arrangieren, dass er nicht mehr kommt?«

»Messère, Sie brauchen nur zu befehlen!«, antwortete Korowjew, nicht mehr klirrend, sondern hell und klangvoll.

Und schon war der verfluchte Dolmetscher in der Diele, wo er eine Nummer wählte und, diesmal mit weinerlicher Stimme, in den Hörer sprach: »Hören Sie? Ich halte es für meine Pflicht, Ihnen mitzuteilen, dass der Vorsitzende der Hausgemeinschaft 302b auf der Sadowaja, Bürger Nikanor Bossoi, mit Fremdwährungen spekuliert. Im Moment befinden sich in seiner Wohnung, der Nr. 55, vierhundert Dollar in der Lüftung des Klosetts, in Zeitungen gewickelt. Hier spricht Timofej Kwaszow, Bewohner des genannten Hauses, Wohnung 11. Aber ich beschwöre Sie, meinen Namen geheim zu halten. Ich fürchte die Rache des zuvor genannten Vorsitzenden.«

Und er legte auf, der Schurke!

Was als Nächstes in der Wohnung 50 geschah, ist nicht bekannt; bekannt ist aber, was bei Bossoi passierte. Nachdem er sich auf dem Klosett eingeschlossen hatte, nahm er aus der Aktentasche das ihm vom

Dolmetscher aufgezwungene Bündel und stellte fest, dass es vierhundert Rubel enthielt. Darauf wickelte er das Bündel in Zeitungspapier und steckte es in den Lüftungsschacht.

Fünf Minuten später saß er am Tisch in seinem kleinen Esszimmer. Seine Gattin Pelageja brachte eingelegten Hering aus der Küche, hübsch in Stückchen geschnitten und großzügig mit Lauch bestreut. Bossoi goss sich ein Gläschen Wodka ein, trank aus, goss nach, trank aus, stach drei Heringsstücke auf die Gabel … Da klingelte es an der Tür. Die gute Pelageja war gerade im Begriff, einen dampfenden Topf hereinzubringen. Man brauchte nur einen Blick auf diesen Topf zu werfen, um zu erahnen, dass sich darin inmitten eines feurigen Borschtsch die köstlichste Sache der Welt befand: ein Markknochen.

Bossoi schluckte und knurrte wie ein Hund: »Verdammt noch mal! Kann man denn nicht mal in Ruhe essen? Lass keinen rein, ich bin weg, weg! Wenn es um die Wohnung geht, sag ihnen, die sollen mich damit nicht behelligen, erstmal gibt's nächste Woche eine Sitzung.«

Die Gattin rannte in die Diele, während Bossoi das Ersehnte mit der Schöpfkelle aus dem feuerspeienden See zog – den Knochen, längs aufgespalten. In diesem Augenblick betraten zwei Genossen das Esszimmer, gefolgt von Pelageja, der alle Farbe aus dem Gesicht gewichen war. Als Bossoi sie sah, erbleichte er ebenfalls und stand auf.

»Wo ist hier das Klo?«, fragte geschäftig der Erste, der ein weißes Bauernhemd trug.

Etwas schlug gegen den Esstisch: Bossoi hatte die Schöpfkelle auf das Wachstuch fallen lassen.

»Hier, hier«, haspelte Pelageja.

Die Besucher eilten sofort in den Flur.

»Worum geht's denn?«, fragte Bossoi leise, während er ihnen folgte. »Bei uns in der Wohnung kann nichts sein, was irgendwie … Und – Ihre Papiere? Mit Verlaub …«

Der erste zeigte Bossoi im Gehen einen Ausweis; der zweite stand schon auf einem Hocker im Badezimmer, den Arm tief im Lüftungsschacht. In Bossois Augen wurde es dunkel. Die Zeitung wurde entfernt. Im Bündel befanden sich keine Rubel, sondern eine unbekannte Art von Geld, blau, oder vielleicht auch grün, darauf irgendein Greis. Doch Bossoi sah alles nur schemenhaft, Flecken schwammen vor seinen Augen.

»Dollarscheine im Lüftungsschacht«, sagte der erste nachdenklich und fragte Bossoi sanft und höflich: »Gehört das gute Stück Ihnen?«

»Nein!«, antwortete Bossoi mit schauriger Stimme. »Von Feinden untergeschoben!«

»Kommt vor«, pflichtete der Besucher bei und fügte mit der gleichen Sanftheit hinzu: »Nun, und jetzt den Rest.«

»Ich habe nichts! Ich schwöre bei Gott, ich habe nie Devisen in der Hand gehabt!«, schrie der Vorsitzende verzweifelt.

Er stürzte zur Truhe, riss mit Gepolter eine Schublade heraus und schnappte die Aktentasche, wobei er jammerte: »Der Vertrag – der Dolmetscher, der Drecksack, hat's mir untergeschoben – Korowjew … Mit Zwicker!«

Er öffnete die Tasche, blickte hinein, steckte die Hand in ihre Tiefe, wurde blau im Gesicht und ließ sie in den Borschtsch fallen. Es war nichts drin: kein Brief von Stepan, kein Vertrag, kein ausländischer Pass, kein Geld, keine Freikarten. Kurzum, nichts als ein Zollstock.

»Bürger!«, schrie der Vorsitzende. »Haltet sie fest! Wir haben Dämonen im Haus!«

Was Pelageja sich an dieser Stelle einbildete, ist nicht bekannt, jedenfalls schlug sie die Hände über dem Kopf zusammen und kreischte: »Beichte alles, Nikanor! Da kommst du besser davon!«

Die Augen blutunterlaufen, drohte Bossoi seiner Frau mit beiden Fäusten und krächzte: »Verdammte blöde Kuh!«

Dann schwanden seine Kräfte, und er sank auf einen Stuhl, nunmehr dem Unvermeidlichen ergeben.

Unterdessen stand Timofej Kwaszow im Treppenhaus und drückte, vor Neugier zergehend, mal das Ohr, mal das Auge ans Schlüsselloch von Bossois Wohnungstür.

Fünf Minuten später sahen die Bewohner des Hauses, die sich gerade im Innenhof befanden, den Vorsitzenden in Begleitung zweier Personen zum Tor taumeln. Später wurde erzählt, er habe dabei richtig schlimm ausgesehen und etwas vor sich hin gemurmelt.

Eine weitere Stunde später, während Timofej Kwaszow den anderen Einwohnern mit sich vor Heiterkeit überschlagender Stimme erzählte, der Vorsitzende sei eingebuchtet worden, erschien in der Wohnung 11 ein Unbekannter. Er winkte Timofej aus der Küche in die Diele, sagte dort etwas zu ihm, und beide verschwanden.

# Kapitel 10

## Nachrichten aus Jalta

Während Bossoi vom Unglück heimgesucht wurde, befanden sich in der gleichen Straße, unweit des Hauses 302b, zwei Personen im Büro des Varieté-Finanzdirektors Rimski – er selbst und der Verwalter Warenucha.

Das große Büro im zweiten Stock des Theaters hatte zwei Fenster zur Sadowaja und eines zum Sommergarten mit Getränkeständen, einer Schießbude und einer Freilichtbühne. Dieses Fenster befand sich gerade hinter dem Rücken des Finanzdirektors, der an seinem Schreibtisch saß. Neben diesem Schreibtisch bestand die Einrichtung aus einem Sammelsurium alter Plakate an der Wand, einem Beistelltisch mit Wasserkaraffe, vier Sesseln und einem Gestell in der Ecke, auf dem ein verstaubtes Bühnenmodell stand. Selbstverständlich gab es im Büro außerdem einen kleinen, schäbigen, feuerfesten Safe, und zwar zu der Linken des Finanzdirektors, neben dem Schreibtisch.

Rimski war schon seit der Frühe in schlechter Stimmung, Warenucha hingegen sehr animiert und voller Tatendrang – seine rastlose Energie fand aber kein Ventil.

Warenucha versteckte sich gerade im Büro des Finanzdirektors, um den Freikartenjägern zu entkommen, die ihm besonders an Tagen mit neuem Programm – wie heute – das Leben vergällten.

Immer wenn das Telefon klingelte, nahm Warenucha sogleich ab und log hinein: »Wer? Warenucha? Nicht da. Ist rausgegangen.«

»Ruf bitte noch mal Lichodejew an«, sagte Rimski gereizt.

»Ich sag doch, nicht zu Hause! Ich hatte schon Karpow rübergeschickt. Keiner da.«

»Weiß der Teufel, was das soll!«, zischte Rimski, während er auf seiner Rechenmaschine klackerte.

Die Tür öffnete sich, und ein Platzanweiser schleppte einen dicken Stapel frisch gedruckter Sonderplakate herein. In großen roten Buchstaben auf grünem Grund stand darauf:

Heute und jeden Tag im Varieté
zusätzlich zum Programm
PROFESSOR WOLAND
Schwarze Magie
mit kompletter Entlarvung

Warenucha tat einen Schritt zurück, bewunderte das Plakat, das er übers Modell geworfen hatte, und sagte dem Platzanweiser, er solle sofort alle Exemplare kleben lassen.

»Schön eingängig«, kommentierte Warenucha, nachdem der Platzanweiser gegangen war.

»Mir gefällt dieses Unterfangen ganz und gar nicht«, brummte Rimski und warf durch seine Hornbrille einen gehässigen Blick auf das Plakat, »überhaupt frage ich mich, wie er die Erlaubnis bekommen hat!«

»Nein, Grigori, da liegst du falsch, das ist eine ausgeklügelte Idee. Der Clou ist ja die Entlarvung!«

»Das bezweifle ich. Was soll das für ein Clou sein? Immer denkt er sich Dinge aus! Er hätte seinen Magier wenigstens vorzeigen können. Oder hast du ihn gesehen? Weiß der Teufel, wo Lichodejew den aufgegabelt hat!«

Es stellte sich heraus, dass Warenucha den Magier auch nicht gesehen hatte. Gestern war Stepan (»wie übergeschnappt«, in Rimskis Worten) mit einem fertigen Vertragsentwurf zum Finanzdirektor angerannt gekommen, hatte den Entwurf sofort kopieren und das Geld an Woland auszahlen lassen. Der Magier hatte sich wohl davongemacht; niemand außer Stepan selbst hatte ihn gesehen.

Rimski holte seine Uhr hervor, sah, dass sie fünf nach zwei zeigte, und geriet vollkommen außer sich. Also wirklich! Lichodejew hatte gegen elf angerufen und versprochen, in einer halben Stunde zu kommen. Stattdessen aber war er nun auch noch aus seiner Wohnung verschwunden!

»Ich kann so nicht weiterarbeiten!«, brüllte Rimski und stieß mit dem Finger auf einen Stapel nicht unterschriebener Papiere.

»Hat's wohl Berlioz nachgemacht und sich von einer Straßenbahn überfahren lassen«, scherzte Warenucha, während er sich den Hörer ans Ohr hielt, aus dem gedehnte und völlig aussichtslose Freizeichen kamen.

»Wäre gar nicht mal so schlecht«, knirschte Rimski kaum hörbar.

In diesem Moment betrat eine Frau in Uniformjacke, Schirmmütze, schwarzem Rock und flachen Schuhen das Büro. Aus einem Beutel an ihrem Gürtel nahm sie ein kleines weißes Quadrat sowie ein Notizbuch heraus und fragte: »Wer ist hier das Varieté? Ein Super-Blitz-Telegramm. Hier unterschreiben.«

Warenucha kritzelte der Frau etwas in ihr Notizbuch. Als die Tür hinter ihr zuschlug, riss er das kleine Quadrat auf.

Nachdem er das Telegramm gelesen hatte, übergab er es blinzelnd an Rimski.

Es lautete wie folgt:

JALTA MOSKAU VARIETÉ + MANN ERSCHIEN HEUTE HALB ZWÖLF KRIPO + BRÜNETT NACHTHEMD HOSE BARFUSS PSYCHISCH + NENNT SICH DIREKTOR LICHODEJEW + BLITZ ZURÜCK KRIPO JALTA WO DIREKTOR LICHODEJEW

»Da wird ja der Hund in der Pfanne verrückt!«, rief Rimski. »Noch eine Überraschung!«

»Wird irgendein Betrüger sein«, sagte Warenucha und wählte eine Nummer: »Telegrafenamt? Varieté. Super-Blitz-Telegramm an die Kriminalpolizei in Jalta. Ich diktiere. ›Direktor Lichodejew in Moskau Stopp Finanzdirektor Rimski.‹«

Dann suchte er ungeachtet der Nachricht über den Betrüger in Jalta weiter telefonisch nach Stepan – erfolglos, versteht sich.

Als er, den Hörer in der Hand, sich überlegte, wo er sonst noch anrufen könnte, kam die Überbringerin des ersten Telegramms wieder herein und reichte Warenucha einen neuen Umschlag. Er öffnete diesen eilig, las die Botschaft und stieß einen Pfiff aus.

»Was ist denn jetzt wieder?«, fragte Rimski und zuckte nervös.

Warenucha reichte ihm wortlos das Telegramm, und der Finanzdirektor las:

SCHWÖRE WURDE VON WOLAND NACH JALTA WEG-HYPNOTISIERT + BITTE BESTÄTIGT IDENTITÄT AN KRIPO + LICHODEJEW

Rimski und Warenucha beugten sich zusammen über das Telegramm und lasen es erneut. Dann starrten sie einander schweigend an.

»Bürger!«, sagte die Frau gereizt. »Unterschreiben Sie erstmal, dann können Sie sich nach Herzenslust anschweigen! Ich trag doch Blitztelegramme aus!«

Warenucha kritzelte etwas krumm ins Notizbuch, ohne den Blick vom Telegramm abzuwenden, und die Frau verschwand.

»Hast du nicht kurz nach elf mit ihm telefoniert?«, fragte der Verwalter ratlos.

»Nein, das ist lächerlich!«, kreischte Rimski. »Ob ich mit ihm telefoniert habe oder nicht, er kann jetzt nicht in Jalta sein! Lächerlich ist das!«

»Er ist wohl betrunken«, sagte Warenucha.

»Wer?«, fragte Rimski, und wieder starrten sich die beiden an.

Dass es ein Betrüger oder ein Verrückter war, der da aus Jalta telegrafierte, stand außer Zweifel. Aber das Seltsame war: Woher wusste dieser Witzbold von Woland, der doch erst am Vortag nach Moskau gekommen war? Woher wusste er, dass dieser etwas mit Lichodejew zu tun hatte?

»Weghypnotisiert …«, wiederholte Warenucha. »Woher weiß er denn von Woland?« Er blinzelte und rief plötzlich entschieden: »Ach was, Unsinn, Unsinn, blanker Unsinn!«

»Wo zur Hölle ist denn dieser Woland? Wo ist er abgestiegen?«, fragte Rimski.

Warenucha rief sofort das Fremdenverkehrsbüro an und verkündete zu Rimskis Verblüffung, dass Woland bei Lichodejew gemeldet war. Darauf wählte Warenucha wieder Lichodejews Nummer und lauschte lange den dunklen Freizeichen. Dazwischen sang aus der Ferne eine schwere, düstere Stimme die Worte »starrender Fels mein Aufenthalt«. Warenucha nahm an, ein Radiotheater hatte sich irgendwie in die Leitung verlaufen.

»In der Wohnung geht niemand ran«, sagte er und legte auf, »ich rufe noch mal den –«

Beenden konnte er den Satz nicht. Die Telegramm-Frau erschien wieder in der Tür, und sowohl Rimski als auch Warenucha sprangen auf, als sie aus ihrer Tasche nicht einen weißen Umschlag, sondern einen kleinen dunklen Zettel nahm.

»Jetzt wird's richtig interessant«, zischte Warenucha hervor und schaute der davoneilenden Frau nach. Rimski riss den Zettel an sich.

Selbst auf dem dunklen Fotopapier-Hintergrund waren die schwarzen handgeschriebenen Zeilen deutlich lesbar:

*Beweis: meine Handschrift, meine Unterschrift. Telegrafiert Bestätigung. Woland heimlich beobachten. Lichodejew.*

In seinen zwanzig Jahren Arbeit am Theater hatte Warenucha alles Mögliche gesehen, aber nun spürte er, wie sich ein Schleier über seinen Verstand legte, und er brachte nichts Besseres heraus als die absurde Floskel »das darf doch nicht wahr sein!«

Rimski reagierte ganz anders. Er stand auf, öffnete die Tür und bellte die Bürobotin an, die im Gang auf einem Hocker saß: »Keinen reinlassen, nur die Post!«

Dann schloss er die Tür ab, nahm einen Stapel Papiere aus dem Schreibtisch und begann die dicken, nach links gelehnten Buchstaben auf dem Fotogramm akribisch mit den Buchstaben in Stepans Beschlüssen und mit den verschraubt geschnörkelten Unterschriften zu vergleichen. Warenucha hatte den Bauch auf den Tisch gelehnt und atmete heiß auf Rimskis Wange.

»Die Handschrift stimmt«, sagte der Finanzdirektor schließlich entschieden, und Warenucha wiederholte wie ein Echo: »Stimmt.«

Der Verwalter blickte in Rimskis Gesicht und staunte über die Veränderung. Der ohnehin dürre Finanzdirektor sah noch dürrer aus, und auch älter. Die Augen hinter der Hornbrille hatten ihren stechenden Blick verloren. Unbehagen, ja sogar Trauer hatte sich darin eingenistet.

Warenucha vollführte alles, was in Zeiten des großen Staunens so üblich ist: Er rannte im Büro auf und ab, breitete die Arme aus wie ein Gekreuzigter, trank ein ganzes Glas gelbliches Wasser aus der Karaffe und rief immer wieder: »Ich versteh's nicht! Ich versteh's nicht! Ich verstehe es einfach nicht!«

Rimski schaute unterdessen aus dem Fenster und dachte angestrengt nach. Seine Lage war sehr schwierig. Er musste sofort, an Ort und Stelle, eine gewöhnliche Erklärung für ein außergewöhnliches Phänomen finden.

Er kniff die Augen zusammen und stellte sich vor, wie Stepan im Nachthemd und ohne Schuhwerk gegen halb zwölf in irgendein neuartiges Superflugzeug steigt und dann, ebenfalls um halb zwölf und immer noch in Socken, am Flughafen von Jalta steht … Teufel noch mal!

Vielleicht war es gar nicht Stepan gewesen, der ihn heute Morgen angerufen hatte? Doch, er war's! Wer kannte seine Stimme besser als Rimski? Ja, selbst wenn es jemand anders gewesen wäre – Stepan war doch erst gestern Abend mit diesem idiotischen Vertrag im Büro des Finanzdirektors erschienen und hatte ihm mit seinem Leichtsinn die Nerven strapaziert. Wie konnte er wegfahren oder wegfliegen, ohne im Theater Bescheid zu sagen? Und selbst wenn er gestern Abend weggefahren war, so wäre er doch heute Mittag noch nicht angekommen. Oder doch?

»Wie viele Kilometer sind es nach Jalta?«, fragte Rimski.

Warenucha hörte auf, hin und her zu rennen, und rief: »Eben! Das hab ich mich auch schon gefragt! Mit dem Zug sind's anderthalbtausend nach Sewastopol, dann kommen wohl noch um die achtzig bis Jalta dazu. Der Luftweg ist natürlich kürzer.«

Hm ... Tja. Also definitiv kein Zug. Was dann? Ein Kampfflugzeug? Aber wer lässt denn Stepan in ein Kampfflugzeug, und das auch noch ohne Schuhe? Und wozu? Vielleicht hat er ja die Schuhe erst ausgezogen, nachdem er in Jalta angekommen war? Aber noch einmal: wozu? Und überhaupt: Auch beschuht hätte man ihn nicht in ein Kampfflugzeug gelassen. Eigentlich tut aber auch das Kampfflugzeug nichts zur Sache. Hier steht es schwarz auf weiß: Erschien um halb zwölf bei der Kriminalpolizei. Aus Moskau telefoniert hatte er erst um – Moment mal ... Vor Rimskis Augen erschien das Ziffernblatt seiner Uhr. Er versuchte sich zu erinnern, wo die Zeiger gestanden hatten. Schlimm, schlimm! Zwanzig nach elf! Das hieße ja ... Angenommen, Stepan wäre nach dem Gespräch sofort zum Flughafen gerast und hätte diesen in, sagen wir, fünf Minuten erreicht – was übrigens auch undenkbar war –, dann müsste das Flugzeug ja direkt gestartet sein und in fünf Minuten mehr als tausend Kilometer zurückgelegt haben! Das wäre eine Geschwindigkeit von über 12.000 Stundenkilometern! Das kann nicht sein. Also ist Stepan nicht in Jalta.

Also was? Hypnose? Aber Hypnose kann einen doch nicht tausend Kilometer weit schleudern! Oder bildet er sich nur ein, er sei in Jalta? Er bildet es sich ein – und die Polizei in Jalta, bildet die es sich vielleicht auch ein? Wohl kaum! Aber die Telegramme kommen doch von dort!

Der Finanzdirektor sah zum Fürchten aus. Derweil wurde von draußen am Türgriff gedreht und gezogen, und man hörte die Bürobotin verzweifelt rufen: »Verboten! Darf keiner rein! Über meine Leiche! Sitzung im Gange!«

Rimski riss sich, so gut er konnte, zusammen, nahm den Hörer ab und sprach hinein: »Verbinden Sie mich mit Jalta, extradringend.«

»Das ist gescheit!«, rief Warenucha gedanklich aus.

Aber es kam kein Gespräch mit Jalta zustande. Rimski legte auf und sagte: »Wie verhext, jetzt ist auch noch die Verbindung gestört.«

Dies stimmte ihn aus irgendeinem Grund besonders traurig, und auch nachdenklich. Also dachte er eben eine Weile nach. Dann nahm er den Hörer wieder in die eine Hand und notierte mit der anderen die eigenen Worte: »Superblitztelegramm. Varieté. Genau. Jalta. Kriminalpolizei. ‚Heute gegen halb zwölf Lichodejew Moskau telefoniert Stopp Nicht zur Arbeit erschienen telefonisch nicht auffindbar Stopp Handschrift bestätigt Stopp Beobachtung genannten Künstlers erfolgt Stopp Finanzdirektor Rimski.«

»Äußerst gescheit!«, dachte Warenucha, aber noch ehe er zu Ende denken konnte, fuhr es ihm durch den Kopf: »Nein, das ist doch Unsinn! Er kann nicht in Jalta sein!«

Rimski tat unterdessen Folgendes: Er stapelte ordentlich alle empfangenen Telegramme und die Abschrift seines eigenen zusammen, steckte den Stapel in einen Umschlag, klebte ihn zu, schrieb etwas darauf und übergab ihn Warenucha mit den Worten: »Bring das dort bitte persönlich vorbei, Iwan, jetzt sofort. Sollen die sich darum kümmern.«

»Das ist nun wirklich gescheit!«, dachte Warenucha und steckte den Umschlag in seine Aktentasche. Dann drehte er für alle Fälle noch mal an der Wählscheibe, horchte und fing an, freudig-geheimnisvoll zu zwinkern und Grimassen zu schneiden. Rimski reckte den Hals.

»Dürfte ich den Künstler Woland sprechen?«, fragte Warenucha süßlich.

»Der Herr sind beschäftigt«, kam knarzend die Antwort, »wer spricht denn?«

»Der Varietéverwalter.«

»Oh wie wunderbar!«, rief der Hörer freudig. »Furchtbar froh, Sie zu hören! Was macht die Gesundheit?«

»Merci«, antwortete Warenucha verwundert, »mit wem habe ich denn das Vergnügen?«

»Sein Assistent, jawohl, sein Assistent und Dolmetscher, Korowjew!«, ratterte der Hörer. »Zu Ihren Diensten! Stehe mit wahrstem Genuss zur Verfügung! Sie wünschen?«

»Verzeihung, Stepan Lichodejew ist nicht zu Hause, oder?«

»Leider nicht! Jammerschade!«, hieß es aus dem Hörer. »Weggefahren!«

»Wohin denn?«

»Eine Spritztour aufs Land.«

»W-wie? Eine Spritztour …? Wann kommt er denn zurück?«

»Er hat gesagt: Ich schnapp nur mal etwas frische Luft und komm wieder!«

»Aha«, sagte Warenucha ratlos, »merci. Richten Sie Monsieur Woland bitte aus, dass seine Vorstellung heute Abend im dritten Teil des Programms stattfindet.«

»Jawohl. Natürlich. Auf jeden Fall. Sofort. Unbedingst. Richt ich aus!«

»Alles Gute«, verabschiedete sich Warenucha verdutzt.

»Ihnen auch!«, sprach der Hörer. »Die allerwärmsten, allerherzlichsten Grüße und Wünsche! Alles Beste! Viel Erfolg! Totales Glück! Absolute Seligkeit!«

»Aber natürlich, sag ich doch!«, rief der Verwalter aufgeregt. »Nichts mit Jalta, sondern er ist aufs Land gefahren!«

»Nun, wenn das so ist«, zischte der Finanzdirektor, blass vor Zorn, »dann ist das ja wirklich eine beispiellose Sauerei!«

Hier sprang der Verwalter auf und rief so laut, dass Rimski zusammenfuhr: »Ich weiß! Ich weiß! In Puschkino gibt's seit Neustem eine Tschebureki-Stube, die heißt ›Jalta‹! Jetzt ist alles klar! Er ist dorthin gefahren, hat sich besoffen und schickt von dort aus Telegramme!«

»Das ist ja die Höhe«, knurrte Rimski. Seine Wange zuckte, und Wut brannte tief in seinen Augen. »Diese Spritztour wird er teuer bezahlen!« Dann stockte er und fügte unentschlossen hinzu: »Aber die Kriminalpolizei?«

»Alles Unsinn! Seine üblichen dummen Scherze«, unterbrach der Verwalter aufgeregt und fragte: »Soll ich den Umschlag trotzdem rüberbringen?«

»Unbedingt«, antwortete Rimski.

Und wieder öffnete sich die Tür, und dieselbe Frau kam herein. »Die schon wieder!«, dachte Rimski gequält. Beide Männer erhoben sich ihr entgegen.

Diesmal lautete das Telegramm wie folgt:

> DANKE BESTÄTIGUNG + DRINGEND FÜNFHUNDERT AN KRIPO FÜR MICH + FLIEGE MORGEN MOSKAU + LICHODEJEW

»Er hat den Verstand verloren«, sagte Warenucha schwach.

Rimski aber klimperte mit dem Schlüssel, nahm Geld aus dem Safe, zählte fünfhundert Rubel ab, rief einen Boten, übergab ihm das Geld und schickte ihn zum Telegrafenamt.

»Um Himmels willen, Grigori!«, der Verwalter traute seinen Augen nicht. »Also ich würde kein Geld schicken.«

»Das Geld kommt zurück«, entgegnete Rimski leise, »und Lichodejew wird für dieses kleine Picknick büßen.« Er zeigte auf Warenuchas Aktentasche und fügte hinzu: »Nun fahr schon, lass uns keine Zeit verlieren.«

Und Warenucha rannte mit der Aktentasche aus dem Büro.

Im Erdgeschoss sah er die riesige Schlange an der Kasse, erfuhr von der Kassiererin, dass die Karten wohl innerhalb von einer Stunde ausverkauft sein würden – das Publikum ströme nämlich nur so herein, seit das Zusatzposter ausgehängt sei. Er wies sie an, dreißig der besten Logen- und Parterre-Plätze zurückzulegen, sprang hinaus, schüttelte unterwegs die aufdringlichsten Freikartenjäger ab und tauchte kurz in sein winziges Büro, um seine Mütze zu holen. In diesem Moment ratterte das Telefon.

»Ja!«, rief der Verwalter.

»Warenucha?«, fragte der Hörer mit grässlich näselnder Stimme.

»Er ist nicht –«, fing der Verwalter an, aber die Stimme fiel ihm ins Wort: »Lassen Sie die Mätzchen, Warenucha, und hören Sie gut zu. Diese Telegramme zeigen sie gefälligst niemandem.«

»Wer spricht da?«, brüllte der Verwalter. »Hören Sie auf mit diesen Scherzen, Bürger! Man wird Sie finden! Ihre Nummer?«

»Sag mal«, antwortete dieselbe garstige Stimme, »verstehst du kein Russisch? Lass die Hände von den Telegrammen!«

»So, Sie wollen nicht aufhören?«, rief Warenucha zornig. »Dann passen Sie gut auf! Sie werden dafür bezahlen!« Er brüllte noch eine Drohung ins Telefon und wurde still, weil er spürte, dass ihm niemand mehr zuhörte.

Da begann es in seinem Büro erstaunlich schnell zu dämmern. Er rannte hinaus, schlug die Tür hinter sich zu und eilte durch den Seiteneingang in den Sommergarten.

Der Verwalter war aufgeregt und voller Tatendrang. Nach dem frechen Anruf war er überzeugt, dass hier eine ganze Gaunerclique böse Tricks spielte, und dass diese Tricks mit Lichodejews Verschwinden zu tun hatten. Der Verwalter wurde übermannt von dem Wunsch, die Übeltäter zu entlarven, was ihn mit einer Art Vorfreude erfüllte, wie sie ja vorkommt, wenn einer mit sensationellen Nachrichten in den Mittelpunkt treten will.

Im Garten wehte der Wind dem Verwalter ins Gesicht und schleuderte ihm Sand in die Augen – als ob er ihm den Weg versperrte, als ob er ihn warnen wollte. Ein Fenster im zweiten Stock knallte so fest zu, dass das Glas beinah zerborsten wäre; die Wipfel der Ahorne und Linden raschelten unbehaglich. Es wurde dunkler und kühler. Der Verwalter rieb sich die Augen und sah eine gelbbauchige Sturmwolke tief über Moskau schleichen. Ein dumpfes Grollen kam aus der Ferne.

So eilig Warenucha es auch hatte, auf einmal wollte er noch unbedingt rasch nachsehen, ob der Elektriker in der Sommertoilette ein Drahtgitter um die Glühbirne montiert hatte.

Er lief an der Schießbude vorbei und kam zu den dichten Fliederbüschen, die das hellblaue Toilettengebäude umgaben. Der Elektriker hatte sich als pflichtbewusst erwiesen, die Glühbirne unter dem Dach der Herrentoilette war mit einem Gitter versehen. Etwas anderes verdross Warenucha aber sehr: Selbst in der gewittrigen Dunkelheit war zu sehen, dass die Wände schon jetzt mit Aufschriften in Kohle und Bleistift übersät waren.

»Was für eine –«, sagte der Verwalter und hörte plötzlich eine Stimme hinter sich schnurren: »Herr Warenucha?«

Warenucha zuckte zusammen, drehte sich um und sah einen kleinen dicken Mann, dessen Visage ihm irgendwie katzenhaft vorkam.

»Ja, und?«, antwortete Warenucha feindselig.

»Freut mich sehr«, piepste der katerartige Fettwanst, holte jäh aus und schlug Warenucha mit solcher Wucht aufs Ohr, dass ihm die Mütze vom Kopf flog und spurlos im Schlund der Toilette verschwand.

Mit dem Schlag flackerte etwas kurz auf, und der Himmel grollte zur Antwort. Dann blitzte es wieder, und noch jemand tauchte vor dem Verwalter auf – klein, mit athletischen Schultern und feuerrotem Haar, ein Auge getrübt, der Mund von einem Reißzahn verunstaltet. Dieser Zweite, wohl ein Linkshänder, knallte dem Verwalter eine aufs andere Ohr. Darauf donnerte es erneut, und ein Regenschauer brach über das Holzdach herein.

»Aber, Kame –«, flüsterte der Verwalter fassungslos, merkte jedoch sogleich, dass man Banditen, die Menschen in einer öffentlichen Toilette überfallen, wohl kaum als Kameraden bezeichnen kann, krächzte schnell »Geno –«, sah ein, dass sie auch diese Bezeichnung nicht verdienten, und erhielt – er konnte nicht ausmachen, von welchem der beiden – einen dritten furchtbaren Schlag, der ihm das Blut aus der Nase trieb.

»Was hast du in der Aktentasche, du Zecke?«, krakeelte der Katzenartige. »Telegramme? Wurdest du nicht am Telefon gewarnt, du sollst die Hände davon lassen? Wurdest du gewarnt oder nicht?«

»Ich w-wurde gew-w-warnt«, röchelte der Verwalter.

»Und trotzdem bist du losgelaufen? Her mit der Aktentasche, Drecksack!«, rief der Zweite mit eben der ekelhaft nasalen Stimme, die Warenucha am Telefon gehört hatte, und riss ihm die Tasche aus den zitternden Händen.

Dann packten sie den Verwalter und zerrten ihn mit ungeheurer Geschwindigkeit aus dem Garten hinaus und die Sadowaja hinunter. Das Gewitter tobte mit voller Wucht, das Wasser raste prasselnd und heulend durch die Abflüsse, es blubberte, schwoll zu Wellen an, strömte von den Dächern an den Abflussrohren vorbei, ergoss sich in schäumenden Strömen aus jedem Toreingang. Alles Leben wurde von der Sadowaja fortgespült, niemand würde Warenucha zu Hilfe kommen. Im Licht der Blitze sprangen die Banditen durch schlammige Flüsse, und in Sekundenschnelle hatten sie den halb toten Verwalter zum Haus 302b geschleppt. Sie hetzten durch ein Tor, wo sich zwei barfüßige Frauen mit Schuhen und Strümpfen in den Händen an die Wand drückten, und stürzten auf den sechsten Eingang zu. Dem Wahnsinn nahe wurde Warenucha in den vierten Stock hinaufgezerrt, wo man ihn in Lichodejews Wohnung, in der ihm gut bekannten halbdunklen Diele, auf den Boden warf.

Da verschwanden die beiden Rowdys, und an ihrer Stelle erschien ein völlig entblößtes Fräulein, rothaarig, mit phosphoreszierenden Augen.

Warenucha spürte, dass dies von allen Dingen, die ihm passiert waren, das schlimmste war, stöhnte auf, schreckte zurück und prallte gegen die Wand. Das Fräulein kam auf ihn zu und fasste ihn bei den Schultern. Ihm sträubten sich die Haare, denn selbst durch den regengetränkten Stoff seines Hemdes fühlte er, wie kalt diese Hände waren, eisig kalt.

»Jetzt lass dich mal küssen«, sagte sie zärtlich, und er sah ihre leuchtenden Augen direkt vor seinen. Dann wurde der Verwalter ohnmächtig; den Kuss spürte er nicht mehr.

# Kapitel 11

## Iwans Entzweiung

Der Wald am gegenüberliegenden Flussufer, eine Stunde zuvor noch von der Maisonne erhellt, war nun verwaschen, verschwommen; bald löste er sich auf.

Hinter dem Fenster stürzte ein dichter Wasserschleier nieder. Immer wieder blitzten feurige Fäden auf, der Himmel platzte auseinander, und beängstigend zittriges Licht überflutete das Krankenzimmer.

Iwan weinte leise. Er saß auf seinem Bett, den Blick auf den trüben, blasig brodelnden Fluss. Bei jedem Donnerschlag wimmerte er und vergrub das Gesicht in den Händen. Auf dem Boden waren Blätter mit seinen Aufzeichnungen verstreut. Noch vor dem Gewitter war der Wind ins Zimmer gestürmt und hatte sie ihm weggefegt.

Die Versuche des Dichters, eine Anzeige über den schaurigen Berater zu schreiben, wollten nicht gelingen. Dabei hatte er, sobald er von der dicken Krankenschwester Praskowja einen Bleistiftstumpf und Papier bekommen hatte, sich tüchtig die Hände gerieben und hastig an dem kleinen Tisch Platz genommen. Der Anfang hatte sich auch recht flink ergeben:

»An die Polizei. Von Iwan Besdomny, MassLit-Mitglied. Strafanzeige. Gestern Abend gingen der verstorbene M. Berlioz und ich am Patriarchenteich spazieren –«

Und schon verlor der Dichter den Faden, vor allem wegen des Wortes »verstorben«. Völliger Irrsinn gleich zu Anfang: Was heißt hier »der Verstorbene ging spazieren«? Für Verstorbene ist es vorbei mit dem Spazieren! So hält man ihn noch tatsächlich für verrückt!

Nach dieser Überlegung versuchte er, das Geschriebene zu korrigieren. Heraus kam: »M. Berlioz, später verstorben«. Das befriedigte Iwan auch nicht. Eine dritte Redaktion musste her, gelang aber noch weniger als die ersten beiden: »Berlioz, der unter die Straßenbahn geraten war« – und dann tauchte auch noch dieser Namensvetter auf, der Komponist, und obschon diesen doch kein Mensch kannte, fühlte sich Iwan verpflichtet, anzugeben: »nicht der Komponist«.

Nach der Plage mit dem einen und dem anderen Berlioz kreuzte Iwan alles durch und entschied sich, gleich mit voller Wucht zu beginnen, um die Aufmerksamkeit des Lesers zu fesseln. Also beschrieb er, wie der Kater in die Straßenbahn gestiegen war, und kam erst dann zur Episode mit dem abgeschnittenen Kopf. Der Kopf und die Prophezeiung des Beraters führten ihn zu Pontius Pilatus, also beschloss er, den Bericht durch die vollständige Wiedergabe der Erzählung über den Prokurator zu veranschaulichen, von dem Moment an, als dieser im weißen Umhang mit blutrotem Saum die Kolonnade des Palastes von Herodes betrat.

Iwan arbeitete fleißig, strich aus, fügte ein und versuchte sogar, Pontius Pilatus zu zeichnen, und dann den Kater auf den Hinterpfoten. Aber auch die Zeichnungen halfen nicht. Die Anzeige wurde immer verwirrender.

Als die beängstigende Wolke mit rauchenden Konturen aus der Ferne erschien, den Wald bedeckte und den Wind mitbrachte, fühlte Iwan, dass er keine Kraft hatte, dass er die Anzeige nie meistern würde. Also ließ er die verstreuten Blätter liegen und weinte, leise und bitterlich.

Die gutmütige Schwester Praskowja schaute während des Sturms vorbei, sah bekümmert den schluchzenden Dichter, schloss die Jalousien, damit die Blitze den Kranken nicht erschreckten, hob die Blätter auf und lief damit zum Arzt.

Dieser kam, spritze Iwan etwas in den Arm und versicherte ihm, dass er nicht mehr weinen müsste: Alles würde nun vorübergehen, alles würde sich ändern und aus der Erinnerung verschwinden.

Er hatte recht. Bald war der Wald auf der anderen Seite des Flusses ganz wie zuvor. Jeder einzelne Baum stand vom Himmel umrissen, der wieder vollkommen blau war, und auch der Fluss wurde ruhig. Gleich nach der Spritze hatte die Wehmut begonnen, sich aufzulösen, und jetzt lag der Dichter ruhig da und schaute auf den Regenbogen, der sich über den Himmel erstreckte.

So verging die Zeit bis zum Abend, und er bemerkte nicht einmal, wie der Regenbogen dahinschmolz, wie der Himmel ausblich und traurig wurde, wie der Wald sich verdunkelte.

Nachdem er seine warme Milch getrunken hatte, legte sich Iwan wieder hin und wunderte sich darüber, wie verändert sein Denken war. Der verfluchte dämonische Kater wurde in seiner Erinnerung irgendwie weicher, der abgetrennte Kopf machte ihm keine Angst mehr, und so dachte er gar nicht mehr über diesen nach. Stattdessen dachte er, dass er es in der Klinik eigentlich gar nicht schlecht hatte, dass Strawinsky klug und berühmt war, und dass es sich mit ihm sehr gut reden ließ. Die Abendluft war nach dem Sturm lieblich und frisch.

Die Anstalt schlief ein. In ruhigen Gängen erlosch das mattweiße Licht, an ihrer statt gingen vorschriftsmäßig sanfte, himmelblaue Nachtlampen an; immer seltener waren im Gang vor der Tür behutsame Schritte des Personals auf den Gummimatten zu hören.

Nun lag Iwan in süßer Trägheit da und blickte mal auf die beschirmte Lampe, die ihr weiches Licht von der Decke strömen ließ, mal auf den Mond, der hinter dem schwarzen Wald aufging, und führte ein versonnenes Selbstgespräch.

»Warum rege ich mich denn überhaupt so auf, dass Berlioz unter die Straßenbahn geraten ist?«, fragte sich der Dichter. »Eigentlich kann er mir doch gestohlen bleiben! Bin ich etwa mit ihm verheiratet? Wenn man's sich so recht überlegt, kenne ich den Verstorbenen doch kaum. Nein, wirklich, was weiß ich denn von ihm? Nur dass er kahl war und sich gepflegt ausdrücken konnte. Und außerdem, liebe Bürger«, wandte sich Iwan an ein unsichtbares Publikum, »müssen wir doch Folgendes klären: Warum hab ich es so abgesehen auf diesen mysteriösen Berater, den Magier, den Professor mit dem schwarzen, leeren Auge? Warum diese absurde Verfolgungsjagd in Unterhosen, mit der Kerze in der Hand? Warum dieser Rabatz im Restaurant?«

»Mo-oment mal«, sagte der alte Iwan plötzlich streng zu dem neuen, vielleicht von innen, vielleicht auch ins Ohr, »aber er wusste doch vorher, dass Berlioz den Kopf verliert? Wie soll man da ruhig bleiben?«

»Das versteht sich doch, Genossen!«, erwiderte der neue Iwan dem morschen alten. »Dass hier etwas im Gange ist, das sieht ja wohl jedes Kind. Er ist eine herausragende und mysteriöse Gestalt, ganz klar. Aber das ist ja das Spannende! Der Mann kannte Pontius Pilatus persönlich, was kann denn interessanter sein? Wäre es nicht schlauer gewesen, ihn höflich weiter über Pilatus und diesen Gefangenen Ha-Nozri auszufragen, anstatt den idiotischen Krawall am Teich zu veranstalten? Weiß der Teufel, was mich geritten hat! So ein Weltwunder aber auch – ein Redakteur wurde überfahren! Macht jetzt etwa die Zeitschrift dicht? Passiert ist passiert. Der Mensch ist sterblich – ja, wie sehr richtig gesagt wurde, unvermittelt sterblich. Na, möge er halt in Frieden ruhen! Dann kommt eben ein anderer Redakteur und kann sich womöglich noch gepflegter ausdrücken.«

Der neue Iwan döste ein bisschen und fragte dann den alten Iwan spöttisch: »Tja, was bin ich denn dann?«

»Ein Depp!«, sagte deutlich ein Bass, der keinem der beiden Iwans gehörte, dafür aber sehr dem Bass des Beraters ähnelte.

Iwan, über diese Bezeichnung aus irgendeinem Grund nicht beleidigt, sondern vielmehr angenehm überrascht, lächelte und wurde schläfrig still. Der Schlummer schlich sich an ihn heran, und schon schwebte ihm eine Palme auf ihrem Elefantenbein vor, und der Kater spazierte vorbei – nicht furchteinflößend, sondern lustig; kurzum, fast hätte sich der Schlaf auf Iwan niedergesenkt, als das Gitter plötzlich lautlos zur Seite fuhr und eine mysteriöse Gestalt auf dem Balkon auftauchte, die sich aus dem Mondlicht heraushielt und warnend den Zeigefinger hob.

Nicht im Geringsten erschrocken, richtete Iwan sich auf und sah, dass auf dem Balkon tatsächlich ein Mann stand. Dieser Mann hielt sich den Finger an die Lippen und flüsterte: »Psst!«

# Kapitel 12

## Schwarze Magie mit kompletter Entlarvung

Ein Foxtrott erklang, und ein kleiner Mann mit löchrigem gelbem Bowler und birnenförmiger, himbeerfarbener Nase radelte in karierten Hosen und Lackschuhen auf die Varieté-Bühne. Er beschrieb einen Kreis und gab einen Schlachtruf von sich, worauf das Fahrzeug sich feurig aufbäumte. So, in triumphaler Höhe, drehte er noch eine Runde, ergriff dann das Vorderrad mit den Händen, wobei er die Füße zur Decke reckte, schraubte es ab und ließ es hinter die Bühne trudeln. Dann fuhr er auf dem weiter, was von seinem Gefährt noch übrig war, indem er die Pedale mit den Händen kurbelte.

Auf einem masthohen Stangenrad erschien eine pralle Blondine im Trikot sowie einem mit Silbersternen übersätem Röckchen und fing an, Kreise um die Bühne zu ziehen. Bei jeder Begegnung mit ihr begrüßte der kleine Mann sie lauthals und nahm mit dem Fuß seinen Bowler ab.

Schließlich kam ein etwa achtjähriger Wicht mit Greisengesicht dazu und sauste auf einem winzigen Zweirad mit riesiger Autohupe zwischen den beiden Erwachsenen herum.

Nach mehreren Schleifen raste die ganze Sippe unter nervösem Trommelwirbel bis an den Bühnenrand heran. Die Zuschauer in den ersten Reihen schnappten nach Luft und pressten sich in die Sitze: Gleich würde das ganze Trio mitsamt seinen Fahrmaschinen in den Orchestergraben krachen!

Aber als die Vorderräder schon auf die Köpfe der Musiker zu rutschen drohten, blieben sie vor dem Abgrund stehen. Mit einem lauten »hopp!« sprangen die Radkünstler ab und verbeugten sich, wobei die Blonde dem Publikum Luftküsse schickte und der Kleine lustig hupte.

Applaus erschütterte das Gebäude, und der himmelblaue Vorhang schob sich von beiden Seiten auf die Artisten zu, bis er sie bedeckte. Die grünen Aufschriften »Ausgang« an den Türen erloschen, und im Netzwerk der Trapeze unter der Kuppel leuchteten sonnengleich weiße Kugeln auf. Die Pause vor dem letzten Teil begann.

Der Einzige, der sich nicht im Geringsten für die Radkunst der Zirkusfamilie Giulli interessierte, war Grigori Rimski. In völliger Einsamkeit saß er in seinem Büro und biss sich auf die dünnen Lippen. Immer wieder verzerrte ein Krampf sein Gesicht. Dem außerordentlichen Verschwinden Lichodejews war nun auch das gänzlich unvorhergesehene Verschwinden Warenuchas gefolgt.

Rimski wusste, wohin Warenucha gegangen war, aber er war dorthin gegangen – und nicht zurückgekommen! Ratlos flüsterte Rimski: »Aber wieso haben die ihn denn bloß...? Wieso?«

Seltsam: Für einen so praktischen Mann wie den Finanzdirektor sollte es doch ein Einfaches sein, die Behörde, in die er Warenucha geschickt hatte, anzurufen und herauszufinden, was ihm widerfahren war – doch bis zehn Uhr abends hatte er sich nicht dazu zwingen können.

Um zehn überwand er sich schließlich mit größter Anstrengung, hob den Hörer ab und entdeckte sogleich, dass sein Telefon tot war. Der Bote berichtete, dass auch die restlichen Apparate im Gebäude außer Betrieb waren. Dieses sicherlich unangenehme, aber keinesfalls übernatürliche Ereignis erschütterte den Direktor aus irgendeinem Grund zutiefst, doch gleichzeitig war er froh: Der Druck, anrufen zu müssen, war von ihm abgefallen.

Als ein rotes Lämpchen über seinem Kopf aufleuchtete und blinzelnd den Beginn der Pause ankündigte, kam ein Bote herein und informierte ihn über die Ankunft des ausländischen Künstlers. Das Gesicht des Direktors verzerrte sich. Düsterer als eine Sturmwolke ging er hinter die Bühne, um den Artisten zu empfangen, da ja sonst keiner da war, der es hätte tun können.

Aus dem Flur, wo bereits die Signalglocke läutete, blickten Neugierige unter allerlei Vorwänden immer wieder in die große Garderobe. Da waren mehrere Zauberer in bunten Umhängen und Turbanen, ein Eiskunstläufer in weißer Strickjacke, der blassgepuderte Erzähler und der Maskenbildner.

Die neu angekommene Berühmtheit beeindruckte alle mit einem wundersam geschnittenen, unglaublich langen Frack und einer schwarzen Halbmaske. Am bemerkenswertesten aber waren die beiden Gefährten des Schwarzmagiers: ein langer Karierter mit gesprungenem Zwicker und ein fetter schwarzer Kater, der auf den Hinterpfoten die Garderobe betrat, es sich auf dem Sofa gemütlich machte und die nackten Schminkleuchten anblinzelte.

Rimski versuchte, ein Lächeln aufzusetzen, was sein Gesicht noch saurer und boshafter machte, und verbeugte sich vor dem Magier, der schweigend neben dem Kater auf dem Sofa Platz genommen hatte. Es gab keinen Händedruck. Stattdessen stellte sich der Karierte ungeniert dem Direktor vor, und zwar als »dem Professor sein Assistenzhelfer«. Dies war eine neue unangenehme Überraschung: Im Vertrag war von keinerlei Assistenten die Rede.

Da der Karierte ihm aber nun schon ins Haus geschneit war, erkundigte sich der Direktor äußerst steif und trocken bei diesem, wo sich die Gerätschaften des Künstlers befänden.

»Allerkostbarster Herr Direktor, Sie unser edelster Edelstein«, antwortete der Assistent mit scheppernder Stimme, »unsere Gerätschaften haben wir immer dabei. Hier sind sie! Allez hopp!« Er wedelte mit seinen knorrigen Fingern vor Rimskis Nase und zog hinter dem Ohr des Katers eine goldene Uhr hervor, die dem Direktor selbst gehörte und gerade noch in dessen Westentasche gesteckt hatte, unter dem zugeknöpften Jackett, mit einer Kette am Knopfloch befestigt.

Rimski griff sich unwillkürlich an den Bauch, die Anwesenden staunten laut, und der Maskenbildner, der gerade in der Tür stand, grunzte beifällig.

»Ist das nicht Ihre werte Uhr?«, sagte der Karierte grinsend und streckte dem verwirrten Rimski eine schmutzige Hand mit seinem Eigentum entgegen.

»Mit so einem steige ich nicht in die Bahn«, flüsterte der Erzähler fröhlich zu dem Maskenbildner.

Der Kater hatte aber einen noch besseren Trick zu bieten. Er erhob sich vom Sofa, schritt auf den Hinterpfoten zum Schminktisch, zog den Stöpsel aus der Karaffe, goss Wasser in ein Glas, trank aus, steckte den Stöpsel wieder ein und wischte sich die Schnurrhaare mit einem Schminktuch ab.

Nun sperrten alle nur den Mund auf, einzig der Maskenbildner flüsterte bewundernd: »Spitzenklasse!«

Da läutete es unruhig zum dritten Mal, und alle drängten aus der Garderobe, gespannt auf den Auftritt.

Kurz darauf erloschen die Leuchten im Saal, das Rampenlicht ließ den unteren Teil der Vorhänge rötlich aufschimmern, und in einem Lichtkegel erschien ein molliger Mann, fröhlich wie ein Bub, sauber rasiert, aber in einem zerknitterten Frack und einem nicht sonderlich frischen Hemd. Dies war der stadtbekannte Conférencier George Bengalski.

»Und nun, Bürger«, sagte Bengalski und lächelte sein Babylächeln, »folgt der Auftritt von –« Da unterbrach er sich und wechselte den Ton: »Ich sehe, zum dritten Teil ist noch mehr Publikum gekommen. Die halbe Stadt ist da! Neulich treffe ich einen Bekannten und sage: ›Warum kommst du nicht zu uns? Die halbe Stadt war gestern da!‹ Sagt der: ›Ich lebe in der anderen Hälfte!‹«

Bengalski machte eine Pause für die erwartete Lachsalve, als aber niemand lachte, redete er weiter: »Nun, sogleich führt uns der berühmte ausländische Künstler Monsieur Woland schwarze Magie vor. Sie und ich wissen natürlich«, an dieser Stelle lächelte Bengalski ein weises Lächeln, »es gibt in Wirklichkeit keine Magie – das ist alles nur Aberglaube. Maestro Woland ist einfach ein Virtuose der Trickkunst, wie

Sie in dem interessantesten Teil der Vorstellung sehen werden, nämlich wenn er für uns seine Technik offenlegt. Und da wir alle sowohl für die Technik als auch für ihre Entlarvung sind, freuen wir uns auf Monsieur Woland!«

Nach diesem Unfug presste Bengalski die Handflächen zusammen und schwenkte die zusammengelegten Hände einladend durch den Schlitz des Vorhangs, worauf sich dieser mit leisem Rascheln öffnete.

Die Erscheinung des Magiers mit seinem langen Assistenten und dem Kater, der auf den Hinterpfoten die Bühne betrat, kam beim Publikum sehr gut an.

»Einen Sessel«, befahl Woland halblaut, und in der gleichen Sekunde erschien – niemand wusste, wie oder woher – ein Sessel auf der Bühne. Der Magier nahm Platz. »Was meinst du, lieber Fagott«, erkundigte er sich bei dem karierten Clown, der offenbar neben Korowjew auch andere Namen führte, »haben sich die Moskowiter erheblich verändert?«

Der Magier blickte auf das stumme, von der Erscheinung des Sessels aus dem Nichts verblüffte Publikum.

»Jawohl, Messère«, antwortete Fagott-Korowjew, ebenfalls halblaut.

»Du hast recht. Das Stadtvolk hat sich stark verändert. Äußerlich, meine ich, wie übrigens auch die Stadt selbst. Von der Kleidung ganz zu schweigen, es gibt nun diese – wie heißen sie noch mal – Straßenbahnen, Automobile …«

»Omnibusse«, ergänzte Fagott respektvoll.

Das Publikum hörte diesem Gespräch aufmerksam zu, in der Annahme, es sei ein Auftakt zu den Zaubertricks. Hinter den Vorhängen drängten sich Bühnenarbeiter, Artistinnen und Artisten. Zwischen ihnen war auch der angespannte, blasse Rimski.

Das Gesicht Bengalskis, der sich an den Bühnenrand zurückgezogen hatte, wurde ratlos. Er hob eine Augenbraue und nutzte die Pause im Dialog, um sich einzumischen: »Der ausländische Künstler äußert seine Bewunderung für Moskaus technologische Entwicklung und die Moskauer!«

Bengalski lächelte das Parterre an, und dann gesondert die Galerie. Woland, Fagott und der Kater drehten die Köpfe in Richtung des Conférenciers.

»Habe ich Bewunderung geäußert?«, fragte der Magier den Karierten.

»Ganz und gar nicht, Messère, Sie haben keinerlei Bewunderung geäußert.«

»Was redet dieser Mensch denn?«

»Kokolores!«, erklärte Fagott so laut, dass es durch das ganze Varieté hallte. Dann wandte er sich an Bengalski und fügte hinzu: »Gut gelügt, Genosse Bürger!«

Ein Kichern lief über die Galerie; Bengalski zuckte zusammen und riss die Augen auf.

Woland fuhr indessen fort: »Freilich interessiere ich mich aber nicht so sehr für Autobusse, Telefone und andere –«

»Gerätschaften«, soufflierte der Karierte.

»Richtig, ich danke«, erwiderte der Magier langsam mit schwerem Bass, »sondern für eine viel wichtigere Frage: Hat sich das Stadtvolk innerlich verändert?«

»Ja, das ist eine essenzielle Frage, mein Herr.«

Hinter dem Vorhang gab es Achselzucken und Seitenblicke, Bengalski stand mit rotem Kopf da, und Rimski war blass. Der Magier spürte offenbar die aufkommende Unruhe. »Wir haben uns verplaudert, mein lieber Fagott«, sagte er, »das Publikum fängt an, sich zu langweilen. Zeig uns doch zur Einstimmung etwas Simples.«

Das Publikum regte sich erleichtert. Fagott und der Kater gingen über die Rampe auseinander. Fagott rief draufgängerisch »allez hopp!«, schnippte mit den Fingern, schnappte sich ein Kartenspiel aus der Luft und schickte es in einem langen fliegenden Band an der Kater. Der Kater fing das Band auf und schickte es zurück. *Pfft* machte die Kartenschlange, Fagott öffnete den Mund wie ein Nestling und verschluckte sie auf einen Satz, Karte für Karte.

Darauf verbeugte sich der Kater, machte einen Kratzfuß mit der rechten Hinterpfote und bekam unglaublichen Applaus.

»Spitze! Einsame Spitze!«, rief man begeistert hinter dem Vorhang.

Fagott zeigte unterdessen mit dem Finger in Richtung Parterre und verkündete:

»Diese Karten, werte Bürger, tun sich jetzt und nun beim Bürger Partschewski in der siebten Reihe befinden, akkurat zwischen einem Fünfer und einer Vorladung vors Gericht bezüglich der Unterhaltszahlungen an Bürgerin Selkowa.«

Das Parterre wogte, die Leute erhoben sich von den Sitzen, und schließlich zog ein Bürger, der tatsächlich Partschewski hieß, purpurrot vor Verblüffung das Spiel aus seiner Tasche und hielt es hoch, ratlos, was er damit nun anfangen sollte.

»Behalten Sie's als Souvenir!«, rief Fagott. »Sie haben ja schließlich gestern beim Abendessen gesagt, dass Ihr Leben in Moskau ohne Poker völlig unerträglich wäre.«

»Ein alter Trick«, kam aus der Galerie, »der im Parterre steckt mit denen unter einer Decke!«

»Meinen Sie?«, kreischte Fagott und schaute hoch. »In diesem Fall stecken Sie auch unter dieser Decke, denn die Karten sind jetzt in Ihrer Tasche!«

Es gab Bewegung in der Galerie, und eine freudige Stimme rief: »Stimmt! Hier bei ihm! Da, da sind die – Moment mal! Das sind doch Zehner!«

Das Parterre drehte die Köpfe. In der Galerie hielt ein Bürger zu seiner Verwirrung ein bankverpacktes Bündel mit der Aufschrift »eintausend Rubel«.

Die Nachbarn pressten sich an ihn, während er verdutzt an der Verpackung kratzte, gespannt, ob das echte Scheine waren oder irgendwelches Zaubergeld.

»Ich schwöre, die sind echt! Echte Zehner!«, kam Freudengeschrei von der Galerie.

»Mir dürfen Sie ruhig auch mal solche Karten zuzaubern«, sagte fröhlich ein Fettwanst mitten im Parterre.

»Avec plaisir!«, erwiderte Fagott. »Aber warum nur Ihnen? Alle werden sich kollektiv beteiligen!« Und er befahl: »Einmal hochgeschaut! Eins!« Schon hatte er eine Pistole in der Hand. Er rief »zwei!« und richtete die Pistole nach oben. Er rief »drei!« Es blitzte und knallte, und dann regneten aus der Kuppel weiße Papierstreifen herab, die auf dem Weg nach unten die Trapeze umflatterten.

Sie wirbelten, schwirrten zu allen Seiten, wurden zur Galerie verweht, ergossen sich über das Orchester und die Bühne. Der Geldregen wurde immer dichter, erreichte in wenigen Sekunden die Sitzplätze und wurde eifrig von den Zuschauern aufgeschnappt.

Hunderte Arme erhoben sich, das Publikum hielt die Scheine zur beleuchteten Bühne hin und sah waschechte Wasserzeichen. Auch der Geruch ließ keine Zweifel aufkommen: Es war der unvergleichlich verführerische Duft frisch gedruckten Geldes. Frohsinn und Erstaunen verbreiteten sich im Theater. Überall summte es »Zehner, echte Zehner!«, Ausrufe mischten sich mit überschwänglichem Gelächter. Ein paar Menschen krochen bereits durch die Gänge und tasteten unter den Stühlen. Viele standen auf ihren Sitzen und versuchten, die umtriebigen, launischen Scheine einzufangen.

Die anwesenden Polizisten schauten immer verdutzter, und die Artisten steckten ganz ungeniert die Köpfe aus dem Vorhang.

Im Hochparterre hörte man »Lass los! Das ist meiner! Der ist in meine Richtung geflogen!« und »Mach mal halblang mit dem Schubsen, sonst wirst du so was von zurückgeschubst!« Dann knallte eine Ohrfeige; sofort erschien im Hochparterre ein Polizistenhelm, und jemand wurde abgeführt.

Die allgemeine Aufregung nahm zu, und niemand weiß, wo das alles geendet hätte, doch da stoppte Fagott mit einem Mal den Geldregen, indem er in die Luft pustete.

Zwei junge Männer tauschten ebenso bedeutsame wie fröhliche Blicke, standen auf und machten sich schnurstracks auf den Weg zum Pausenbüfett. Das Theater brummte, die Augen aller Zuschauer flirrten vor Aufregung. Ja, niemand weiß, wo das alles geendet hätte, doch da gab sich Bengalski einen Ruck und handelte.

Aus aller Kraft bemüht, Contenance zu wahren, rieb er sich nach seiner Gepflogenheit die Hände und sagte mit seiner sonorsten Stimme: »Nun, liebe Bürger, wir haben gerade einen Fall von sogenannter Massenhypnose erlebt. Ein rein wissenschaftliches Experiment, um auf bestmögliche Art zu beweisen: Es gibt auf der Welt keine Wunder und keine Magie. Bitten wir Maestro Woland, diese sogenannte Zauberei für uns zu entlarven! Gleich, Bürger, werden Sie sehen, wie diese angeblichen Banknoten so plötzlich verschwinden, wie sie erschienen sind!«

An dieser Stelle applaudierte er, doch ganz allein. Dabei lächelte er zuversichtlich, seine Augen aber enthielten keinerlei Zuversicht, vielmehr ein Flehen.

Dem Publikum gefiel Bengalskis Rede nicht. Die eingetretene Stille wurde von dem karierten Fagott unterbrochen.

»Wir haben gerade einen weiteren Fall von sogenanntem Kokolores erlebt«, verkündete er mit lautem Ziegentenor. »Die Banknoten sind echt, Bürger!«

»Bravo!«, bellte ein Bass aus der Höhe.

»Dieser hier«, Fagott zeigte auf Bengalski, »geht mir übrigens auf den Geist. Steckt überall seine Nase rein, versaut uns die Vorstellung mit seinen falschen Sprüchen! Was machen wir nur mit ihm?«

»Den Kopf abreißen!«, kam eine finstere Stimme von der Galerie.

»Was? He?«, erwiderte Fagott auf diesen scheußlichen Vorschlag, »ihm den Kopf abreißen? Das ist doch mal eine Idee!« Dann wandte er sich an den Kater: »Begemot! Mach! Allez hopp!«

Da geschah Unbegreifliches. Das schwarze Fell richtete sich auf, und ein schauriges Mauzen zerriss die Luft. Der Kater rollte sich zu einer Kugel zusammen, schnellte dann wie ein Panther Bengalski an die Brust und von da auf den Kopf. Knurrend versenkte er seine prallen Pfoten im schütteren Haar des Conférenciers, heulte wild auf und riss in zwei Drehungen den Kopf vom dicken Hals.

Zweieinhalbtausend Menschen im Theater schrien mit einer Stimme auf. Blut schoss in Fontänen aus den zerplatzten Arterien, strömte über Hemdfront und Frack. Der kopflose Körper ruderte grotesk mit den Beinen und setzte sich auf den Boden. Hysterisches Kreischen kam aus dem Publikum. Der Kater überreichte den Kopf an Fagott, der ihn an den Haaren hochhob und dem Publikum demonstrierte.

»Einen Arzt!«, schrie der Kopf mit ohrenbetäubender Verzweiflung.

»Wirst du weiter solchen Stuss labern?«, fragte Fagott den schluchzenden Kopf bedrohlich.

»Nie wieder!«, krächzte der Kopf.

»Um Himmels willen, quält ihn nicht!«, erhob sich von einem Logenplatz eine Frauenstimme über das Geschrei, und der Magier drehte das Gesicht in Richtung dieser Stimme.

»Also, was nun, Bürger, sollen wir ihm verzeihen?«, erkundigte sich Fagott.

»Ja! Ja!« Es waren erst einzelne, meist weibliche Stimmen, dann verschmolzen sie mit den männlichen zu einem Chor.

»Was befehlen Sie, Messère?«, fragte Fagott den Maskierten.

»Nun«, erwiderte dieser nachdenklich, »es sind Menschen wie alle anderen. Sie lieben das Geld, aber das war schon immer so. Ja, das Geld regiert die Welt, woraus auch immer es gemacht ist, Leder, Papier, Bronze, Gold … Sie sind zwar leichtfertig, doch auch Mitleid klopft manchmal an ihre Herzen. Gewöhnliche Menschen, den früheren recht ähnlich. Nur hat ihnen der Wohnungsmangel zugesetzt.« Dann befahl er laut: »Setzt den Kopf auf.«

Der Kater visierte den Hals an, pappte den Kopf darauf, und schon saß er genau richtig, als hätte er seinen Posten nie verlassen. Nicht mal eine Narbe blieb am Hals. Der Kater streichelte mit den Pfoten über Frack und Hemdfront, und alle Spuren von Blut verschwanden. Fagott richtete Bengalski auf, steckte ihm ein Bündel Zehner in die Fracktasche und komplimentierte ihn von der Bühne mit den Worten: »Jetzt machen Sie sich vom Acker! Ohne Sie macht's mehr Spaß.«

Mit dumpfen Blicken über die Schulter taumelte der Conférencier bis zum Feuerwehrposten, und dann wurde ihm richtig schlecht. Herzzerreißend schrie er: »Mein Kopf, mein Kopf!«

Rimski eilte zu ihm. Der Conférencier weinte, schnappte mit den Händen nach etwas Unsichtbarem und murmelte: »Gebt mir meinen Kopf zurück! Den Kopf! Nehmt meine Wohnung, nehmt die Gemälde, lasst mir nur den Kopf!«

Der Bote lief nach dem Arzt. Man versuchte, Bengalski auf ein Sofa in der Garderobe hinzulegen, aber er wehrte sich, wurde wild. Ein Krankenwagen musste her. Als der unglückselige Conférencier weggebracht wurde, rannte Rimski wieder zur Bühne und sah, dass dort neue Wunder geschahen. Ach ja, übrigens: Der Magier war mit seinem verblassten Sessel zu dieser Zeit bereits von der Bühne verschwunden, wovon das Publikum, das fasziniert Fagotts außerordentliche Darbietung verfolgte, keinerlei Notiz genommen hatte.

Den gequälten Conférencier nun los, sprach Fagott wie folgt: »Jetzt aber, wo wir diese Nervensäge abgefrachtet haben, machen wir doch mal 'nen Damenladen auf!«

Sofort bedeckte sich der Bühnenboden mit Perserteppichen, es erschienen riesige Spiegel, seitlich beleuchtet von grünlichen Röhren, und dazwischen Vitrinenschränke; in ihnen sah das Publikum mit vergnügter Verwunderung lauter Pariser Damenkleider in verschiedenen Farben und Schnitten. Das war in den einen Vitrinen. In den anderen gab es Hunderte von Damenhüten, mit Federn und ohne, mit Schnallen und ohne, und auch Hunderte von Schuhen – schwarz, weiß, gelb, aus Rau- und Glattleder, Seide und Satin, mit Riemchen und mit Glitzersteinchen. Zwischen den Schuhen kamen Parfümflakons zum Vorschein, Berge von Handtaschen aus Antilopenleder, Velours und Seide, sowie ganze Haufen von reich verzierten goldenen Lippenstifthülsen.

Vor den Vitrinen lächelte einladend ein rothaariges Fräulein in schwarzem Abendkleid (weiß der Teufel, wo sie hergekommen war) – ein sehr hübsches Fräulein übrigens, wäre da nicht die wunderliche Narbe an ihrem Hals.

Fagott gab mit zuckersüßem Grinsen bekannt, dass die Firma völlig kostenlos alte Kleider und Schuhe der Damen gegen die neusten Pariser Modelle tausche. Dasselbe gelte, so fügte er hinzu, für Handtaschen und alles Weitere.

Der Kater machte Kratzfüße mit einer Hinterpfote, derweil er mit den Vorderpfoten Gesten vollführte wie ein Portier beim Türenöffnen.

Das Fräulein zwitscherte heiser, doch lieblich, mit französisch gutturalem »r«, etwas nicht ganz Verständliches, aber nach den Gesichtern der Frauen im Parterre zu urteilen, sehr Verlockendes: »Guerlain, Chanel, Mitsouko, Narcisse Noir … Abendroben, Cocktailkleider …«

Fagott scharwenzelte, der Kater machte Verbeugungen, das Fräulein öffnete die Vitrinen.

»Willkommen!«, rief Fagott. »Keine falsche Scham, ganz sans façons!«

Das Publikum war aufgeregt, aber eine Zeit lang traute sich niemand. Schließlich stand eine Schwarzhaarige in der zehnten Parterre-Reihe auf, lächelte, als wäre ihr das Ganze eigentlich schnurzegal, ging durch den Saal und stieg über eine Seitentreppe auf die Bühne.

»Bravo! Ich heiße die erste Kundin willkommen!«, verkündete Fagott, »Begemot, einen Sessel! Beginnen wir mit dem Schuhwerk, Madame.«

Die Dame setzte sich, und sogleich kippte Fagott einen Haufen Schuhe vor ihr auf den Teppich. Sie zog ihren rechten Schuh aus, probierte ein fliederfarbenes Modell an, trat auf den Teppich auf, untersuchte den Absatz.

»Werden sie auch nicht kneifen?«, fragte sie nachdenklich.

»Aber nein doch!«, rief Fagott gekränkt, und auch der Kater maunzte – der bloße Gedanke!

»Ich nehme dieses Paar, Messier«, sagte die Schwarzhaarige würdevoll, und ihr Fuß schlüpfte in den zweiten Schuh.

Die alten Schuhe der Dame wurden hinter einen Vorhang geworfen, hinter dem sie anschließend auch selbst verschwand, begleitet von dem rothaarigen Fräulein und von Fagott, der auf Kleiderbügeln mehrere Haute-Couture-Roben trug. Der Kater wuselte herum und assistierte. Um seinen Hals baumelte, der Solidität und Seriosität halber, ein Maßband.

Eine Minute später kam die mutige Schwarzhaarige wieder hinter dem Vorhang hervor, in einem Kleid, dass das ganze Parterre aufseufzte. Die erstaunlich verschönerte Frau blieb vor dem Spiegel stehen, bewegte die nackten Schultern, nestelte an ihrer Frisur und drehte den Kopf, um sich von hinten zu betrachten.

»Die Firma bittet Sie, dies als Souvenir zu akzeptieren«, sagte Fagott und reichte ihr ein offenes Etui mit einem Flakon.

»Merci«, erwiderte die Schwarzhaarige hochmütig, stieg hinab und schritt die Treppe hoch ins Parterre. Auf ihrem Weg sprangen Zuschauer auf und berührten das Etui.

Da war der Damm durchbrochen, und von allen Seiten liefen Frauen auf die Bühne. Inmitten des allgemeinen erregten Geredes, Gekichers und Geseufzes war die Stimme eines Mannes zu hören: »Ich erlaube es nicht!«, und die einer Frau: »Spießer und Despot! Lass meinen Arm los!« Zuschauerinnen verschwanden hinter dem Vorhang, ließen ihre Kleider dort und kamen in neuen heraus. Auf Hockern mit vergoldeten Beinen saß eine ganze Reihe von Damen und stampfte energisch mit frisch beschuhten Füßen auf den Teppich. Fagott hantierte kniend mit einem metallischen Schuhlöffel, der Kater schleppte unzählige Taschen und Schuhe zwischen den Vitrinen und Hockern hin und her, das Fräulein mit dem entstellten Hals erschien mal hier, mal dort und ratterte mittlerweile nur noch Französisch, wobei alle Frauen sie erstaunlicherweise auf Anhieb verstanden, selbst wenn sie kein Wort Französisch konnten.

Allgemeines Staunen rief ein Mann hervor, der sich unter die Damen auf der Bühne gemischt hatte. Er verkündete, seine Frau habe die Grippe und deshalb bitte er darum, ihr durch ihn etwas zu übergeben. Als Nachweis, dass er tatsächlich verheiratet war, bat er an, seinen Pass vorzulegen. Die Aussage des fürsorglichen Ehemannes empfing das Publikum mit einer Lachsalve. Fagott rief, er glaube dem Herrn auch ohne Pass wie sich selbst und überreichte ihm zwei Paar Seidenstrümpfe; der Kater fügte als persönliches Souvenir einen Lippenstift hinzu.

Frauen, die sich zu spät getraut hatten, drängten sich auf die Bühne – und herunter strömten die Glücklichen in Ballkleidern, in Drachenpyjamas, in strengen Kostümen, mit keck über eine Augenbraue geschobenen Hütchen.

Dann kündigte Fagott an, dass aufgrund der späten Stunde der Laden in genau einer Minute bis zum nächsten Abend schließen würde, und ein unsäglicher Wirrwarr brach über die Bühne herein. Frauen schnappten hastig Schuhe, ohne sie anzuprobieren. Eine stürmte hinter den Vorhang, riss sich dort die Kleider vom Leibe und nahm das Erstbeste in Besitz – einen seidenen Morgenmantel mit riesigen Blumensträußen; dazu schaffte sie es noch, zwei Parfümflakons zu erhaschen.

Genau eine Minute später ertönte ein Pistolenschuss, die Spiegel verschwanden, die Vitrinen und Hocker wurden vom Erdboden verschluckt, der Teppich löste sich in Luft auf, ebenso der Vorhang. Als letztes zerschmolz der hohe Berg alter Kleider und Schuhe, und die Bühne war wieder nüchtern, leer und kahl.

Da mischte sich ein neuer Protagonist in die Geschichte.

Ein angenehmer, sonorer und sehr nachdrücklicher Bariton kam aus der Loge Nummer 2: »Nun ist es doch Zeit, Bürger Künstler, dass Sie die Technik Ihrer Tricks vor den Zuschauern unverzüglich entlarven, insbesondere bezüglich des vermeintlichen Geldes. Die Rückkehr des Conférenciers auf die Bühne ist ebenfalls wünschenswert. Die Zuschauer machen sich Sorgen über sein Schicksal.«

Der Bariton gehörte niemand Geringerem als dem Ehrengast des Abends, Arkadi Apollonowitsch Semplejarow, dem Vorsitzenden des Akustikausschusses der Moskauer Theater.

Arkadi Apollonowitsch teilte seine Loge mit zwei Damen: einer älteren, die teuer und modisch gekleidet war, sowie einer jungen und hübschen in einfacherer Aufmachung. Die erste, wie man bald darauf bei der Erstellung des Protokolls feststellte, war seine Gattin, und die zweite eine entfernte Verwandte – eine vielversprechende Debütantin aus Saratow, die gerade bei Arkadi Apollonowitsch und seiner Frau lebte.

»Pardon!«, entgegnete Fagott. »Mit Verlaub, es gibt hier nichts zu entlarven.«

»Ich muss doch bitten! Eine Entlarvung ist absolut notwendig. Ohne sie werden Ihre brillanten Tricks einen bedrückenden Eindruck hinterlassen. Das Zuschauerkollektiv fordert eine Erklärung.«

»Das Zuschauerkollektiv«, unterbrach ihn der unverschämte Possenreißer, »scheint rein gar nichts zu fordern. Aber in Anbetracht Ihres hochgeschätzten Wunsches, Arkadi Apollonowitsch, führe ich Ihnen zuliebe eine Entlarvung vor. Erlauben Sie mir zu diesem Behufe noch einen klitzekleinen Trick?«

»Warum nicht?«, erwiderte dieser gönnerhaft. »Aber unbedingt mit Entlarvung!«

»Jawohl, jawohl, mein Herr. Und so darf ich fragen: Wo waren Sie gestern Abend, Arkadi Apollonowitsch?«

Bei dieser unangemessenen, ja sogar rüpelhaften Frage veränderte sich das Gesicht von Arkadi Apollonowitsch, und zwar dramatisch.

»Letzten Abend war Arkadi Apollonowitsch bei einer Sitzung des Akustikausschusses«, erklärte seine Gattin äußerst hochmütig, »aber ich verstehe nicht, was das mit Magie zu tun hat.«

»Oui, Madame«, stimmte Fagott zu, »bien sur, Sie verstehen es nicht. Was die Sitzung betrifft, da wurden Sie völlig irregeführt. Nachdem er zu der besagten Sitzung aufgebrochen war, die übrigens für gestern Abend nicht einmal anstand, entließ Arkadi Apollonowitsch seinen Chauffeur am Gebäude des Akustikausschusses« – das ganze Theater wurde still –« und fuhr mit dem Bus zur Jelochowskaja Straße, um die Schauspielerin des regionalen Wandertheaters Miliza Pokobatko zu besuchen, bei der er etwa vier Stunden verbrachte.«

»Oh!«, stöhnte jemand schmerzhaft in der totalen Stille.

Arkadi Apollonowitschs junge Verwandte brach auf einmal in tiefes, grauenvolles Gelächter aus. »Jetzt ist alles klar!«, rief sie. »Das hab ich schon lange vermutet – deswegen hat diese Stümperin also die Rolle der Luise bekommen!«

Jäh schnappte sie ihren kurzen violetten Regenschirm, holte weit aus und schlug Arkadi Apollonowitsch auf den Kopf.

Und der niederträchtige Fagott alias Korowjew rief: »Hier, verehrte Bürger, haben wir einen Fall der Entlarvung, die Herr Semplejarow so aufdringlich verlangt hatte!«

»Du wagst es, Arkadi Apollonowitsch zu berühren, du abscheuliche Kreatur?«, fragte Arkadi Apollonowitschs Gattin bedrohlich und erhob sich in der Loge zu all ihrer gigantischen Höhe.

Eine zweite Welle satanischen Lachens ergriff die junge Verwandte.

»Und ob!«, prustete sie. Und zum zweiten Mal ertönte der trockene Knall des dicken Schirms, der von Arkadi Apollonowitschs Kopf abprallte.

»Polizei! Ergreift sie!«, schrie die Gattin so schaurig, dass es einem kalt ums Herz wurde.

Da sprang auch noch der Kater ins Rampenlicht und schnauzte plötzlich mit Menschenstimme übers ganze Theater: »Die Vorstellung ist vorbei! Maestro! Hacken Sie mal 'nen Marsch runter!«

Da schien der Dirigent den Verstand zu verlieren. Er winkte unwillkürlich mit dem Taktstock, und ein unerhört unverschämter Marsch wurde vom Orchester – nicht gespielt, nicht geschmettert, ja nicht einmal hingepfeffert, sondern, genau nach dem abscheulichen Ausdruck des Katers, runtergehackt.

Einen Moment lang war es, als hätte man früher mal, unter südlichen Sternen, in einem Cabaret die wirren, halb blinden, verwegenen Worte dieses Marsches gehört:

Die hohe Exzellenz
tat Vögel gerne mögen.
Die Magd der Residenz
war immer gut zu Vögeln!

Vielleicht waren das aber auch überhaupt nicht die richtigen Worte, jedenfalls verlangte die Musik nach etwas Schlüpfrigem. Das ist auch nicht weiter wichtig; wichtig hingegen ist, dass daraufhin ein unvorstellbares Tohuwabohu im Varieté losbrach. Die Polizei lief zu Arkadi Apollonowitschs Loge, Schaulustige kletterten über die Barrieren, das Orchester ertränkte Ausbrüche von höllischem Gelächter und wütende Schreie im goldenen Aufprall der Becken.

Und dann leerte sich die Bühne mit einem Mal. Der Halunke Fagott sowie das schamlose Katervieh Begemot zerschmolzen in der Luft und verschwanden, genauso wie der Magier zuvor mitsamt verblasstem Sessel verschwunden war.

# Kapitel 13

## Die Erscheinung des Helden

Wie gesagt, der Unbekannte hob warnend den Zeigefinger und flüsterte:

»Pssst!«

Iwan nahm die Beine aus dem Bett und spähte auf den Balkon. Von da blickte vorsichtig ein Mann ins Zimmer, dunkelhaarig, mit scharfer Nase, ruhelosen Augen und einer in die Stirn hängenden Locke. Er war etwa achtunddreißig.

Der mysteriöse Besucher lauschte eine Zeit lang der Stille. Dann, zuversichtlich, dass Iwan allein war, fasste er Mut und trat ein. Da sah Iwan, dass er Patientenkleidung trug, und zwar Unterwäsche und Pantoffeln an nackten Füßen. Über seinen Schultern hing ein brauner Hausmantel.

Der Besucher zwinkerte Iwan zu, steckte einen Schlüsselbund in die Tasche, fragte leise: »Darf ich mich setzen?«, und nahm nach dem bejahenden Nicken im Sessel Platz.

»Wie sind Sie denn hereingekommen?«, fragte Iwan im Flüsterton, der Warnung des dürren Zeigefinders folgend. »Sind die Balkongitter nicht verschlossen?«

»Verschlossen sind sie schon«, sagte der Besucher, »aber die gute Praskowja ist ein herzenslieber, jedoch auch zerstreuter Mensch. Vor einem Monat habe ich ihr einen Schlüsselbund entwendet und komme jetzt auf den Balkon, der hier um die Etage läuft. So kann ich gelegentlich einen Nachbarn besuchen.«

»Aber wenn Sie auf den Balkon hinauskommen, können Sie doch auch ausreißen! Oder ist es vielleicht zu hoch?«, fragte Iwan mit großem Interesse.

»Nein«, entgegnete der Besucher bestimmt, »ausreißen kann ich nicht. Nicht, weil es zu hoch wäre, sondern weil ich nirgends hinkann.« Nach einer Pause fügte er hinzu: »Also, sitzen wir ein Weilchen zusammen?«

»Sicher«, sagte Iwan und blickte in die rastlosen braunen Augen des Besuchers.

Da wurde dieser noch unruhiger und fragte ängstlich: »Sie sind doch nicht tobsüchtig, hoffe ich? Wissen Sie, ich kann Lärm, Aufruhr, Gewalt und solche Dinge nicht ertragen. Besonders hasse ich menschliches Geschrei, ob nun Zornesschreie, Leidensschreie oder Schreie irgendeiner anderen Sorte. Beruhigen Sie mich bitte, sagen Sie mir: Sie sind nicht tobsüchtig?«

»Gestern hab ich im Restaurant einem Typen in die Fresse gehauen«, gestand der verwandelte Dichter tapfer.

»Grund?«, fragte der Besucher streng.

»Also, ehrlich gesagt, ohne Grund«, antwortete Iwan beschämt.

»Eine Schande«, urteilte der Besucher und fügte hinzu: »Und außerdem, wie drücken Sie sich denn aus? ›In die Fresse gehauen!‹ Man weiß ja nicht genau, ob ein Mensch eine Fresse hat oder ein Gesicht. Und eher ist es ja doch ein Gesicht. Also darauf mit der Faust, wissen Sie … Nein, das sollten Sie lassen, und zwar für immer.«

Nachdem er Iwan so getadelt hatte, erkundigte er sich: »Ihr Beruf?«

»Dichter«, gestand Iwan, seltsam widerwillig.

Dies verstimmte den Besucher.

»Warum habe ich bloß so ein Pech!«, rief er aus, nahm sich aber zusammen, bat um Entschuldigung und fragte: »Wie ist denn Ihr Name?«

»Besdomny.«

»Besdomny? Sie nennen sich ›Ohnehaus‹?« Der Besucher verzog angewidert das Gesicht.

»Mögen Sie meine Gedichte etwa nicht?«, fragte Iwan neugierig.

»Ganz und gar nicht.«

»Welche haben Sie denn gelesen?«

»Keine! Gar keine habe ich gelesen!«, rief der Besucher gereizt.

»Warum sagen Sie denn dann –«

»Es ist ja nicht so schwer. Ich habe schließlich genug andere gelesen. Obwohl – vielleicht doch ein Wunder? Nun gut, ich bin bereit, Ihnen zu glauben. Sagen Sie: Sind Ihre Gedichte gut?«

»Grauenvoll!«, erwiderte Iwan mutig und offen.

»Schreiben Sie keine mehr«, bat der Besucher inständig.

»Hand aufs Herz!«, verkündete Iwan.

Als der Eid mit einem Handschlag besiegelt wurde, ertönten im Flur leise Schritte und Stimmen.

»Psst!«, flüsterte der Besucher, sprang hinaus auf den Balkon und schloss das Gitter hinter sich.

Praskowja schaute herein, fragte Iwan, wie er sich fühle und ob er im Dunkeln oder mit Licht schlafen wolle. Iwan bat sie, das Licht anzulassen, und Praskowja entfernte sich mit einem Gutenachtwunsch. Als ihre Schritte verhallten, kam der Besucher wieder zurück.

Er berichtete leise, dass es auf Zimmer 119 einen Neuen gab, einen Fettwanst mit scharlachrotem Gesicht, der ununterbrochen etwas von Devisen im Lüftungsschacht murmelte und schwor, dass es in der Sadowaja spukte.

»Er schimpft Puschkin in Grund und Boden und schreit die ganze Zeit ›Kurolessow, Zugabe, Zugabe!‹«, erzählte der Besucher unter nervösem Zucken. Langsam beruhigte er sich, setzte sich wieder hin, sagte: »doch genug von ihm«, und fuhr fort: »Also, weswegen sind Sie hier gelandet?«

»Wegen Pontius Pilatus«, antwortete Iwan und blickte mürrisch auf den Boden.

»Was?!«, rief sein Gegenüber, für einen Augenblick jenseits aller Vorsicht, und schlug sich die Hand über den Mund. »So ein Zufall, das ist ja unglaublich! Erzählen Sie, ich flehe Sie an, erzählen Sie!«

Iwan, der zu dem Unbekannten aus irgendeinem Grund großes Vertrauen spürte, erzählte, zunächst zaghaft und schüchtern, dann immer zuversichtlicher, was am Vorabend am Patriarchenteich geschehen war.

Einen aufmerksameren Zuhörer als den geheimnisvollen Schlüsseldieb konnte man sich nicht wünschen! Er hielt Iwan keinesfalls für verrückt, zeigte immenses Interesse an der Geschichte und wurde im Laufe ihrer Entfaltung ganz begeistert. Immer wieder unterbrach er Iwan mit Ausrufen: »Weiter, weiter, ich bitte Sie! Lassen Sie aber um Gottes willen kein bisschen aus!«

Iwan ließ auch nichts aus, es war sowieso einfacher für ihn, alles der Reihe nach zu erzählen, und allmählich erreichte er den Moment, als Pontius Pilatus im weißen Umhang mit blutrotem Saum den Balkon betrat.

Dann faltete der Besucher die Hände wie im Gebet zusammen und flüsterte: »Oh, wie ich es erraten habe! Alles erraten, alles!«

Die Beschreibung von Berlioz' schrecklichem Tod kommentierte er rätselhaft, mit boshaft blitzenden Augen: »Schade nur, dass es nicht stattdessen den Kritiker Latunski oder den Schriftsteller Lawrowitsch erwischt hat.« Dann rief er inbrünstig, aber lautlos: »Weiter!«

Der Kater, der die Straßenbahn bezahlen wollte, amüsierte den Besucher außerordentlich, und er erstickte vor gedämpften Lachen, als Iwan, vom Erfolg seiner Erzählung beflügelt, leise auf allen vieren umhersprang und den Kater darstellte, wie er sich die Schnurrhaare mit der Münze rieb.

»Und so«, schloss Iwan, nun wieder im Nebel der Melancholie, »bin ich hier gelandet.«

Der Besucher legte mitfühlend eine Hand auf die Schulter des unglückseligen Poeten und sprach so: »Armer Dichter! Aber Sie sind auch selbst schuld, mein Lieber. Sie waren viel zu salopp mit ihm, dreist sogar. Dafür büßen Sie nun. Eigentlich müssten Sie dankbar sein: Sie sind vergleichsweise gut davongekommen.«

»Aber wer ist er denn?«, fragte Iwan und schüttelte vor Aufregung die Fäuste.

Der Besucher schaute ihn aufmerksam an und erwiderte mit einer Gegenfrage: »Wird es Sie auch nicht zu sehr aufregen? Wir sind ja alle labil hier … Keine Arztrufe, Spritzen und ähnliche Schwierigkeiten?«

»Nein, nein! Sagen Sie mir, wer ist er?«

»Nun gut.« Und der Besucher verkündete langsam und deutlich: »Gestern begegnete Ihnen am Patriarchenteich der Satan.«

Wie versprochen, machte Iwan keine Schwierigkeiten, doch er war erschüttert.

»Das kann nicht sein. Den Satan gibt's doch nicht!«

»Ich bitte Sie! Gerade Sie sollten es nun wirklich besser wissen. Sie gehören offenbar zu seinen ersten Opfern. Jetzt sitzen Sie hier, wie Sie sehen, in einer psychiatrischen Klinik – und behaupten immer noch, es gäbe ihn nicht. Das ist ja wahrhaftig seltsam!«

Iwan verstummte verdutzt.

»Sobald Sie angefangen haben, ihn zu beschreiben«, fuhr der Besucher fort, »ahnte ich, mit wem Sie gestern das Vergnügen hatten. Aber Berlioz, der überrascht mich nun wirklich! Sie sind ja eine jungfräuliche Person,« an dieser Stelle bat er wieder um Entschuldigung, »aber Berlioz – er müsste doch nach allem, was ich von ihm weiß, manches gelesen haben! Die allerersten Worte dieses Professors haben alle meine Zweifel beseitigt. Er ist doch unmöglich zu verkennen, mein Freund! Anderseits sind Sie – ich bitte nochmals um Verzeihung, aber Sie sind doch wirklich recht ignorant, nicht wahr?«

»Unstrittig«, stimmte Iwan zu, in seiner neuen Demut nicht wiederzuerkennen.

»Ja, eben, eben. Sogar das Gesicht, wie Sie es beschreiben – die verschiedenen Augen, die Augenbrauen! Verzeihen Sie mir, aber womöglich haben Sie auch die Oper ›Faust‹ nie gehört?«

Iwan schämte sich unerklärlicherweise in Grund und Boden. Mit entflammtem Gesicht murmelte er etwas über eine Reise und über ein Sanatorium in Jalta.

»Na bitte, also ist es kaum überraschend! Aber Berlioz, ich wiederhole, erstaunt mich. Er war ja nicht nur belesen, sondern auch gewieft. Zu seiner Verteidigung lässt sich natürlich sagen, dass schon weitaus gewieftere Menschen von Woland hinters Licht geführt wurden.«

»Von wem?«, rief Iwan.

»Psst!«

Iwan schlug sich mit der Hand auf die Stirn und flüsterte: »Ich verstehe, ich verstehe! Er hatte den Buchstaben W auf der Visitenkarte. So etwas, so ein Ding!«

Er verfiel für einige Zeit in verwirrte Stille, schaute zum Mond, der hinter dem Gitter schwebte, und fuhr fort: »Er kann also tatsächlich Pontius Pilatus gesehen haben? Er ist ja damals schon auf der Welt gewesen, richtig? Und die halten mich für verrückt!«, fügte er empört hinzu und zeigte auf die Tür.

Eine bittere Falte zeichnete sich an den Lippen des Besuchers ab.

»Schauen wir der Wahrheit ins Auge.« Und er wandte das Gesicht dem leuchtenden Trabanten zu, der durch eine nächtliche Wolke raste. »Sie und ich sind beide verrückt, das lässt sich nicht leugnen! Er hat Sie erschüttert – und Sie haben den Verstand verloren, weil Sie offenbar einen fruchtbaren Boden dafür bieten. Was Sie beschreiben, ist ja zweifellos tatsächlich passiert – aber es ist so außergewöhnlich, dass selbst Strawinsky, ein genialer Psychiater, Ihnen nicht glauben kann. Hat er Sie untersucht?«

Iwan nickte.

»Ja, Ihr Gegenüber hat Pilatus besucht und mit Kant gefrühstückt. Nun ist er in Moskau unterwegs.«

Darauf meldete sich, wenn auch unsicher, die Stimme des alten Iwan, die in dem neuen Iwan noch nicht endgültig erloschen war: »Aber er wird hier doch alle möglichen Teufeleien anstellen! Irgendwie sollte er doch gefangen werden?«

»Sie haben es ja bereits versucht, und für Sie dürfte das erst mal reichen«, erwiderte der Besucher ironisch. »Auch anderen würde ich es nicht anraten. Dass er einiges anstellen wird, darauf können Sie sich verlassen. Oh ja! Doch wie ärgerlich, dass Sie ihn getroffen haben, und nicht ich! Obwohl alles verbrannt ist, und die Kohlen längst Asche sind, schwöre ich: Für dieses Treffen würde ich Praskowjas Schlüssel hergeben! Sie sind nämlich das Einzige, was ich zu geben habe. Ich besitze nichts.«

»Was wollen Sie denn mit ihm?«

Der Besucher verharrte für eine lange Weile in rastloser, trostloser Stille. Schließlich sagte er: »Sehen Sie, es ist so seltsam: Ich sitze hier aus dem gleichen Grund wie Sie, wegen Pontius Pilatus.«

Dann sah er sich ängstlich um und erklärte: »Ich habe nämlich vor einem Jahr einen Roman über Pilatus geschrieben.«

»Sie sind Schriftsteller?«, fragte der Dichter mit Interesse.

Das Gesicht des Besuchers verdunkelte sich, er drohte Iwan mit der Faust. Dann sagte er: »Ich bin der Meister.«

Mit strengem Gesicht nahm er aus der Tasche seines Hausmantels eine speckige schwarze Mütze mit einem in gelber Seide aufgestickten »M«. Er setzte sie auf und zeigte sich Iwan zum Beweis im Profil und von vorne. »Diese Mütze hat sie mir selbst genäht«, fügte er geheimnisvoll hinzu.

»Wie heißen Sie denn?«

»Ich habe keinen Namen mehr«, erwiderte der seltsame Gast mit düsterer Verachtung. »Ich verzichte auf ihn, so wie ich überhaupt auf alles im Leben verzichte. Vergessen wir ihn.«

»Aber vom Roman können Sie doch erzählen?«, bat Iwan behutsam.

»Nun gut. Man muss dazu sagen: Mein Leben hat einen etwas ungewöhnlichen Verlauf genommen«, begann der Besucher.

Als Historiker habe er noch vor zwei Jahren in einem Moskauer Museum gearbeitet und darüber hinaus Übersetzungen angefertigt –

»Aus welcher Sprache denn?«

»Ich beherrsche fünf Fremdsprachen«, antwortete der Besucher, »Englisch, Französisch, Deutsch, Latein und Griechisch. Und ein bisschen Italienisch kann ich lesen.«

»So was!«, flüsterte Iwan neidisch.

Der Historiker habe einsam gelebt; er hatte keine Verwandten und kaum Bekannte in Moskau. Doch eines Tages habe er hunderttausend Rubel gewonnen –

»Stellen Sie sich mein Erstaunen vor«, flüsterte der Gast mit der schwarzen Mütze, »ich stecke die Hand in den Wäschekorb, und was sehe ich – auf dem Zettel, dort in der Tasche, da steht dieselbe Nummer wie in der Zeitung! Eine Staatsanleihe mit Lotterie,« fügte er hinzu, »ich habe sie vom Museum bekommen.«

Nach dem Gewinn von hunderttausend Rubeln habe Iwans mysteriöser Besucher viele Bücher gekauft, sein Zimmer in der Mjasnizkaja aufgegeben –

»Uh, dieses verfluchte Loch!«, knurrte er.

– und zwei Stübchen im Souterrain eines Häuschens mit Garten gemietet, in einer Gasse am Arbat. Er habe seine Stelle im Museum gekündigt und begonnen, einen Roman über Pontius Pilatus zu schreiben.

»Ah, das war eine goldene Zeit«, flüsterte der Erzähler mit strahlenden Augen. »Eine ganz private kleine Wohnung, dazu eine Diele, darin ein Waschbecken mit fließendem Wasser« (dies betonte er besonders stolz), »und kleine Fensterchen direkt über dem gepflasterten Weg zur Gartenpforte. Gegenüber, nur vier Schritte entfernt, am Zaun, Flieder, eine Linde und ein Ahorn. Die Idylle! Im Winter sah ich nur ganz selten mal Schuhe durch mein Fenster und hörte den Schnee knirschen. Und in meinem Ofen brannte immer ein Feuer! Dann war auf einmal der Frühling da. Durch das trübe Glas habe ich Fliedersträucher gesehen, erst nackt, dann immer grüner. Und dann, letzten Frühling, ist etwas viel Fantastischeres passiert als der Gewinn von hunderttausend Rubeln. Und das ist doch eine riesige Summe!«

»Das ist wahr«, bestätigte der aufmerksam lauschende Iwan.

»Ich habe die Fenster geöffnet und mich ins zweite, ganz winzige Zimmerchen gesetzt.« Er zeigte mit den Armen: »Hier war ein Sofa und ein zweites Sofa gegenüber und ein Beistelltisch dazwischen mit einer schönen Nachtlampe darauf, dann Bücher am Fenster und hier ein Pult, und im ersten Zimmer – er war riesig, vierzehn Quadratmeter! – Bücher, ja, die Bücher und der Ofen. Alles so wunderbar eingerichtet!

Und der Fliederduft, ganz unglaublich! Mir war der Kopf leicht vor Erschöpfung, und Pilatus flog dem Finale entgegen –«

»Weißer Umhang, roter Saum! Ich verstehe!«, rief Iwan.

»Genau, genau! Pilatus flog also dem Finale entgegen, und ich wusste bereits, was die letzten Worte des Romans sein würden: ‚der fünfte Prokurator von Judäa, der Reiter Pontius Pilatus'. Nun, natürlich war ich gelegentlich spazieren. Hunderttausend ist eine riesige Summe, und ich hatte einen ausgezeichneten Anzug. Manchmal ging ich auch in irgendein günstiges Lokal essen. Es gab da ein ganz wunderbares kleines Restaurant auf dem Arbat, ich weiß nicht, ob es noch existiert …«

Da öffneten sich die Augen des Besuchers weit, und er starrte den Mond an, derweil er weiter flüsterte:

»Mit beiden Händen hielt sie einen Strauß abstoßender, unbehaglicher gelber Blumen. Weiß der Teufel, wie sie heißen, aber in Moskau sind es im Frühjahr immer die ersten. Ein schwarzer Frühlingsmantel und dazu diese gelben Blumen! Eine unselige Farbe. Sie bog aus der Twerskaja in eine Gasse ein und blickte zurück. Die Twerskaja kennen Sie doch? Tausende von Menschen liefen durch die Straße, aber ich kann Ihnen schwören, dass sie nur mich ansah, und das mit einer, nun – ja, nicht einmal Unruhe, sondern Schmerz. Und was mich erstaunte, war nicht so sehr ihre Schönheit, sondern die außergewöhnliche, nie da gewesene Einsamkeit in ihren Augen!

Ich gehorchte diesem gelben Zeichen, bog ebenfalls in die Gasse ein und folgte ihr. Wir gingen schweigend die krumme, öde Gasse entlang, ich auf der einen Seite, sie auf der anderen. Und stellen Sie sich vor, es war sonst keine Menschenseele da. Ich musste sie unbedingt ansprechen – und ich fürchtete, dass ich kein Wort herausbringen würde, dass sie geht und ich sie nie wiedersehe.

Und, denken Sie nur, plötzlich sprach sie als Erste: ‚Mögen Sie meine Blumen?'

Ich erinnere mich deutlich an ihre Stimme: Sie war ziemlich tief, schlug aber ins Höhere über. Merkwürdig, aber ich glaube wirklich, in der Gasse ertönte ein Echo und prallte von der schmutzigen gelben Wand ab. Ich ging schnell zu ihr rüber und antwortete, als ich mich ihr näherte: ›Nein.‹

Sie sah mich überrascht an, und ich wusste auf einmal, dass ich mein Leben lang diese Frau geliebt hatte! Das ist schon was, oder? Sie sagen jetzt natürlich: ›Das ist verrückt?‹«

»Ich sage gar nichts!«, rief Iwan und fügte hinzu: »Weiter, bitte, weiter!«

Und der Besucher fuhr fort:

»Ja, sie sah mich überrascht an, und nachdem sie mich angesehen hatte, fragte sie: ›Mögen Sie überhaupt keine Blumen?‹

Ihre Stimme klang feindselig, oder so schien es mir. Ich ging neben ihr, versuchte Schritt zu halten, und fühlte mich zu meiner Überraschung nicht im Geringsten befangen.

›Doch, ich mag Blumen, nur nicht solche‹, sagte ich.

›Welche denn?‹

›Ich mag Rosen.‹

Sogleich bereute ich, es gesagt zu haben, denn sie lächelte mit einer schuldigen Miene und warf die Blumen in die Gosse. Etwas ratlos hob ich sie auf, reichte ihr den Strauß, aber sie schob ihn schmunzelnd weg, und dann trug ich ihn weiter.

So liefen wir eine Weile still nebeneinander, bis sie die Blumen aus meinen Händen nahm, sie auf den Bürgersteig warf und mir die Hand – ihre Hand in einem schwarzen Handschuh mit Glockenmanschette – unter den Arm schob. Weiter gingen wir zusammen.«

»Und dann?«, fragte Iwan. »Bitte lassen Sie kein bisschen aus!«

»Und dann?«, wiederholte der Besucher. »Nun, das können Sie sich doch denken.« Er wischte eine ungebetene Träne mit dem rechten Ärmel ab und fuhr fort: »Die Liebe sprang heraus wie ein Mörder in einer Gasse und traf uns beide auf einmal. Wie ein Blitz, wie ein Räubermesser! Sie sagte übrigens später, es sei ganz anders gewesen – dass wir uns schon lange, lange Zeit geliebt hatten, ohne uns zu kennen, ohne uns je gesehen zu haben, während sie mit einem anderen

Mann zusammenlebte. So wie ich dort damals, mit dieser, wie hieß sie noch mal ...«

»Mit wem?«

»Mit dieser – na, mit der ...«, antwortete der Besucher und schnippte mit den Fingern.

»Sie sind verheiratet gewesen?«

»Na darum schnipp ich doch! Mit dieser – Waretschka? Manetschka? Nein, doch Waretschka. Gestreiftes Kleid, Museum ... Wie auch immer, weiß ich nicht mehr.

Nun, meine Gefährtin sagte also später, dass sie an jenem Tag mit gelben Blumen in den Händen hinausgegangen war, damit wir uns endlich fanden, und dass sie sich sonst vergiftet hätte, weil ihr Leben leer war.

Ja, die Liebe traf uns sofort. Ich wusste es noch am selben Tag, eine Stunde später, als wir uns, ohne die Stadt bemerkt zu haben, auf der Promenade an der Kremlmauer wiederfanden.

Wir sprachen miteinander, als hätten wir uns erst am Vortag zuletzt gesehen, als hätten wir uns seit Jahren gekannt. Wir verabredeten uns für den nächsten Tag; am gleichen Ort, am Moskwa-Fluss. Die Frühlingssonne schien auf uns herab. Und bald, sehr bald, wurde sie zu meiner geheimen Frau.

Sie kam jeden Tag, und ich wartete schon früh am Morgen auf sie. Ich wartete und rückte Dinge auf dem Tisch umher. Zehn Minuten vor unserer Stunde setzte ich mich ans Fenster und lauschte, ob die morsche Pforte nicht pochte. Und seltsam: Bevor ich sie getroffen hatte, waren kaum je Menschen in den Garten gekommen, ja eigentlich nie – und nun war mir, als ob die ganze Stadt hereinströmte. Die Pforte pochte, mein Herz pochte, und, stellen Sie sich vor, dann sah ich im Fenster direkt vor meiner Nase irgendwelche schmutzigen Stiefel. Ein Messerschleifer. Wer braucht in unserem Haus schon einen Messerschleifer? Was haben wir zu schleifen? Welche Messer?

Sie kam jeden Tag nur einmal durch die Pforte, aber mein Herz begann mindestens zehn Mal zu pochen, glauben Sie mir. Und dann, als die Zeiger den Mittag zeigten, klopfte mein Herz ununterbrochen, bis im Fenster – ohne Geklapper, fast lautlos – ihre Schuhe erschienen, schwarz, darauf Veloursschleifen mit Stahlschnallen.

Manchmal blieb sie schelmisch am zweiten Fenster stehen und klopfte mit der Schuhspitze ans Glas. Augenblicklich war ich an diesem Fenster, aber der Schuh war schon weg, schwarze Seide verdeckte nicht mehr das Licht – und ich ging ihr die Tür öffnen.

Niemand wusste von unserer Verbindung, das versichere ich Ihnen, obwohl das eigentlich nie vorkommt. Ihr Mann wusste es nicht, ihre Bekannten wussten es nicht. In dem alten Haus, dessen Untergeschoss ich bewohnte, sah man natürlich, dass mich eine Frau besuchte, aber niemand kannte ihren Namen.«

»Wer ist sie denn?«, fragte Iwan, von dieser Liebesgeschichte in höchstem Maße fasziniert.

Der Gast machte eine Geste, die besagte, dass er das nie erzählen würde, niemandem, und fuhr fort.

Iwan erfuhr, dass der Meister und die Unbekannte einander so liebten, dass sie vollends unzertrennlich wurden. Der Dichter konnte sich bereits deutlich die beiden Kellerstübchen vorstellen, in denen der Flieder und der Zaun stets für Dämmerlicht sorgten. Er sah alles vor sich: die abgenutzten roten Möbel, den Sekretär, darauf die Uhr, die jede halbe Stunde schlug, und den Ofen und die Bücher – Bücher vom gestrichenen Boden bis zur verrußten Decke.

Iwan erfuhr, dass sein Gast und dessen geheime Gefährtin seit den ersten gemeinsamen Tagen glaubten, dass das Schicksal höchstpersönlich sie an der Ecke der Twerskaja und der Gasse zusammengebracht hatte, dass sie füreinander geschaffen waren, auf immer und ewig.

Iwan erfuhr, wie die Liebenden den Tag verbrachten. Sie kam herein, band sich sogleich eine Schürze um, ging zum Holztisch in der schmalen Diele – der mit dem Waschbecken, auf welches der arme

Patient so unerklärlich stolz war –, zündete die Kerosinkochplatte an, bereitete das Frühstück zu und stellte es auf den ovalen Tisch im ersten Zimmer. Als die Maigewitter kamen und das Wasser lärmend an den trüben Fenstern vorbei durch die Pforte floss und ihre Zuflucht zu überfluten drohte, heizten die Verliebten den Ofen, um Kartoffeln zu backen. Dampf stieg hoch, und ihre Finger wurden schwarz von den verkohlten Schalen. Im Kellerstübchen wurde gelacht, und die Bäume im Garten ließen nach dem Regen abgebrochene Zweige und weiße Blütentrauben fallen.

Als die Gewitter aufhörten und der schwüle Sommer kam, erschienen in der Vase die lang ersehnten Rosen, die sie beide liebten. Der Mann, der sich »der Meister« nannte, arbeitete fieberhaft an seinem Roman, und dieser Roman verschlang auch die Frau.

»Gelegentlich wurde ich auf den Roman geradezu eifersüchtig«, flüsterte der nächtliche Besucher, der so unerwartet vom Balkon in Iwans Zimmer getreten war.

Die Frau vergrub ihre schlanken Finger mit scharf gefeilten Nägeln im Haar und las immer wieder, was er geschrieben hatte. Manchmal hockte sie an den unteren Regalen oder stand auf einem Stuhl an den oberen und wischte Hunderte von staubigen Buchrücken ab. Sie prophezeite Ruhm, sie trieb den Mann an und schließlich begann sie, ihn den Meister zu nennen und nähte ihm die schwarze Mütze. Sie wartete ungeduldig auf die bereits versprochenen letzten Worte über den fünften Prokurator von Judäa, wiederholte im Singsang Sätze, die ihr besonders gut gefielen, und sagte, der Roman sei ihr ganzes Leben.

Er wurde im August abgeschlossen und einer unbekannten Schreibkraft übergeben, die fünf Exemplare abtippte. Und dann war es an der Zeit, die geheime Zuflucht zu verlassen und ins Leben zu treten.

»Also trat ich ins Leben, den Roman in den Händen, und dann war es mit meinem Leben vorbei«, flüsterte der Meister und ließ den Kopf hängen. Die traurige schwarze Mütze mit dem gelben M wippte auf und nieder. Dann fuhr er fort, sprach nun aber etwas verwirrend. Iwan konnte nur verstehen, dass über seinen Besucher eine Katastrophe hereingebrochen war.

»Zum ersten Mal habe ich damals die Welt der Literatur betreten, und jetzt, wo alles vorbei ist und mein Untergang endgültig, erinnere ich mich mit Entsetzen daran«, flüsterte der Meister feierlich und hob die Hand. »Ja, er hat mich wahrhaftig erschüttert!«

»Wer denn?«, fragte Iwan kaum hörbar.

»Der Herausgeber, sage ich doch, der Herausgeber! Er hat den Roman also gelesen. Stellen Sie sich vor: Er sieht mich an, als hätte ich einen Furunkel im Gesicht, schielt in die Ecke und kichert sogar vor Verlegenheit. Er knittert am Manuskript herum, er ächzt, stellt verrückte Fragen. Er sagt nichts zu dem Roman, sondern fragt mich, wer ich sei, woher ich komme, seit wann ich schreibe und warum niemand zuvor von mir gehört habe. Eine Frage fand ich besonders idiotisch: Wer mich auf die Idee gebracht habe, über ein so abwegiges Thema zu schreiben!

Schließlich habe ich es satt und frage direkt, ob er den Roman veröffentlichen wolle oder nicht.

Da beginnt er, zu wuseln und zu murmeln; behauptet schließlich, er könne dies nicht selbst entscheiden, andere Mitglieder der Redaktion müssten sich mit meiner Arbeit vertraut machen – und zwar die Kritiker Latunski und Ahriman sowie der Schriftsteller Mstislaw Lawrowitsch. Ich solle in zwei Wochen wiederkommen.

Zwei Wochen später komme ich also und werde von einer jungen Frau empfangen, deren Augen vom ständigen Lügen zur Nase schielen –«

»Das ist Lapschennikowa, die Redaktionssekretärin«, grinste Iwan. Die Welt, die sein Gast so zornig beschrieb, kannte er sehr gut.

»Mag sein«, schnappte der aufgeregte Erzähler, »jedenfalls bekomme ich von ihr meinen Roman zurück, ziemlich zerzaust und mit fettigen Fingerabdrücken. Und dann sagt sie, ohne mich anzuschauen, der Verlag sei für die nächsten zwei Jahre mit Material versorgt. Die Frage nach der Veröffentlichung meines Romans habe sich damit, sagt sie, ›erübrigt‹. Tja … Woran kann ich mich denn noch erinnern?«

Der Meister rieb sich die Schläfe. »An rote Blüten, die auf das Titelblatt gefallen waren, und die Augen meiner Gefährtin. Diese Augen vergesse ich nicht.«

Die Erzählung des Besuchers wurde immer verwirrender, ließ immer mehr aus. Er sagte etwas vom schrägen Regen, von der Verzweiflung im unterirdischen Unterschlupf, von einem anderen Veröffentlichungsversuch. Er rief flüsternd aus: Der Frau, die ihn zum Kampf gedrängt hatte, gebe er ganz und gar nicht die Schuld, oh nein, ganz und gar nicht!

Weiter war, wie Iwan erfuhr, etwas Unerwartetes und Seltsames geschehen. Eines Tages öffnete unser Held die Zeitung und sah darin einen Artikel des Kritikers Ahriman unter dem Titel »Ein Vorstoß des Feindes«, der alle und jeden warnte: Er, unser Held also, habe versucht, einem Verlag eine Apologie Jesu Christi unterzuschieben.

»Oh ja, an den Artikel kann ich mich erinnern!«, rief Iwan. »Nur Ihren Namen hab ich vergessen.«

»Lassen wir meinen Namen. Ich wiederhole, er existiert nicht mehr«, erwiderte der Besucher, »um den Namen geht es nicht. Nun also, zwei Tage später erscheint in einer anderen Zeitung ein anderer Artikel, diesmal von Mstislaw Lawrowitsch. Er fordert auf, die Pilaterei zu zerschlagen. Er sagt dem Ikonentüncher den Kampf an, der einem Verlag diese zersetzende Pilaterei unterschieben wollte. Wieder dieses verfluchte ›unterschieben‹, und dann noch dieses unerhörte Wort ›Pilaterei‹!

Ich öffne ich eine dritte Zeitung. Es stehen zwei Artikel darin, einer von Latunski, der andere mit den Initialen M.Z. signiert. Ich versichere Ihnen, die Werke von Ahriman und Lawrowitsch waren eine Lappalie verglichen mit dem, was Latunski geschrieben hat! Es genügt zu sagen, wie sein Artikel hieß: ›Militanter Altgläubiger auf dem Vormarsch‹. Ich lese also und merke dabei nicht, wie sie – ich hatte vergessen, die Tür abzuschließen – wie sie hereinkommt. Mit einem nassen Regenschirm und nassen Zeitungen in der Hand steht sie vor mir. Ihre Augen blitzen Feuer, ihre kalten Hände zittern. Zuerst stürzt sie sich auf mich mit Küssen, dann schlägt sie mit der Faust auf den Tisch und sagt heiser, sie würde Latunski vergiften.«

Iwan grunzte etwas verlegen, sagte aber nichts.

»Dann begannen freudlose Herbsttage«, fuhr der Besucher fort. »Das monströse Scheitern des Romans hat mich einen Teil der Seele gekostet. Ich hatte nichts mehr zu tun und lebte nur für die Treffen mit ihr. In dieser Zeit ist etwas mit mir geschehen. Weiß der Teufel, was; Strawinsky hat es bestimmt schon herausgefunden. Und zwar befiel mich eine argwöhnische Wehmut. Die Artikel hörten übrigens nicht auf. Über die ersten konnte ich noch lachen. Aber je mehr es wurden, desto mehr änderte sich mein Empfinden. Die zweite Stufe war Staunen. Etwas ungemein Gefälschtes und Unsicheres war in jeder Zeile dieser Artikel spürbar, trotz ihres bedrohlichen und selbstbewussten Tonfalls. Ich wurde das Gefühl nicht los, dass die Autoren sagten, was sie nicht sagen wollten, und dass ihre Wut genau daraus entstand. Und dann – wissen Sie, dann kam die dritte Stufe, und das war die Angst. Ich hatte nicht vor den Artikeln selbst Angst, verstehen Sie, sondern vor anderen Dingen, die nichts mit ihnen oder dem Roman zu tun hatten. Auf einmal fürchtete ich mich zum Beispiel vor der Dunkelheit. Kurzum, ich wurde psychisch krank. Es schien mir, vor allem beim Einschlafen, dass ein kalter, geschmeidiger Oktopus die Tentakel nach meinem Herzen ausstreckte. Von da an musste ich bei Licht schlafen.

Meine Geliebte hat sich sehr verändert. Natürlich habe ich ihr nie vom Oktopus erzählt, aber sie sah, dass mit mir etwas vor sich ging. Sie wurde dünner und blasser, lachte nie und bat mich immer wieder, ihr zu vergeben, dass sie mir geraten hatte, einen Auszug zu veröffentlichen. Sie sagte, ich solle alles hinwerfen und in den Süden fahren, ans Schwarze Meer, ich solle alles, was von den hunderttausend übrig war, für diese Reise ausgeben.

Sie bestand darauf, und ich versprach es ihr, nur damit wir uns nicht stritten. Etwas sagte mir, dass ich nicht ans Schwarze Meer fahren würde. Aber sie wollte mir die Fahrkarte selbst kaufen. Dann nahm ich mein gesamtes Geld, also etwa zehntausend Rubel, und gab es ihr.

›Wozu so viel?‹, fragte sie.

Ich behauptete, dass ich mich vor Dieben fürchtete, oder etwas in der Art, und bat sie, auf das Geld bis zu meiner Abreise aufzupassen. Sie nahm es und steckte es in ihre Handtasche; dann küsste sie mich und sagte, sie wolle lieber sterben als mich in diesem Zustand allein zu lassen, aber sie werde erwartet, sie müsse sich fügen, sie würde am nächsten Tag kommen. Sie flehte mich an, keine Angst zu haben.

Das war in der Abenddämmerung, Mitte Oktober. Sie ging. Ich legte mich aufs Sofa und schlief ein, ohne Licht zu machen. Mich weckte das Gefühl, der Oktopus sei da. Ich tastete im Dunkeln und schaffte es mit Mühe, das Licht einzuschalten. Meine Taschenuhr zeigte zwei Uhr nachts. Ich war halbkrank eingeschlafen und vollkommen krank aufgewacht. Es schien mir auf einmal, das Herbstdunkel würde gleich das Fensterglas eindrücken und ins Zimmer strömen, und ich würde darin wie in Tinte ertrinken. Ich hatte mich nicht mehr im Griff. Ich schrie. Der Gedanke kam mir, wegzurennen, zu anderen Menschen, vielleicht zu meinem Vermieter oben. Ich kämpfte mit mir selbst wie ein Verrückter. Ich schaffte es zum Ofen und machte Feuer. Als dann das Holz knisterte und die Ofentür klapperte, ging es mir etwas besser. Ich stürzte in die Diele, knipste dort das Licht an, fand eine Flasche Weißwein, entkorkte sie und trank daraus. Das stumpfte die Angst etwas ab – zumindest so weit, dass ich nicht zum Vermieter rannte, sondern zum Ofen zurückkehrte.

Ich öffnete die Ofentür, sodass die Hitze mir Hände und Gesicht versengte, und flüsterte: ›Spüre doch, dass mir Schlimmes passiert ist. Komm doch, komme, komm zu mir!‹

Aber niemand kam. Das Feuer brüllte im Ofen, der Regen prasselte gegen die Fenster. Und dann passierte schließlich dieses: Ich nahm das schwere Manuskript aus der Schublade und machte mich daran, es zu verbrennen. Das war furchtbar schwer. Das beschriebene Papier widersetzte sich. Ich brach mir die Fingernägel, als ich die Hefte aufriss; ich steckte die Seiten senkrecht zwischen die Scheite und zerzauste sie mit dem Feuerhaken. Manchmal gewann die Asche überhand und erstickte die Flammen, aber ich kämpfte weiter, und der Roman, so sehr er sich wehren mochte, lag bald im Sterben. Vertraute Worte blitzten vor mir auf. Das Gelbe kletterte stetig die Seiten hinauf, aber die Worte schienen noch durch. Sie verschwanden erst, als das Papier schwarz wurde, und ich schlug sie mit dem Feuerhaken tot.

Da kratzte jemand leise am Fenster. Mein Herz machte einen Sprung, ich stopfte das letzte Heft ins Feuer und eilte hoch. Ziegeltreppen führten vom Souterrain zur Außentür. Stolpernd lief ich darauf zu und flüsterte: ›Wer ist da?‹

Und die Stimme, ihre Stimme, sagte: ›Ich bin's.‹

Ich weiß nicht, wie ich mit der Kette und dem Schlüssel fertig wurde. Sobald sie hereingekommen war, klammerte sie sich an mich, triefend, die Wangen nass, das Haar zerzaust. Ich brachte nur ein Wort heraus: ›Du?‹

Dann brach meine Stimme, und wir liefen nach unten. In der Diele befreite sie sich von ihrem Mantel und ging rasch hinein. Mit einem leisen Schrei riss sie die Überbleibsel aus dem Ofen – einen unten angebrannten Stapel Papier. Sie warf ihn auf den Boden, und sogleich füllte Rauch das Zimmer. Ich zerstampfte das Papier bis das Feuer erlosch. Sie fiel auf das Sofa und schluchzte, krampfhaft, unaufhaltbar.

Als sie sich ausgeschluchzt hatte, sagte ich: ›Mittlerweile hasse ich diesen Roman. Und ich habe Angst. Ich bin krank. Ich fürchte mich.‹

Sie sprang auf und rief:

›Gott, du bist wirklich krank! Womit haben wir es verdient, womit? Aber ich rette dich. Ich rette dich. Oh, was ist das bloß?‹

Ich sah ihre vor Rauch und Tränen geschwollenen Augen, fühlte ihre kalten Hände auf meiner Stirn.

›Ich mache dich wieder gesund, das mache ich‹, murmelte sie und drückte ihre Finger in meine Schultern, ›dann schreibst du ihn neu. Warum, warum hab ich keine Kopie behalten?‹

Sie fletschte die Zähne vor Wut, murmelte noch etwas. Dann presste sie die Lippen zusammen und begann, die verbrannten Seiten einzusammeln und glattzustreichen. Es war ein Kapitel aus der Mitte des Romans, ich weiß nicht mehr, welches. Sie stapelte die Seiten ordentlich, wickelte sie in Papier, schnürte sie ein. Sie war voller Entschlossenheit, sie hatte sich im Griff. Sie verlangte Wein, trank und sprach dann ruhiger.

›So wird das Lügen bestraft‹, sagte sie. ›Nein, ich will nicht mehr lügen. Ich würde jetzt gleich bei dir bleiben, aber ich möchte nicht auf diese Weise gehen. Ich will nicht, dass er sich für immer erinnert, wie ich ihm mitten in der Nacht entlaufen bin. Er ist nie schlecht zu mir gewesen. Er wurde heute Nacht weggerufen, es gab ein Feuer in der Fabrik. Aber er kommt bald zurück. Ich rede morgen früh mit ihm, ich sage ihm, dass ich einen anderen liebe – und dann komme ich zu dir und bleibe. Aber sag mir, willst du das vielleicht gar nicht?‹

›Liebling, armer Liebling‹, sagte ich, ›das lasse ich nicht zu. Es wird nicht gut für mich enden, und ich will nicht, dass du mit mir untergehst.‹

›Ist das der einzige Grund?‹, fragte sie, und ihre Augen waren ganz nah an meinen.

›Der einzige.‹

Da lebte sie auf, drückte sich an mich, warf mir die Arme um den Hals und sagte: ›Ich gehe mit dir unter. Morgen früh bin ich bei dir.‹

Und so ist dies das Letzte im Leben, woran ich mich erinnere – ein Lichtstreifen aus meiner Diele und in diesem Lichtstreifen eine Haarsträhne, ihre Baskenmütze und ihre entschlossenen Augen. Und auch an die schwarze Silhouette in der Wohnungstür und das weiße Papierbündel kann ich mich erinnern.

›Ich würde dich nach Hause begleiten, aber ich habe nicht mehr die Kraft, allein zurückzugehen. Ich habe Angst.‹, sagte ich.

›Du brauchst keine Angst zu haben. Nur noch ein paar Stunden aushalten. Morgen früh bin ich bei dir.‹

Das waren ihre letzten Worte in meinem Leben.«

Da unterbrach der Patient die Erzählung und hob einen Finger. »Psst! So eine unruhige, mondhelle Nacht …«

Er verschwand auf den Balkon. Iwan hörte Räder den Flur hinunterrollen, einen Schluchzer oder einen schwachen Schrei.

Als alles wieder still war, kehrte der Besucher zurück und verkündete, dass auch das Zimmer 120 einen neuen Bewohner habe. Der frisch Hereingebrachte bitte unentwegt darum, dass man ihm seinen Kopf zurückgebe. Die zwei schwiegen beklommen, doch nach und nach beruhigten sie sich und kehrten zu der unterbrochenen Geschichte zurück. Der Gast wollte gerade weitererzählen, aber die Nacht war in der Tat unruhig. Stimmen waren aus dem Flur zu hören, und von diesem Moment an sprach der Besucher so leise in Iwans Ohr, dass es niemand anderes hören konnte, bis auf den ersten Satz: »Eine Viertelstunde nachdem sie mich verlassen hatte, klopfte es an mein Fenster –«

Was er Iwan ins Ohr flüsterte, regte ihn offensichtlich sehr auf. Immer wieder verkrampfte sich sein Gesicht. Angst und Wut schwammen und zuckten in seinen Augen. Der Erzählende zeigte mit der Hand dorthin, wo früher der Mond über dem Balkon gehangen hatte. Erst als alle Außengeräusche verstummt waren, rückte er von Iwan weg und sprach etwas lauter:

»Nun, da war ich also, Mitte Januar, nachts, in demselben Mantel, nun aber mit abgerissenen Knöpfen, in meinem kleinen Garten vor Kälte zusammengekauert. Hinter mir lauter Schneehaufen, in denen sich die Fliedersträucher verbargen, und vor mir, unten – meine Fenster, schwach beleuchtet, mit zugezogenen Vorhängen. Ich beugte mich zu dem ersten und lauschte. Ein Grammophon spielte in meinem Zimmer. Das war alles, was ich hörte. Sehen konnte ich nichts. Ich stand eine Weile da und ging dann durch die Pforte zur Gasse hinaus. Dort wirbelte ein Schneesturm. Ein Hund rannte mir vor die Füße, ich erschrak und lief auf die andere Seite. Ich war ganz außer mir vor Kälte und vor der Angst, die mich stets begleitete. Es gab keinen Ort, wo ich hätte hingehen können. Das Einfachste wäre natürlich gewesen, mich vor eine Straßenbahn zu werfen; es fuhr auch eine durch die nächste Straße. Von Weitem konnte ich diese lichtdurchfluteten, eisbedeckten Kisten auf Rädern sehen und ihr abscheuliches Kreischen im Frost hören. Aber, mein lieber Nachbar, die Sache war die, dass sich die Angst jeder Zelle meines Körpers bemächtigt hatte. So wie ich den Hund fürchtete, fürchtete ich auch die Straßenbahn. Ja, es gibt keine schlimmere Krankheit an diesem Ort als meine, glauben Sie mir.«

»Aber Sie hätten sich doch bei ihr melden können, bei der Frau«, sagte Iwan voller Mitleid. »Und sie hat ja auch Ihr Geld! Sie hat es doch aufbewahrt, oder?«

»Natürlich hat sie es aufbewahrt. Doch offensichtlich verstehen Sie mich nicht. Oder vielmehr: Ich habe die Beschreibungsgabe verloren, die ich einmal hatte. Das ist aber nicht weiter schlimm, da ich diese nicht mehr brauche. Meine Gefährtin«, und der Gast schaute andächtig in die Nacht, »hätte einen Brief aus dem Irrenhaus bekommen. Wie kann man von so einer Adresse denn Briefe schreiben? Als Geisteskranker? Das ist doch ein Witz, mein Freund! Diese Frau unglücklich machen? Nein, dazu bin ich nicht fähig.«

Iwan konnte nichts entgegnen, aber im Stillen fühlte er Mitleid mit dem Besucher. Von Erinnerungen gequält schüttelte dieser den Kopf mit der schwarzen Mütze und murmelte: »Die Arme … Zumindest kann ich hoffen, dass sie mich vergessen hat.«

»Aber vielleicht werden Sie ja noch gesund«, sagte Iwan schüchtern.

»Ich bin unheilbar«, erwiderte der Besucher ruhig. »Strawinsky sagt zwar, dass er mich noch ins Leben zurückbringt, aber ich glaube ihm nicht. Er will mich einfach nur aus Menschenliebe trösten. Aber ich gebe auch zu, dass es mir jetzt viel besser geht. Ja, also, wo war ich stehen geblieben? Der Frost, die vorbeikreischenden Straßenbahnen … Ich wusste, dass diese Klinik hier eröffnet hatte, also machte ich mich zu

Fuß auf den Weg, durch die ganze Stadt. Der reinste Wahnsinn! In der Vorstadt wäre ich wohl erfroren, aber der Zufall hat mich gerettet. Ein Lastwagen war liegengeblieben, ich habe den Fahrer angesprochen, das war etwa vier Kilometer hinter der Stadtgrenze, und zu meiner Überraschung hatte er Mitleid. Die Richtung stimmte auch. Also nahm er mich mit. Ich kam mit erfrorenen Zehen am linken Fuß davon. Das haben sie hier behandelt. Jetzt bin ich seit über drei Monaten in der Klinik. Und, wissen Sie, es ist gar nicht schlecht hier. Man darf keine grandiosen Pläne schmieden, lieber Nachbar, glauben Sie mir! Ich zum Beispiel wollte um die Welt reisen. Nun, es hat nicht sein sollen. Ich sehe nur ein kleines Stück der Weltkugel. Ich denke, es ist nicht das beste Stück, aber, noch mal, es ist gar nicht so schlecht. Der Sommer kommt auf uns zu, der Efeu wird sich um den Balkon schlingen, verspricht Praskowja. Die Schlüssel haben meine Möglichkeiten erweitert. Nachts wird mir der Mond scheinen. Ah, jetzt ist er weg! Es wird frischer. Die Nacht kippt über die Mitte. Zeit zu gehen.«

»Was war denn weiter mit Jeschua und Pilatus?«, fragte Iwan. »Bitte, ich will es unbedingt wissen!«

»Oh nein«, antwortete der Besucher mit einem schmerzhaften Zucken, »ich kann mich nicht ohne Grauen an meinen Roman erinnern. Ihr Bekannter vom Patriarchenteich könnte es besser erzählen als ich. Danke für das Gespräch. Auf Wiedersehen.«

Und eh Iwan sich versah, ging das Gitter leise klirrend zu, und der Gast war verschwunden.

# Kapitel 14

## Heil dem Hahn!

Rimski hielt es nicht mehr aus und flüchtete, noch bevor das Protokoll zu Ende geschrieben war, in sein Büro. Nun saß er am Schreibtisch und starrte mit entzündeten Augen auf die magischen Zehner. Der Finanzdirektor wusste nicht, wo ihm der Kopf stand. Von draußen kam ein stetes Dröhnen: Das Publikum strömte auf die Straße. Dann vernahm Rimskis außerordentlich geschärftes Gehör das unverkennbare Trillern einer Polizeipfeife. Das verhieß an sich schon nichts Gutes. Als es sich auch noch wiederholte und von einem zweiten, längeren und regelrecht gebieterischen Trillern unterstützt wurde, und schließlich deutlich hörbares Gewieher und sogar Gejohle dazukam, begriff der Finanzdirektor, dass da draußen auf der Straße etwas Skandalöses und Abscheuliches geschah. Und dass dieses etwas, so gerne er es auch vom Tisch gewischt hätte, aufs Engste mit dem abstoßenden Auftritt des Schwarzmagiers und seiner Assistenten verbunden war. Mit dieser Vermutung hatte der scharfsinnige Finanzdirektor vollkommen recht.

Er schaute kurz hinunter auf die Sadowaja, sein Gesicht verzerrte sich, und er flüsterte nicht, sondern zischte: »Dacht ich's mir doch!«

Im Schein der grellen Laternen sah er da unten auf dem Bürgersteig eine Dame, die weiter nichts anhatte als ihre lila Unterwäsche. Dazu trug sie immerhin Hut und Regenschirm.

Um die bestürzte Dame, die sich nicht zwischen Ducken und Wegrennen entscheiden konnte, hatte sich eine aufgeregte Menge versammelt, von der dieses furchtbare Gewieher ausging. Neben der Dame hampelte ein Mann herum, dem es nicht gelingen wollte, sich den Sommermantel vom Leib zu reißen, um sie damit zu schützen: Er kam vor lauter Aufregung nicht mit dem Ärmel zurecht, in dem sich ein Arm verheddert hatte.

Dann ertönten auch von anderswoher Schreie und brüllendes Gelächter, nämlich vom linken Eingang. Als Rimski den Kopf in diese Richtung drehte, sah er eine zweite Dame, diese in rosa Unterwäsche. Sie sprang von der Straße auf den Bürgersteig und versuchte, sich im Eingang zu verstecken, aber das herausströmende Publikum versperrte ihr den Weg, und das arme Opfer der eigenen Leichtsinnigkeit und Modeliebe, von Fagotts garstiger Firma betrogen, wünschte nur noch, der Erdboden mögen sie verschlucken. Ein Polizist rannte zu der Unglücklichen, durchbohrte die Luft mit seiner Trillerpfeife; eine Schar junger Männer mit Schirmmützen lief ihm nach, in überschwänglicher Heiterkeit brüllend und johlend.

Ein knochiger, zermürbter Gaul blieb abrupt vor der ersten Entblößten stehen. Der dürre Kutscher grinste fröhlich unter seinem Schnurrbart.

Rimski schlug sich mit der Faust auf den Kopf, spuckte und sprang vom Fenster zurück.

Eine Zeit lang saß er an seinem Schreibtisch und lauschte der Straße. Das Pfeifen erreichte mehrmals einen Höhepunkt und ebbte ab. Der Skandal war unerwartet schnell behoben.

Es wurde Zeit zu handeln. Rimski musste den bitteren Kelch der Verantwortung trinken. Während des dritten Teils der Vorstellung war die Leitung repariert worden. Er musste telefonieren, erzählen, was passiert war, um Hilfe bitten, sich herauslügen, alles auf Lichodejew schieben, sich reinwaschen und so weiter. Verdammt!

Zweimal legte der verstimmte Finanzdirektor die Hand auf den Hörer, und zweimal zog er sie wieder weg. Da schellte, mitten in der Totenstille, der Apparat auf einmal los, dem Direktor ins Gesicht. Er zuckte zusammen, ihm wurde kalt. »Meine Nerven liegen ja wirklich blank«, dachte er, nahm ab – und schrak sogleich zurück, weißer als Papier. Eine verruchte Frauenstimme raunte aus dem Hörer:

»Ruf nicht an, Rimski, gar nicht, nirgendwo, sonst –«

Und schon war der Hörer leer. Dem Finanzdirektor lief es eiskalt den Rücken herunter, er legte auf und wandte sich zum Fenster. Durch die spärlichen, kaum ergrünten Ahornzweige sah er den Mond in einer transparenten Wolke schweben. Sein Blick blieb, er wusste nicht warum, an den Zweigen hängen, und je länger er sie anstarrte, desto mehr fürchtete er sich.

Mit großer Mühe wandte er sich schließlich von dem mondbeleuchteten Fenster ab und stand auf. Anrufen kam nicht mehr infrage. Jetzt ging es nur darum, so schnell wie möglich aus dem Theater zu verschwinden.

Er lauschte: Im Gebäude war es still. Rimski wurde klar, dass er im ganzen ersten Stock schon längst der Einzige war, und da befiel ihn eine unbändige, kindische Angst. Er schauderte bei dem Gedanken, nun allein die leeren Gänge durchqueren und die leeren Treppen hinabsteigen zu müssen. Fieberhaft schnappte er das Zaubergeld vom Tisch, steckte es in seine Aktentasche und räusperte sich Mut zu. Das Räuspern fiel heiser und schwach aus.

Auf einmal drang ein faulig-feuchter Hauch unter der Bürotür hindurch. Wieder lief dem Direktor ein Schauer über den Rücken. Da schlug die Uhr auf einmal Mitternacht. Auch diese Klänge ließen Rimski zittern. Endgültig aber sank ihm das Herz, als er hörte, wie sich der Schlüssel leise im Schloss drehte. Mit klammen Händen packte er seine Aktentasche und spürte: Er hält es nicht mehr lange aus. Wenn das Schaben im Schlüsselloch nicht gleich aufhört, kreischt er los.

Schließlich gab die Tür nach, öffnete sich, und ein Mann betrat lautlos das Büro. Es war Warenucha. Rimskis Beine wurden weich, und er sank in den Sessel. Er atmete tief ein, lächelte fast anbiedernd und sagte leise:

»Mein Gott, hast du mich erschreckt.«

Ja, bei dieser plötzlichen Erscheinung wäre jeder erschrocken, und doch war sie auch eine große Freude: Zumindest ein Zipfelchen dieser verwickelten Angelegenheit ließ sich nun blicken.

»Nun, erzähl doch! Komm schon, komm!«, klammerte Rimski sich keuchend an diesen Zipfel. »Was hat das alles zu bedeuten?«

»Entschuldige bitte«, antwortete der Eingetretene mit hohler Stimme und schloss die Tür, »ich dachte, du wärst schon weg.«

Ohne seine Schirmmütze abzunehmen, schritt Warenucha zum Sessel und setzte sich Rimski gegenüber an den Tisch.

Die Antwort war etwas seltsam, und der Finanzdirektor, dessen Empfindlichkeit sich mit den besten Seismografen der Welt hätte messen können, horchte sofort auf. Was hatte das zu bedeuten? Wenn Warenucha meinte, er wäre nicht mehr da, warum war er dann gekommen? Er hatte doch sein eigenes Büro. Das war das eine. Und zweitens, egal welchen Eingang Warenucha benutzt hatte, er musste unweigerlich einen Nachtwächter getroffen haben, und allen Nachtwächtern war mitgeteilt worden, dass Rimski länger im Büro bleiben würde.

Aber bei dieser Absonderlichkeit hielt der Direktor sich nicht lange auf. Dafür hatte er nicht die Zeit.

»Warum hast du denn nicht angerufen? Was soll diese ganze Jalta-Geschichte?«

»Na, genau das, was ich gesagt habe«, antwortete der Verwalter und machte ein schmatzendes Geräusch, als ob ihn ein Zahn plagte, »man hat ihn in diesem Lokal in Puschkino gefunden.«

»In Puschkino? Dem Vorort von Moskau? Und die Telegramme aus Jalta?!«

»Von wegen Jalta! Er hat sich mit dem Telegrafisten in Puschkino besoffen und mit ihm Unfug gemacht. Da haben sie eben auch Telegramme abgeschickt, die mit Jalta markiert waren.«

»Aha, aha ... So-so, so-so«, sagte Rimski im Singsang. Ein gelbliches Licht entflammte in seinen Augen. In seinem Kopf entstand das festliche Bild von Stepans schändlicher Entlassung. Die Befreiung! Die lang ersehnte Befreiung von dieser Naturkatastrophe Lichodejew! Womöglich hatte der sich ja noch Schlimmeres als eine Entlassung eingebrockt. »Jetzt einmal alles der Reihe nach!«, verlangte Rimski und schlug mit dem Briefbeschwerer auf den Schreibtisch.

Und Warenucha erzählte alles der Reihe nach. In der Behörde, in die ihn der Finanzdirektor geschickt hatte, habe man ihn sogleich empfangen und ihm sehr aufmerksam zugehört. Natürlich habe niemand auch nur in Erwägung gezogen, dass Stepan in Jalta sein könnte. Warenuchas Vermutung, Lichodejew sei in einem Lokal namens Jalta in Puschkino, habe sofort großen Anklang gefunden.

»Wo ist er denn jetzt?«, unterbrach der aufgeregte Finanzdirektor.

»Wo soll er schon sein!«, antwortete der Verwalter mit einem schiefen Grinsen. »In einer Ausnüchterungszelle natürlich!«

»So, so! Na, gut gemacht!«

Warenucha fuhr mit seiner Geschichte fort, und je mehr er erzählte, desto lebhafter entfaltete sich vor dem Finanzdirektor eine lange Kette unverschämter und ungeheuerlicher Handlungen, die Lichodejew begangen haben sollte, eine immer schlimmer als die andere. Die betrunkene Tanzerei Arm in Arm mit dem Telegrafisten auf einer Wiese in Puschkino zur Begleitung einer wandernden Ziehharmonika! Die Verfolgung irgendwelcher vor Schreck kreischender Bürgerinnen! Der Versuch, eine Schlägerei mit dem Wirt im Jalta anzufangen! Das Bestreuen des gesamten Bodens ebendort mit Lauch. Das Zerschlagen von acht Flaschen Ai-Danil (weiß, trocken). Das Zertrümmern des Taxameters, als der Fahrer sich weigerte, Lichodejew zu befördern. Die Drohung, die Bürger verhaften zu lassen, die seinem widerwärtigem Gebaren ein Ende setzen wollten. Kurzum, das reine Grauen!

Nun war Stepan Lichodejew in Moskauer Theaterkreisen gut bekannt, und jeder wusste, dass er kein Engel war. Aber was der Verwalter erzählte, das ging selbst für ihn zu weit. Ja, zu weit. Viel zu weit sogar.

Rimskis gestochen scharfer Blick bohrte sich über den Schreibtisch hinweg in das Gesicht des Verwalters, und dieser Blick wurde mit jedem Wort grimmiger. Je lebensechter und farbenfroher die abscheulichen Details wurden, mit denen der Verwalter seine Geschichte versah, desto weniger glaubte ihm der Finanzdirektor. Und als Warenucha berichtete, Lichodejew habe sich gar so weit gehen lassen, dass er denen, die ihn holen kamen, Widerstand zu leisten versuchte – da wusste der Direktor mit Sicherheit: Alles, was der zu mitternächtlicher Stunde erschienene Verwalter ihm erzählte, war gelogen. Vom ersten bis zum letzten Wort gelogen!

Warenucha war nie nach Puschkino gefahren, und auch Lichodejew war dort nicht gewesen. Es gab keinen betrunkenen Telegrafisten und kein zerschlagenes Glas, niemand war mit Seilen gefesselt worden. Nichts davon war wirklich passiert.

Kaum dass dem Finanzdirektor klar war, dass der Verwalter ihn belog, kroch ihm Angst über den Körper, von den Füßen aufwärts, und zweimal schien es ihm wieder, als schwebte eine feuchte, malariaumwitterte Fäulnis über dem Boden. Der Verwalter machte allerlei seltsame Verrenkungen in seinem Sessel, um nur ja das Licht der blauen Tischlampe zu meiden, und beschirmte sich obendrein mit einer Zeitung. Ohne ihn auch nur eine Sekunde aus den Augen zu lassen, fragte sich der Finanzdirektor nur eines: Was hatte das alles zu bedeuten? Warum wurde er von dem Verwalter in diesem schweigenden, verlassenen Gebäude zu dieser späten Stunde so dreist belogen? Die Ahnung einer Gefahr, einer vagen, aber schlimmen Gefahr, nagte an seiner Seele. Er tat, als würde er Warenuchas Ausweichmanöver und Kapriolen mit der Zeitung nicht merken, und musterte seine Miene, ohne seinem Gerede richtig zuzuhören. Etwas war noch unerklärlicher, als die weiß der Teufel zu welchem Zwecke erfundene Lügengeschichte über Delikte in Puschkino – und zwar die Veränderung im Aussehen und Verhalten des Verwalters.

Wie sehr dieser auch versuchte, sich den Mützenschirm über die Augen zu ziehen, damit sein Gesicht im Schatten lag, wie viel er auch mit der Zeitung herumfummelte, der Finanzdirektor konnte doch den riesigen blauen Fleck auf seiner rechten Wange erspähen, unmittelbar neben der Nase. Außerdem war der Verwalter, eigentlich ein Mann von frischer Farbe, nun kreidebleich, und hatte sich in dieser schwülen Nacht einen alten gestreiften Schal um den Hals gewickelt. Dazu die abstoßenden schmatzenden und schlürfenden Laute, die er nun ständig von sich gab, die auffällige Veränderung seiner Stimme, die hohl und grob geworden war, der verstohlen-feige Ausdruck in seinen Augen – kurzum, Iwan Warenucha war nicht wiederzuerkennen.

Noch etwas anderes quälte den Finanzdirektor, aber was das war, konnte er nicht begreifen, so sehr er sein entzündetes Gehirn auch anstrengte, so aufmerksam er Warenucha auch studierte. Mit Sicherheit konnte er nur sagen, dass das Ensemble aus dem Verwalter und diesem vertrauten Sessel etwas Unerhörtes, ja Unnatürliches hatte.

»Dann haben die ihn endlich überwältigt und ins Auto gepackt«, dröhnte Warenucha, der hinter der Zeitung hervorlugte und den blauen Fleck mit einer Hand bedeckte.

Auf einmal streckte Rimski die Hand aus und drückte – scheinbar mechanisch, dabei gleichzeitig mit den Fingern auf den Tisch trommelnd – die elektrische Klingel, und da lähmte ihn vollends die Angst. Das durchdringende Alarmsignal würde er in dem leeren Gebäude auf jeden Fall gehört haben. Aber es kam kein Signal, der Knopf sank leblos in das Holz der Schreibtischplatte. Der Knopf war tot, die Klingel war kaputt.

Das Manöver des Direktors war Warenucha nicht entgangen. In seinem Blick flatterte ein böses Feuer auf, und er fragte mit verzerrtem Gesicht: »Was klingelst du?«

»Nur so«, antwortete der Finanzdirektor matt, zog die Hand zurück und fragte seinerseits mit taumelnder Stimme: »Was hast du denn da im Gesicht?«

»Das Auto ist ins Schleudern gekommen, bin an den Türgriff gestoßen«, sagte Warenucha und sah weg.

»Er lügt!«, rief der Finanzdirektor in Gedanken aus. Und plötzlich wurden seine Augen rund und füllten sich mit Wahnsinn. Er starrte auf die Lehne.

Hinter Warenuchas Sessel lagen zwei überkreuzte Schatten auf dem Boden, der eine dichter und schwärzer, der andere schwach und grau. Da war eine Schattenlehne, auch spitz zulaufende Sesselbeine waren als Schatten deutlich zu sehen – aber es gab keinen Schattenkopf über der Lehne auf dem Boden, und auch keine menschlichen Schattenbeine darunter.

»Er wirft keinen Schatten!«, schrie es verzweifelt in Rimskis Kopf. Er schauderte.

Warenucha folgte Rimskis wahnsinnigem Blick, schaute verstohlen hinter die Lehne und sah, dass der Finanzdirektor ihm auf die Spur gekommen war.

Er erhob sich (der Direktor tat es ihm nach, die Aktentasche fest umklammert) und trat einen Schritt zurück vom Schreibtisch.

»Bist drauf gekommen, was? Warst ja schon immer ein aufgewecktes Kerlchen«, sagte Warenucha und grinste dem Finanzdirektor böse ins Gesicht. Dann sprang er auf einmal zur Tür und drückte prompt den Knauf hinunter. Der Finanzdirektor blickte verzweifelt hinter sich, trat zurück an das Fenster, das auf den Garten hinausging, und sah in diesem monddurchfluteten Fenster eine splitternackte Frau mit roten Haaren, die das Gesicht ans Glas drückte, während sich ihr Arm durch den kleinen Fensterflügel schob und versuchte, die untere Verriegelung zu öffnen. Die obere stand bereits offen.

Rimski war, als würde das Licht der Tischlampe erlöschen, als kippte der Tisch zur Seite. Eine eisige Welle schlug über seinem Kopf zusammen, doch zu seinem Glück bezwang er sich und fiel nicht. Mit letzter Kraft konnte er noch flüstern, aber nicht schreien:

»Hilfe …«

Warenucha bewachte die Tür, hüpfte vor ihr auf und ab, blieb dabei immer wieder schwankend in der Luft stecken. Mit gekrümmten Fingern winkte er in Rimskis Richtung, schmatzte, zischte und zwinkerte der Rothaarigen im Fenster zu.

Sie beeilte sich nun sichtlich, steckte den Kopf herein, streckte den Arm aus, kratzte mit den Nägeln an der unteren Verriegelung und rüttelte am Fensterrahmen. Ihr Arm zog sich wie Gummi in die Länge und wurde leichengrün. Schließlich umklammerten die grünen Finger der Untoten den Griff des Riegels, drehten ihn, und das Fenster begann sich zu öffnen. Rimski gab einen schwachen Schrei von sich, lehnte sich an die Wand und hielt seine Aktentasche wie einen Schild vor sich. Er begriff: Sein Ende war gekommen.

Das Fenster schwang weit auf, aber statt der nächtlichen Frische und des Lindenduftes drang Kellermuff in den Raum. Die Untote stieg auf den Sims. Rimski sah deutlich Flecken der Verwesung auf ihrer Brust.

Und in diesem Augenblick kam aus dem Garten, aus dem gedrungenen Häuschen hinter dem Schießstand, wo die Varieté-Tiere gehalten wurden, der freudige Schrei eines Hahns. Aus voller Kehle krähte der dressierte Vogel und verkündete die Morgendämmerung, die von Osten her auf Moskau zurollte.

Wilde Wut verzerrte das Gesicht der Rothaarigen; sie fluchte heiser. An der Tür schrie Warenucha auf und stürzte aus der Luft zu Boden.

Der Hahn krähte wieder, die Untote klackte mit den Zähnen, und ihr rotes Haar richtete sich auf. Mit dem dritten Schrei des Hahns drehte sie sich um und flog hinaus. Warenucha sprang auf, streckte sich waagerecht in der Luft aus wie ein schwebender Amor und glitt ihr nach, über den Schreibtisch und zum Fenster hinaus.

Mit schneeweißem Haar hetzte der Greis, der gerade noch Rimski gewesen war, zur Tür, sperrte sie auf und raste den dunklen Flur hinunter. Im Treppenhaus ertastete er, vor Angst stöhnend, den Schalter. Das Licht funktionierte. Auf der Treppe fiel der schauernde, schlotternde alte Mann zu Boden, denn für einen Augenblick war ihm, als ließe sich Warenucha von oben weich auf ihn herniedersinken.

In der Eingangshalle angekommen sah er einen Wachmann, der an der Kasse im Sitzen schlief. Rimski stahl sich auf Zehenspitzen an ihm vorbei und schlüpfte durch den Haupteingang. Draußen fühlte er sich etwas besser. Er merkte sogar, als er sich an den Kopf fasste, dass sein Hut im Büro geblieben war.

Natürlich holte er ihn nicht, sondern rannte atemlos über die breite Straße zu der Ecke, wo sich neben dem Kino ein schwaches rötliches Licht abzeichnete. Eine Minute später war er schon da. Er hatte es geschafft: Das Taxi war noch frei.

»Zum Schnellzug nach Leningrad, ich gebe auch Trinkgeld«, sagte der Greis. Er atmete schwer und drückte krampfhaft die Hand ans Herz.

»Ich mach jetzt Feierabend«, brummte der Fahrer feindselig und wandte sich ab.

Daraufhin öffnete Rimski seine Aktentasche, nahm fünfzig Rubel heraus und reichte sie durchs offene Vorderfenster.

Wenige Augenblicke später sauste das klappernde Auto wie der Wind über die Sadowaja. Der Passagier wurde auf seinem Sitz herumgeschleudert, und in einer Spiegelscherbe, die vorne hing, sah er mal die Freude in den Augen des Fahrers, mal den Wahnsinn in seinen eigenen.

Vor dem Bahnhof sprang Rimski aus dem Auto und rief dem ersten Bahnbediensteten, den er sah, zu: »Einmal erster Klasse, hier, dreißig Rubel, behalte den Rest!«

Mit unsicheren Händen kramte er die Zehner aus der Aktentasche hervor. »Wenn keine da, dann zweiter, sonst Holzklasse.«

Der Mann blickte auf das beleuchtete Ziffernblatt und riss Rimski die Banknoten aus der Hand.

Fünf Minuten später verließ der Schnellzug das Glasgewölbe des Bahnhofs und verschwand in der Dunkelheit. Mit ihm verschwand auch Rimski.

# Kapitel 15

## Bossois Traum

Wie unschwer zu erraten, handelte es sich bei dem Fettwanst mit dem scharlachroten Gesicht, der ins Zimmer 119 der Klinik eingewiesen wurde, um Nikanor Bossoi.

Er war aber nicht gleich bei Professor Strawinsky gelandet, sondern erst nach einem Aufenthalt an einem anderen Ort. Von diesem anderen Ort war in seiner Erinnerung wenig geblieben: nur ein Schreibtisch, ein Sofa und ein Regal.

Dort hatte man Bossoi, dem vor Blutwallungen und seelischer Erregung das Augenlicht trübe wurde, gründlich ausgefragt. Doch das Gespräch gestaltete sich seltsam, verwirrend, ja, es wollte schlicht nicht laufen.

Die allererste Frage lautete: »Sind Sie Nikanor Bossoi, Vorsitzender der Hausgemeinschaft 302b in der Sadowaja?«

Darauf lachte Bossoi auf schaurige Weise und antwortete so: »Nikanor bin ich schon! Aber was soll ich denn zum Henker für ein Vorsitzender sein?«

»Wie meinen Sie das?«, fragte man ihn mit verengten Augen.

»So meine ich das: Wenn ich denn ein richtiger Vorsitzender wäre, hätte ich doch direkt gewusst: Der da ist ein Dämon! Wie denn sonst? Ganz zerlumpt, Sprung im Zwicker – und der will Dolmetscher bei einem Ausländer sein!«

»Von wem reden Sie?«

»Na von Korowjew doch! Hat sich bei uns in der Wohnung 50 eingenistet. Schreiben Sie auf: Ko-ro-wjew. Den muss man sofort dingfest machen! Schreiben Sie: Eingang 6. Da steckt er.«

»Wo hast du die Devisen her?«, erkundigte man sich sanft und intim.

Da sprach Bossoi so: »Gott der Allmächtige sieht alles, es geschieht mir nur recht. Devisen hab ich aber nie angerührt, habe keine Ahnung von keinen Devisen! Der Herr lässt mich büßen für meine Sünden!« Er knöpfte sein Hemd abwechselnd auf und zu, bekreuzigte sich und fuhr dabei mit Gefühl fort: »Klar hab ich kassiert, aber doch nur Rubel! Hab Leute angemeldet gegen Geld, will ich nicht bestreiten, ist schon mal vorgekommen. Unser Sekretär Proleschnew ist übrigens auch nicht ohne! Ehrlich mal, alles Diebe in der Hausgemeinschaft. Aber Devisen hab ich nie genommen!«

Auf die Bitte, nicht den Narren zu spielen, sondern zu berichten, wie die Dollarscheine in die Lüftung gekommen waren, fiel Bossoi auf die Knie und schwankte mit offenem Mund, als wollte er eine Parketttafel schlucken.

»Auf was soll ich schwören?«, blökte er. »Und dieser Korowjew – er ist der Teufel!«

Jede Geduld hat ihre Grenzen. Die Stimme am Schreibtisch wurde lauter, herrschte Bossoi an, endlich vernünftig zu reden.

Da ertönte in dem Raum mit dem Sofa Bossois wilder Schrei. Er war aufgesprungen und kreischte: »Da ist er ja! Da, hinterm Regal! Da grinst der, mit Zwicker! Festhalten! Weihwasser marsch!«

Die Farbe wich aus Bossois Gesicht, zitternd schlug er ein ums andere Mal ein Kreuz in die Luft, rannte zur Tür und zurück, fing an zu beten und verfiel schließlich in ein reines Kauderwelsch. Es wurde klar, dass er für eine Befragung völlig unbrauchbar war. Man führte ihn hinaus und in einen separaten Raum, wo er ruhiger wurde und nur noch betete und schluchzte.

Natürlich ist man für alle Fälle in die Sadowaja gefahren. Aber man fand in der Wohnung 50 keinen Korowjew, ja, es gab im Haus niemanden, der einen Korowjew gekannt oder gesehen hatte. Die Wohnung des verstorbenen Berlioz und des nach Jalta verreisten Lichodejew war leer, und im Arbeitszimmer hingen die Wachssiegel ganz friedlich und unverletzt an den Schränken. Also verließ man die Sadowaja, nicht ohne den bestürzten und niedergeschlagenen Sekretär der Hausgemeinschaft, Proleschnew, mitzunehmen.

Am Abend wurde Bossoi in die psychiatrische Klinik eingeliefert. Dort führte er sich so wild auf, dass ihm eine Injektion nach Strawinskys Rezeptur verabreicht werden musste. Erst nach Mitternacht fand er unter gelegentlichem gequältem Stöhnen in Zimmer 119 in den Schlaf.

Aber nach und nach wurde sein Schlaf leichter. Er wälzte sich nicht mehr umher, atmete frei und gleichmäßig, und so wurde eine weitere Überwachung für unnötig befunden.

Da wurde er von einem Traum heimgesucht, der zweifellos auf den Erlebnissen des Tages beruhte. Erst träumte Bossoi davon, wie er von Menschen mit goldenen Posaunen zu einer großen lackierten Tür geführt wird, und zwar sehr feierlich. An dieser Tür spielten sie für ihn eine Art Tusch, und dann schallte ein heiterer Bass aus dem Himmel: »Willkommen, lieber Bürger Bossoi! Jetzt geben Sie mal die Devisen ab!«

Zu seinem Erstaunen sah er über sich einen schwarzen Lautsprecher.

Dann fand er sich plötzlich aus irgendeinem Grund in einem Theatersaal wieder, wo unter der vergoldeten Decke kristallene Kronleuchter funkelten und an den Wänden Öllampen strahlten. Alles war wie in einem kleinen, aber sehr reichen Theater. Es gab eine Bühne und davor einen Samtvorhang, dessen dunkles Kirschrot wie mit Sternen mit überdimensionalen goldenen Zehnern übersät war. Es gab einen Souffleurkasten und sogar ein Publikum.

Was Bossoi überraschte, war das einheitliche Geschlecht dieses Publikums – alle männlich, dazu alle mit Bart. Außerdem erstaunte ihn, dass es in diesem Theater keine Sitze gab und das gesamte Publikum auf dem herrlich polierten und spiegelglatten Boden Platz genommen hatte.

In dieser neuen und zahlreichen Gesellschaft genierte Bossoi sich zwar, folgte aber nach einigem Zögern den anderen und ließ sich im Schneidersitz auf dem Parkett nieder, dicht flankiert von einem bärtigen, rothaarigen Mordskerl und einem blassen, zerzausten Bürger. Keiner der Sitzenden achtete auf den Neuankömmling.

Da ertönte eine sanfte Glocke. Die Lichter im Saal gingen aus, der Vorhang öffnete sich und enthüllte eine beleuchtete Bühne, darauf einen Sessel und einen Tisch mit goldener Glocke, dahinter eine dichte schwarze Samtkulisse.

Sogleich betrat ein Conférencier im Smoking die Bühne, glatt rasiert, sauber gescheitelt, jung und mit sehr angenehmen Gesichtszügen. Das Publikum lebte auf, und alle drehten sich zur Bühne. Der Conférencier schritt zum Souffleurkasten und rieb sich die Hände.

»Sie sitzen noch hier?«, fragte er in sanftem Bariton und lächelte ins Publikum.

»Jawohl, jawohl«, antwortete ein Chor von Tenören und Bässen aus dem Zuschauerraum.

»Hm«, sagte der Conférencier nachdenklich, »ich frage mich, wieso Sie nicht genug davon bekommen können … Andere Menschen schlendern jetzt durch die Straßen, genießen die warme Frühlingssonne, und Sie sitzen hier in diesem stickigen Saal auf dem Boden! Ist das Programm denn so spannend? Nun, jedem Tierchen sein Pläsierchen«, schloss er philosophisch.

Dann änderte er sowohl das Timbre als auch den Tonfall; laut und fröhlich kündete er an: »Und jetzt zur nächsten Nummer unseres Programms – Bürger Nikanor Bossoi, Hausgemeinschaftsvorsitzender und Kantinendirektor. Bürger Bossoi, bitte auf die Bühne!«

Darauf folgte allgemeiner Applaus. Bossoi riss erstaunt die Augen auf, während der Conférencier sich mit der Hand von den Scheinwerfern beschirmte, ihn zwischen den Sitzenden fand und sanft mit dem Finger zu sich winkte. Ehe Bossoi noch recht wusste, wie ihm geschah, war er schon auf der Bühne. Grelles, farbiges Licht strahlte ihm von unten und von vorn in die Augen, sodass der Zuschauerraum jäh im Dunkel versank.

»Nun, lieber Bürger Bossoi, gehen Sie mit gutem Beispiel voran«, riet der junge Conférencier mit warmer Stimme, »geben Sie die Devisen ab.«

Es folgte Stille. Bossoi atmete tief durch und sagte leise: »Ich schwöre bei Gott –«

Aber ehe er zu Ende sprechen konnte, brach der ganze Raum in empörtes Geschrei aus. Bossoi verstummte bestürzt.

»Soweit ich verstehe«, erkundigte sich der Conférencier, »wollten Sie eben bei Gott schwören, dass Sie keine Devisen besitzen?« Und er blickte Bossoi mitfühlend an.

»Jawohl.«

»Nun, verzeihen Sie bitte die persönliche Frage: Woher kommen denn die vierhundert Dollar im Klosett der Wohnung, in der nur Sie und Ihre Frau Gemahlin leben?«

»Hergezaubert!«, sagte einer im dunklen Saal mit unverkennbarer Ironie.

»Ja eben, hergezaubert«, erwiderte Bossoi schüchtern und erklärte vage, ohne den Conférencier oder die Zuschauer direkt anzusprechen: »Hexenwerk. Der karierte Dolmetscher hat sie mir untergeschoben.«

Und wieder brüllten alle empört. Als es still wurde, sagte der Conférencier: »Fabeln muss ich mir hier anhören, der reinste La Fontaine! Vierhundert Dollar hat man ihm untergeschoben! Sie horten doch hier alle Devisen, ich frage Sie als Experten: Kann das denn sein?«

»Wir horten keine Devisen«, antworteten mehrere Stimmen beleidigt, »aber nein, das kann nicht sein!«

»Ich bin ganz derselben Meinung«, pflichtete der Conférencier entschlossen bei, »weil: was wird einem denn so untergeschoben?«

»Ein Baby!«, rief jemand.

»Absolut korrekt«, bestätigte der Conférencier, »ein Baby, ein anonymes Schreiben, ein Flugblatt, eine Höllenmaschine, alles Erdenkliche, aber vierhundert Dollar werden einem nicht untergeschoben, denn die Natur duldet keine Idioten.« Und er wandte sich vorwurfsvoll und traurig an Bossoi: »Sie haben mich enttäuscht! Dabei hatte ich so auf Sie gezählt. Nun, dieser Auftritt ist also misslungen.«

Die Zuschauer pfiffen Bossoi aus.

»Du Devisenhorter!«, riefen sie. »Wegen solcher Leute müssen wir Unschuldigen leiden!«

»Tadeln Sie ihn nicht«, sagte der Conférencier sanft, »wir werden seine Reue noch erleben.« Er schaute Bossoi mit tränenfeuchten blauen Augen an und fügte hinzu: »Jetzt gehen Sie schon auf Ihren Platz, Bürger Bossoi.«

Dann läutete er die Glocke und verkündete laut: »Pause, ihr Schurken!«

Der erschütterte Bossoi, so unerwartet zu einem Mitwirkenden des Theaterprogramms geworden, fand sich auf seinem Platz auf dem Boden wieder. Dann träumte er, dass der Zuschauerraum sich völlig verdunkelte, und dass Worte auf den Wänden rot aufloderten: »Devisen abgeben!« Darauf öffnete sich der Vorhang wieder und der Conférencier lud ein: »Herr Sergej Dunchill, ich bitte auf die Bühne!«

Dunchill erwies sich als ein Mann von etwa fünfzig, stattlich, aber sichtlich ungepflegt.

»Herr Dunchill«, sagte der Conférencier, »Sie sitzen jetzt seit anderthalb Monaten hier und weigern sich hartnäckig, Ihre verbliebenen Devisen abzugeben, die das Land so dringend braucht. Sie selbst haben dafür keinerlei Verwendung, und doch bleiben Sie stur. Sie sind doch ein gebildeter Mensch, Sie verstehen das alles bestens – und trotzdem wollen Sie mir partout nicht entgegenkommen.«

»Zu meinem Bedauern kann ich nichts für Sie tun. Ich habe keine Devisen mehr«, entgegnete Dunchill ruhig.

»Haben Sie nicht zumindest Diamanten?«

»Auch keine Diamanten.«

Der Conférencier ließ nachdenklich den Kopf hängen, dann klatschte er in die Hände. Eine Dame mittleren Alters kam aus den Kulissen, modisch gekleidet, im kragenlosen Mantel und mit einem winzigem Hütchen auf den Kopf. Sie sah besorgt aus, aber Dunchill schaute sie an, ohne eine Miene zu verziehen.

»Kennen Sie diese Dame?«, fragte der Conférencier.

»Ja, das ist meine Frau«, erwiderte Dunchill würdevoll, indes er etwas angewidert ihren langen Hals betrachtete.

»Wir haben Sie hierherbemüht, Madame Dunchill«, sagte der Conférencier, »um uns zu erkundigen, ob Ihr Mann noch Devisen besitzt.«

»Er hat damals schon alles abgegeben«, antwortete Madame Dunchill nervös.

»Ich verstehe«, sagte der Conférencier, »nun, wenn das so ist, dann ist das nun mal so. Wenn er alles abgegeben hat, dann müssen wir uns von ihm verabschieden, da hilft alles nichts! Wenn Sie belieben, Herr Dunchill, können Sie das Theater verlassen.« Und der Conférencier vollführte eine königliche Geste.

Dunchill drehte sich würdevoll um und ging einen Schritt auf die Kulisse zu.

»Einen Moment noch!«, hielt der Conférencier ihn auf. »Erlauben Sie mir, Ihnen zum Abschied noch eine Nummer aus unserem Programm zu zeigen.« Und wieder klatschte er in die Hände.

Der schwarze hintere Vorhang ging auf, und eine blutjunge Schönheit in einem Ballkleid betrat die Bühne. Sie trug ein goldenes Tablett, auf dem ein fettes Bündel lag, wie eine Pralinenschachtel mit einer Schleife umwickelt, und dazu ein Diamantcollier, von dem blaue, gelbe und rote Funken in alle Richtungen sprangen.

Dunchill trat einen Schritt zurück, das Blut wich aus seinem Gesicht. Die Zuschauer erstarrten.

»Achtzehntausend Dollar und ein Collier im Wert von vierzigtausend in Gold«, erklärte der Conférencier feierlich, »hat Dunchill in Charkow bei seiner Geliebten Ida Wors aufbewahrt, die uns hier mit ihrem Erscheinen beehrt und die so freundlich geholfen hat, diese unbezahlbaren, jedoch für eine Privatperson gänzlich nutzlosen Schätze zu enthüllen. Vielen Dank, Fräulein Wors!«

Die Schöne lächelte, ließ die Zähne glänzen und klimperte mit den üppigen Wimpern.

»Unter Ihrer ehrenhaften Maske«, sagte der Conférencier zu Dunchill, »verbirgt sich also eine gierige Spinne, ein erstaunlicher Flunkerer und Lügner. Anderthalb Monate lang haben Sie uns mit Ihrem hirnlosen Starrsinn geplagt. Gehen Sie nach Hause. Die Hölle, zu der Ihre Gattin Ihnen das Leben machen wird, soll Ihre Strafe sein.«

Dunchill schwankte und wäre wohl zu Boden gegangen, hätten nicht mitfühlende Hände ihm geholfen. Da rauschte der Vorhang herab und verbarg die Bühne.

Tosender Applaus erschütterte den Saal, dass die Lichter in den Kronleuchtern umhersprangen. Als der Vorhang hochging, war nur noch der Conférencier auf der Bühne. Er nahm die zweite Welle der Ovationen entgegen, verbeugte sich und sprach:

»In der Person dieses Dunchill hat unser Programm einen typischen Esel vorgeführt. Ich hatte ja gestern schon das Vergnügen, darauf hinzuweisen: Das geheime Horten von Devisen hat absolut keinen Sinn und Zweck. Es nützt niemandem, unter keinen Umständen, das versichere ich Ihnen. Nehmen wir diesen Dunchill. Er bekommt ein ausgezeichnetes Gehalt, es fehlt ihm an nichts. Er hat eine prächtige Wohnung, eine Frau und eine schöne Geliebte. Aber nein, anstatt die Devisen und Edelsteine abzugeben und ruhig, friedlich, unbekümmert zu leben, hat sich dieser gierige Tölpel nun eine öffentliche Entlarvung eingebrockt, und als Sahnehäubchen bekommt er auch noch gewaltigen Familienkrach. Also, wer will noch abgeben? Keine Freiwilligen? In diesem Fall tritt als Nächstes ein speziell geladener Schauspieler auf, der berühmte dramatische Künstler Sawwa Kurolessow, mit Auszügen aus dem Stück *Der geizige Ritter* des Dichters Puschkin.«

Der angekündigte Kurolessow kam tatsächlich sofort auf die Bühne und entpuppte sich als großer fleischiger Mann, rasiert, im Frack und mit weißer Fliege.

Ohne jede Vorrede schnitt er ein düsteres Gesicht, zog die Augenbrauen zusammen und sprach mit unnatürlicher Stimme, wobei er auf die goldene Glocke schielte:

So wie ein junger Laffe Sehnsucht leidet
nach einer schlauen Buhlin oder sonst
nach einer Närrin, die er trog, so harrt ich
seit früh des Augenblicks, den festen Truhen
im heimlichen Gewölbe mich zu nahen …

Kurolessow berichtete von sich viel Übles. So hörte Bossoi, wie eine elende Witwe vor seinem Fenster kniend mit drei Kindern den halben Tag geheult, dabei aber den herzlosen Schauspieler ungerührt gelassen habe.

Vor seinem Traum hatte Bossoi zwar von den Werken Puschkins keine Ahnung gehabt, den Namen aber gern und oft in seiner sprichwörtlichen Funktion verwendet. Mehrmals täglich sagte er Dinge wie: »Wer soll denn die Miete bezahlen – Puschkin etwa?« oder »Wer hat die Glühbirne im Treppenhaus mitgehen lassen – Puschkin oder was?« Manchmal hieß es auch: »Ja klar, und das Heizöl, das soll also Puschkin kaufen?«

Die nun erfolgte Bekanntschaft mit einem Versstück dieses Dichters stimmte Bossoi traurig. Er stellte sich die Frau vor, wie sie mit ihren verwaisten Kindern im Regen kniete, und konnte nicht umhin zu denken: »Was für ein übler Typ, dieser Kurolessow!«

Inzwischen setzte dieser seine Beichte immer lauter fort und brachte Bossoi vollends durcheinander, als er jemanden ansprach, der gar nicht auf der Bühne war, und sich im Namen dieses Abwesenden selbst antwortete, wobei er sich mal »lieber Herr«, mal »Baron«, mal »Vater«, mal »Sohn« nannte und abwechselnd duzte und siezte.

Bossoi verstand nur das eine: Der Schauspieler starb eines schlimmen Todes. Er rief »Die Schlüssel! Schlüssel, wo!«, fiel auf den Boden, keuchte und riss sich – mit aller gebotenen Behutsamkeit – die Fliege vom Hals.

Anschließend stand der Verstorbene auf, staubte seine Frackhose ab, verbeugte sich mit einem falschen Lächeln und zog sich unter spärlichem Applaus zurück.

Der Conférencier sprach darauf wie folgt: »Wir haben gerade in Kurolessows wunderbarer Interpretation *Den geizigen Ritter* gehört. Dieser Ritter hat gehofft, mit seinem Geld fröhliche Nymphen und andere derartige Annehmlichkeiten anzulocken. Aber, wie Sie gesehen haben, geschah nichts dergleichen: Der Nymphen froher Schwarm strömte nicht zu ihm hin, die Musen brachten keinen Zins ihm dar, er errichtete keine Paläste, im Gegenteil, er endete grässlich: Er verreckte an einem Schlaganfall auf seiner Truhe mit den Devisen und Juwelen. Ich warne Sie, dass Ihnen etwas Ähnliches wenn nicht gar Schlimmeres passiert, wenn Sie Ihre Devisen nicht abgeben!«

Ob nun Puschkins Poesie oder die prosaische Rede des Conférenciers diesen Effekt hervorgebracht hatte, jedenfalls kam auf einmal eine scheue Stimme aus dem Zuschauerraum:

»Ich will abgeben.«

»Willkommen«, lud der Conférencier höflich ein und blickte in den dunklen Saal.

Auf der Bühne erschien ein kurzer, blonder Bürger, der sich offenbar seit etwa drei Wochen nicht rasiert hatte.

»Darf ich fragen, wie Sie heißen?«, erkundigte sich der Conférencier.

»Kanawkin, Nikolai«, antwortete der Mann schüchtern.

»Ah! Sehr angenehm, Bürger Kanawkin. Nun?«

»Ich gebe ab«, sagte Kanawkin leise.

»Wie viel?«

»Tausend Dollar. Und zwanzig goldene Zehner.«

»Bravo! Ist das alles?«

Der Conférencier starrte Kanawkin direkt ins Gesicht, und es kam Bossoi sogar so vor, als schössen aus seinen Augen mit einem Mal Strahlen, die Kanawkin röntgenhaft durchdrangen. Der Saal hörte auf zu atmen.

»Ich glaube Ihnen!«, rief der Conférencier schließlich und löschte seinen Blick. »Ja, ich glaube Ihnen! Diese Augen lügen nicht. Wie oft hab ich schon gesagt: Es ist ein grundlegender Fehler, die Macht von Menschenaugen zu unterschätzen. Begreifen Sie endlich, dass zwar die

Zunge die Wahrheit verhehlen kann, aber niemals die Augen! Man fragt Sie plötzlich etwas, und Sie zucken nicht einmal zusammen, binnen einer Sekunde haben Sie sich unter Kontrolle und wissen, mit welchen Worten Sie die Entlarvung verhüten können; Sie sprechen äußerst überzeugend, und Ihr Gesicht zeigt nicht die leiseste Regung. Aber leider Gottes erwacht bei dieser Frage die Wahrheit, für einen Moment springt sie vom Grund Ihrer Seele in die Augen – und schon ist es vorbei! Die Wahrheit wird gesehen, und schon hat man Sie erwischt!«

Nachdem der Conférencier mit großer Leidenschaft diese überzeugende Rede gehalten hatte, erkundigte er sich zärtlich bei Kanawkin: »Wo ist es denn versteckt?«

»Bei meiner Tante, der Porochownikowa, auf der Pretschistenka.«

»Ah! Das ist doch, Moment mal – Tante Klawdia, nicht wahr?«

»Genau.«

»Ah ja, jaja! So ein kleines Häuschen? Mit Vorgarten? Ja, sicher, sicher! Und wo genau haben Sie das Geld versteckt?«

»Im Keller, in einer Bonbonniere.«

Der Conférencier schlug die Hände zusammen.

»Also wirklich!«, rief er bestürzt. »Da wird es doch feucht und schimmelig! Kann man denn solchen Menschen Devisen anvertrauen? Schiere Kinderei, mein Gott!«

Kanawkin sah nun selbst ein, dass er's verbockt hatte, und ließ schuldbewusst den Schopf hängen.

»Geld«, fuhr der Conférencier fort, »gehört zur Aufbewahrung in die Staatsbank, in spezielle trockene und gut bewachte Räume – und keinesfalls in den Keller einer Tante, wo es beispielsweise von Ratten angenagt werden kann! Sie sollten sich wirklich schämen, Kanawkin! Sie sind doch ein erwachsener Mensch.«

Kanawkin, der sich tatsächlich in Grund und Boden schämte, knetete am Saum seines Jacketts herum.

»Schon gut«, sagte der Conférencier milde, »Schwamm drüber.« Rasch fügte er hinzu: »Ach, übrigens – dass wir zwei Fliegen mit einer

Klappe … Damit wir nicht noch ein zweites Mal hinfahren müssen: Die Tante hat auch selbst was, oder?«

Kanawkin, der eine solche Wendung nicht erwartet hatte, fuhr zusammen, und das Theater verstummte.

»He, Kanawkin«, sagte der Conférencier mit zartem Vorwurf, »da lobe ich ihn schon, und schwupp hat er einen Fehler im System! So ein Quatsch aber auch, Kanawkin! Grad eben hab ich doch noch von Augen geredet. Ich kann's doch sehen. Also, was plagen Sie uns unnötig?«

»Sie hat was!«, bekannte Kanawkin mit draufgängerischer Miene.

»Bravo!«, rief der Conférencier.

»Bravo!«, brüllten ohrenbetäubend die Zuschauer.

Nachdem sich das Gebrüll gelegt hatte, schüttelte der Conférencier Kanawkin die Hand, gratulierte ihm, bot an, ihn nach Hause zu fahren und befahl jemandem in den Kulissen, er solle in demselben Auto die Tante abholen und sie ins Frauentheater einladen.

»Ach ja, ich wollte noch fragen, hat die Tante mal erwähnt, wo sie's versteckt hat?«, erkundigte sich der Conférencier und bot Kanawkin galant eine Zigarette samt brennendem Streichholz an. Dieser nahm einen Zug und lächelte wehmütig.

»Schon gut, schon gut, ich glaube Ihnen«, seufzte der Conférencier. »Diese alte Pfennigfuchserin würde es nicht mal dem Teufel selbst verraten, geschweige denn ihrem Neffen! Nun, wir müssen versuchen, menschliche Gefühle in ihr zu wecken. Vielleicht sind noch nicht alle Saiten ihrer miesen kleinen Wuchererseele verrottet. Alles Gute, Kanawkin!«

Und damit fuhr der glückliche Kanawkin weg. Der Conférencier erkundigte sich, ob noch andere ihre Devisen abgeben wollten, doch die Antwort war Schweigen.

»Ich werde einfach nicht klug aus euch!« Er zuckte die Achseln und war hinter dem Vorhang verschwunden.

Die Lichter erloschen. Eine Weile herrschte Finsternis, und von Weitem hörte man einen nervösen Tenor etwas aus der *Pique Dame* singen: »Dort liegen ganze Berge Gold – das Gold ist meins, es ist mir hold!«

Dann kam von irgendwoher wiederholtes dumpfes Klatschen.

»Im Frauentheater gibt irgendein Dämchen ab«, wandte sich der rotbärtige Nachbar unerwartet an Bossoi und seufzte: »Wenn meine Gänseriche nicht wären … Ich habe nämlich Kampfvögel, Menschenskind! Ohne mich kratzen sie wohl ab. So ein Viech ist ja empfindlich, braucht Pflege. Ach, wenn meine Gänseriche nicht wären! Mit Puschkin kommen die mir nicht bei …« Und es ging wieder los mit dem Seufzen.

Und dann war der Saal auf einmal hell erleuchtet, und in Bossois Traum strömten zu allen Türen Köche herein, mit Kellen und weißen Kochmützen. Küchenjungen schleppten einen Kessel Suppe und ein Tablett mit aufgeschnittenem Roggenbrot. Die Zuschauer lebten auf. Fröhlich wuselten die Köche im Theaterpublikum herum, füllten Schüsseln mit Suppe und verteilten das Brot.

»Haut rein, Jungs«, riefen die Köche, »und gebt die Devisen ab! Wozu sich hier den Hintern breitsitzen? Wer will schon diese Pampe schlürfen? Zu Hause, da kann man was Ordentliches trinken, was Leckeres essen, was wäre das doch schön!«

»Du zum Beispiel, was sitzt du hier rum, Väterchen?«, wandte sich ein fetter Koch mit himbeerrotem Hals an Bossoi und reichte ihm eine Schüssel, in der ein einsames Kohlblatt in einer trüber Flüssigkeit herumschwamm.

»Hab keine! Hab keine! Hab keine Devisen!«, schrie Bossoi mit schauriger Stimme. »Verstehst du, ich habe keine!«

»Du hast keine?«, brüllte der Koch tief und bedrohlich. »Du hast keine?«, fragte er mit zärtlicher Frauenstimme. »Du hast keine, schon gut, schon gut«, murmelte er und verwandelte sich in die Krankenschwester Praskowja.

Diese rüttelte den im Schlaf stöhnenden Bossoi sanft an der Schulter. Dann schmolzen die Köche weg, das Theater samt Vorhang brach auseinander. Durch den Tränenschleier sah Bossoi sein Zimmer im Krankenhaus und zwei Menschen in weißen Kitteln. Das waren aber nicht etwa die frechen Köche mit ihren ungebetenen Ratschlägen, sondern ein Arzt und eben die Schwester Praskowja, und sie hatte auch keine Schüssel in der Hand, sondern eine kleine Schale, auf der unter einem Mulltuch eine Spritze lag.

»Geht das denn an«, murmelte Bossoi bitter, als er die Spritze bekam, »ich habe nun mal nichts! Soll ihnen doch Puschkin die Devisen abgeben. Ich habe keine!«

»Aber sicher doch, sicher doch«, beruhigte ihn die gutherzige Praskowja, »dann eben nicht.«

Nach der Spritze fühlte sich Bossoi besser, schlief wieder ein und träumte nicht mehr.

Doch seine Schreie bahnten dem Unbehagen den Weg ins Zimmer 120, wo der Patient aufwachte und seinen Kopf zu suchen anfing – und auch ins Zimmer 118, wo der unbekannte Meister rastlos wurde, verzweifelt die Hände rang und den Mond anstarrte, voller Erinnerungen an die bittere Herbstnacht, die letzte Nacht seines Lebens, den Lichtstreifen unter der Kellertür und die zerzausten Haare.

Vom Zimmer 118 flog das Unbehagen über den Balkon zu Iwan. Er wachte auf und musste weinen.

Doch bald hatte der Arzt all die Ruhelosen, all die Kranken im Geiste beruhigt; nach und nach schlummerten sie ein. Als letzter, während über dem Fluss bereits die Sonne aufging, fand Iwan in den Schlaf. Die Medizin durchdrang seinen ganzen Körper, gleich einer Welle kam die Ruhe über ihn. Er wurde leichter, sanft und warm umnebelte der Schlummer seinen Kopf. Beim Einschlafen hörte er das Zwitschern der Vögel im Walde kurz vor der Morgendämmerung. Aber bald wurden sie still, und er träumte: Die Sonne hatte bereits ihren Abstieg über dem Kahlen Berg begonnen, und es war jener Berg durch einen doppelten Kordon abgesperrt …

# Kapitel 16

## Die Hinrichtung

Die Sonne hatte bereits ihren Abstieg über dem Kahlen Berg begonnen, und es war jener Berg durch einen doppelten Kordon abgesperrt.

Die Kavallerie-Ala, die mittags den Weg des Prokurators gekreuzt hatte, trabte zum Hebron-Tor der Stadt. Ihr Weg war bereits vorbereitet. Die Infanterie der kappadokischen Kohorte hatte den Auflauf von Menschen, Maultieren und Kamelen auseinandergedrückt, und die Ala, deren Trab weiße Staubsäulen bis zum Himmel aufwirbelte, erreichte die Kreuzung zweier Wege: des Südwegs nach Bethlehem und des Nordwestwegs nach Jaffa. Hier raste sie den Nordwestweg hinunter. Die kappadokische Kohorte hatte sich beizeiten entlang der Wegesränder verteilt und alle Karawanen von der Straße weggetrieben, die zum Fest nach Jerschalaim eilten. Hinter den Kappadokiern drängten sich die Pilger; ihre auf dem Gras aufgestellten, gestreiften Zelte hatten sie verlassen. Nach weniger als einer Meile holte die Ala die zweite Kohorte der Zwölften Legion ein; danach dauerte es noch genauso lange bis zu dem Fuß des Kahlen Berges. Hier wurde abgestiegen. Der Kommandant teilte die Ala in Züge ein, die den ganzen Fuß des Hügels absperrten. Nur der Zugang vom Jaffa-Weg blieb offen.

Nach einiger Zeit stieß die zweite Kohorte zu der Ala, stieg eine Ebene höher und bildete einen zweiten Kranz um den Hügel.

Schließlich kam die Centurie unter dem Kommando von Marcus dem Rattenschinder. Sie erstreckte sich in zwei Ketten entlang der Wegesränder; zwischen diesen Ketten wurden die drei Verurteilten, von der Geheimgarde bewacht, in einem Karren den Berg hochgefahren. An ihren Hälsen hingen weiße Bretter, und auf jedem Brett stand »Räuber und Rebell« in zwei Sprachen – aramäisch und griechisch.

Hinter dem Gefährt mit den Verurteilten fuhren weitere; sie brachten frisch gehauene Pfähle mit Querbalken sowie Seile, Schaufeln, Eimer, Äxte und auch sechs Henker. Zu Pferd folgten ihnen der Centurio Marcus, der Befehlshaber der Tempelwache von Jerschalaim sowie der Mann mit Kapuze, mit dem Pilatus in einem abgedunkelten Raum des Palastes seine Unterredung abgehalten hatte.

Eine Kette von Soldaten schloss die Prozession ab, und ihr folgten mittlerweile etwa zweitausend Schaulustige, die sich trotz der höllischen Hitze das Spektakel nicht entgehen lassen wollten.

Zu diesen schaulustigen Stadtbewohnern gesellten sich nun auch die schaulustigen Pilger, die sich ungehindert dem Ende der Prozession anschließen durften. Unter den schrillen Ausrufen von mitreitenden Herolden, die Pilatus' Mittagsworte wiederholten, zog die Prozession den Kahlen Berg hinauf.

Unten erlaubte die Ala freien Durchgang, oben aber ließ die zweite Centurie nur Menschen vorbei, die mit der Hinrichtung zu tun hatten; dann zerstreute sie die Menge durch flinke Manöver um den gesamten Hügel zwischen dem Infanterie-Kordon oben und dem Kavallerie-Kordon unten. Jetzt konnten alle die Hinrichtung durch die lichte Kette der Infanterie beobachten.

Seit der Ankunft der Prozession auf dem Berg waren nun also über drei Stunden vergangen, und die Sonne hatte bereits ihren Abstieg über dem Kahlen Berg begonnen, aber die Hitze war noch immer unerträglich, und die Soldaten beider Kordonen litten unter ihr, langweilten sich, verfluchten leise die drei Räuber und wünschten ihnen ehrlichen Herzens einen möglichst baldigen Tod.

Die Stirn ganz nass, die weiße Tunika am Rücken dunkelgeschwitzt, ging der kleine Kommandant der Ala am Fuße des Hügels immer wieder zum ersten Zug herüber, schöpfte dort aus einem Ledereimer eine Handvoll Wasser nach der anderen, trank und befeuchtete seinen Turban. Sein Leiden so etwas gelindert, ging er zurück und begann erneut, den staubigen Weg zum Gipfel abzuschreiten. Sein Langschwert schlug gegen den geschnürten Lederstiefel. Der Kommandant wollte seinen Kavalleristen ein Vorbild sein, aber aus Mitleid erlaubte er ihnen, ihre Speere pyramidenartig in den Boden zu stecken und ihre weißen Mäntel darüber zu werfen. Unter diesen Zelten konnten sich die Syrer vor der gnadenlosen Sonne verstecken. Die Eimer wurden schnell geleert, und Kavalleristen verschiedener Züge brachten abwechselnd Wasser aus der Schlucht unterhalb des Hügels, wo im schütteren Schatten der dürren Maulbeerbäume ein Bach in der teuflischen Glut verschlammte. Auch die den Pferdeführern nun vollkommen gefügigen Tiere langweilten sich dort und versuchten, den flüchtigen Schatten zu erhaschen.

Dass die Soldaten schmachteten und auf die Räuber schimpften, war verständlich. Die Befürchtungen des Prokurators hinsichtlich möglicher Unruhen, welche ihm die verhasste Stadt Jerschalaim während der Hinrichtung bescheren könnte, erwiesen sich zu seiner Erleichterung als unbegründet. Und als die vierte Stunde der Vollstreckung ansetzte, war zwischen den Ketten der Infanterie oben und der Kavallerie unten wider Erwarten kein einziger Mensch mehr zu sehen. Die Sonne hatte die Menge versengt und nach Jerschalaim zurückgetrieben. Jenseits der Ketten römischer Centurien befanden sich nur zwei Hunde; niemand wusste, wem sie gehörten und wozu sie auf den Hügel gekommen waren. Aber auch diesen machte die Hitze zu schaffen: Sie legten sich hin, ließen die Zungen hängen, atmeten schwer und ignorierten die grünrückigen Echsen – die einzigen Wesen, denen die Sonne nichts ausmachte –, die zwischen den glühend heißen Steinen und den dornigen Kriechpflanzen umherhuschten.

Niemand hatte versucht, die Verurteilten freizukämpfen, weder in Jerschalaim selbst noch hier auf dem abgesperrten Hügel, und die Menge kehrte in die Stadt zurück, denn in der Tat gab es an dieser Hinrichtung absolut nichts Interessantes, in der Stadt hingegen liefen bereits Vorbereitungen für das am Abend beginnende große Pessachfest.

Die römische Infanterie auf der zweiten Ebene litt noch mehr als die Kavallerie. Der Centurio Rattenschinder erlaubte seinen Soldaten einzig, die Helme abzunehmen und die Köpfe mit weißen, wassergetränkten Bändern zu bedecken, sie mussten aber stehen, den Speer in der Hand. Er selbst, ebenfalls mit einem Band um den Kopf, aber nur mit einem trockenen, schritt nahe der Henkergruppe hin und her, ohne auch nur die silbernen Löwenschnauzen von seiner Tunika abzunehmen, ohne die Beinschienen, das Schwert oder das Messer abzulegen. Die Sonne schlug auf den Centurio ein, ohne ihm zu schaden, und die Löwenschnauzen waren unmöglich anzusehen – der blendende Glanz des Silbers, das in der Sonne zu brodeln schien, verätzte die Augen.

Das verstümmelte Gesicht des Rattenschinders drückte weder Erschöpfung noch Unmut aus. Es war, als könnte der riesige Centurio den ganzen Tag, die ganze Nacht und auch den nächsten Tag – kurzum, so lange wie nötig – hin und her schreiten. Ja, genauso weiter hin und her schreiten, die Hände an dem schweren Gürtel mit den Blechmarken, den düsteren Blick abwechselnd auf die Pfähle mit den Sterbenden und auf die Soldatenketten gerichtet, und genauso gleichgültig mit der Kappe des zottigen Stiefels von der Zeit gebleichte Menschenknochen und Kieselsteine beiseiteschleudern, die ihm gelegentlich unter die Füße gerieten.

Der Mann mit Kapuze saß unweit der Pfähle auf einem dreibeinigen Hocker in gutmütiger Reglosigkeit, nur gelegentlich wühlte er aus Langeweile mit einer Rute im Sand.

Dass es hinter der Legionärskette keinen einzigen Menschen gab, stimmt nicht ganz. Einen gab es wohl, nur war er nicht leicht zu sehen. Er hatte nicht die Seite ausgesucht, wo der offene Weg den Berg hinauf die beste Aussicht auf die Hinrichtung bot und die sanfte Neigung des Hanges gut zugänglich war, sondern die unebene Nordseite mit ihren Spalten und Felsenrissen, wo ein kränklicher Feigenbaum auf dem verwunschenen, wasserlosen Boden ums Überleben rang.

Unter ebendiesem Baum, der keinerlei Schatten spendete, hatte sich jener einzige Zuschauer niedergelassen und saß von Anfang an, also seit über drei Stunden, auf einem Stein. Ja, er hatte die denkbar schlechteste

Position gewählt, um die Hinrichtung zu beobachten. Aber immerhin waren auch von hier aus die Pfähle sowie die beiden schillernden Flecken auf der Brust des Centurios zu sehen, und das reichte offenbar diesem Menschen, der offensichtlich unbeachtet und ungestört bleiben wollte.

Vor etwa vier Stunden dagegen, zu Beginn der Hinrichtung, hatte er sich ganz anders benommen und war durchaus beachtet worden – gerade deshalb hatte er nun wohl sein Verhalten geändert und sich zurückgezogen.

Zuerst war er in Erscheinung getreten, als die Prozession gerade hinter der obersten Soldatenkette angekommen war; offensichtlich hatte er sich verspätet. Er atmete schwer, ging nicht, sondern rannte den Hügel hinauf, stieß sich mit den Ellbogen den Weg frei, und als die Kette sich vor ihm und allen anderen schloss, tat er so, als verstehe er die gereizten Befehle der Soldaten nicht, und versuchte, sich zwischen sie zu schieben und zum Hinrichtungsort zu gelangen, wo die Verurteilten bereits vom Karren geholt wurden. Dafür erhielt er einen schweren Schlag in die Brust mit dem stumpfen Ende eines Speeres und sprang von den Soldaten zurück; in seinem Schrei war nicht Schmerz, sondern Verzweiflung. Den Legionär, der ihm den Schlag versetzt hatte, starrte er trübe und gleichgültig an, wie einer, der körperlichen Schmerz nicht empfindet.

Hustend und atemlos, die Hände an die Brust gepresst, lief er um den Hügel herum, in der Hoffnung, auf der Nordseite eine Lücke in der Kette zu finden, durch die er schlüpfen könnte. Aber es war zu spät. Der Ring hatte sich geschlossen. Und so gab der Mensch mit dem trauerverzerrten Gesicht seine Versuche auf, zu den Karren durchzubrechen, aus denen die Pfähle bereits entladen waren. Diese Versuche hätten nur zu seiner Festnahme geführt, und festgenommen werden durfte er an diesem Tag auf keinen Fall.

Und so ging er zur Seite, zum Felsenriss, wo es ruhiger war und ihn niemand störte.

Nun saß dieser Schwarzbärtige, dessen Augen von Sonnenlicht und Schlafmangel eiterten, auf einem Stein, und litt Qualen. Mal öffnete er stöhnend seinen ehemals himmelblauen, nun aber schmutziggrauen, auf Wanderschaften zerlumpten Tallit und entblößte die dreckig verschwitzte Brust, mal hob er den unerträglich schmerzvollen Blick zum Himmel und folgte den drei Geiern, die schon seit Langem in der Höhe große Kreise zogen und sich auf das baldige Festmahl freuten, mal starrte er hoffnungslos dumpf die gelbe Erde an, darauf einen halbzerstörten Hundeschädel und um diesen Schädel huschende Echsen.

Seine Qual war so groß, dass er mit sich selbst redete.

»Ich Narr!«, murmelte er, wippte in seinem Seelenschmerz auf dem Stein hin und her, zerkratzte sich die braune Brust. »Ich Narr, ich albernes Weib, ich Feigling! Aas bin ich, kein Mensch!«

Er wurde still und ließ den Kopf hängen; dann trank er warmes Wasser aus einer Holzflasche, wurde wieder animiert, packte mal das unter dem Tallit versteckte Messer, mal das Stück Pergament, das vor ihm auf dem Stein lag, neben einem Schreibrohr und einem Fläschchen Tinte.

Auf diesem Pergament war bereits gekritzelt:

»Die Minuten vergehen; ich, Levi Matthäus, bin hier auf dem Kahlen Berg, und immer noch kommt der Tod nicht!«

Und weiter:

»Die Sonne sinkt, doch der Tod kommt nicht.«

Nun notierte Levi Matthäus hoffnungslos mit dem scharfen Schreibrohr:

»Gott! Warum zürnst du ihm? Schick ihm den Tod!«

Dann schluchzte er ohne Tränen und krallte sich wieder die Nägel in die Brust.

Der Grund für Levis Verzweiflung lag in dem furchtbaren Unglück, das Jeschua und ihm widerfahren war, und außerdem in den schlimmen Fehlern, die er seiner Meinung nach begangen hatte. Zwei Tage zuvor waren Jeschua und Levi in Betfage bei Jerschalaim gewesen, zu Besuch bei einem Gemüsegärtner, der Jeschuas Predigten sehr mochte. Die beiden Gäste hatten den ganzen Morgen dem Gastgeber mit seinen Beeten geholfen; sie wollten gegen Abend in der Kühle nach Jerschalaim gehen. Aber Jeschua wurde auf einmal rastlos, sagte, er müsse in der Stadt etwas dringend erledigen, und zog gegen Mittag allein los. Hier lag Levi Matthäus' erster Fehler. Warum hatte er ihn allein gehen lassen, warum bloß?

Auch an jenem Abend war Levi nicht nach Jerschalaim gekommen. Ein unerwartetes und grässliches Leiden hatte ihn heimgesucht. Es schüttelte ihn, sein Leib füllte sich mit Feuer, seine Zähne klapperten, ständig bat er um Wasser. So konnte er nicht losziehen. Er brach auf einer Pferdedecke im Stall des Gärtners zusammen und lag dort bis zum Morgengrauen am Freitag – dann ließ die Krankheit ihn frei, genauso plötzlich wie sie ihn gepackt hatte. Obwohl er noch schwach war und seine Beine zitterten, verabschiedete er sich in quälender Vorahnung einer Katastrophe von dem Gastgeber und ging nach Jerschalaim. Dort erfuhr er, dass die Vorahnung ihn nicht getäuscht hatte. Die Katastrophe war geschehen. Levi war in der Menge und hörte den Prokurator das Urteil verkünden.

Als die Verurteilten auf den Berg geführt wurden, lief er neben der Kette zwischen den Schaulustigen und versuchte, Jeschua doch wenigstens unauffällig mitzuteilen, dass er, Levi, bei ihm war, dass er ihn auf seinem letzten Weg nicht verlassen hatte, dass er um seinen schnellen Tod betete. Aber Jeschua blickte in die Ferne, zum Hügel hinauf, und sah Levi nicht.

Und dann, als die Prozession bereits etwa eintausend Ellen entlang der Straße gegangen war, kam Levi im Getümmel ein so genialer und einfacher Gedanke, dass er sich mit hitzigen Flüchen überschüttete, weil er nicht früher daran gedacht hatte. Die Kette der Soldaten hatte Lücken. Mit großer Geschicklichkeit und präzisem Kalkül könnte man gebückt zwischen zwei Legionären durchschlüpfen, es zum Karren schaffen und hineinspringen. Dann müsste Jeschua nicht leiden.

Ein Augenblick würde genügen, um ihm ein Messer in den Rücken zu stechen und zu rufen: »Jeschua! Ich rette dich und gehe mit dir! Ich, Matthäus, dein treuer und einziger Jünger!«

Und falls Gott ihn mit einem weiteren freien Augenblick segnete, könnte er auch sich erstechen und den Tod auf dem Pfahl vermeiden. Letzteres war jedoch von geringem Interesse für den ehemaligen Steuereintreiber. Ihm war es egal, wie er selbst sterben sollte. Er wollte nur, dass Jeschua, der nie jemandem etwas zuleide getan hatte, der Folter entkam.

Es war ein sehr guter Plan, nur hatte Levi kein Messer bei sich. Und auch kein Geld, keine einzige Münze.

In rasendem Selbsthass drängte sich Levi aus der Menge hinaus und rannte zurück in die Stadt. Ein einziger fieberhafter Gedanke sprang in seinem glühenden Kopf umher: sofort, egal wie, in der Stadt ein Messer beschaffen und die Prozession einholen.

Er eilte zum Stadttor, manövrierte zwischen den vielen Karawanen, welche die Stadt einsog, und sah zu seiner Linken die offene Tür eines kleinen Brotladens. Nach dem Rennen auf der glühenden Straße atmete Levi schwer, er nahm sich aber zusammen, betrat äußerst würdevoll den Laden, begrüßte die Besitzerin hinter dem Tresen und bat sie, den oberen Laib aus dem Regal zu nehmen, da ihm dieser besser gefalle als die anderen. Als sie sich umdrehte, nahm er vom Tresen still und schnell das Allerbeste, was er hätte finden können – ein langes scharfgewetztes Brotmesser – und stürzte aus dem Laden.

Wenige Minuten später war er wieder auf dem Jaffa-Weg. Aber die Prozession war nicht mehr in Sicht. Er rannte los. Wenn er nicht mehr konnte, ließ er sich in den Staub fallen und lag dort, bis der Atem zurückkam. Er lag im Staub zum Erstaunen der Menschen, die auf Maultieren oder zu Fuß nach Jerschalaim unterwegs waren. Er lag da und hörte, wie ihm das Herz nicht nur in der Brust, sondern auch im Kopf und in den Ohren pochte. Sobald er wieder atmen konnte, sprang er auf und rannte weiter, doch mit jedem Mal langsamer. Als er schließlich die lange Prozession in der fernen Staubwolke erblickte, war sie bereits am Fuß des Hügels.

»Gott …«, stöhnte Levi. Er begriff, dass er zu spät kommen würde. Und er kam zu spät.

Nach der vierten Stunde der Hinrichtung erreichte Levis Qual den höchsten Grad, und Wut überkam ihn. Er stand auf, schleuderte das, wie er nun meinte, vergeblich gestohlene Messer zu Boden, zertrümmerte seine Holzflasche mit dem Fuß, sodass er nun ohne Wasser blieb, warf seine Kufiya ab, griff sich in die lichten Haare und beschimpfte sich aufs Bitterste.

Er verfluchte sich, schrie sinnlose Wörter heraus, knurrte und spuckte, schmähte seinen Vater und seine Mutter, die einen Nichtsnutz zur Welt gebracht hatten.

Als er sah, dass kein Fluch und keine Verwünschung half, dass sie nichts auf dem sonnenverbrannten Hügel änderten, ballte er die dürren Hände zu Fäusten, presste die Augen zu und hob sie gegen den Himmel, gegen die Sonne, die immer tiefer rutschte, die Schatten verlängerte und bald im Mittelmeer ertrinken würde. Er verlangte von Gott ein sofortiges Wunder. Er forderte, dass Gott Jeschua unverzüglich den Tod schicke.

Als er die Augen öffnete, sah er, dass auf dem Hügel immer noch alles unverändert war. Nur loderte das Metall auf der Brust des Centurios nicht mehr, aber die Sonne schickte ihre Strahlen nach wie vor in den Rücken der Hingerichteten, deren Gesichter nach Jerschalaim gewandt waren. Dann rief Levi: »Ich verfluche dich, Gott!«

Gott sei ungerecht, schrie er heiser, das sei nun erwiesen, und er wolle ihm nicht mehr glauben.

»Du bist taub!«, brüllte Levi. »Wärst du nicht taub, du hättest mich gehört und ihn sofort getötet!«

Und wieder schloss Levi die Augen und wartete auf das Feuer vom Himmel, das nun ihn selbst treffen musste. Auch das geschah nicht. Ohne die Lider zu heben, nahm Levi seine Hohntirade wieder auf. Er schrie, wie enttäuscht er war, schrie, dass es ja schließlich andere Götter und Religionen gab. Ja, ein anderer Gott hätte nicht zugelassen, hätte niemals zugelassen, dass einer wie Jeschua auf dem Pfahl verglühte!

»Ich habe mich geirrt!«, kreischte Levi heiser. »Du bist der Gott des Bösen! Oder hat der Qualm der Räucherschalen im Tempel deinen

Blick getrübt? Können deine Ohren nichts mehr vernehmen als die Trompeten der Priester? Du bist nicht allmächtig. Du bist eine schwarze Gottheit, eine Gottheit der Räuber, ihr Beschützer, ihre Seele! Ich verfluche dich!«

Da blies etwas dem ehemaligen Steuereintreiber ins Gesicht, und etwas raschelte unter seinen Füßen. Es blies noch einmal, dann öffnete Levi die Augen und sah: Sei es wegen seiner Flüche oder aus anderen Gründen, aber die Welt hatte sich verändert. Die Sonne war verschwunden, ohne das Meer erreicht zu haben, in dem sie allabendlich ertrank. Sie wurde von einer Gewitterwolke verschluckt, die gewaltig und unerbittlich aus dem Westen emporstieg. Ihre Ränder schäumten weiß, ihr schwarz qualmender Bauch hatte einen Gelbstich. Die Wolke knurrte, ließ gelegentlich Feuerfäden fallen. Auf dem Jaffa-Weg, im kargen Tal von Ge-Hinnom und über den Zelten der Pilger rasten Staubsäulen, angetrieben vom jähen Wind.

Levi wurde still, überlegte, ob das über Jerschalaim aufziehende Gewitter das Schicksal des gequälten Jeschua verändern könnte. Er sah, wie die Feuerfäden die Wolke in Stücke schnitten und betete, ein Blitz möge Jeschuas Pfahl treffen. Er blickte in den klaren, noch nicht von der Wolke verschlungenen Teil des Himmels, wo sich die Geier schief in den Wind legten, um dem Gewitter zu entkommen, und bereute seine übereilten Flüche: Jetzt würde Gott nicht auf ihn hören.

Levi schaute auf den Fuß des Hügels, und sein Blick blieb an dem zerstreuten Kavallerie-Regiment hängen: Auch dort war nun alles anders. Von oben konnte Levi gut sehen, wie die Soldaten hastig ihre Speere aus dem Boden zogen und sich die Mäntel über die Schultern warfen, wie die Pferdeführer mit ihren Rappen am Zügel zum Weg trabten. Das Regiment zog sich zurück, das war klar. Levi hielt sich die Hand vor die Augen, spuckte den Staub aus, der ihm ins Gesicht schlug, und versuchte zu begreifen, was der Rückzug der Kavallerie bedeutete. Er schaute höher hinauf und sah eine Figur in einer purpurroten Militärchlamys zum Hinrichtungsort hinaufsteigen. Da wurde das Herz des ehemaligen Steuereintreibers kalt in Erwartung des freudigen Endes.

Der Mann, der in der fünften Stunde des Leidens den Berg bestieg, war der Kommandant der Kohorte, der mit einem Ordonnanzoffizier aus Jerschalaim angeritten war. Nach einer Geste des Rattenschinders löste sich die Soldatenkette, und der Centurio salutierte dem Tribunen. Dieser nahm den Centurio beiseite und flüsterte ihm etwas zu. Der Rattenschinder salutierte ein zweites Mal und bewegte sich auf die Gruppe der Henker zu, die unter den Pfählen auf Steinen saßen. Inzwischen schritt der Tribun auf den Mann mit Kapuze zu, der sich zum Gruß höflich von seinem dreibeinigen Hocker erhob. Auch ihm sagte der Tribun leise etwas, und beide gingen hinüber zu den Pfählen. Der Befehlshaber der Tempelwache schloss sich ihnen an.

Der Rattenschinder warf einen angewiderten Seitenblick auf die schmutzigen Lumpen, die bei den Pfählen auf dem Boden lagen – die Kleidung der Verbrecher, die nun nicht einmal die Henker haben wollten. Zwei von ihnen rief er herbei und befahl: »Mir nach!«

Als erstes näherten sie sich dem Pfahl, von dem ein heiseres, sinnloses Liedchen ertönte. Dem hier gehängten Gestas hatten die Fliegen und die Sonne gegen Ende der dritten Stunde den Verstand geraubt, und nun sang er leise etwas von Trauben. Sein turbanumwickelter Kopf schwankte gelegentlich, und die Fliegen erhoben sich träge von seinem Gesicht, bevor sie sich wieder darauf setzten.

Dismas auf dem zweiten Pfahl litt mehr als die beiden anderen, weil er bei Bewusstsein blieb. Er schwang seinen Kopf rhythmisch hin und her, rechts und links, sodass sein Ohr immer wieder auf die Schulter schlug.

Jeschua hatte am meisten Glück. Die Ohnmachten hatten schon in der ersten Stunde begonnen, dann verlor er das Bewusstsein und ließ den Kopf im abgewickelten Turban hängen. Die Fliegen und Bremsen bedeckten ihn vollständig, sodass sein Gesicht unter einer schwarzen kriechenden Maske verschwand. Im Schoss, auf dem Bauch und in den Achseln saßen fette Bremsen und saugten am gelben nackten Leib.

Eine Geste des Mannes mit Kapuze befolgend nahm ein Henker seinen Speer, ein anderer brachte einen Eimer und einen Schwamm an den Pfahl. Der erste hob den Speer und klopfte damit zuerst auf die Arme Jeschuas, die ausgestreckt an den Querbalken des Pfahl gebunden waren, erst auf den einen, dann auf den anderen. Der Körper mit seinen vorstehenden Rippen zuckte. Der Henker fuhr mit der Spitze des Speeres über den Bauch. Da hob Jeschua den Kopf, die Fliegen hoben summend ab und enthüllten das Gesicht des Gehängten, von Stichen geschwollen, mit aufgequollenen Augen, ein unerkennbares Gesicht.

Ha-Nozri riss die verklebten Lider auseinander und sah nach unten. Sein Blick, sonst immer so klar, war nun getrübt.

»Ha-Nozri!«, sagte der Henker.

Ha-Nozri bewegte die geschwollenen Lippen und antwortete mit heiserer Räuberstimme: »Was willst du? Warum kommst du zu mir?«

»Trink!«, sagte der Henker, und ein wassergetränkter Schwamm stieg auf der Speerspitze zu den Lippen Jeschuas. Freude leuchtete in seinen Augen auf, er drückte den Mund an den Schwamm und sog gierig daran. Vom nächsten Pfahl kam Dismas' Stimme: »Gerechtigkeit! Ich bin genauso ein Räuber wie er!«

Dismas spannte seinen Körper an, doch er konnte sich nicht rühren: Seine Arme waren mit jeweils dreifach verschlungenen Stricken an beiden Enden des Querbalkens festgebunden. Er zog den Bauch ein, grub die Fingernägel in das Holz des Balkens und drehte den Kopf zu Jeschuas Pfahl. In seinen Augen loderte die Wut.

Eine Staubwolke senkte sich herab auf die Richtstatt, mit einem Schlag wurde es dunkler. Als der Staub sich wieder gelegt hatte, rief der Centurio: »Ruhe auf dem zweiten Pfahl!«

Dismas verstummte. Jeschua riss sich los vom Schwamm. Vergeblich bemühte er sich, seiner Stimme einen sanften, überzeugenden Klang zu geben, und bat den Henker dann heiser: »Lass ihn auch trinken.«

Es wurde immer dunkler. Die Gewitterwolke, voll von schwarzem Nass und Feuer, war bereits über den halben Himmel zerflossen und zielte nun auf Jerschalaim; vor ihr her rasten andere Wolken, siedend weiß. Es blitzte und donnerte über dem Hügel. Der Henker nahm den Schwamm.

»Lobpreise den großmütigen Hegemon!«, flüsterte er feierlich und bohrte Jeschua den Speer sachte ins Herz. Jeschua zuckte und flüsterte: »Hegemon …«

Das Blut lief ihm über den Bauch, sein Unterkiefer zuckte krampfhaft, sein Kopf sank auf die Brust.

Beim zweiten Donnerschlag reichte der Henker den Schwamm bereits Dismas; dann tötete er auch ihn mit den Worten: »Lobpreise den Hegemon!«

Gestas, der den Verstand verloren hatte, schrie erschrocken, als der Henker sich ihm näherte, aber als dann der Schwamm seine Lippen berührte, knurrte er etwas und packte ihn mit den Zähnen. Wenige Sekunden später hing auch sein Körper so schlapp, wie es die Seile zuließen.

Der Mann mit Kapuze folgte dem Henker und dem Centurio; nach ihm ging der Befehlshaber der Tempelwache. Am ersten Pfahl angekommen studierte der Mann mit Kapuze aufmerksam den blutüberströmten Jeschua, berührte seinen Fuß mit der weißen Hand und sagte zu seinen Gefährten: »Tot.«

Dies wiederholte sich auch an den beiden anderen Pfählen.

Danach gab der Tribun dem Centurio ein Zeichen, drehte sich um und machte sich mit dem Befehlshaber der Tempelwache und dem Mann mit Kapuze auf den Weg nach unten. Es wurde düster, Blitze fegten über den schwarzen Himmel. Auf einmal spie der Himmel Feuer, und der Schrei des Centurios – »den Kordon lösen!« – ertrank im Grollen. Die Soldaten rasten glücklich den Hügel hinunter, setzten im Rennen ihre Helme auf.

Die Finsternis bedeckte Jerschalaim.

Jäh strömte der Schauer hernieder, als die Centurien den Hügel halb hinabgestiegen waren. Das Wasser stürzte mit solcher Wucht hinab, dass die rennenden Soldaten von tosenden Strömen verfolgt wurden, die ihnen bergab nachflossen. Die Soldaten rutschten aus, fielen in den aufgeweichten Ton, eilten zum ebenen Weg, auf dem – durch den Wasservorhang kaum noch sichtbar – die durchnässte Kavallerie nach Jerschalaim ritt. Minuten später blieb in dem rauchigen Gebräu aus Sturm, Wasser und Feuer auf dem Hügel nur ein Mann zurück.

Das doch nicht umsonst gestohlene Messer schwingend, von rutschigen Felsvorsprüngen stürzend, sich festklammernd, manchmal auf den Knien kriechend, strebte er auf die Pfähle zu. Mal verschwand er in der Finsternis, mal wurde er von zitterndem Licht erhellt.

Endlich an den Pfählen angelangt, knöcheltief im Wasser, riss er seinen regenschweren Tallit ab und klammerte sich, nur mit seiner Tunika bekleidet, an Jeschuas Füße. Er schnitt die Seile an seinen Unterschenkeln durch, stieg auf den unteren Querbalken, umarmte Jeschua und befreite seine Arme von den oberen Fesseln. Der nackte, nasse Körper stürzte auf Levi und riss ihn zu Boden. Levi wollte ihn gleich auf seine Schultern hieven, aber ein Gedanke hielt ihn auf. Er ließ den Körper mit zurückgeworfenem Kopf und ausgestreckten Armen auf dem wasserüberströmten Boden zurück und lief, in der lehmigen Brühe schlitternd, zu den anderen Pfählen. Auch dort schnitt er die Seile durch, und zwei Körper stürzten zu Boden.

Nach wenigen Minuten blieben nur diese beiden Körper und die drei leeren Pfähle am Gipfel des Hügels zurück. Das Wasser schlug auf sie ein und rollte sie umher.

Levi und der Körper des Jeschua waren nicht mehr dort.

# Kapitel 17

## Ein bewegter Tag

Am Freitagmorgen, also am Tag nach jener verfluchten Vorstellung, war das gesamte anwesende Personal des Varietés – der Buchhalter Wassily Lastotschkin, drei Tippfräulein, zwei Rechnungsführer, die beiden Kassiererinnen, die Boten, die Platzanweiser und die Putzfrauen – nicht an ihren Arbeitsplätzen anzutreffen. Stattdessen saßen schlichtweg alle auf den Fensterbänken und schauten auf die Sadowaja, darauf, was unter der Mauer des Varietés vor sich ging. Da pappten sich immer mehr Menschen an den Schwanz einer riesigen zweireihigen Warteschlange. An ihrem Kopf standen etwa zwei Dutzend in Moskau wohlbekannter Kartenspekulanten.

Tausende von Wartenden in der aufgeregten Schlange besprachen zum großen Interesse der vorüberziehenden Bürger allerlei pikante Geschichten über die gestrige beispiellose Darbietung von schwarzer Magie. Die gleichen Geschichten trieben dem Buchhalter Lastotschkin, der die Vorstellung am Vorabend nicht miterlebt hatte, die Röte ins Gesicht. Die Platzanweiser erzählten unerhörte Sachen, unter anderem, dass nach der berüchtigten Vorstellung mehrere Bürgerinnen halb nackt durch die Straßen gelaufen seien, und Ähnliches. Der sittsame und stille Lastotschkin blinzelte nur, als er dem wunderlichen Tratsch lauschte, und wusste entschieden nicht, was zu unternehmen war. Dabei musste unbedingt etwas unternommen werden, und zwar ausgerechnet von ihm, denn er war nun der Ranghöchste unter den verbliebenen Mitarbeitern des Varietés.

Gegen zehn Uhr war die Schlange so aufgequollen, dass Gerüchte darüber die Polizei erreichten, und so kamen mit erstaunlicher Schnelligkeit die Trupps, sowohl zu Fuß als auch zu Pferde, um sie in eine Art

Ordnung zu bringen. Doch selbst eine geordnete Schlange von einem Kilometer Länge führte die Bürger in der Sadowaja in Versuchung und versetzte sie in unbändiges Staunen.

Dies passierte draußen; drinnen im Varieté lief es indes auch nicht gerade glatt. Früh am Morgen hatten in Lichodejews Büro, in Rimskis Büro, in Warenuchas Büro, in der Buchhaltung und an der Kasse die Telefone zu klingeln begonnen, und nun klingelten sie ununterbrochen. Lastotschkin ging erst dran, und die Kassiererin auch, die Platzanweiser murmelten etwas in den Hörer, aber schließlich gaben alle auf, denn auf die Frage, wo denn Lichodejew, Warenucha und Rimski seien, gab es entschieden keine Antwort. Zuerst versuchten sie, mit »Lichodejew ist zu Hause« davonzukommen, aber darauf wurde erwidert, man habe zu Hause schon angerufen und dort heiße es, Lichodejew sei im Varieté.

Eine aufgeregte Dame verlangte Rimski ans Telefon und bekam den Rat, seine Frau anzurufen; darauf erwiderte sie schluchzend, das sei sie selbst, und Rimski sei verschwunden. Es herrschte der reinste Irrsinn. Die Putzfrau erzählte allen, was sie bei ihrer Reinigungsvisite im Büro des Finanzdirektors entdeckt hatte: die Tür sperrangelweit offen, die Lichter an, das Fenster zum Garten zerbrochen, der Sessel umgeschmissen, und niemand da.

Kurz nach zehn stürmte Frau Rimski ins Varieté, schluchzte und rang die Hände. Lastotschkin war ganz bestürzt und wusste nicht, was er ihr anraten sollte. Dann kam um halb elf die Polizei. Ihre erste und durchaus verständliche Frage war: »Was geht hier vor, Bürger? Was ist los?«

Das gesamte Kollektiv trat einen Schritt zurück und ließ den bleichen, aufgeregten Lastotschkin antworten. Er musste die Dinge beim Namen nennen und gestehen, dass die Varieté-Leitung in der Person des Direktors, des Finanzdirektors und des Verwalters verschwunden und unauffindbar war, dass der Conférencier nach der gestrigen Veranstaltung in eine psychiatrische Klinik eingewiesen wurde – kurzum, dass die Vorstellung vollkommen skandalös verlaufen war.

Die schluchzende Frau Rimski wurde nach Kräften beruhigt und nach Hause geschickt; das Interesse der Polizei galt vor allem der Geschichte der Putzfrau darüber, in welchem Zustand das Büro des Finanzdirektors vorgefunden wurde. Das Personal wurde gebeten, an die Arbeitsplätze zurückzukehren. Bald erschienen im Varieté die Ermittler in Begleitung eines spitzohrigen, muskulösen Hundes mit aschfarbenem Fell und ungemein intelligenten Augen. Sofort wurde unter den Mitarbeitern gemunkelt, dass der Hund kein anderer sei als der berühmte Lex. Und tatsächlich – er war es. Sein Verhalten war verblüffend. Sobald Lex das Büro des Finanzdirektors betreten hatte, zeigte er knurrend seine monströsen gelben Reißzähne, drückte sich auf den Boden und kroch mit einem Ausdruck gleichzeitiger Beklemmung und Rage auf das zerbrochene Fenster zu. Dann überwand er seine Furcht, sprang auf den Fenstersims, warf seine spitze Schnauze zurück und heulte wild und wütend. Er weigerte sich, den Sims zu verlassen, knurrte, zuckte und wollte offenbar hinunterspringen.

Der Hund wurde aus dem Büro weggeführt und in der Eingangshalle losgelassen, woraufhin er durch den Haupteingang zur Straße hinauslief und die Ermittler zum Taxistand führte. Dort verlor Lex die Spur; er wurde weggefahren.

Die Ermittler richteten sich in Warenuchas Büro ein. Dorthin bestellten sie der Reihe nach alle Varieté-Mitarbeiter, welche die Vorfälle während der Veranstaltung miterlebt hatten. Dabei gab es bei jedem Schritt unerwartete Schwierigkeiten zu überwinden. Immer wieder riss der Faden in den Händen der Ermittler ab.

Es gab doch Plakate, richtig? Richtig. Aber in der Nacht wurden sie mit neuen überklebt, und nun war ums Verrecken keines mehr aufzutreiben! Und der Magier selbst, wo kam er her? Keine Ahnung! Aber es wurde doch ein Vertrag mit ihm abgeschlossen?

»Das muss ich annehmen«, sagte Lastotschkin aufgeregt.

»Und wenn dem so ist, musste der Vertrag doch durch die Buchhaltung?«

»Unbedingt«, sagte Lastotschkin noch aufgeregter.

»Wo ist er also?«

»Nicht da«, antwortete der Buchhalter, nun mit vollends blutleerem Gesicht, und breitete die Arme aus. In der Tat gab es vom Vertrag keine Spur – weder in den Akten der Buchhaltung noch beim Finanzdirektor, bei Lichodejew oder bei Warenucha.

Wie hieß der Magier denn überhaupt? Lastotschkin wusste es nicht, er war gestern nicht dabei gewesen. Die Platzanweiser wussten es auch nicht. Die Kassiererin legte die Stirn in immer tiefere Falten, bis sie schließlich sagte: »Wo … Woland, oder so …«

Oder vielleicht auch nicht Woland? Vielleicht auch nicht. Vielleicht Faland.

Es wurde in Erfahrung gebracht, dass das Fremdenverkehrsbüro rein gar nichts von einem Magier namens Woland oder auch Faland gehört hatte.

Der Bote Karpow sagte, dieser Magier soll in Lichodejews Wohnung eingezogen sein. Die Wohnung wurde natürlich sofort aufgesucht. Der Magier war nicht da. Lichodejew selbst auch nicht. Die Haushälterin Grunja ebenfalls spurlos verschwunden. Der Vorsitzende der Hausgemeinschaft, Bossoi – nicht da! Proleschnew – nicht da!

Es war der reinste Unfug: Am Vortag hatte eine seltsame, ja skandalöse Vorstellung stattgefunden, aber wer diese organisiert und wer dazu angestiftet hatte, blieb ein Rätsel, denn die gesamte Varietéleitung war verschollen.

Inzwischen nahte der Mittag, die Kasse müsste eigentlich öffnen. Aber davon konnte natürlich keine Rede sein! Ein riesiges Stück Pappe wurde an den Türen angebracht: »Heute keine Vorstellung.« Die Schlange regte sich auf, beginnend mit dem Kopf, aber nach einigem Tumult begann sie zu zerfallen, und etwa eine Stunde später blieb von ihr in der Sadowaja keine Spur. Die Ermittler fuhren ab, um ihre Arbeit anderswo fortzusetzen, das gesamte Varieté-Personal bis auf die Aufsicht durfte nach Hause, und die Türen wurden abgesperrt.

Lastotschkin hatte dringend zweierlei zu erledigen. Erstens musste er dem Ausschuss für Spiele, Späße und vereinfachte Volksbelustigung über die gestrigen Ereignisse berichten und zweitens die entsprechende Finanzabteilung aufsuchen, um die Einnahmen des Vorabends – 21.711 Rubel – zu übergeben.

Der ordentliche und pflichtbewusste Buchhalter wickelte das Geld in Zeitungspapier, überkreuzte das Paket mit einer Schnur, steckte es in seine Aktentasche und machte sich auf den Weg – natürlich nicht zum Bus oder zur Straßenbahn, sondern laut der ihm wohlbekannten Anweisung zum Taxistand.

Doch sobald die drei Fahrer einen Mann mit praller Aktentasche zum Stand eilen sahen, fuhren sie vor seiner Nase weg und warfen dabei unergründlich wütende Blicke zurück.

Der verblüffte Lastotschkin stand eine Zeit lang stocksteif da und versuchte zu begreifen, was dies zu bedeuten hatte.

Wenige Minuten später fuhr ein leeres Taxi an. Sobald der Fahrer den Wartenden sah, verzerrte sich sein Gesicht.

»Sind Sie frei?«, fragte Lastotschkin nach einem überraschten Räuspern.

»Zeigen Sie Ihr Geld her«, antwortete der Fahrer mürrisch, ohne ihn anzusehen.

Mit zunehmender Verwunderung klemmte der Buchhalter die kostbare Aktentasche unter den Arm, zog einen Zehn-Rubel-Schein aus dem Portemonnaie und zeigte ihn dem Fahrer.

»Nicht mit mir!«, sagte dieser knapp.

»Verzeihung –«, begann Lastotschkin, aber der Fahrer unterbrach ihn: »Dreier dabei?«

Verdutzt nahm der Buchhalter ein paar Drei-Rubel-Scheine aus der Brieftasche.

»Steigen Sie ein!«, rief der Fahrer und knallte mit solcher Wucht das Fähnchen des Taxameters hinunter, dass es beinahe zerbrochen wäre. Sie fuhren los.

»Sie haben wohl kein Wechselgeld, was?«, fragte der Buchhalter schüchtern.

»Alle Taschen voll Wechselgeld hab ich!«, brüllte der Fahrer, und der Spiegel zeigte seine blutunterlaufenen Augen. »Ist mir heute dreimal passiert. Und anderen geht's genauso. Da gibt mir so ein Mistkerl einen Zehner, ich vier fünfzig zurück. Er steigt aus, die Sau, fünf Minuten später guck ich – statt dem Zehner ein Flaschenetikett!« Der Fahrer fügte einige nicht druckbare Wörter hinzu. »Dann noch einer, am Gartenring. Wieder ein Zehner. Drei Rubel Wechselgeld. Er steigt aus, ich greif in die Börse, da schwirrt eine Biene raus und zack – in den Finger! So eine ...!« und wieder steuerte der Fahrer Undruckbares bei. »Der Zehner nicht mehr da. Gestern, in diesem (Undruckbar-)Varieté hatte irgend so ein (Undruckbar-)Zauberkünstler eine Vorstellung mit Zehnern, das Schwein ...«

Der Buchhalter erstarrte, schrumpfte zusammen und tat, als höre er das Wort »Varieté« zum ersten Mal, derweil er im Stillen dachte: »Oh-oh!«

Nachdem der Buchhalter am richtigen Ort angekommen und ohne Zwischenfälle bezahlt hatte, betrat er das Gebäude des Volksbelustigungsausschusses und steuerte auf das Büro des Leiters zu. Doch schon unterwegs erkannte er, dass er einen schlechten Zeitpunkt erwischt hatte. In der Verwaltung herrschte Tumult. Eine Botin, deren dreieckiges Kopftuch hinten fast runtergerutscht war, rannte mit weit aufgerissenen Augen am Buchhalter vorbei.

»Keiner drin, liebe Leute, gar keiner drin!«, schrie sie in die Gegend hinaus. »Sakko da und Hose auch, aber keiner drin!«

Sie verschwand durch eine Tür, hinter der augenblicklich etwas zerschmetterte. Aus dem Sekretariat kam der Leiter des ersten Sektors herausgerannt, der den Buchhalter kannte, an ihm aber verstört vorbeischaute und spurlos verschwand.

Von diesen Vorkommnissen ganz verwirrt, erreichte Lastotschkin das Sekretariat und damit auch den Vorraum zum Büro des Vorsitzenden, wo ihn das Staunen ganz und gar übermannte.

Hinter der geschlossenen Bürotür vernahm er eine gestrenge Stimme, die zweifellos dem Vorsitzenden selbst, Prochor Petrowitsch, gehörte. »Da wird wohl irgendwem der Kopf gewaschen«, dachte der verstörte Buchhalter, drehte sich um und sah: Im Ledersessel, den Kopf zurückgeworfen, ein nasses Taschentuch in der Hand, die Beine fast bis zur Mitte des Raumes ausgestreckt, schluchzte hemmungslos die Privatsekretärin des Vorsitzenden, die schöne Anna. Ihr Kinn war mit Lippenstift verschmiert, und von ihren Wimpern krochen schwarze Mascarabäche auf die pfirsichzarten Wangen.

Als Anna den Buchhalter sah, sprang sie auf, stürzte zu ihm, krallte sich in die Aufschläge seines Sakkos, schüttelte ihn und rief: »Gott sei Dank, endlich mal ein Mutiger! Alle sind davongerannt, alles Verräter! Los, los, zu ihm! Was soll ich bloß tun …« Immer noch schluchzend schleppte sie den Buchhalter ins Büro.

Dort angekommen, ließ er erst einmal seine Aktentasche fallen. Jeder Gedanke in seinem Kopf schlug Rad – und das nicht ohne Grund.

An einem riesigen Schreibtisch mit massivem Tintenfass saß ein leerer Anzug und kritzelte etwas mit trockener Feder auf ein Blatt Papier. Der Anzug trug eine Krawatte, und auch eine Füllfeder in der Brusttasche war vorhanden, aber oberhalb des Kragens gab es weder einen Hals noch einen Kopf; ebenso wenig ragten Hände aus den Ärmeln. Der Anzug war in die Arbeit versunken und schenkte dem Tumult um sich herum keinerlei Beachtung. Als er jemanden hereinkommen hörte, lehnte sich der Anzug zurück, und über dem Kragen ertönte Prochor Petrowitschs vertraute Stimme: »Was machen Sie hier? An der Tür steht's doch klar und deutlich: keine Empfangsstunde.«

Die schöne Sekretärin winselte händeringend: »Sehen Sie? Sehen Sie?! Er ist nicht da! Nicht da! Ich will ihn zurück!«

Da schaute jemand zur Bürotür herein, schnappte nach Luft und rannte wieder weg. Der Buchhalter spürte ein Zittern in den Beinen und setzte sich auf die Stuhlkante, jedoch nicht ohne seine Aktentasche aufzuheben. Anna hüpfte an ihm hoch, hing ihm am Sakko und rief:

»Jedes Mal hab ich ihn gestoppt, wenn er beim Teufel fluchte! Jetzt hat ihn der Teufel geholt!« Dann lief die Schönheit zum Schreibtisch und fragte mit zarter und melodischer, wenn auch verweinter Stimme: »Prochor! Wo bist du, Schnucki?«

»Was hat diese Vertraulichkeit zu bedeuten?«, erkundigte sich der Anzug hochmütig und sank noch tiefer in den Sessel.

»Er kennt mich nicht mehr! Mich! Sehen Sie?«, und die Sekretärin brach erneut in Tränen aus.

»Ich muss Sie bitten, hier im Büro das Schluchzen zu unterlassen!«, sagte der gestreifte Anzug gereizt und zog mit dem Ärmel einen frischen Stapel Papiere zu sich, offensichtlich bestrebt, diese mit Beschlüssen abzustempeln.

»Nein, das kann ich nicht mitansehen, ich kann es nicht!«, rief Anna und rannte ins Sekretariat. Der Buchhalter eilte ihr hinterher.

»Stellen Sie sich vor, ich sitze hier«, erzählte Anna zitternd, indes sie den Buchhalter wieder am Ärmel packte, »da kommt ein Kater hereinspaziert. Schwarz, riesig wie ein Flusspferd, ein richtiger Behemoth. Ich rufe natürlich: ›Ksch!‹ Er dann raus, stattdessen kommt ein Fettwanst herein, mit so einer Katzenvisage, und sagt: ›Hören Sie mal, Bürgerin, man sagt doch nicht ‚ksch' zu Besuchern!‹ Und – wupp! – schnurstracks zu Prochor Petrowitsch. Ich lauf hinterher, versteht sich, schreie ihm nach, ›sind Sie von Sinnen?!‹ Aber dieser Typ geht einfach rotzfrech bei ihm rein und setzt sich ihm gegenüber in den Sessel! Nun, Prochor Petrowitsch – er ist ja ein liebenswürdiger Mensch, aber reizbar. Da rastet er aus! Will ich nicht leugnen. Der Mensch ist mit den Nerven am Ende, er schuftet ja wie ein Ochse – nun, da rastet er eben auch mal aus. ›Was platzen Sie unangekündigt hier rein?‹, schreit er. Und dieser Grobian, das müssen Sie sich mal ausmalen, lümmelt im Sessel und lächelt: ›Ich hätte Ihnen ein kleines Geschäft anzubieten.‹ Prochor Petrowitsch braust da wieder auf: ›Ich bin beschäftigt!‹ Und der so, das müssen Sie sich mal ausmalen: ›Sie sind nichts dergleichen!‹ Die Höhe, oder? Da ist Prochor Petrowitschs Geduld natürlich zu Ende; er schreit: ›Was soll das? Raus mit ihm, hol mich der Teufel!‹ Der aber, stellen Sie sich nur vor, grinst und sagt: ›Der Teufel soll Sie holen? Das ist doch mal eine Idee!‹ Und – peng! –, ich hatte nicht mal Zeit, aufzuschreien, auf einmal ist dieser Fettwanst mit Katzenvisage weg, und da … sitzt … der Aaanzug … Gäää!«

Anna jaulte. Ihr Mund floss formlos auseinander. Vom Schluchzen fast erstickt, holte sie Luft und redete nun vollends durcheinander: »Und er schreibt und schreibt und schreibt! Der pure Wahnsinn! Er telefoniert! Ein Anzug! Alle sind davongerannt wie die Karnickel!«

Der Buchhalter stand nur da und schlotterte. Da kam ihm das Schicksal zu Hilfe: Gemessenen Schrittes betraten zwei Polizisten das Sekretariat. Als die Schöne die Gesetzesvertreter erblickte, zeigte sie auf die Bürotür und schluchzte noch heftiger.

»Lassen wir das Weinen, Bürgerin«, sagte einer der Polizisten ruhig. Der Buchhalter spürte, dass seine Anwesenheit vollkommen überflüssig war, rannte hinaus und war eine Minute später bereits an der frischen Luft. Es herrschte eine Art Durchzug in seinem Kopf, ein Sausen wie in einem Schornstein, und durch dieses Sausen hindurch hörte er Fetzen der Platzanweiser-Anekdoten über den Kater, der am Vortag an der Vorstellung teilgenommen hatte. »Oh-ho-ho! Es war doch nicht etwa unser Miezekätzchen?«

Nachdem er bei dem Ausschuss ins Leere gelaufen war, beschloss der gewissenhafte Lastotschkin, seine Filiale in der Vagantengasse aufzusuchen. Um sich etwas zu beruhigen, ging er zu Fuß dorthin.

Die Filiale des Volksbelustigungsausschusses befand sich im Innenhof einer bröckeligen Villa und war für die Vulkangestein-Säulen im Vestibül bekannt.

An diesem Tag aber waren es nicht die Säulen, die faszinierten, sondern das, was zwischen ihnen vor sich ging.

Mehrere Besucher standen wie gelähmt da und starrten ein Fräulein an, das hinter ihrem Tisch mit Fachliteratur zu Spielen und Späßen bitterlich weinte. Das Fräulein war gerade nicht imstande, diese

Literatur zu verkaufen und winkte teilnahmsvolle Fragen nur ab, während gleichzeitig von oben, von unten, von allen Seiten und aus allen Bereichen der Filiale mindestens zwanzig hysterische Telefone prasselten.

Das Fräulein weinte noch eine Weile, zuckte dann zusammen, kreischte »schon wieder!« – und sang auf einmal in einem zitternden Sopran:

»Es war so ein Tag wie jeder andre –«

Ein Bote erschien auf der Treppe, schüttelte die Faust – wer weiß, in wessen Richtung – und sein dumpfer farbloser Bariton gesellte sich zu dem Sopran:

»– und doch mir schien, dass er ganz anders war«

Weitere entfernte Stimmen kamen dazu, der Chor schwoll an, und schließlich erklang das Lied in allen Ecken der Filiale. In der Buchhaltung, im Aktenzimmer 6, fiel ein mächtiger, tiefer Bass mit heiserem Unterton auf. Den Chor begleitete das immer lautere Prasseln der Telefone.

»– denn du und ich, wir gingen durch den Frühling!«, brüllte der Bote auf der Treppe.

Tränen flossen über das Gesicht des Fräuleins. Sie versuchte, die Zähne zusammenzubeißen, aber ihr Mund öffnete sich von selbst, und sie sang, eine Oktave höher als der Bote:

»Und ringsum war die Welt so wunderbar!«

Am meisten staunten die wortlosen Besucher der Filiale darüber, dass die verstreuten Singenden miteinander harmonierten, als ob der ganze Chor in Reih und Glied vor einem unsichtbaren Dirigenten stünde.

In der Vagantengasse blieben Passanten am Hofgitter stehen, verwundert über den ungewöhnlichen Frohsinn in den Räumlichkeiten des Volksbelustigungsausschusses.

Sobald die Strophe endete, hörte der Gesang augenblicklich auf: Wieder war es, als hätte ein Dirigent das Zeichen gegeben. Der Bote fluchte leise und verschwand.

Da öffnete sich die Eingangstür, und darin erschien ein Mann im Sommermantel, unter dem ein weißer Kittel hervorschaute, und mit ihm ein Polizist.

»Tun Sie etwas, Doktor, ich flehe Sie an!«, rief das Fräulein.

Der Sekretär der Filiale lief zur Treppe hinaus und stotterte sichtlich schamgepeinigt hervor: »Sehen Sie, Herr Doktor, wir haben hier wohl einen Fall von, nun, Massenhypnose. Es müsste –«

Aber er konnte den Satz nicht beenden. Die Worte blieben ihm im Hals stecken, und er trällerte plötzlich im Tenor:

»An jenem Tag, mein Freund, da haben wir gemeint,
Die Zeit blieb stehn, allein nur für uns zwei!«

»Idiot!«, rief das Fräulein, hatte aber nicht mehr die Zeit, klarzumachen, wem dieser Ausdruck galt, sondern vollführte ein erzwungenes Staccato und sang ebenfalls mit.

»Nehmen Sie sich zusammen! Jetzt hören Sie doch auf!«, wandte sich der Arzt an den Sekretär.

Offensichtlich hätte dieser selbst alles dafür gegeben, mit dem Singen aufzuhören, doch war ihm ein solches Aufhören eben nicht möglich, also informierte er mit dem Rest des Chors die Passanten darüber, wie er neben jemandem im Grase lag.

Sobald die Strophe vorbei war, bekam das Fräulein als erste eine ordentliche Dosis Baldrian; dann lief der Arzt dem Sekretär hinterher, um auch den anderen ihre Portionen zu verabreichen.

»Eine Frage, Bürgerin«, wandte sich Lastotschkin unvermittelt an das Fräulein, »ist vielleicht ein schwarzer Kater hier gewesen?«

»Von wegen Kater!«, rief das Fräulein wütend. »Einen Esel – den haben wir, einen absoluten Esel! Soll er's ruhig hören, ich will Ihnen alles erzählen.« Und sie erzählte tatsächlich alles.

Anscheinend hatte der Filialleiter nicht nur »Spaß- und Spielangelegenheiten auf die viel zu leichte Schulter genommen«, sondern auch an einem geradezu manischen Drang gelitten, alle möglichen Betriebszirkel zu organisieren.

»Wollte den Vorgesetzten was vorgaukeln!«, rief das Fräulein.

Im Laufe eines Jahres mobilisierte er seine Mitarbeiter für Lermontow-Studien, Schach und Dame, Tischtennis sowie Reiten. Im Sommer drohten zudem noch Süßwasser-Rudern und Alpinismus.

»Und dann kommt der, der Verwalter also, heute in der Mittagspause herein, mit diesem Mistkerl auf dem Arm«, fuhr das Fräulein fort, »keine Ahnung, wo er ihn aufgegabelt hat, in so einer komischen karierten Hose, mit gebrochenem Zwicker und einer völlig unmöglichen Visage!«

Der Verwalter empfahl diesen Kerl allen, die gerade in der Kantine saßen, als einen führenden Experten für die Organisation von Betriebschören.

Die Mienen der künftigen Alpinistinnen und Alpinisten wurden düster, aber der Verwalter ermunterte sie, und der Experte witzelte, scherzte und schwor, dass das Singen nur ein klitzekleines bisschen Zeit einnehme und dabei doch nützlich sei wie sonst was.

Natürlich haben sich zuerst Fanow und Kosartschuk freiwillig gemeldet, die größten Schleimer und Kriecher der Filiale, berichtete das Fräulein. Da erkannte auch der Rest des Personals, dass das Singen unabwendbar war, und ließ sich ebenfalls einschreiben. Es wurde beschlossen, die Mittagspause dem Gesang zu widmen, da sonst alles mit Lermontow sowie Schach und Dame belegt war. Der Verwalter ging mit gutem Beispiel voran und erklärte, er sei ein Tenor. Ab da war alles wie in einem schlimmen Traum.

Der karierte Kantor rief: »Do-mi-sol-do!« Dann zerrte er die Schüchternsten hinter den Schränken hervor, wo sie sich zu verstecken suchten, lobte Kosartschuk für sein absolutes Gehör, klopfte sich mit der Stimmgabel auf die Finger und flehte, man solle einem alten Kantor zuliebe doch bitte, bitte *An jenem Tag, mein Freund* anstimmen.

Also stimmten sie an. Gut stimmten sie an! Der Karierte verstand wirklich etwas vom Singen. Sie hatten gerade die erste Strophe beendet, als der Kantor um Verzeihung bat: »bin in einer Minute zurück!« – und verschwand. Erst dachten alle, er würde tatsächlich in einer Minute zurückkommen. Aber eine Viertelstunde verstrich, und er war immer noch nicht da. Hat sich aus dem Staub gemacht, zur Freude der gesamten Filiale!

Und dann, mit einem Mal, irgendwie von selbst, legten sie mit der zweiten Strophe los, angeführt von Kosartschuk, der vielleicht kein absolutes Gehör hatte, aber dafür einen recht angenehmen hohen Tenor. Fertiggesungen – immer noch kein Kantor! Sie zogen auf ihre Arbeitsplätze, doch noch bevor sie dort ankamen, begannen sie unwillkürlich erneut mit dem Singen. Aufhören? I wo! Ein paar Minuten waren sie still und schmetterten dann wieder los. Kurze Pause – und losgeschmettert! Da erkannten sie, dass es schlimm um sie stand. Der Verwalter schloss sich vor Scham in seinem Büro ein.

Weiter konnte das Fräulein nicht erzählen: Der Baldrian hatte kein bisschen geholfen.

Eine Viertelstunde später hielten drei Lastwagen am Gitterzaun in der Vagantengasse an und wurden von dem gesamten Personal der Filiale bestiegen, allen voran von dem Verwalter.

Die Bediensteten standen auf der Ladefläche und hielten sich gegenseitig bei den Schultern. Sobald der erste Wagen ruckelte und hinausfuhr, öffneten sie die Münder, und ein populäres Lied erklang über die ganze Gasse. Der zweite Lastwagen stimmte mit ein, dann der dritte. So fuhren sie los. Die emsigen Passanten warfen nur flüchtige Blicke auf die Lastwagen, nicht im Geringsten darüber verwundert, dass bei einem Ausflug aufs Land gesungen wurde. Es ging auch tatsächlich aufs Land, doch nicht für einen Ausflug, sondern in Professor Strawinskys Klinik.

Eine halbe Stunde später erreichte der vollends verstörte Buchhalter den Finanzsektor des Volksbelustigungsausschusses in der Hoffnung, endlich das Kassengeld loszuwerden. Diesmal wollte er sich keine Blöße geben und blickte zunächst vorsichtig in die längliche Halle, wo hinter matten Glasscheiben mit goldenen Aufschriften das Personal saß. Er entdeckte keine Anzeichen von Alarm oder Skandal. Es war still, wie es sich für eine anständige Einrichtung gebührt.

Lastotschkin steckte den Kopf durch den Schalter, über dem »Bareinzahlungen« stand, begrüßte einen unbekannten Angestellten und bat höflich um einen Einzahlungsschein.

»Was wollen Sie denn damit?«, fragte der Angestellte hinter dem Fenster.

Der Buchhalter erwiderte erstaunt: »Geld einzahlen. Ich bin vom Varieté.«

»Einen Moment«, antwortete der Angestellte und schob sogleich ein Gitter über die Öffnung im Glas.

»Seltsam!«, dachte der Buchhalter. Seine Verwunderung war durchaus verständlich. Zum ersten Mal in seinem Leben fand er sich in einer solchen Situation. Jeder weiß, wie schwer Menschen sich dazu bewegen lassen, Geld wegzugeben; Hindernisse finden sich hier in großer Zahl. Aber in der dreißigjährigen Erfahrung des Buchhalters war es noch nie vorgekommen, dass eine Person, ob nun juristisch oder privat, sich schwer damit täte, Geld anzunehmen.

Schließlich rutschte das Gitter weg, und der Buchhalter schmiegte sich wieder an die Öffnung.

»Haben Sie denn viel?«, fragte der Angestellte.

»Einundzwanzigtausend siebenhundertelf Rubel.«

»Oho!«, antwortete der Angestellte mit unergründlicher Ironie und reichte dem Buchhalter einen grünen Zettel.

Dieser füllte das wohlbekannte Formular blitzschnell aus und fing an, die Schnur am Bündel zu lösen. Als er seine Last aber entpackte, schwamm ihm mit einem Mal alles vor den Augen, und er gab einen gequälten muhenden Laut von sich.

Vor ihm flimmerte ausländisches Geld: kanadische Dollars, britische Pfunde, niederländische Gulden, lettische Lats, estnische Kronen …

»Da haben wir also einen dieser Trickser aus dem Varieté«, ertönte es gestreng über dem sprachlosen Buchhalter. Und Lastotschkin wurde an Ort und Stelle verhaftet.

# Kapitel 18

## Die glücklosen Besucher

Während der eifrige Buchhalter im Taxi dem schreibenden Anzug entgegenraste, stieg aus dem Schlafwagen Nr. 9 des Kiewer Zuges in Moskau unter anderem ein respektabler Passagier mit einem kleinen Pappkoffer. Es handelte sich dabei um niemand anderen als den Onkel des verstorbenen Berlioz, Maximilian Poplawski, einen Wirtschaftsplaner, der in Kiew in der ehemaligen Institutsstraße lebte. Der Grund für seine Ankunft in Moskau war ein Telegramm, das er zwei Tage zuvor spät am Abend erhalten hatte:

> WURDE GERADE PATRIARCHENTEICH STRASSENBAHN ÜBERFAHREN + BEERDIGUNG FREITAG FÜNFZEHN UHR + BERLIOZ

Poplawski galt als einer der klügsten Menschen in Kiew, und das zu Recht, aber ein solches Telegramm kann schon mal den Klügsten stutzig machen. Wenn jemand telegrafiert, er sei überfahren worden, kann der Unfall doch nicht tödlich gewesen sein. Aber wieso dann Beerdigung? Steht es so schlecht um ihn, dass er seinen Tod vorausahnt? Schon möglich, aber diese Exaktheit ist doch in höchstem Maße sonderbar: Wie kann er denn wissen, dass er ausgerechnet am Freitag um 15 Uhr beerdigt werden soll? Ein erstaunliches Telegramm!

Kluge Menschen sind aber eben deshalb klug, weil sie verstrickte Angelegenheiten zu durchschauen vermögen. Ganz einfach: Es war ein Fehler, das Telegramm war verzerrt angekommen. Der Name »Berlioz« war vom Anfang ans Ende gerutscht. So korrigiert, wäre die Bedeutung des Telegrammes klar, wenn auch natürlich tragisch.

Sobald Poplawskis Gattin sich nach ihrem Gefühlsausbruch etwas beruhigt hatte, machte sich der Wirtschaftsplaner auf den Weg nach Moskau.

An dieser Stelle gehört ein Geheimnis gelüftet. Zweifellos hatte Poplawski Mitleid mit dem in der Blüte seiner Jahre verstorbenen Neffen seiner Frau. Aber als pragmatischer Mensch wusste er, dass seine Anwesenheit bei der Beerdigung nicht unbedingt notwendig war. Dennoch wollte er so schnell wie möglich nach Moskau. Was war also der Grund? Der Grund war die Wohnung. Eine Wohnung in Moskau! Das war wahrhaftig etwas. Der Wunsch, in die Hauptstadt zu ziehen, nagte in letzter Zeit so sehr an Poplawski, dass sogar sein Schlaf darunter litt. An Kiew fand er nämlich, warum auch immer, wenig Gefallen.

Es war ihm keine Wonne, wenn der Dnjepr im Frühling ausuferte, und sein Wasser die niedrigen Inseln überflutend mit dem Horizont verschmolz. Die atemberaubende Aussicht, die sich von dem Fuße des Wladimir-Denkmals eröffnete, war ihm keine Wonne, und auch nicht die Lichtflecken, die im Frühjahr auf den Ziegelpfaden des Wladimir-Hügels spielten. Er wollte nichts davon, er wollte nur eines – nach Moskau, nach Moskau!

Zeitungsannoncen über den Tausch einer Wohnung in Kiew gegen kleinere Räumlichkeiten in Moskau blieben erfolglos. Es gab keine Abnehmer, zumindest keine ehrlichen und seriösen.

Das Telegramm hatte Poplawski aufgestachelt. So einen Moment zu versäumen wäre geradezu sündhaft gewesen. Pragmatische Menschen wissen, dass solche Momente nicht zweimal kommen.

Er musste es trotz aller Hindernisse schaffen, die Wohnung seines Neffen in der Sadowaja zu erben. Das war zwar schwierig, sehr schwierig sogar, aber diese Schwierigkeiten gehörten um jeden Preis überwunden. Der erfahrene Poplawski kannte auch den notwendigen ersten Schritt: Er musste sich, zumindest vorübergehend, in den drei Zimmern seines verstorbenen Neffen anmelden.

Am Freitagnachmittag betrat er das Büro der Hausgemeinschaft 302b in der Sadowaja in Moskau.

In einem engen Zimmerchen, unter einem alten Plakat, das in mehreren Bildern die Schritte zur Wiederbelebung von im Fließgewässern Ertrunkenen veranschaulichte, saß am hölzernen Tisch in völliger Einsamkeit ein unrasierter Mann mittleren Alters mit rastlosen Augen.

»Darf ich den Vorsitzenden sehen?«, erkundigte sich der Wirtschaftsplaner höflich, nahm den Hut ab und stellte seinen Koffer auf einen leeren Stuhl.

Diese simple Frage verstimmte den Sitzenden aus irgendeinem Grund so sehr, dass er sich verfärbte. Mit einem ängstlichen Seitenblick murmelte er undeutlich, der Vorsitzende sei nicht da.

»Ist er zu Hause?«, fragte Poplawski. »Mein Anliegen ist äußerst dringlich.«

Die Antwort fiel wieder recht unklar aus. Es ließ sich aber erahnen, zu Hause sei der Vorsitzende auch nicht.

»Wann kommt er denn?«

Darauf antwortete der Sitzende gar nicht, sondern schaute nur sehnsüchtig aus dem Fenster.

»Aha!«, dachte der kluge Poplawski bei sich und erkundigte sich nach dem Sekretär.

Der seltsame Mann am Tisch lief vor Anspannung purpurrot an und nuschelte, dass auch der Sekretär nicht da sei. Wann er zurückkomme, sei unbekannt. Der Sekretär sei krank …

»Aha!«, dachte Poplawski. »Aber irgendjemand von der Hausgemeinschaftsleitung wird doch sicherlich da sein?«

»Ich«, erwiderte der Sitzende fahl.

»Nun«, sprach Poplawski gewichtig, »ich melde mich hierbei als Alleinerbe des verstorbenen Berlioz, meines Neffen, der, wie Sie wissen, am Patriarchenteich verstorben ist. Ich bin gesetzlich verpflichtet, das Erbe anzunehmen, und zwar unsere Wohnung Nr. 50 –«

»Ich bin nicht informiert worden, Genosse«, unterbrach der Mann gequält.

»Aber, mein Lieber«, sagte Poplawski mit sonorer Stimme, »als Mitglied der Hausgemeinschaft sind Sie verpflichtet –«

Da betrat jemand den Raum. Beim Anblick des Eintretenden wurde der Sitzende bleich.

»Pjatnaschko, Mitglied der Hausgemeinschaftsleitung?«, fragte der Eintretende den Sitzenden.

»Ja«, sagte dieser kaum hörbar.

Der Eintretende flüsterte dem Sitzenden etwas zu; dieser stand vollends verstört auf, und einige Sekunden später befand sich Poplawski allein in dem leeren Büro.

»So eine Komplikation aber auch! Dass man die so alle auf einmal …«, dachte er verstimmt, während er den asphaltierten Innenhof überquerte und zur Wohnung 50 eilte.

Sobald er geklingelt hatte, öffnete sich die Tür, und der Wirtschaftsplaner betrat die halbdunkle Diele. Zu seiner Verwunderung sah er nicht, wer geöffnet hatte: In der Diele war niemand, nur ein immenser schwarzer Kater saß auf einem Stuhl.

Poplawski räusperte sich, stampfte umher, und auf ging die Tür des Arbeitszimmers. Heraus kam Korowjew. Poplawski verbeugte sich ebenso höflich wie würdevoll und stellte sich vor: »Mein Name ist Poplawski. In meiner Eigenschaft als Onkel –«

Aber ehe er zu Ende gesprochen hatte, zerrte Korowjew ein schmutziges Tuch aus der Hosentasche, vergrub darin seine Nase und heulte los.

»– des verstorbenen Berlioz –«

»Aber ja doch!«, unterbrach Korowjew und lugte hinter dem Taschentuch hervor. »Nur ein Blick, und ich wusste: Sie sind's!« Dann rief er durch den Weinkrampf: »Herrjemine, so ein Unglück, so ein Unglück aber auch!«

»Von der Straßenbahn überfahren, nicht wahr?«, fragte Poplawski im Flüsterton.

»Plattgefahren!«, rief Korowjew, und Tränen strömten unter dem Zwicker hervor. »So was von platt! Ich war ja dabei: Stellen Sie sich nur vor – zack, Kopf ab! Rechtes Bein – knarz, entzwei! Linkes Bein – knarz, entzwei! Das kommt von diesen verdammten Straßenbahnen!« Offenbar nicht in der Lage, sich zu beherrschen, presste Korowjew die Nase in die Wand und schluchzte bebend los.

Berlioz' Onkel war aufrichtig erstaunt von dem Gebaren des Unbekannten. »Da sage einer noch, es gäbe in unserer Zeit keine herzlichen Menschen!«, dachte er und spürte, dass auch ihm die Augen juckten. Doch gleichzeitig kam ein unangenehmes Wölkchen über seine Seele, und schon schlängelte sich die Frage, ob sich dieser herzliche Mensch nicht bereits in der Wohnung des Verstorbenen angemeldet hatte, denn auch so etwas ist im Leben schon vorgekommen.

»Verzeihen Sie, waren Sie mit meinem verstorbenen Michail befreundet?«, fragte der Wirtschaftsplaner und wischte sein trockenes linkes Auge mit dem Ärmel ab, indes sein rechtes den trauererschütterten Korowjew studierte. Dieser schluchzte aber so wild, dass man nichts verstehen konnte, außer dem wiederholten »Knarz, entzwei!«. Nachdem er sich sattgeschluchzt hatte, löste sich Korowjew schließlich von der Wand und brachte heraus: »Nein, ich kann nicht mehr! Ich nehme mal dreihundert Tropfen Baldriantinktur.«

Er drehte sein tränenüberströmtes Gesicht zu Poplawski und fügte hinzu: »Ja, das hat man von diesen Straßenbahnen!«

»Verzeihung, aber haben Sie mir das Telegramm geschickt?«, fragte Poplawski, während er angestrengt überlegte, wer diese erstaunliche Heulsuse sein könnte.

»Nein, der da!«, erwiderte Korowjew und zeigte mit dem Finger auf den Kater.

Poplawski starrte ihn an. Sicherlich hatte er sich verhört.

»Nein, da blutet mir einfach das Herz«, fuhr Korowjew schniefend fort, »wenn ich nur daran denke: das Bein unterm Rad ... Das Rad allein wiegt wohl dreihundert Pfund. Knarz, entzwei! Ich geh ins Bett, vergesse mich im Schlafe.« Und er verschwand aus der Diele.

Da rührte sich der Kater, sprang vom Stuhl, stellte sich auf die Hinterbeine, stemmte die Vorderpfoten in die Hüften, öffnete das Maul und sagte: »Ja, ich hab das Telegramm geschickt. Na und?«

Poplawski schwirrte alles im Kopf. Arme und Beine wurden ihm taub, er ließ den Koffer fallen und sank auf einen Stuhl dem Kater gegenüber.

»Na und, frag ich Sie«, wiederholte dieser streng.

Poplawski blieb still.

»Ihren Pass!«, schnauzte der Kater und streckte eine pralle Pfote aus.

Poplawski, der nichts verstand und nichts sah außer den Funken in den Katzenaugen, griff in die Tasche und zückte den Pass wie einen Dolch. Der Kater nahm von der Spiegelkonsole eine Brille in dicker schwarzer Fassung, stülpte sie sich über die Schnauze, was ihn noch imposanter machte, und nahm den Pass aus Poplawskis zitternder Hand.

»Ob ich wohl ohnmächtig werde?«, dachte der Wirtschaftsplaner. Von Weitem kam Korowjews Schluchzen, und die Diele füllte sich mit dem Geruch von Äther, Baldrian und anderem brechreizerregenden Zeug.

»Von welcher Abteilung wurde das Dokument ausgestellt?«, fragte der Kater und studierte die Seite. Es kam keine Antwort.

»Von der 412«, sagte der Kater zu sich selbst und führte die Pfote über den Pass, den er verkehrt herum hielt, »wie auch sonst! Diese Abteilung ist mir wohlbekannt, da kriegt jeder Dahergelaufene einen Pass. Ich zum Beispiel würde einem wie Ihnen nichts ausstellen! Nie und niemals! Ich würde nur einen Blick auf diese Visage werfen und tschüss!« Vor Empörung schmiss der Kater den Pass auf den Boden. »Ihre Teilnahme an der Beerdigung ist hiermit abgesagt«, fuhr er mit offizieller Stimme fort. »Begeben Sie sich an Ihren Wohnort.« Und er bellte durch die Tür: »Asasello!«

Auf seinen Ruf hin humpelte ein gedrungener Mann in die Diele, in einem enganliegenden schwarzen Trikot, mit Messer im Ledergürtel, mit roten Haaren, einem gelben Reißzahn und weißem Star im linken Auge.

Um Luft ringend, erhob sich Poplawski vom Stuhl und machte einen Schritt rückwärts, eine Hand ans Herz gepresst.

»Begleite ihn hinaus, Asasello!«, befahl der Kater und verließ die Diele.

»Poplawski«, näselte der Typ leise, »ich hoffe, ich brauche nichts zu erklären?«

Poplawski nickte.

»Mach dich sofort auf den Weg nach Kiew«, fuhr Asasello fort, »gib keinen Pieps von dir und denk ja nicht an irgendwelche Wohnungen in Moskau. Alles klar?«

Der Mann mit dem Reißzahn, dem Messer und dem trüben Auge reichte dem in Todesangst schlotternden Wirtschaftsplaner nur bis zur Schulter, handelte aber energisch, präzise und effizient.

Zuerst hob er den Pass auf und drückte ihn in Poplawskis starre Finger. Dann nahm er den Koffer mit einer Hand, warf mit der anderen die Tür auf, packte ihn am Arm und führte ihn ins Treppenhaus hinaus. Poplawski lehnte sich an die Wand. Ohne jeden Schlüssel öffnete Asasello den Koffer, holte ein riesiges, in fettiges Zeitungspapier gewickeltes, einbeiniges Brathähnchen heraus und legte es auf den Treppenabsatz. Dann entnahm er dem Koffer zwei Unterwäsche-Garnituren, einen Rasierriemen, ein Buch und ein Etui und stieß alles bis auf das Hähnchen mit dem Fuß die Treppe hinunter. Der entleerte Koffer flog seinem Inhalt hinterher. Man hörte es niederkrachen; dem Klang nach zu urteilen, brach der Deckel ab.

Dann packte der rothaarige Bandit das Hühnerbein und versetzte Poplawski mit dem ganzen Huhn einen Schlag auf den Nacken – flach, hart und so wuchtig, dass der gebratene Rumpf abriss und nur die Keule in seiner Hand blieb. Im Hause der Oblonskis war alles in Verwirrung, wie es der berühmte Schriftsteller Leo Tolstoi so treffend formuliert hat. Das hätte er auch bei dieser Gelegenheit gesagt. Ganz genau! Auch in Poplawskis Augen war alles in Verwirrung. Er sah einen langen Funken, dann löschte eine Art schwarze Schlange den Maitag für einen Moment aus – und er stürzte, den Pass in der Hand, die Treppe hinunter. Er nahm die Kurve, schlug im nächsten Treppenabsatz mit dem Fuß das Fenster aus und blieb auf einer Stufe sitzen. Das beinlose Huhn hüpfte an ihm vorbei und fiel ins Treppenauge. Asasello nagte unterdessen oben zügig das Fleisch vom Hähnchenschenkel, steckte den Knochen in die Seitentasche seines Trikots, ging in die Wohnung zurück und knallte die Tür zu.

In diesem Moment ertönten unten vorsichtige Schritte: Jemand stieg die Treppe hoch.

Poplawski rannte noch eine Etage nach unten, setzte sich auf eine Holzbank im Treppenhaus und holte Luft.

Ein winziger alter Mann mit außergewöhnlich melancholischem Gesicht, der einen altertümlichen Anzug aus Wildseide und einen harten Strohhut mit grünem Band trug, blieb auf dem Weg nach oben neben Poplawski stehen.

»Darf ich Sie fragen, Bürger«, erkundigte sich der Wildseidene traurig, »wo sich die Wohnung Nummer 50 befindet?«

»Oben!«, erwiderte Poplawski knapp.

»Ich danke Ihnen vielmals, Bürger«, sagte das Männlein mit der gleichen Traurigkeit und ging weiter, derweil der Wirtschaftsplaner aufstand und hinunterlief.

Man mag fragen, ob er vielleicht zur Polizei eilte, um sich über die Banditen zu beschweren, die am helllichten Tage so wilde Gewalt gegen ihn verübt hatten? Nein, auf keinen Fall, das kann man mit Sicherheit sagen. Zur Polizei gehen und sagen: Gerade hat ein bebrillter Kater in meinem Pass gelesen, und dann war da so einer im Trikot mit einem Messer … Nein, meine Lieben, Poplawski war in der Tat ein kluger Mann!

Er war bereits unten, als er direkt am Ausgang eine Tür sah, die zu einer Art Kabuff führte. Das Glas in der Tür war herausgeschlagen. Poplawski steckte seinen Pass in die Tasche und schaute sich um, in der Hoffnung, seine hinuntergeworfenen Sachen zu sehen. Aber es gab von ihnen keine Spur. Zu seiner eigenen Verwunderung betrübte ihn das kaum. Ein anderer Gedanke beschäftigte und lockte ihn – die verfluchte Wohnung noch einmal an diesem Männlein zu prüfen. Er hatte sich ja nach der Wohnung so erkundigt, also ging er zum ersten Mal dorthin, schnurstracks in die Krallen der Sippe, die sich dort breitgemacht hatte. Etwas ließ Poplawski ahnen, das Männlein würde diese Wohnung sehr bald verlassen. Natürlich hatte der Wirtschaftsplaner keinesfalls mehr vor, irgendwelchen Neffenbeerdigungen beizuwohnen, und bis zum Zug nach Kiew war noch viel Zeit. Er schaute umher und duckte sich ins Kabuff.

In diesem Moment schlug oben eine Tür zu. »Er ist hineingegangen«, dachte Poplawski mit stolperndem Herzen. Das Kabuff war kühl, es roch nach Mäusen und Stiefeln. Poplawski setzte sich auf einen Holzstumpf und beschloss zu warten. Die Position war günstig, mit direkter Aussicht auf den Ausgang.

Doch der Besucher aus Kiew musste sich länger gedulden als erwartet: Seltsamerweise blieb die Treppe leer. Endlich hörte er im vierten Stock eine Tür zuschlagen. Er hielt den Atem an. Ja, das waren dieselben Trippelschritte. Das traurige Männlein kam offenbar hinunter. Eine Etage tiefer ging eine Tür auf. Die Schritte stoppten. Eine Frauenstimme. Dann das Männlein – ja, das war er – so etwas wie »lass mich, um Himmels willen«. Poplawskis Ohr ragte aus der Öffnung im zerbrochenen Glas und vernahm weibliches Gelächter. Dann schnelle muntere Schritte nach unten, und schon flitzte ein Rücken vorbei. Die Frau ging in den Hof hinaus, eine grüne Tragetasche in der Hand. Dann waren wieder die Schritte des Männleins zu hören. Seltsam! Ging er etwa zurück in die Wohnung? Gehörte er womöglich selbst zu dieser Bande? Ja, er stieg tatsächlich wieder hoch. Oben ging die Tür wieder auf. Nur noch etwas Geduld.

Diesmal hatte Poplawski nicht lange zu warten. Das Quietschen der Tür. Die Trippelschritte. Stille. Ein verzweifelter Schrei. Ein Miauen. Die Trippelschritte hinunter, schnell, schnell, schnell!

Poplawski hatte nicht umsonst gewartet. Das melancholische Männlein raste unter Gemurmel und Kreuzzeichen vorbei, ohne Hut, mit Wahnsinn im Gesicht, den kahlen Kopf zerkratzt und die Hose klatschnass. Er rüttelte am Griff der Haustür, wusste in der Panik nicht, ob ziehen oder drücken, schaffte es endlich und schoss in den sonnigen Innenhof hinaus.

Damit war die Prüfung abgeschlossen. Poplawski dachte weder an den verstorbenen Neffen noch an die Wohnung, sondern schauderte nur bei dem Gedanken an die Gefahr, der er gerade entgangen war. Er rannte hinaus, wobei er immer wieder zwei Wörter flüsterte: »Alles klar! Alles klar!« Wenige Minuten später befand er sich in einem Bus zum Kiewer Bahnhof.

Was das Männlein betrifft, so hatte es, während der Wirtschaftsplaner unten im Kabuff saß, eine äußerst unangenehme Begebenheit erlebt. Das Männlein war der verantwortliche Büfettier im Varieté und hieß Andrej Sokow. Während der Ermittlungen hatte er sich von den Geschehnissen ferngehalten, wurde aber noch trauriger, als er schon immer gewesen war; zudem erkundigte er sich bei dem Boten Karpow, wo der ausländische Magier wohne.

Nun also: Nach seiner Begegnung mit dem Wirtschaftsplaner im Treppenhaus erreichte er den vierten Stock und klingelte an der Tür der Wohnung 50.

Es wurde ihm sofort geöffnet, aber Sokow ging nicht gleich hinein, sondern zuckte zusammen und trat einen Schritt zurück. Das war verständlich. Das Fräulein, das in der Tür stand, trug nichts als eine verspielte kleine Spitzenschürze und ein weißes Häubchen. Ach ja, golden glitzernde Schuhe hatte sie auch noch an. Sie zeichnete sich durch eine einwandfreie Figur aus; das Einzige, was sich an ihrem Äußeren bemängeln ließe, war die purpurrote Narbe am Hals.

»Na, dann kommen Sie mal herein, wenn Sie schon klingeln!«, sagte das Fräulein und musterte den Büfettier mit verruchten grünen Augen.

Dieser keuchte, blinzelte, zog den Hut ab und betrat die Diele. Dort klingelte just in diesem Moment das Telefon. Das schamlose Dienstmädchen stellte einen Fuß auf den Stuhl, nahm den Hörer ab und sagte: »Hallo!«

Sokow wusste nicht, wohin mit den Augen, trat von einem Fuß auf den anderen und dachte: »Das ist mir ein Zimmermädchen! Pfui, diese Ausländer, so ein Schweinkram!« Um sich vor dem Schweinkram zu retten, schaute er sich um.

Die große, halbdunkle Diele war vollgestopft mit ungewöhnlichen Objekten und Kleidungsstücken. So hing an einer Stuhllehne ein trauerschwarzer Mantel mit feuerroter Fütterung, und auf der Spiegelkonsole lag ein langer Degen mit golden glänzendem Gefäß. Drei Degen mit silbernen Gefäßen standen in der Ecke, als wären sie bloß Regenschirme oder Spazierstöcke. Baretts mit Adlerfedern hingen an Hirschgeweihen.

»Ja«, sprach das Dienstmädchen unterdessen ins Telefon, »wie? Baron Meigel? Ich höre. Ja, der Herr Künstler ist heute zu Hause. Ja, Sie sind willkommen. Jawohl, ein Empfang. Frack oder schwarzer Anzug. Bitte? Um Mitternacht.« Sie legte auf und wandte sich an Sokow: »Sie wünschen?«

»Ich muss den Bürger Künstler sehen.«

»Wie? Wirklich ihn persönlich?«

»Jawohl«, antwortete der Büfettier traurig.

»Ich frag nach«, sagte das Dienstmädchen sichtlich zögernd, öffnete die Tür zum Arbeitszimmer des verstorbenen Berlioz und meldete: »Ritter, hier ist ein kleiner Mann, der sagt, er müsse Messère sehen.«

»So? Na, dann soll er doch reinkommen«, ertönte Korowjews raue Stimme aus dem Arbeitszimmer.

»Kommen Sie in den Salon«, sagte das Fräulein so selbstverständlich, als wäre sie anständig bekleidet, öffnete die Tür und verließ die Diele.

Als er den Salon betrat, vergaß Sokow kurz, warum er gekommen war, so sehr verwunderte ihn die Einrichtung. Durch das farbige Glas der großen Fenster (eine Grille der spurlos verschwundenen Juwelierswitwe) strömte wie in einer Kirche buntes Licht. Trotz des warmen Frühlingstages loderte ein Feuer in dem riesigen, alten Kamin. Und doch war es in dem Zimmer ganz und gar nicht heiß; ganz im Gegenteil, beim Betreten wurde einem klamm wie im Keller. Auf einem Tigerfell vor dem Kamin saß ein immenser schwarzer Kater und blinzelte genüsslich ins Feuer. Ein Tisch war da, bei dessen Anblick der gottesfürchtige Büfettier zusammenfuhr: Er war mit Kirchenbrokat bedeckt. Darauf standen unzählige Flaschen – rundbauchig, schimmelig und staubig. Dazwischen schimmerte eine Schale, und man sah sofort, dass diese Schale aus reinem Gold war. Ein kleiner rothaariger Mann mit einem Messer im Gürtel hielt Fleischstücke auf einen langen Stahldegen aufgespießt über den Kamin, und der Saft tropfte ins Feuer, und der Rauch stieg in den Schornstein. Es roch nicht nur nach Gebratenem, sondern auch gewaltig nach Parfüm und Weihrauch, sodass Sokow, der bereits von Berlioz' Tod und seinem Wohnort aus den Zeitungen wusste, sich kurz fragte, ob hier nicht womöglich gar eine Totenmesse abgehalten wurde, doch diesen Gedanken verwarf er sogleich als absurd.

Da hörte der verblüffte Büfettier einen kräftigen Bass: »Nun, was kann ich für Sie tun?«

Im Schatten entdeckte er denjenigen, den er sprechen wollte.

Der schwarze Magier lag auf einer niedrigen und unermesslich großen Ottomane zwischen verstreuten Kissen. Er trug anscheinend nur schwarze Unterwäsche und schwarze, spitz zulaufende Hausschuhe.

»In meiner Tätigkeit«, begann der Besucher gramvoll, »als Leiter des Pausenbüfetts im Varieté –«

Der Künstler streckte die Hand aus, auf deren Fingern Edelsteine funkelten, als wollte er dem Sprecher den Mund versperren, und sprach mit Heftigkeit: »Nein, nein, nein! Kein Wort mehr. Niemals und auf keinen Fall! Nichts aus Ihrem Büfett berührt jemals meine Lippen! Mein lieber Herr, ich bin gestern an Ihrem Tresen vorbeigegangen, und immer noch kann ich weder den Stör noch den Schafskäse aus der Erinnerung vertreiben. Mein Teuerster! Schafskäse gibt es nicht in grün, da hat Sie jemand in die Irre geführt. Er sollte weiß sein. Ach ja, und der Tee? Reinstes Spülicht! Ich habe mit eigenen Augen gesehen, wie eine schmuddelige junge Frau Leitungswasser aus einem Eimer in Ihren riesigen Samowar kippte, während der Tee weiterhin serviert wurde. Nein, mein Lieber, so geht das nicht!«

»Ich bitte um Verzeihung«, sagte Sokow, verdutzt über diesen Angriff, »ich bin aber in einer anderen Angelegenheit hier, und der Stör tut nichts zur Sache.«

»Sehr wohl tut er etwas zur Sache – wenn er doch verdorben ist!«

»Es wurde eben Stör zweiter Frischeklasse geliefert …«

»Mein Lieber, das ist Nonsens.«

»Was ist Nonsens?«

»Zweite Frischeklasse ist Nonsens! Es gibt nur eine Frischeklasse, die erste – und damit auch die letzte. Wenn der Stör zweiter Frischeklasse ist, dann ist er faul.«

»Verzeihen Sie –«, versuchte Sokow erneut, gegen die Krittelei des Künstlers zu Wort zu kommen.

»Ich kann Ihnen nicht verzeihen«, erwiderte dieser entschieden.

»Ich bin doch in einer anderen Angelegenheit gekommen«, sagte der Büfettier vollends trostlos.

»Tatsächlich?«, wunderte sich der ausländische Magier. »Was für eine Angelegenheit könnte Sie sonst zu mir bringen? Wenn mich die Erinnerung nicht täuscht, hatte ich nur mit einem Menschen in Ihrem Berufszweig zu tun, mit einer Marketenderin – aber das ist lange her, Sie waren noch gar nicht auf der Welt. Wie dem auch sei, es freut mich. Asasello! Einen Hocker für den Herrn Büfettleiter!«

Der Mann, der das Fleisch briet, drehte sich um, wobei der Anblick seines Reißzahns den Büfettier zutiefst erschreckte, und schob ihm geschickt einen der dunklen Eichenhocker zu. Andere Sitzgelegenheiten gab es im Zimmer nicht.

»Verbindlichsten Dank!«, brachte Sokow heraus und sank auf den Hocker. Sofort brach diesem knarzend ein Bein ab; der Büfettier ächzte und schlug äußerst schmerzhaft mit dem Hintern auf den Boden auf. Im Fallen stieß er einen anderen Hocker um, und der volle Kelch Rotwein, der darauf gestanden hatte, schwappte auf seine Hose.

»Auweia! Haben Sie sich wehgetan?«, rief der Künstler.

Asasello half Sokow hoch und reichte ihm einen anderen Hocker. Mit gramerfüllter Stimme lehnte der Besucher den Vorschlag des Gastgebers ab, die Hose auszuziehen und vor dem Feuer zu trocknen, so unerträglich ihm die nasse Wäsche und Kleidung auch war. Mit Bedacht setzte er sich auf einen anderen Hocker.

»Ich sitze gern tief«, sagte der Künstler, »da hat man's nicht so weit nach unten. Nun also, wir waren beim Stör stehen geblieben. Mein lieber Mann! Frische, Frische und nochmals Frische – dies sei das Motto eines jeden Büfettiers. Hier, mögen Sie kosten?«

Im purpurnen Kaminlicht blitzte ein Degen auf. Asasello legte ein noch brutzelndes Stück Fleisch in die goldene Schale, beträufelte es mit Zitronensaft und überreichte dem Besucher eine zweizackige goldene Gabel.

»Verbindlichsten … Ich …«

»Doch, doch, probieren Sie!«

Aus reiner Höflichkeit nahm der Büfettier einen Bissen und spürte sofort, dass er etwas wirklich sehr Frisches und vor allem außergewöhnlich Schmackhaftes im Mund hatte. Als er aber das aromatische saftige Fleisch kaute, passierte etwas derart Seltsames, dass er sich beinahe verschluckt hätte und zum zweiten Mal vom Hocker gefallen wäre. Aus dem Nebenraum flog nämlich ein großer dunkler Vogel herein, berührte mit einem Flügel sanft seinen kahlen Kopf, landete auf dem Kaminsims neben der Uhr und erwies sich als Eule. »Oh Gott, oh Gott!«, dachte Sokow, ein nervöser Mensch, wie jeder Theater-Büfettier . »Diese Wohnung aber auch!«

»Einen Kelch Wein? Weiß, rot? Mit welchem Weine kann ich dienen, was bevorzugen Sie zu dieser Tageszeit?«

»Verbindlichsten … Ich trinke nicht …«

»Sollten Sie aber! Wie wäre es dann mit einem Würfelspiel? Oder ziehen Sie andere Spiele vor? Domino, Karten?«

»Ich spiele nicht«, antwortete Sokow erschöpft.

»Noch schlimmer. Wenn Sie mich fragen, steckt doch etwas Übles in Männern, die Wein, Spiele, Damengesellschaft und Tischgespräche verschmähen. Sie sind entweder schwer krank oder hassen heimlich ihre Mitmenschen. Umgekehrt ist eine Zuneigung zu diesen Genüssen natürlich kein Beweis – ich habe mitunter mit außergewöhnlichen Schurken ein Festmahl geteilt! Nun, was wollten Sie?«

»Gestern beliebten Sie Tricks zu zeigen –«

»Ich?«, rief der Magier erstaunt. »Ich bitte Sie! Das würde sich kaum geziemen.«

»Verzeihung«, sagte der Büfettier verdutzt, »da war doch – die Vorstellung in schwarzer Magie …«

»Ach das, sicher, sicher! Mein Lieber, ich verrate Ihnen ein Geheimnis: Ich bin gar kein Künstler. Ich wollte nur die Moskauer *en masse* beobachten, und das ließ sich am besten im Theater einrichten. Also hat mein Gefolge«, er nickte zum Kater hinüber, »diese Vorstellung arrangiert; ich saß nur da und betrachtete die Moskauer. Nun, nun, da brauchen Sie gar nicht so besorgt zu schauen! Sagen Sie lieber, was führt Sie bezüglich dieser Vorstellung zu mir?«

»Tja, sehen Sie, da sind ja unter anderem Papierfetzen von der Decke geflogen«, der Büfettier senkte die Stimme und sah sich beschämt um, »also haben sich die Leute welche geschnappt. Und dann kommt ein junger Mann an die Theke und reicht mir einen Zehner, ich gebe ihm acht fünfzig zurück. Dann ein anderer –«

»Auch ein junger Mann?«

»Nein, ein älterer. Dann eine dritter, ein vierter … Immer mit Wechselgeld. Und heute – da überprüfe ich die Kasse und, siehe da, nichts als Papierschnipsel. Hundertneun Rubel hat uns der Spaß gekostet.«

»Ts-ts-ts«, schnalzte der Künstler. »Haben die Leute etwa gedacht, dies wäre echtes Geld? Ich kann mir nicht vorstellen, sie hätten es wissentlich getan!«

Sokow sah sich schief und wehleidig um, sagte aber nichts.

»Waren es also tatsächlich Betrüger?«, fragte der Magier besorgt. »Kann es denn sein, dass es in Moskau Betrüger gibt?«

Zur Antwort lächelte der Besucher so bitter, dass keine Zweifel blieben: Ja, in Moskau gab es Betrüger.

»So eine Schande!«, empörte sich Woland. »Sie, ein armer Mann … Sie sind doch ein armer Mann, nicht wahr?«

Der Büfettier zog den Kopf ein, sodass man gleich sah: Er war ein armer Mann.

»Wie viel haben Sie denn an Ersparnissen?«

Teilnahmsvoll wie die Frage klang, konnte man sie doch kaum höflich nennen. Der Besucher zögerte.

»Zweihundertneunundvierzigtausend Rubel in fünf Sparkassen«, antwortete eine klirrende Stimme aus dem Nebenzimmer, »und zweihundert goldene Zehner zu Hause unterm Parkett.«

Sokow saß wie angeschweißt auf seinem Hocker.

»Nun, das ist natürlich keine große Summe«, sagte Woland gnädig, »aber auch diese brauchen Sie eigentlich nicht. Wann werden Sie sterben?«

Da empörte sich der Besucher schließlich.

»Das weiß niemand, und das geht auch niemand etwas an«, erwiderte er.

»Niemand-schniemand!«, rief die garstige Stimme aus dem Arbeitszimmer. »So ein Buch mit sieben Siegeln aber auch! In neun Monaten stirbt er, nächsten Februar, an Leberkrebs, in der Klinik der Ersten Moskauer Staatsuniversität auf Zimmer vier.«

Das Gesicht des Büfettiers wurde gelb.

»Neun Monate«, kalkulierte Woland nachdenklich, »zweihundertneunundvierzigtausend … abgerundet siebenundzwanzigtausend im Monat … Nicht viel, sollte aber für ein bescheidenes Leben reichen. Und da sind ja noch diese Goldzehner …«

»Die Goldzehner wird er nicht verwerten können«, hakte dieselbe Stimme ein, die Sokow durch Mark und Bein ging. »Nach seinem Tod wird das Haus sofort abgerissen, und das Gold geht an die Staatsbank.«

»Ich würde Ihnen die Klinik eigentlich nicht anraten«, fuhr der Künstler fort, »wozu im Krankenzimmer unter dem Stöhnen und Keuchen anderer Hoffnungsloser verenden? Ist es nicht besser, diese siebenundzwanzigtausend für ein Festmahl auszugeben, Gift zu nehmen, und zu Saitenklängen zwischen berauschten Schönheiten und verwegenen Freunden überzutreten?«

Der Büfettier saß reglos da. Er war sichtlich gealtert. Dunkle Ringe umgaben seine Augen, seine Wangen waren schlaff, und sein Unterkiefer hing herunter.

»Aber genug geträumt!«, rief der Gastgeber. »Zur Sache. Zeigen Sie mir Ihre Papierschnipsel.«

Aufgelöst zog Sokow ein Bündel aus der Tasche, packte es aus und erstarrte: Im Zeitungspapier lagen Zehner.

»Mein Lieber, Sie sind wirklich nicht gesund«, sagte Woland achselzuckend.

Mit einem wahnsinnigen Grinsen erhob sich der Büfettier vom Hocker.

»Und«, stotterte er, »was, wenn die wieder –«

»Hm«, überlegte der Künstler, »dann kommen Sie doch wieder zu uns. Sie sind immer willkommen! Hocherfreut über die Bekanntschaft.«

Sofort sprang Korowjew aus dem Arbeitszimmer, umklammerte schüttelnd Sokows Hand und flehte ihn an, unbedingt alle, ja alle von ihm herzlichst zu grüßen. Ganz wirr im Kopf betrat der Büfettier die Diele.

»Hella, bring ihn zur Tür!«, rief Korowjew.

Wieder die rothaarige Nackte! Sokow quetschte sich durch die Tür, piepste »Wiedersehen!« und taumelte wie betrunken los. Nach ein paar

Schritten hielt er an, setzte sich auf eine Stufe und überprüfte das Bündel – die Zehner waren da. In diesem Moment kam eine Frau mit grüner Tasche aus der Wohnung gegenüber. Als sie den Mann sah, der auf der Treppe saß und dumpf Geld anstarrte, lächelte sie und murmelte nachdenklich: »So ein Haus aber auch! Dieser hier säuft in aller Frühe, das Fenster im Treppenhaus ist auch schon wieder kaputt …«

Dann schaute sie genauer hin und sagte lauter: »He, Bürger, du schwimmst ja in Geld! Willst du mir nicht etwas abgeben?«

»Lass mich in Ruhe, um Himmels willen!«, erschrak der Büfettier und versteckte geschwind das Geld.

»Du kannst mich mal gerne haben, du Geizhals! War doch nur ein Scherz«, lachte die Frau und stieg hinunter.

Sokow richtete sich langsam auf, hob die Hand, um den Hut zurechtzurücken und erkannte, dass dieser fehlte. Der Gedanke an die Wohnung war ihm furchtbar unbehaglich, doch es war schade um den Hut. Nach einigem Zögern ging er wieder hoch und klingelte.

»Was denn noch?«, fragte die verfluchte Nackte.

»Könnte ich den – den Hut …?«, piepste der Büfettier und zeigte auf seinen kahlen Kopf. Die Nackte drehte sich um. Er spuckte in Gedanken aus und schloss die Augen. Als er sie öffnete, hielt Hella ihm seinen Hut hin, sowie einen Degen mit dunklem Gefäß.

»Nicht meins«, flüsterte Sokow und schob den Degen weg, während er hektisch den Hut aufsetzte.

»Hatten Sie etwa keinen Degen dabei?«, fragte Hella verwundert.

Der Büfettier murmelte etwas und ging schnellen Schrittes nach unten. Sein Kopf fühlte sich irgendwie unangenehm warm an. Er nahm den Hut ab, machte vor Entsetzen einen Sprung und schrie leise auf. In seinen Händen war ein Samtbarett mit zerzauster Hahnenfeder. Er bekreuzigte sich. Daraufhin maunzte das Barett und wurde zu einem schwarzen Kätzchen. Es sprang auf seinen Kopf zurück und versenkte darin seine Krallen. Mit einem Schrei der Verzweiflung rannte Sokow die Stufen hinunter. Das Kätzchen fiel ihm von der Glatze und brauste die Treppe hoch.

Draußen stürzte er zum Tor und ließ das verdammte Haus 302b für immer hinter sich.

Was mit ihm weiter geschah, ist sehr gut bekannt. Dem Tor entschlüpft, sah er sich wild um, als suchte er etwas. Einen Moment später befand er sich auf der anderen Straßenseite in einer Apotheke. Er hatte kaum »Verzeihung« gesagt, als die Frau hinter der Theke ausrief: »Bürger! Ihr Kopf ist doch ganz blutig!«

Schon nach fünf Minuten war Sokow mit Mullbinden bandagiert und wusste, dass die Professoren Bernadski und Kusmin als die besten Spezialisten für Leberleiden galten. Er fragte, wessen Praxis näher war und leuchtete vor Freude auf, als er hörte, dass Kusmin einen Katzensprung entfernt lebe und arbeite, in einem weißen Häuschen einen Hof weiter. Zwei Minuten später war er dort.

Drinnen war alles alt, doch äußerst gemütlich. Dem Büfettier würde in Erinnerung bleiben, dass er dort zuerst eine alte Pflegerin traf, die ihm den Hut abnehmen wollte; da er aber keinen hatte, ging sie zahnlos mümmelnd wieder weg.

Stattdessen erschien – an einem Spiegel und, wenn er sich richtig erinnerte, unter einer Art Bogen – eine Frau mittleren Alters und erklärte, der nächstmögliche Termin sei am neunzehnten. Dem Büfettier fiel aber sogleich ein, wo die Rettung lag. Er blickte mit verblassenden Augen hinter den Bogen, wo drei Patienten im Vorraum warteten, und flüsterte: »Todkrank …«

Die Frau betrachtete verwundert den bandagierten Kopf, zögerte, sagte schließlich: »nun, wenn das so ist«, und ließ ihn durch.

Im selben Moment öffnete sich die gegenüberliegende Tür, und darin blitzte ein goldener Zwicker. Die Frau im weißen Kittel sagte: »Bürger, dieser Patient geht vor.«

Ehe sich Sokow umsehen konnte, war er schon in Professor Kusmins Empfangszimmer. Nichts an diesem länglichen Raum mutete erschreckend, feierlich oder medizinisch an.

»Was fehlt Ihnen?«, fragte Professor Kusmin mit angenehmer Stimme und blickte etwas besorgt auf den bandagierten Kopf.

»Ich habe gerade – aus zuverlässiger, oh ja, aus zuverlässiger Hand gehört«, haspelte der Büfettier , indes sein Blick wild über ein verglastes Gruppenfoto wanderte, »dass ich im Februar nächsten Jahres an Leberkrebs sterben werde. Bitte stoppen, ich flehe Sie an!«

Professor Kusmin wich im Sessel zurück und prallte gegen die gotisch hohe Lederlehne.

»Verzeihung, ich verstehe nicht … Sie sind bei einem anderen Arzt gewesen? Warum haben Sie einen Verband am Kopf?«

»Ach wo, Arzt! Sie hätten diesen Arzt sehen sollen!«, erwiderte Sokow mit klappernden Zähnen. »Der Kopf ist egal. Zum Henker mit dem Kopf, der tut nichts zur Sache. Leberkrebs, bitte stoppen!«

»Ja, aber wer hat es Ihnen denn gesagt?«

»Glauben Sie ihm!«, bat der Büfettier inbrünstig. »Wer soll es auch wissen, wenn nicht er!«

»Ich verstehe überhaupt nichts«, sagte der Professor achselzuckend und rollte im Sessel zurück. »Wie kann dieser Mensch denn wissen, wann Sie sterben? Zumal er kein Arzt ist!«

»Auf Zimmer vier«, erwiderte Sokow.

Da betrachtete der Arzt seinen Patienten – den Kopf, die feuchte Hose – und dachte: »Das hat noch gefehlt! Ein Verrückter!«

»Trinken Sie Wodka?«, fragte er.

»Keinen Tropfen.«

Eine Minute später lag der Büfettier bereits entkleidet auf kaltem Wachstuch und wurde am Bauch betastet. Und das, wohlgemerkt, mit sichtlich aufmunterndem Ergebnis: Der Professor behauptete kategorisch, dass er derzeit keinerlei Krebsanzeichen aufwies. Doch da er nun mal – tja, da ihm irgendein Scharlatan Angst eingejagt hatte, sollte er ruhig alle Tests durchlaufen.

Der Arzt kritzelte auf diversen Zetteln und erklärte, wo Sokow hingehen und was er mitbringen sollte. Außerdem gab er ihm eine Überweisung für den Neurologen Bouret, da seine Nerven völlig durcheinander seien.

»Wie viel bekommen Sie, Bürger Professor?«, fragte Sokow mit zärtlich zitternder Stimme und zog eine fette Brieftasche hervor.

»Nach Ihrem Ermessen«, sagte der Professor schroff und trocken.

Der Büfettier nahm dreißig Rubel heraus und legte sie auf den Tisch. Dann platzierte er unerwartet schmiegsam, katzenweich, ein durch die umwickelnde Zeitung klirrendes Säulchen auf die Scheine.

»Was ist das denn?«, fragte Kusmin und zwirbelte seinen Schnurrbart.

»Verschmähen Sie es nicht, Bürger Professor«, flüsterte Sokow. »Ich flehe Sie an – stoppen Sie den Krebs!«

»Räumen Sie Ihr Gold sofort weg«, sagte der Arzt, stolz auf die eigene Rechtschaffenheit, »kümmern Sie sich lieber um Ihre Nerven. Lassen Sie gleich morgen Ihren Urin untersuchen, trinken Sie weniger Tee und benutzen Sie absolut kein Salz.«

»Nicht einmal die Suppe salzen?«

»Gar nichts salzen«, befahl Kusmin.

»Eh!«, rief der Büfettier wehmütig, sammelte die Goldmünzen ein und krebste zur Tür, den gerührten Blick auf den Professor gerichtet.

An diesem Abend hatte der nur wenige Patienten, und mit nahender Dämmerung ging der letzte. Als er seinen weißen Kittel abnahm, blickte der Professor auf die Stelle, wo der Besucher die Zehner gelassen hatte. Anstelle von Banknoten sah er drei Weinflaschen-Etiketten.

»Was zum Teufel!«, murmelte Kusmin und machte einen Schritt auf die Etiketten zu, um sie zu betasten; sein halb ausgezogener Kittel fegte den Boden. »Nicht nur schizophren, sondern auch ein Gauner! Aber was wollte er denn von mir? Doch nicht die Überweisung für die Urinprobe? Ah! Den Mantel hat er gestohlen!« Und er eilte in den Vorraum, einen Arm immer noch im Kittelärmel.

»Ksenija!«, rief er schrill in der Tür. »Schauen Sie nach, sind die Mäntel alle da?«

Die Mäntel waren alle da. Doch als der Professor endlich den Kittel von sich gerissen hatte und in sein Empfangszimmer zurückgekehrt war, blieb sein Blick auf dem Schreibtisch kleben. Wo die Etiketten gewesen waren, saß nun ein schwarzes Kätzchen mit tristem Waisenkind-Schnäuzchen und miaute über einer Untertasse mit Milch.

»W-was ist das bloß? Das ist ja schon –«, Kusmin fühlte, wie ihm der Hinterkopf kalt wurde.

Auf seinen wehleidigen, halblauten Schrei hin kam Ksenija angerannt und beruhigte ihn vollkommen: Sie sagte sogleich, es habe ihm natürlich einer der Patienten das Kätzchen zugeschoben, das passiere Professoren ja nicht selten: »Da lebt wohl irgendwer in Armut, und hier bei uns …«

Sie fingen an, zu rätseln, wer es sein könnte. Der Verdacht fiel auf ein altes Mütterchen mit Magengeschwür.

»Natürlich, wer sonst!«, sagte Ksenija. »Sie denkt sich: Mit mir ist es eh aus, und um das Kätzchen wäre es schade.«

»Moment mal!«, rief Kusmin. »Und die Milch? Auch reingeschmuggelt? Mit Untertasse?«

»Sie hat die wohl in einem Fläschchen mitgebracht und hier in die Untertasse gegossen«, erklärte Ksenija.

»Wie dem auch sei, schaffen Sie das Tier und die Untertasse weg«, sagte Kusmin und begleitete die Assistentin zur Tür. Als er zurückkam, hatte sich die Lage schon wieder verändert.

Während er den Kittel an einen Nagel hängte, hörte der Professor im Innenhof Gelächter. Er blickte hinaus und war baff. Eine Dame rannte über den Hof zum gegenüberliegenden Flügel – in nichts als einem Unterhemd. Der Professor kannte sogar ihren Namen, Maria. Ein Junge glotzte sie lachend an.

»Was soll denn das?«, murmelte Kusmin verächtlich.

Da stimmte nebenan, im Zimmer seiner Tochter, ein Grammophon den Foxtrott *Halleluja* an, und im selben Moment vernahm er ein Zirpen hinter seinem Rücken. Er drehte sich um und sah einen großen Spatzen auf dem Schreibtisch hüpfen.

»Hm … ruhig bleiben«, dachte Kusmin, »er ist wohl hereingeflogen, als ich gerade vom Fenster wegtrat. Alles ist in Ordnung!«, befahl er sich, bewusst, dass alles in völliger Unordnung war, und zwar vor allem wegen des Spatzen. Bei genauerem Hinsehen überzeugte sich der Professor nämlich, dass es sich nicht um einen gewöhnlichen Vogel handelte. Der grässliche Spatz humpelte übertrieben und geziert auf dem linken Beinchen, setzte Akzente gegen den Foxtrott-Rhythmus aus dem Grammophon – kurzum, er tanzte wie ein Trunkenbold in einer Bar und warf dem Professor dabei unverfrorene Blicke zu. Das Vieh entbehrte jeden Anstands.

Kusmins Hand legte sich aufs Telefon: Er wollte seinen Studienkamerad Bouret anrufen und fragen, was solche Spätzchen bei einem Sechzigjährigen zu bedeuten hatten, vor allem wenn ihm dabei auch noch schwindelig wurde?

Der Spatz setzte sich inzwischen aufs Tintenfass (ein Präsent), verrichtete sein Geschäft da hinein (kein Witz!), flog hoch, blieb in der Luft hängen, holte mit dem offenbar stahlharten Schnabel aus, zielte aufs Glas, hinter dem ein Foto der Universitätsabsolventen von 1894 steckte, ließ es in Tausend Stücke zerspringen und flog erst dann aus dem Fenster.

Der Professor wählte neu: Anstatt mit Bouret zu telefonieren, rief er das Blutegelbüro an, stellte sich vor und bat um eine sofortige Lieferung.

Nachdem er aufgelegt hatte, drehte er sich wieder zum Schreibtisch – und schrie. An diesem Tisch saß nun nämlich eine Frau mit Krankenschwesterhaube und einer Handtasche mit dem Wort »Medizinische Blutegel«. Kusmin schrie, weil er ihren Mund gesehen hatte. Es war der Mund eines Mannes, schief, breit, mit einem Reißzahn. Die Augen der Krankenschwester waren tot.

»Das Bare kommt mit«, sagte die Krankenschwester mit tiefer Stimme, »was soll es hier herumliegen?« Sie sammelte die Etiketten mit ihrer Vogelklaue auf und zerschmolz in der Luft.

Etwa zwei Stunden vergingen. Professor Kusmin saß in seinem Schlafzimmer auf dem Bett; Blutegel hingen ihm an den Schläfen, hinter den Ohren und am Hals. Zu seinen Füßen, auf einer gesteppten Seidendecke, saß der graubärtige Professor Bouret, schaute ihn teilnahmsvoll an und wiederholte beruhigend, das sei doch nichts, alles Unsinn. Im Fenster war es schon Nacht.

Was in jener Nacht sonst noch für Wunder in Moskau geschahen, wissen wir nicht und wollen wir auch keinesfalls ergründen – zumal es für uns an der Zeit ist, zum zweiten Teil dieser wahren Geschichte überzugehen. Mir nach, treuer Leser!

# TEIL ZWEI

# Kapitel 19

## Margarita

Mir nach, treuer Leser! Mir nach, geneigte Leserin! Wer hat dir gesagt, es gäbe keine wahre, ewige Liebe auf der Welt? Man möge dem Lügner seine dreckige Zunge abschneiden! Immer nur mir nach, und ich zeige dir eine solche Liebe.

Damals, als die Nacht über die Mitte kippte und der Meister dem armen Iwan im Krankenhaus sagte, seine Gefährtin habe ihn vergessen, da irrte er sich. Das konnte nicht sein. Natürlich vergaß sie ihn nicht.

Zuerst wollen wir das Geheimnis enthüllen, das der Meister seinem neuen Bekannten nicht verraten wollte. Der Name seiner Geliebten war Margarita. Alles, was der Meister dem unglückseligen Dichter über sie erzählte, war richtig. Sie war tatsächlich schön und klug. Dazu kommt noch eines: Man kann mit Sicherheit sagen, dass viele Frauen alles gegeben hätten, um ihr Leben gegen das Leben Margaritas einzutauschen. Sie war kinderlos, dreißig Jahre alt, die Frau eines prominenten Experten, der eine essenzielle Entdeckung von staatstragender Bedeutung gemacht hatte. Ihr Mann war jung, gut aussehend, warmherzig, ehrlich und ganz vernarrt in Margarita. Die beiden bewohnten das gesamte Dachgeschoss einer prächtigen Villa mit Garten in einer Nebenstraße des Arbats. Eine charmante Ecke! Wer auch immer diesen Garten aufsucht, kann sich davon überzeugen, man wende sich nur an mich. Ich werde die Adresse geben und den Weg zeigen – die Villa steht bis heute.

Margarita kannte keine Geldsorgen. Margarita konnte kaufen, was ihr gefiel. Margarita traf unter den Bekannten ihres Mannes spannende Menschen. Margarita musste niemals einen Petroleumkocher auch nur anfassen. Margarita wusste nichts von den Schrecken des Lebens in einer Gemeinschaftswohnung. Kurzum – sie war glücklich, nicht wahr?

Nein, nicht für eine Minute! Niemals, seit sie mit neunzehn geheiratet hatte und in die Villa gezogen war, erlebte sie Glück. Oh Götter, Götter! Was wollte diese Frau denn noch?! Was wollte diese Frau, in deren Augen stets ein unerklärlicher Funke loderte? Was brauchte sie, diese Hexe mit Silberblick, die sich damals im Frühjahr mit Mimosen geschmückt hatte? Ich weiß es nicht. Mir ist es nicht bekannt. Offenbar sagte sie die Wahrheit: Sie brauchte keine gotische Villa, keinen privaten Garten, kein Geld, sondern nur ihn, den Meister. Sie liebte ihn, sie sagte die Wahrheit.

Selbst mir – dem aufrichtigen, aber unbeteiligten Erzähler – schnürt sich das Herz zusammen, wenn ich daran denke, was Margarita durchmachen musste, als sie am nächsten Tag zum Häuschen des Meisters kam (glücklicherweise ohne mit ihrem Mann gesprochen zu haben, der sich verspätet hatte) und entdeckte, dass ihr Geliebter nicht mehr da war. Sie tat alles, um etwas über ihn herauszufinden, doch natürlich fand sie rein gar nichts heraus. Dann ging sie in die Villa zurück und lebte dort weiter.

Aber sobald der schmutzige Schnee von den Bürgersteigen und Straßen verschwand, sobald der leicht faulige Frühlingswind rastlos ins Fenster wehte, wurde Margaritas Sehnsucht schlimmer. Sie weinte oft insgeheim, lange und bitterlich. Sie wusste nicht, ob sie einen Lebenden oder einen Toten liebte. Und je länger die verzweifelten Tage andauerten, desto öfter kam ihr, besonders in der Dämmerung, der Gedanke, sie liebe einen Toten.

Entweder musste sie ihn vergessen oder auch selbst sterben. Es war unmöglich, weiter so vor sich hin zu existieren. Unmöglich! Ihn vergessen, ihn um jeden Preis vergessen! Aber er ließ sich nicht vergessen, das war das Schlimme.

»Ja, ja, genau der gleiche Fehler!«, wiederholte Margarita. Sie saß am Ofen und blickte in die Flammen, gezündet zur Erinnerung an jenes Feuer, das während der Arbeit am Pilatus-Roman gelodert hatte. »Wie konnte ich ihn bloß damals in der Nacht verlassen? Wie? Das war doch der reinste Wahnsinn! Ja, ich bin am nächsten Tag zurückgekommen, das schon, wie versprochen, aber es war zu spät. Ich bin zu spät gekommen, wie der unglückselige Levi Matthäus!«

All das war natürlich absurd, denn was hätte sich eigentlich geändert, wäre sie in jener Nacht bei dem Meister geblieben? Hätte sie ihn etwa gerettet? »Lächerlich!« ... könnten wir ausrufen, tun es aber nicht angesichts der zur Verzweiflung getriebenen Frau.

An dem Tag, an dem das Erscheinen des Schwarzmagiers in Moskau zu allerlei absurdem Treiben geführt hatte – an dem Freitag also, an dem Berlioz' Onkel zurück nach Kiew verbannt, der Buchhalter verhaftet wurde, und eine Menge anderer überaus ungereimter und unverständlicher Dinge geschah – an diesem Tag erwachte Margarita gegen Mittag in ihrem Schlafzimmer in einem Erkertürmchen der Villa.

Sie weinte nicht gleich beim Erwachen, wie sonst so oft: Sie war mit der Vorahnung erwacht, dass an diesem Tag endlich etwas geschehen würde. Sie begann dieses Gefühl in ihrer Seele zu wärmen und zu nähren, dass es sie bloß nicht verlasse.

»Der Glaube ist mein!«, flüsterte Margarita feierlich. »Der Glaube ist mein! Etwas wird geschehen! Etwas muss geschehen, denn wirklich, womit habe ich lebenslange Qualen verdient? Ich gestehe, ich habe gelogen und getäuscht und ein geheimes Leben geführt, aber die Strafe dafür darf doch nicht so grausam sein! Etwas wird geschehen, denn nichts kann ewig dauern. Und dann – mein Traum diese Nacht, er war prophetisch, das schwöre ich.«

So flüsterte Margarita, während sie schaute, wie die Sonne die purpurroten Vorhänge durchtränkte, während sie sich voller Unruhe anzog und während sie ihr kurzes, dauergewelltes Haar vor dem dreiteiligen Spiegel kämmte.

Der Traum dieser Nacht war tatsächlich ungewöhnlich. Nachts ließ der Meister sie sonst in Ruhe, sie litt nur bei Tage. Den ganzen qualvollen Winter lang war er ihr kein einziges Mal im Traum erschienen, in diesem aber schon.

Margarita hatte von einem unbekannten Ort geträumt – trostlos, düster unter dem mürrischen Himmel eines beginnenden Frühlings. Sie hatte einen mausgrauen Himmel gesehen, zerfetzte, gehetzte Wolken, darunter eine stille Schar von Saatkrähen. Eine knorrige schmale Brücke über einen armseligen, schlammigen Frühlingsbach. Freudlose, bettelnackte Bäume. Eine einsame Espe und dann, zwischen den Bäumen, hinter Gemüsebeeten, eine Art Holzbaracke – ein Küchenhäuschen oder eine Banja, weiß der Teufel was. Nicht eine Menschenseele da, alles so leblos und trübselig, am liebsten würde man sich gleich an dieser Espe erhängen … Ein höllischer Ort für einen Lebenden!

Und dann, man stelle sich das nur vor, öffnet sich die Tür dieser Holzbaracke, und heraus kommt er. Recht weit weg, aber deutlich sichtbar. Die Kleidung zerfleddert, nicht einmal zu erkennen, was er anhat. Unrasiert, mit filzigem Haar. Die Augen krank, rastlos. Er winkt sie zu sich, ruft sie. Margarita keucht in der leblosen Luft, rennt zu ihm über den holprigen Grund … – und wacht auf.

»Dieser Traum muss eins von zwei Dingen bedeuten«, sagte sich Margarita. »Wenn er tot ist und mir zugewinkt hat, will er mich holen, und ich werde bald sterben. Das wäre sehr gut, dann endet mein Leiden. Oder er lebt, und dann kann der Traum nur eins heißen: Er will sich mir ins Gedächtnis rufen! Er will sagen, dass wir uns wiedersehen. Ja, wir sehen uns sehr bald wieder!«

Fieberhaft redete Margarita sich ein, dass sich alles sehr glücklich füge, dass man solche Zeiten erkennen und ausnutzen müsse. Ihr Mann war gerade für drei Tage dienstlich verreist. Drei Tage lang würde sie nur sich selbst gehören, würde ungestört träumen und denken, was sie wollte. Die ganze beneidenswerte Moskauer Wohnung gehörte nur ihr, alle fünf Zimmer im obersten Stockwerk der Villa.

Aber in dieser luxuriösen Wohnung wählte Margarita bei Weitem nicht den angenehmsten Ort. Drei Tage Freiheit vor sich, trank sie eine Tasse Tee und ging dann in den dunklen, fensterlosen Raum, wo in zwei großen Schränken diverser alter Kram und Koffer aufbewahrt wurden. Sie hockte sich hin, öffnete die unterste Schublade des ersten Schrankes und holte unter einem Haufen Seidenreste das einzig Kostbare hervor, das sie im Leben besaß. In ihren Händen war ein altes braunes Lederalbum, und darin ein Foto des Meisters, ein Sparbuch mit zehntausend Rubeln auf seinen Namen, in Seidenpapier gepresste trockene Rosenblüten und ein paar vollgetippte, zusammengeheftete Bogen mit verkohltem unterem Rand.

Mit diesen Schätzen kehrte Margarita in ihr Schlafzimmer zurück, lehnte das Foto gegen den Spiegel auf dem Tisch und saß etwa eine Stunde lang davor, das angebrannte Heft im Schoss. Sie blätterte darin und las immer wieder, was nach der Verbrennung weder Anfang noch Ende hatte:

»Die Finsternis, vom Mittelmeer gekommen, bedeckte die dem Prokurator verhasste Stadt. Verschwunden waren die Hängebrücken zwischen dem Tempel und der gefürchteten Burg Antonia, ein Abgrund sank nieder vom Himmel und überflutete die geflügelten Götter über dem Hippodrom, den Hasmonäer-Palast mit seinen Schießscharten, die Basare, die Karawansereien, die Gassen, die Teiche … Verschwunden war die mächtige Stadt Jerschalaim, als wäre sie nie da gewesen.«

Es trieb Margarita, weiterzulesen, doch weiter war nichts als verkohlte Fransen.

Weinend ließ sie vom Heft ab, stützte die Ellbogen auf den Schminktisch und saß lange ihrem Spiegelbild gegenüber, ohne das Foto aus dem Blick zu lassen. Dann versiegten die Tränen. Sie stapelte ihren Besitz ordentlich zusammen, und Minuten später war er wieder unter Seidenresten begraben, und in dem dunklen Zimmer klirrte das Schloss.

Margarita zog gerade den Mantel für einen Spaziergang an, da schaute ihr Hausmädchen, die hübsche Natascha, in die Diele und wollte wissen, was sie heute kochen sollte. Margarita sagte, es sei ganz egal, worauf Natascha sie zur eigenen Unterhaltung in ein Gespräch verwickelte. Dabei erzählte sie allerlei Unfug, zum Beispiel: Am Vortag habe ein Zauberkünstler im Varieté Tricks gezeigt, der reinste Wahnsinn! Habe jedem zwei Flakons westlichen Parfüms und ein Paar Strümpfe gratis ausgehändigt, und dann, nach der Vorstellung, habe sich das gesamte Publikum – hoppla! – nackt auf der Straße vorgefunden!

Margarita ließ sich auf den Stuhl vor dem Dielenspiegel fallen und prustete los. »Also wirklich, Natascha!«, brachte sie lachend hervor. »Eine intelligente junge Frau wie du – da wird in den Warteschlangen irgendein Unsinn geplappert, und du erzählst den weiter!«

Natascha errötete tief und erwiderte mit großer Leidenschaft, das sei überhaupt kein Unsinn, ja, sie selbst habe gerade in einem Laden auf dem Arbat eine Bürgerin gesehen, die beschuht reingekommen war, als sie aber an der Kasse bezahlte, seien die Schuhe verschwunden, und so stand die Bürgerin dann da, mit Glupschaugen und einem Loch in der Strumpfferse! Die Schuhe waren nämlich magische Schuhe, von der Vorstellung eben.

»Und so lief sie dann weiter?«

»Und so lief sie dann weiter!«, rief Natascha, wegen Margaritas Zweifel noch tiefer errötend. »Gestern hat die Polizei in der Nacht um die hundert Leute mitgenommen! Aus der Vorstellung sind Bürgerinnen in nichts als Unterhosen über die Twerskaja gelaufen.«

»Die Geschichte hast du sicher von Darja«, sagte Margarita, »ich kenne sie doch, sie kann das Blaue vom Himmel herunterlügen.«

Das drollige Gespräch endete mit einer angenehmen Überraschung für Natascha. Margarita ging ins Schlafzimmer und kam mit einem Paar Strümpfe und einem Flakon Parfüm zurück. Sie wolle auch einen Trick zeigen, sagte sie, und schenkte Natascha beides, mit der einen Bitte, nicht ohne Schuhe über die Twerskaja zu laufen – und ja nicht auf Darja zu hören. Dann küssten sich die Hausherrin und das Zimmermädchen auf die Wangen und gingen ihrer Wege.

In den bequemen Polstersitz des Trolleybusses zurückgelehnt fuhr Margarita über den Arbat. Erst hing sie ihren eigenen Gedanken nach, doch dann begann sie unwillkürlich dem Flüstern von zwei Bürgern zu lauschen, die vor ihr saßen.

Diese spähten von Zeit zu Zeit umher, ob auch niemand zuhörte, und wisperten irgendwelchen Unsinn. Der eine am Fenster – riesig, fleischig, mit gewitzten Schweinsäuglein – erzählte seinem kleinen Nachbarn leise, man sei gezwungen gewesen, irgendeinen Sarg mit schwarzem Tuch zu bedecken.

»Das gibt's doch nicht«, flüsterte der Kleine erstaunt. »Unerhört! Und Zheldybin, was hat der unternommen?«

Durch das gleichmäßige Summen des Trolleybusses kamen die Worte vom Fenstersitz: »Kriminalpolizei … Skandal … die reinste Mystik!«

Aus diesen Fetzen bastelte Margarita mit Müh und Not eine Geschichte zusammen. Die zwei Bürger flüsterten über einen Toten (den Namen nannten sie nicht), dem man an diesem Morgen den Kopf aus dem Sarg gestohlen hatte. Und dieser Zheldybin, der steckte nun deswegen in der Bredouille. Die beiden Flüsternden hatten offenbar den beraubten Toten gekannt.

»Schaffen wir's noch, Blumen zu kaufen?«, fragte der Kleine besorgt. »Die Einäscherung ist um zwei, sagst du?«

Margarita war es schließlich leid, diesem geheimnisvollen Geschwätz zuzuhören, und war froh, als sie aussteigen musste.

Wenige Minuten später saß sie auf einer Bank unter der Kremlmauer mit Aussicht auf den Manegeplatz. Sie blinzelte in die Sonne, erinnerte sich an den Traum dieser Nacht und daran, wie sie vor exakt einem Jahr, auf den Tag und die Stunde genau, auf derselben Bank gesessen hatte – mit ihm. Genauso wie damals lag ihre schwarze Handtasche nun neben ihr auf der Bank. Diesmal war er nicht da, aber Margarita redete trotzdem mit ihm: »Wenn du deportiert wurdest, warum schickst du mir nicht ein Wort? Andere schaffen es doch, eine Nachricht zu schicken. Liebst mich nicht mehr? Nein, das kann ich einfach nicht glauben. Also wurdest du deportiert und bist tot. Dann lass mich doch frei, ich bitte dich, lass mich endlich leben, lass mich atmen!« Dann antwortete Margarita für ihn: »Du bist frei. Halte ich dich etwa?« Und widersprach wieder: »Was ist denn das für eine Antwort? Nein, erst wenn du aus meinem Gedächtnis gehst, dann werde ich frei sein!«

Passanten liefen an Margarita vorbei. Ein Mann gab der gut gekleideten Frau einen Seitenblick, von ihrer Einsamkeit und Schönheit angezogen. Er räusperte sich, setzte sich ans Ende ihrer Bank, nahm offenbar seinen ganzen Mut zusammen und sagte: »Entschieden schönes Wetter heute …«

Aber Margarita sah ihn so düster an, dass er aufstand und ging.

»Da hast du ein Beispiel«, sprach Margarita im Geiste zu dem, der sie beherrschte. »Warum hab ich diesen Mann eigentlich verjagt? Mir ist langweilig, und dieser Frauenheld ist vielleicht gar nicht übel. Nur dieses alberne ›entschieden‹ … Warum sitze ich hier unter der Mauer, allein wie eine Eule? Warum bin ich vom Leben ausgeschlossen?«

Vollends niedergeschlagen ließ sie den Kopf hängen. Doch auf einmal stieß eine Welle der Erwartung und Aufregung sie in die Brust, die gleiche wie am Morgen. »Ja, etwas wird geschehen!« Die Welle stieß sie ein zweites Mal, und nun erkannte sie, dass es eine Schallwelle war. Durch den Stadtlärm näherten sich immer deutlicher Trommelschläge und etwas schiefe Trompetentöne.

Als Erstes sah sie einen Polizisten zu Pferde, der gemächlich entlang des Gartenzauns ritt; drei weitere folgten zu Fuß. Dann rollte langsam ein Lastwagen mit den Musikern vorbei. Danach, ebenso langsam, ein nagelneuer, offener Leichenwagen, darauf ein kranzüberhäufter Sarg, und an seinen Ecken vier Stehende – drei Männer und eine Frau.

Schon aus der Ferne erkannte Margarita, dass die Gesichter der Menschen, die auf dem Leichenwagen den Verstorbenen auf seine letzte Reise begleiteten, seltsam ratlos schienen. Vor allem betraf das die Bürgerin in der linken hinteren Ecke. Es war, als hätte ein pikantes Geheimnis ihre ohnehin fetten Wangen von innen aufgeblasen, und die Äuglein funkelten schlüpfrig in ihren Fetthöhlen. Gleich, schien es, würde sie es nicht länger aushalten, in Richtung der Leiche zwinkern und sagen: »Haben Sie so was je gesehen? Die reinste Mystik!« Verwirrte Gesichter hatten auch die Menschen, dreihundert etwa, die gemessenen Schrittes dem Leichenwagen folgten.

Margaritas Blick begleitete den Trauerzug; sie lauschte dem Verblassen des lustlosen und immer gleichen Tumm-tumm der großen Trommel und dachte: »Was für eine seltsame Beerdigung. Dieses Tumm-tumm macht einen ganz beklommen … Oh, ich würde die Seele dem Teufel verpfänden, um zu erfahren, ob er noch lebt! Aber wen beerdigen die denn mit so seltsamen Gesichtern?«

»Den Vorsitzenden von MassLit«, sagte eine leicht nasale Männerstimme neben ihr, »Michail Berlioz.«

Margarita drehte sich überrascht um und sah einen Bürger auf ihrer Bank, der sich anscheinend lautlos hingesetzt hatte, während sie den Trauerzug beobachtete. Gedankenverloren hatte sie ihre letzte Frage wohl laut gestellt.

Der Leichenzug kam unterdessen beinahe zum Stehen, wahrscheinlich wegen der Ampeln weiter vorne.

»Tja«, fuhr der Unbekannte fort, »diese Leute sind schon in einer wunderlichen Stimmung. Da tragen sie einen zu Grabe und denken dabei nur: Wo ist denn der Kopf?«

»Welcher Kopf?«, fragte Margarita und musterte ihren unerwarteten Nachbarn. Dieser erwies sich als ein kleinwüchsiger Rotschopf mit Reißzahn; er trug ein gestärktes Hemd, einen feinen gestreiften Anzug, Lackschuhe, eine Melone und eine grelle Krawatte. Überraschenderweise steckte in der Brusttasche, in der Männer normalerweise ein Taschentuch oder eine Füllfeder tragen, ein abgenagter Hühnerknochen.

»Nun, sehen Sie«, erklärte der Rotschopf, »diesen Morgen wurde im Gribojedow der Kopf des Verstorbenen aus dem Sarg gemopst.«

»Wie kann das denn sein?«, fragte Margarita unwillkürlich und erinnerte sich an das Flüstern im Trolleybus.

»Weiß der Teufel!«, antwortete der Rotschopf salopp. »Allerdings hat Begemot sicherlich etwas dazu zu sagen. Sehr gekonnt gekrallt, sensationell! Vor allem weiß kein Mensch, wer den Kopf von Berlioz gebrauchen könnte und wozu!«

Wie sehr sie auch mit ihren eigenen Gedanken beschäftigt war, staunte Margarita doch über das seltsame Geschwätz des Unbekannten.

»Moment mal!«, rief sie. »Berlioz? Etwa der, von dem die Zeitungen heute –«

»Genau der.«

»Da geht also der Literaturbetrieb hinter dem Sarg her?«, fragte Margarita und bleckte plötzlich die Zähne.

»Aber sicher doch.«

»Kennen Sie die vielleicht?«

»Allesamt.«

»Sagen Sie«, sagte Margarita, und ihre Stimme wurde hohl, »sehen Sie dort auch den Kritiker Latunski?«

»Wie denn nicht? Da, am Ende der vierten Reihe.«

»Der Blonde?«, fragte Margarita mit verengten Augen.

»Der Aschblonde, ja. Sehen Sie, er schaut gerade zum Himmel.«

»Der da? Sieht aus wie ein Priester?«

»Genau der.«

Margarita fragte nichts mehr, sondern starrte Latunski nur an.

»Wie ich sehe«, lächelte der Rotschopf, »hassen Sie diesen Latunski.«

»Nicht nur ihn«, knirschte Margarita, »das ist aber uninteressant.«

Da setzte sich der Trauerzug wieder in Bewegung; den Fußgängern folgten halb leere Autos.

»Aber sicher, meine liebe Margarita, was soll da schon interessant sein!«

»Kennen Sie mich etwa?«, fragte Margarita verwundert.

Anstelle einer Antwort nahm der Rotschopf die Melone ab und schwenkte sie zur Seite.

»So eine Banditenvisage«, dachte Margarita, während sie ihren Gesprächspartner studierte, und sagte trocken: »Ich jedenfalls kenne Sie nicht.«

»Woher auch? Indes wurde ich zu Ihnen mit einem kleinen Anliegen geschickt.«

Margarita erblasste und zuckte zurück.

»Damit hätten Sie anfangen sollen«, sprach sie, »anstatt Unsinn über einen gestohlenen Kopf daherzureden! Sie wollen mich verhaften?«

»Nichts dergleichen!«, rief der Rotschopf. »Was soll das denn: Wenn einer Sie anspricht, muss er Sie denn immer gleich verhaften wollen? Ich habe einfach ein Anliegen.«

»Ich verstehe gar nichts. Was für ein Anliegen?«

Ihr Gegenüber sah sich um und sagte geheimnisvoll: »Ich wurde geschickt, um Sie für heute Abend einzuladen.«

»Was reden Sie da? Wohin denn einladen?«

»Zu einem sehr aristokratischen Ausländer«, sagte der Rotschopf mit Bedeutung und kniff ein Auge zusammen.

Margarita erzürnte sich.

»Das ist mal was Neues – ein Straßenkuppler!«, sagte sie und stand auf, um zu gehen.

»Das reinste Vergnügen, dieser Auftrag!«, rief der Mann beleidigt und brummte in Margaritas Rücken: »Dumme Ziege!«

»Drecksack!«, erwiderte sie mit einem Blick zurück – und hörte den Rotschopf sprechen:

»Die Finsternis, vom Mittelmeer gekommen, bedeckte die dem Prokurator verhasste Stadt. Verschwunden waren die Hängebrücken zwischen dem Tempel und der gefürchteten Burg Antonia … Verschwunden war die mächtige Stadt Jerschalaim, als wäre sie nie da gewesen. Dann verschwinde ich eben auch und lasse Sie allein mit Ihrem angebrannten Heft und Ihrer getrockneten Rose! Sitzen Sie ruhig weiter auf der Bank und flehen Sie ihn an, er soll Sie befreien, Sie atmen lassen, aus Ihrem Gedächtnis gehen!«

Erbleicht kehrte Margarita zu der Bank zurück. Der Rotschopf schaute sie aufmerksam an, die Augen zusammengekniffen.

»Ich verstehe nicht«, murmelte Margarita. »Das Heft, das hätten Sie noch herausfinden können, ausschnüffeln, herausspionieren … Wurde Natascha bestochen? Aber wie konnten Sie denn meine Gedanken erfahren?« Ihr Gesicht verzerrte sich schmerzhaft, und sie fragte: »Sagen Sie mir, wer sind Sie? Von welcher Behörde?«

»Das zieht sich ja wie Kaugummi«, knirschte der Rotschopf und sagte dann lauter: »Entschuldigung, aber ich habe doch gesagt, ich komme von keiner Behörde! Jetzt setzen Sie sich bitte.«

Margarita gehorchte bedingungslos, aber im Hinsetzen fragte sie doch noch einmal: »Wer sind Sie?«

»Na gut, mein Name ist Asasello, aber das sagt Ihnen ja sowieso nichts.«

»Wollen Sie mir denn verraten, woher Sie dieses Heft und meine Gedanken kennen?«

»Will ich nicht«, antwortete Asasello trocken.

»Aber wissen Sie etwas über ihn?«, flüsterte Margarita flehentlich.

»Nun, angenommen, ja.«

»Bitte, bitte, sagen Sie mir nur eines: Lebt er noch? Quälen Sie mich nicht!«

»Ja, ja, er lebt noch«, gab Asasello widerwillig zu.

»Oh Gott!«

»Bitte, keine Aufregung und kein Geschrei«, sagte Asasello stirnrunzelnd.

»Tut mir leid, tut mir leid«, murmelte die nun gehorsame Margarita, »natürlich hab ich Ihnen die Sache zuerst übel genommen: Wenn eine Frau auf der Straße von einem Unbekannten eingeladen wird … Ich kenne keine Ausländer und habe auch keine Lust, welche kennenzulernen. Und außerdem, mein Mann –«, Margarita lächelte freudlos, »ich bin kein Moralapostel, das versichere ich Ihnen. Meine Tragödie ist, dass ich mit jemandem zusammenlebe, den ich nicht liebe. Aber es wäre eine Gemeinheit, ihm das Leben zu vermasseln. Er ist immer nur gut zu mir …«

Offensichtlich gelangweilt hörte Asasello diese verworrene Rede an und sagte streng: »Seien Sie bitte einen Moment still.«

Und Margarita wurde still.

»Der Ausländer, zu dem ich Sie einlade, ist vollkommen unbedenklich, und es wird keine Menschenseele von dem Besuch erfahren. Das kann ich Ihnen garantieren.«

»Was will er denn von mir?«, fragte Margarita einschmeichelnd.

»Das erfahren Sie später.«

»Ich verstehe. Ich soll mich ihm hingeben …«, sinnierte Margarita.

Darauf grunzte Asasello hochmütig. »Glauben Sie mir, das wäre der Traum einer jeden Frau«, sagte er mit einem schiefen Grinsen, »aber da muss ich Sie enttäuschen.«

»Was für ein Ausländer soll das denn sein?«, rief die bestürzte Margarita so laut, dass sich die Passanten umdrehten. »Und was bringt es mir, zu ihm zu gehen?«

Asasello lehnte sich näher und flüsterte bedeutungsvoll: »Nun, es bringt jede Menge. Sie können diese Gelegenheit ergreifen –«

»Wirklich?«, rief Margarita, die Augen ganz rund. »Verstehe ich richtig? Sie meinen, dass ich dort etwas herausfinden könnte – über *ihn*?«

Asasello nickte.

»Ich komme!«, verkündete Margarita und packte ihn am Arm. »Ich komme, wohin auch immer!«

Asasello lehnte sich mit einem Seufzer der Erleichterung zurück, wobei sein Rücken einen in die Bank schwungvoll eingeschnitzten Frauennamen verdeckte, und kommentierte: »Ein komplizierter Menschenschlag, die Frauen!«

Dann steckte er die Hände in die Hosentaschen und streckte die Beine aus. »Warum hab ich bloß diesen Auftrag abbekommen? Begemot hätte gehen sollen, er hat Charme.«

Mit einem bitteren Lächeln sagte Margarita: »Hören Sie auf, mich mit Ihren Rätseln zu quälen! Sie nutzen mein Unglück aus. Ich lasse mich auf eine seltsame Geschichte ein, aber ich schwöre, nur weil Sie sagten, ich erfahre vielleicht etwas über ihn! Mir wird ganz schwindelig von diesen Merkwürdigkeiten …«

»Kein Theater, bitte kein Theater«, gab Asasello zurück und schnitt eine Grimasse, »Sie müssen auch mal an mich denken. Dem Verwalter die Fresse polieren, den Onkel aus dem Haus werfen, ein paar Leute erschießen und ähnliche Bagatellen – das ist mein Metier. Aber mit verliebten Frauen reden, nein danke! Ich bequatsche Sie ja schon seit einer halben Stunde. Sie kommen also?«

»Ich komme«, antwortete Margarita simpel.

»Dann nehmen Sie bitte das hier in Empfang«, sagte Asasello, holte einen goldenen Tiegel aus der Tasche und reichte ihn Margarita mit den Worten: »Jetzt stecken Sie das Ding schnell weg, die Passanten schauen schon. Sie können es gut gebrauchen, Sie sind ja im letzten Halbjahr vor Kummer ganz schön gealtert.« Margarita erglühte, sagte aber nichts, und Asasello fuhr fort: »Heute Abend, um genau halb zehn, sollen Sie sich bitte komplett ausziehen und das Gesicht sowie den ganzen Körper mit dieser Salbe eincremen. Danach können Sie machen, was Sie wollen, aber bleiben Sie in der Nähe des Telefons. Um zehn rufe ich Sie an und sage alles Nötige. Sie brauchen sich um nichts zu kümmern; man wird Sie hinbringen und alles für Sie arrangieren. Abgemacht?«

Margarita schwieg einen Moment und sagte dann: »Verstehe. Dieses Ding ist aus reinem Gold, ich spüre es am Gewicht. Ich werde also bestochen und in eine dunkle Affäre hineingezogen, die mir noch teuer zu stehen kommt – das ist klar.«

»Schon wieder?!«, zischte Asasello. »Schon wieder fangen Sie an?«

»Nein, warten Sie!«

»Geben Sie die Salbe zurück!«

Margarita umklammerte den Tiegel fester und sagte: »Nein, warten Sie. Ich weiß, worauf ich mich einlasse. Aber ich tu es trotzdem, seinetwegen, denn ich habe keine andere Hoffnung mehr auf dieser Welt. Ich will nur sagen: Wenn es mir zum Verhängnis wird, werden Sie sich schämen! Ja, schämen! Ich opfere mich für die Liebe!« Margarita schlug sich auf die Brust und blickte in die Sonne.

»Geben Sie den Tiegel zurück!«, brüllte Asasello. »Her damit, und zur Hölle mit dem ganzen Quatsch! Soll's doch Begemot versuchen!«

»Nein!«, rief Margarita zum Staunen der Passanten. »Ich tu alles, ich spiele auch diese Komödie mit dem Eincremen, ich fürchte weder Tod noch Teufel! Die Salbe gebe ich nicht wieder her!«

»Hui!«, rief Asasello plötzlich überrascht, machte Glupschaugen in Richtung Gartenzaun und zeigte auf etwas mit dem Finger.

Margarita schaute dorthin, sah aber nichts Besonderes. Sie drehte sich wieder zu Asasello und wollte eine Erklärung für den albernen Ausruf verlangen, aber es war niemand da, der ihr diese Erklärung hätte geben können: Ihr mysteriöses Gegenüber war verschwunden.

Sie griff schnell in die Handtasche, in die sie den Tiegel gesteckt hatte. Er war noch da. Dann eilte sie ohne jeden Gedanken aus dem Alexandergarten.

# Kapitel 20

## Asasellos Salbe

Am klaren Abendhimmel leuchtete der Vollmond durch die Ahornzweige. Die Linden und Akazien hatten ein kompliziertes Schattenmuster auf den Gartenboden gezeichnet. Das Fenster im Erkertürmchen war offen, aber zugehängt, und leuchtete ungestüm mit elektrischem Licht. Alle Lampen in Margaritas Schlafzimmer beschienen das herrschende Chaos.

Auf der Bettdecke lagen Chemisen, Strümpfe und andere Untersachen; noch mehr Wäsche häufte sich zerknittert auf dem Boden, daneben eine in der Aufregung zerquetschte Schachtel Zigaretten. Schuhe standen auf dem Nachttisch neben einer halb vollen Tasse Kaffee und einem Aschenbecher, in dem ein Stummel qualmte. Ein schwarzes Abendkleid hing über der Stuhllehne. Der Raum roch nach Parfüm, zudem drang der Geruch eines glühenden Bügeleisens herein.

Einen Bademantel über dem nackten Körper, schwarze Hausschuhe aus Wildleder an den Füßen, saß Margarita vor dem Pfeilerspiegel. Ihre goldene Armbanduhr lag vor ihr neben Asasellos Tiegel, und sie ließ den Blick nicht vom Ziffernblatt. Es schien ihr, dass die Uhr kaputt war und sich die Zeiger nicht regten. Aber sie regten sich doch, wenn auch sehr langsam, als ob sie klebten, und schließlich fiel der lange Zeiger auf die neunundzwanzigste Minute nach neun. Margaritas Herz zuckte so heftig, dass sie den Tiegel nicht gleich in den Griff bekam. Dann nahm sie sich zusammen, öffnete ihn und sah eine fettige gelbliche Salbe. Ein Hauch von Sumpfmoder stieg von ihr auf. Mit der Fingerspitze strich sie sich einen Tupfer auf die Handfläche, vernahm einen stärkeren Geruch von Sumpfkraut und Wald, und begann, sich die Stirn und die Wangen einzucremen.

Die Salbe ließ sich leicht verteilen und verdunstete augenblicklich. Nachdem Margarita sich das Gesicht eingerieben hatte, blickte sie in den Spiegel – und ließ den Tiegel auf die Uhr fallen, sodass das Zifferblatt zersprang. Sie schloss die Augen, schaute dann nochmal hin und brach in unbändiges Gelächter aus.

Ihre Augenbrauen, gerade noch mit einer Pinzette dünngezupft, hatten sich verdichtet und lagen in perfekten Bögen schwarz über den ergrünten Augen. Die dünne vertikale Falte, die sich im Oktober nach dem Verlust des Meisters über ihrem Nasenrücken eingegraben hatte, war spurlos verschwunden, ebenso wie die gelblichen Schatten an ihren Schläfen und die ersten Krähenfüße. Ein ebenmäßiges Rosa wärmte ihre Wangen, die Stirn wurde weiß und klar, und die Dauerwelle hatte sich aufgelöst.

Aus dem Spiegel schaute auf die dreißigjährige Margarita eine etwa zwanzigjährige Frau mit natürlichen schwarzen Locken und lachte mit gebleckten Zähnen, stürmisch, hemmungslos.

Als das Lachen abgeebbt war, sprang Margarita mit einem Satz aus dem Bademantel, schöpfte eine Handvoll der fetten, leichten Salbe und rieb ihren Körper kräftig ein. Sogleich erglühte er rosig. Im nächsten Augenblick war der dumpfe Schmerz in der Schläfe fort, den sie seit dem Treffen im Alexandergarten gespürt hatte – als hätte man ihr eine Nadel aus dem Gehirn gezogen. Die Muskeln ihrer Arme und Beine füllten sich mit Kraft, und dann wurde Margarita schwerelos.

Sie sprang hoch und blieb knapp über dem Teppich in der Luft hängen; dann zog es sie langsam zu Boden.

»Diese Salbe! Nein, diese Salbe!«, rief sie und warf sich in den Sessel.

Das Eincremen hatte sie nicht nur äußerlich verändert. Freude brodelte in ihr, sprudelte und prickelte in ihrem ganzen Leib. Sie fühlte sich frei, frei von allem. Außerdem verstand sie mit vollkommener Klarheit, dass ihre Vorahnung sich erfüllt hatte, und dass sie nun die Villa und ihr früheres Leben für immer verlassen würde. Ein letzter Gedanke bröckelte noch von diesem früheren Leben ab – bevor das Neue, Außergewöhnliche, das sie nach oben in die Luft zog, beginnen konnte, musste sie noch eine letzte Pflicht erfüllen. Nackt wie sie war, immer wieder hochschwebend, lief sie ins Arbeitszimmer ihres Mannes, knipste das Licht an und eilte zum Schreibtisch. Sie riss ein Blatt aus einem Notizbuch und schrieb mit Bleistift, zügig, mit Schwung, ohne zu zögern:

*Vergib mir und vergiss mich so schnell du kannst. Ich verlasse dich für immer. Suche nicht nach mir, es ist sinnlos. Ich bin aus Trauer und Kummer zu einer Hexe geworden. Ich muss los. Lebe wohl.*

*Margarita.*

Nun völlig befreit, flog sie ins Schlafzimmer, und gleich darauf lief auch Natascha mit vollen Armen herein. Sogleich fiel ihr alles – Holzbügel mit Kleidern, Spitzenschals, dunkelblaue aufgespannte Satinschuhe und ein Gürtel – zu Boden, und sie faltete die freigewordenen Hände entzückt zusammen.

»Na? Bin ich schön?«, rief Margarita laut und heiser.

»Was ist das?«, flüsterte Natascha und trat einen Schritt zurück. »Wie haben Sie das angestellt?«

»Es ist die Salbe! Die Salbe, die Salbe!«, antwortete Margarita, zeigte auf den funkelnden goldenen Tiegel und drehte sich vor dem Spiegel.

Natascha ließ das zerknitterte Kleid auf dem Boden liegen, stürzte zum Schminktisch und fixierte mit gierig leuchtenden Augen den Rest der Salbe. Ihre Lippen bewegten sich. Sie drehte sich wieder zu Margarita und sagte geradezu ehrfürchtig: »Die Haut von Ihnen! Die Haut! Sie leuchtet ja richtig!«

Dann kam sie zur Besinnung, lief zum Kleid zurück, hob es auf und begann es auszuschütteln.

»Ach, lass es doch!«, rief Margarita. »Zum Teufel damit, lass alles liegen! Oder nein, behalt's als Andenken. Behalt es, sage ich! Nimm alles in diesem Zimmer!«

Natascha starrte Margarita eine Zeit lang an, reglos, verblüfft, dann fiel sie ihr um den Hals, küsste sie und rief: »Wie Seide! Leuchtend! Wie Seide! Und die Augenbrauen, meine Güte, die Augenbrauen!«

»Nimm diese Klamotten, die Parfüms, versteck alles in deiner Truhe«, kommandierte Margarita, »lass nur den Schmuck da, sonst behauptet noch einer, du hättest ihn gestohlen.«

Natascha packte alles, was ihr in die Hände kam – Kleider, Schuhe, Strümpfe, Unterwäsche – und rannte aus dem Schlafzimmer. Am anderen Ende der Straße schoss ein virtuoser Walzer aus einem offenen Fenster hinaus und flog über die Straße; ein Auto schnaufte am Tor.

»Asasello ruft gleich an!«, rief Margarita durch den Walzer, der in die Gasse prasselte. »Gleich ruft er an! Und der Ausländer ist unbedenklich. Ja, jetzt sehe ich das, vollkommen unbedenklich!«

Sie hörte das Auto wegfahren. Das Gartentor schlug zu, und auf den Pflastersteinen des Pfades ertönten Schritte.

»Da wurde wohl Nikolai Iwanowitsch nach Hause chauffiert«, dachte Margarita, »ich sollte zum Abschied etwas Lustiges tun, etwas Spannendes.«

Sie riss den Vorhang auf und setzte sich seitlich auf die Fensterbank, die Arme um die Knie. Das Mondlicht leckte ihre rechte Seite. Sie hob den Kopf zum Mond und machte ein nachdenkliches, lyrisches Gesicht. Sie hörte noch zwei Schritte und dann Stille. Nachdem sie zur Schau noch ein wenig den Mond bewundert und poetisch geseufzt hatte, blickte sie in den Garten und sah tatsächlich Nikolai Iwanowitsch, den Nachbarn aus dem Erdgeschoss. Er saß auf einer Bank, und es war klar, dass er gerade darauf niedergesunken war. Das Mondlicht strömte auf ihn nieder; sein Zwicker saß schief, und er klammerte sich verkrampft an seinen Aktenkoffer.

»Ah, Nikolai Iwanowitsch, seien Sie gegrüßt«, sprach Margarita melancholisch, »guten Abend! Eine späte Sitzung?«

Er gab keine Antwort.

»Und ich«, fuhr Margarita fort und lehnte sich weiter in den Garten hinaus, »ich sitze hier mutterseelenallein und langweile mich, wie Sie sehen. Betrachte den Mond, lausche dem Walzer …«

Margarita strich sich mit der linken Hand eine Haarsträhne hinters Ohr und sagte vorwurfsvoll: »Sie sind unhöflich, Nikolai Iwanowitsch!

Ich bin schließlich eine Dame! Nur ein Rüpel schweigt, wenn ihn eine Dame anspricht.«

Nikolai Iwanowitsch, bis ins Kleinste vom Mond ausgeleuchtet – bis zum letzten Knopf seiner grauen Weste, bis zum letzten Haar seines blonden Spitzbartes – grinste plötzlich wild und erhob sich von der Bank. Anscheinend außer sich vor Verlegenheit wedelte er mit dem Aktenkoffer, anstatt den Hut abzunehmen, und ging in die Hocke, als würde er gleich einen Kosakentanz vollführen.

»Ach was sind Sie doch öde, Nikolai Iwanowitsch! Überhaupt hab ich euch alle so satt, das lässt sich gar nicht in Worte fassen. So ein Glück, dass ich gehe! Zur Hölle mit euch!«

Da ging hinter Margaritas Rücken im Schlafzimmer das Telefon los. Ohne eine weitere Sekunde mit dem Nachbarn zu vergeuden, sprang sie von der Fensterbank und schnappte den Hörer.

»Asasello hier.«

»Liebster, liebster Asasello!«

»Es ist Zeit. Fliegen Sie los«, sagte Asasello, und seiner Stimme war zu vernehmen, dass ihm Margaritas aufrichtiger Gefühlsausbruch angenehm war. »Wenn Sie über das Tor fliegen, rufen Sie ›Unsichtbar!‹ Fliegen Sie übungsweise ein wenig über der Stadt, und dann nach Süden, aus der Stadt hinaus und zum Fluss. Sie werden erwartet!«

Margarita legte auf, und schon humpelte etwas hölzern aus dem Zimmer nebenan und klopfte an. Sie warf die Tür auf, und ein Schrubber flog tanzend ins Schlafzimmer, die Borsten nach oben. Er trommelte auf den Boden, schlug aus und strebte zum Fenster. Margarita kreischte verzückt und schwang sich auf den Schrubber. Erst jetzt kam ihr der Gedanke, dass sie in all der Aufregung vergessen hatte, sich anzukleiden. Sie galoppierte zum Bett und packte das erste, was sie sah, eine himmelblaue Chemise. Diese schwenkte sie wie eine Reiterfahne über dem Kopf und flog aus dem Fenster hinaus. Der Walzer schmetterte noch lauter über dem Garten.

Margarita glitt hinunter und sah Nikolai Iwanowitsch auf der Bank. Fassungslos, wie versteinert, lauschte er dem Schreien und Krachen aus dem beleuchteten Schlafzimmer im Obergeschoss.

»Leben Sie wohl, Nikolai Iwanowitsch!«, rief Margarita. Der Schrubber tänzelte vor der Nase des Nachbarn.

Er keuchte und kroch sitzend die Bank entlang, die Hände an ihren Rand geklammert, bis er seinen Aktenkoffer hinunterstieß.

»Leben Sie wohl! Ich fliege davon!« Margaritas Stimme übertönte den Walzer. Da wurde ihr klar, dass sie die Chemise doch nicht brauchte, und sie warf das Stück mit unheilvollem Gelächter dem Nachbarn über den Kopf. Der geblendete Nikolai Iwanowitsch stürzte von der Bank auf die Pflastersteine.

Margarita drehte sich um, warf einen letzten Blick auf die Villa, in der sie so lange gelitten hatte, und sah in dem lodernden Fenster Naschas vor Staunen verzerrtes Gesicht.

»Lebe wohl, Natascha!«, rief Margarita und riss den Schrubber hoch. »Unsichtbar! Unsichtbar!«, rief sie noch lauter. Sie flog zwischen Ahornzweigen, die ihr ins Gesicht klatschten, über das Tor und in die Gasse hinaus. Und hinter ihr her raste der vollends übergeschnappte Walzer.

# Kapitel 21

## Der Flug

Unsichtbar und befreit! Unsichtbar und befreit! Margarita sauste durch ihre Gasse und bog in die nächste ab. Diese – verbeult, verkrümmt, verkümmert, lang gezogen, mit einem Petroleumladen, hinter dessen klappriger Tür tassenweise Paraffin und flaschenweise Floh- und Lausmittel verkauft wurden – überquerte sie im Nu und merkte, dass selbst eine völlig befreite und unsichtbare Fliegerin dem Vergnügen doch etwas Vernunft beimischen musste. Nur durch ein Wunder konnte sie im letzten Moment bremsen und einem tödlichen Zusammenprall mit der alten, windschiefen Laterne an der Ecke entgehen. Nachdem sie ihr ausgewichen war, umklammerte Margarita den Schrubber fester und flog langsamer, die Stromkabel und Straßenschilder im Blick, die quer über den Bürgersteig hingen.

Die dritte Gasse führte direkt zum Arbat. Hier machte sich Margarita mit der Lenkung des Schrubbers vertraut, erkannte, dass dieser der geringsten Berührung ihrer Arme und Beine gehorchte, und dass sie über der Stadt mit großer Aufmerksamkeit fliegen sollte. Zu wild durfte sie sich hier nicht aufführen. Außerdem wurde klar, dass die Passanten sie tatsächlich nicht sahen. Niemand warf den Kopf zurück und rief: »Guckt mal, da!«, niemand wich erschreckt zur Seite, kreischte, wurde ohnmächtig oder lachte ein irrsinniges Lachen.

Margarita flog lautlos, sehr langsam und nicht hoch, etwa parallel zu den ersten Etagen. Aber selbst bei diesem gemächlichen Flug lenkte sie kurz vor der Wendung in den blendend beleuchteten Arbat daneben und prallte mit der Schulter gegen ein beleuchtetes Schild mit einem Pfeilsymbol. Das verärgerte Margarita. Sie zügelte den gehorsamen Schrubber, flog ein wenig zur Seite und stürzte Stiel voran auf das Schild zu, das prompt zerbarst. Glasscherben klirrten nieder, Passanten scheuten auseinander, irgendwo trillerte eine Pfeife, und Margarita lachte schallend, hochzufrieden mit diesem unnötigen Akt. »Hier auf dem Arbat muss ich aber vorsichtiger sein«, urteilte sie, »es hängt so viel herum, da kommt man kaum durch.« Sie fing an, zwischen den Leitungen zu lavieren. Unter ihr schwebten die Dächer von Bussen, Straßenbahnen und Autos, und entlang der Bürgersteige flossen Ströme von Mützen. Von diesen Strömen zweigten sich Bäche ab, die in den flammenden Mäulern der nächtlichen Läden mündeten.

»So ein Chaos!«, dachte Margarita verdrossen, »hier kann ich ja weder drehen noch wenden.« Sie überquerte den Arbat, stieg höher, bis zu den dritten Etagen, schwebte an den blendend schillernden Neonröhren eines Theaters vorbei und bog in eine schmale Gasse mit hohen Gebäuden ein. Alle Fenster standen hier offen, und aus jedem kam Radiomusik. Margarita schaute neugierig hinein. Sie sah eine Küche. Zwei Petroleumkocher heulten auf dem Herd, daneben standen zwei Frauen und zankten.

»Das Licht auf dem Klo muss man hinter sich ausmachen, jawohl«, sagte die eine, vor der etwas in einem Topf dampfend kochte, »sonst beantragen wir Sie aus der Wohnung raus!«

»Selber!«, parierte die andere.

»Ihr seid beide nicht ohne«, sagte Margarita laut und kippte über die Fensterbank in die Küche. Die beiden Streitenden wandten sich der Stimme zu und erstarrten, schmutzige Löffel in den Händen. Margarita streckte vorsichtig einen Arm zwischen ihnen, drehte an den Düsenhähnen der beiden Kocher und schaltete sie aus. Die Frauen keuchten und blieben mit offenen Mündern stehen. Aber Margarita langweilte sich bereits, also flog sie wieder hinaus.

Am Ende der schmalen Straße sah sie ein kolossales siebenstöckiges Haus, prächtig, offensichtlich gerade erst errichtet. Margarita segelte hinunter und sah eine mit schwarzem Marmor verkleidete Fassade, und breite Glastüren, und dahinter die glänzenden Knöpfe und die goldschnurgeschmückte Mütze des Portiers, und über der Tür eine Aufschrift in Gold: »DramLit-Haus«.

Margarita blinzelte und fragte sich, was dieses »DramLit« wohl bedeuten könnte. Kurzentschlossen nahm sie ihren Schrubber unter den Arm, betrat die Eingangshalle, nicht ohne den überraschten Portier mit der Tür anzustoßen, und sah an der Wand neben dem Aufzug eine riesige schwarze Tafel mit weißen Wohnungsnummern und Namen. Über der Liste prangte die Aufschrift »Haus der Dramatiker und Literaten«. Als Margarita sie las, entwich ihr ein blutrünstiger, gepresster Aufschrei. Sie schwebte etwas höher und las gierig: Hustow, Dwubratski, Quant, Beskudnikow, Latunski …

»Latunski!«, kreischte Margarita. »Latunski! Er war's doch – er hat den Meister zugrunde gerichtet!«

Der Portier starrte mit weit aufgerissenen Augen die Tafel an und machte vor Erstaunen sogar einen Sprung: Wieso kreischt denn plötzlich das Wohnungsverzeichnis?

Margarita aber sauste bereits die Treppe hinauf, wobei sie in seltsamer Verzückung wiederholte: »Latunski – 84, Latunski – 84 …«

Links war die 82, rechts die 83, weiter oben, links – die 84. Da! Und da war auch das Schild an der Tür: O. Latunski.

Margarita sprang vom Schrubber, und ihre heißen Sohlen spürten die angenehme Kühle des steinernen Treppenabsatzes. Sie klingelte, dann klingelte sie wieder. Niemand öffnete. Sie drückte den Knopf stärker und hörte selbst das Bimbam in Latunskis Wohnung. Ja, der Bewohner der Nummer 84 im siebten Stock sollte dem verstorbenen Berlioz ewig dankbar dafür sein, dass dieser unter die Straßenbahn geraten war, und dass die Gedenksitzung des MassLit ausgerechnet an jenem Abend stattfand. Der Kritiker Latunski war wohl unter einem Glücksstern geboren worden. Dieser Stern hatte ihn vor einem Treffen mit Margarita bewahrt, die an jenem Freitag zur Hexe wurde.

Niemand öffnete. Also raste Margarita hinunter und zählte dabei die Stockwerke. Sie erreichte das Erdgeschoss, rannte auf die Straße und musterte das Gebäude von außen, zählte wieder die Stockwerke und kalkulierte, welche Fenster zu Latunskis Wohnung gehörten. Zweifellos waren es die fünf dunklen an der Ecke, im siebten Stock. Sobald sie sich sicher war, stieg Margarita in die Luft und trat in wenigen Sekunden durch ein offenes Fenster in ein Zimmer, in dem nur ein schmaler Silberpfad aus Mondlicht glimmerte. Sie lief diesen Pfad hinunter und tastete nach dem Schalter. Einen Moment später war die ganze Wohnung beleuchtet, und ihr Schrubber stand in einer Ecke. Margarita überprüfte, ob auch wirklich niemand zu Hause war, öffnete die Tür zur Treppe und schaute nach, ob das Namensschild stimmte. Das tat es. Margarita war da, wo sie sein wollte.

Ja, man sagt, der Kritiker Latunski werde bis heute bleich, wenn er sich an jenen schrecklichen Abend erinnert; bis heute spreche er den Namen »Berlioz« voller Dankbarkeit. Denn es ist nicht abzuschätzen, was für abscheuliche und düstere Delikte jenen Abend hätten passieren können – als Margarita aus der Küche zurückkehrte, hielt sie einen schweren Hammer in der Hand.

Die nackte und unsichtbare Fliegerin versuchte, sich in Zaum zu halten, sich Vernunft einzureden, doch ihr zitterten die Hände vor Ungeduld. Sie schlug auf die Tasten des Becker-Flügels, und ein erstes wehleidiges Heulen hallte durch die Wohnung. Dann schrie das unschuldige Saloninstrument immer verzweifelter. Die Tasten fielen ein, Elfenbein flog zu allen Seiten. Der Flügel heulte, jammerte, röchelte und klirrte. Wie ein Pistolenschuss platzte die polierte Resonanzdecke unter einem Hammerschlag. Schwer atmend zerfetzte Margarita die Saiten mit dem Hammer. Schließlich ließ sie erschöpft ab und sank in einen Sessel, um Luft zu holen.

Im Bad und auch in der Küche dröhnte das Wasser. »Es fließt wohl schon auf den Boden«, dachte Margarita und sagte laut: »So, genug herumgesessen.«

Ein Strom lief bereits aus der Küche in den Flur. Barfuß platschte Margarita durch die Wohnung, trug volle Eimer ins Arbeitszimmer und entleerte sie in die Schubladen des Schreibtischs. Dann zerschlug sie dort die Schranktüren und eilte ins Schlafgemach. Nachdem sie den verspiegelten Kleiderschrank demoliert hatte, zerrte sie daraus einen Anzug des Kritikers und ertränkte ihn in der Wanne. Den Inhalt eines großen, aus dem Arbeitszimmer entwendeten Tintenfasses goss sie über das bauschige Doppelbett. Die Verwüstung, die sie anrichtete, bereitete ihr brennendes Vergnügen, aber die Ergebnisse schienen dürftig. Also machte sie immer chaotischer weiter. Sie rannte in den Raum mit dem Flügel und machte sich daran, Kübel mit Gummibäumen zu zerschmettern, hörte mitten im Schmettern auf und lief ins Schlafzimmer, wo sie mit einem Küchenmesser die Laken aufschnitt und das Glas gerahmter Fotos zerschlug. Sie wurde nicht müde, nur der Schweiß strömte über ihre Haut.

Unterdessen trank die Haushälterin des Dramatikers Quant ihren Tee in der Küche der Nummer 82, eine Etage tiefer, und wunderte sich über das Geschmetter, Geklirr und Gerenne. Sie hob das Gesicht zur Decke und sah auf einmal, wie sich diese verfärbte, von Weiß zu einem Wasserleichenblau. Der Fleck wurde vor ihren Augen breiter; auf einmal schwollen darauf Tropfen an. Einige Minuten lang staunte die Haushälterin über dieses Phänomen, bis schließlich ein wahrhaftiger Regen von der Decke trommelte. Da sprang sie auf und schob ein Becken unter den Strom, was nicht im Geringsten half, denn der Regen dehnte sich aus, begoss den Gasherd und das Geschirr auf dem Tisch. Die Haushälterin rannte schreiend zur Treppe hinaus, und sogleich läutete es an Latunskis Tür.

»Jetzt geht das Klingeln los. Es wird Zeit«, sagte sich Margarita. Sie bestieg den Schrubber und lauschte der Frauenstimme, die durch das Schlüsselloch rief: »Aufmachen, aufmachen! Dussja, jetzt mach doch auf! Ist bei euch was übergelaufen? Bei uns fließt's von der Decke!«

Margarita stieg einen Meter in die Luft und attackierte den Kronleuchter. Zwei Glühbirnen zersprangen, der Kristallbehang flog auseinander. Die Rufe im Schlüsselloch hörten auf; dafür war Stampfen auf der Treppe zu hören. Margarita schwebte zum Fenster hinaus. Draußen holte sie aus, nicht besonders weit, und schlug mit dem Hammer aufs Glas. Die Scheibe schluchzte, und eine Kaskade von Scherben stürzte in die Wohnung und die marmorverkleidete Hauswand nieder. Margarita flog zum nächsten Fenster. Weit unten begann ein Gerenne auf dem Bürgersteig; eines der beiden Autos am Eingang hupte und fuhr davon.

Mit Latunskis Fenstern fertig, segelte Margarita zur nächsten Wohnung. Sie schlug nun schneller zu, die Gasse füllte sich mit Geklirr und Geprassel. Der Portier rannte hinaus und blickte hinauf. Erst fiel ihm offenbar nicht ein, was zu tun war, dann legte er sich die Pfeife an die Lippen und trillerte rasend los. Zu diesen Klängen demolierte Margarita besonders übermütig das letzte Fenster im siebten Stock, glitt zu dem sechsten nieder und machte dort weiter.

Der Portier, der hinter den Glastüren des Eingangs lange am Nichtstun gelitten hatte, trillerte mit Leib und Seele; er trillerte Margarita zu, als begleite er sie mit seiner Musik. In den Pausen, wenn sie von Fenster zu Fenster flog, holte er Atem; bei jedem neuen Schlag aufs Glas blähte er die Wangen auf und pfiff, was das Zeug hielt. Das Trillern durchbohrte die Nachtluft bis zum Himmel.

Zusammen brachten sein Eifer und der Eifer der rasenden Margarita sehenswerte Ergebnisse. Das Haus war in Panik. Die noch intakten Fenster gingen auf; darin erschienen Köpfe, die sich alsbald wieder versteckten, während die noch offenen Fenster geschlossen wurden. In den Häusern gegenüber erschienen auf beleuchtetem Hintergrund dunkle Silhouetten von Menschen, die rätselten, wieso im neuen DramLit-Haus so unvermittelt die Fenster platzten.

In der Gasse strömten Menschen zum DramLit, und drinnen stampften ganz ohne Sinn und Verstand auf allen Treppen die Bewohner hin und her. Quants Haushälterin stand im Treppenhaus und rief allen zu, ihre Wohnung werde überflutet, und bald gesellte sich auch die Haushälterin von Hustow zu ihr, aus der Nummer 80, direkt unter Quants Wohnung. Bei den Hustows strömte es sowohl in der Küche als auch im

Bad von oben. Schließlich fiel in Quants Küche eine riesige Gipsplatte von der Decke, zerbrach all das schmutzige Geschirr und läutete einen wahren Platzregen ein: Das Wasser floss aus der durchhängenden nassen Spalierdecke in Strömen. Dann begann auf der Treppe des ersten Hauseingangs ein Geschrei. Margarita flog am vorletzten Fenster des dritten Stocks vorbei, schaute hinein und sah einen Mann, der sich in Panik eine Gasmaske übergestülpt hatte. Sie schlug mit dem Hammer auf seine Fensterscheibe, verschreckte ihn, und er verschwand aus dem Zimmer.

Und dann hörte die Verwüstung mit einem Mal auf. Margarita glitt zum zweiten Stock hinunter und blickte in das Eckfenster hinter einer dünnen, dunklen Gardine. Im Zimmer brannte ein beschirmtes Nachtlicht. In einem Kinderbett mit Netzwänden saß ein Junge von etwa vier Jahren und lauschte verschreckt. Im Zimmer war kein Erwachsener, offensichtlich waren sie alle aus der Wohnung gerannt.

»Die Fenster gehen kaputt«, flüsterte der Junge und rief: »Mami!«

Niemand antwortete. Dann sagte er: »Mami, ich hab Angst.«

Margarita zog die Gardine zur Seite und flog hinein.

»Ich hab Angst«, wiederholte der Junge zitternd.

»Schon gut, schon gut, Kleiner«, sagte Margarita, bemüht, ihre windheisere Räuberstimme sanfter zu machen, »da haben nur ein paar Bengel die Fenster kaputtgemacht.«

»Mit einer Steinschleuder?«, fragte der Junge. Er zitterte nicht mehr.

»Mit einer Steinschleuder, ganz genau. Jetzt musst du aber schlafen!«

»Das war bestimmt der Sitnik«, sagte der Junge, »der hat eine Schleuder.«

»Bestimmt!«

Der Junge sah verschmitzt zur Seite und fragte: »Du, wo bist du denn?«

»Nirgendwo«, antwortete Margarita, »du träumst mich nur.«

»Das hab ich mir gedacht.«

»Jetzt kuschel dich mal hin, leg dir die Hand unter die Wange, und träum mich weiter.«

»Mach ich«, stimmte der Junge zu, kuschelte sich hin und legte sich die Hand unter die Wange.

»Ich will dir ein Märchen erzählen«, begann Margarita und legte ihre heiße Hand auf seinen kurz geschorenen Kopf. »Es war einmal eine Frau. Und sie hatte keine Kinder und auch sonst kein Glück. Und so weinte sie zuerst ganz lange, und dann wurde sie böse …« Margarita hielt inne und nahm die Hand weg – der Junge schlief.

Sie legte den Hammer behutsam auf die Fensterbank und flog hinaus. Vor dem Haus herrschte ein Durcheinander. Über den mit Glasscherben übersäten Asphalt liefen Menschen schreiend hin und her. Dazwischen waren bereits Polizisten zu sehen. Auf einmal läutete eine Glocke, und ein roter Feuerwehrwagen mit Leiter rollte vom Arbat in die Gasse.

Aber all das interessierte Margarita nicht mehr. Sie packte ihren Schrubber fester, zielte zwischen den Leitungen hindurch und war im Handumdrehen hoch über dem unglückseligen Haus. Die Straße unter ihr kippte zur Seite und sackte nach unten. Lauter Dächer lagen nun zu Margaritas Füßen, in verschiedenen Winkeln von funkelnden Pfaden durchzogen. Dann driftete alles zur Seite, die Lichterketten verschmierten und verschmolzen.

Margarita schwang sich mit einem Ruck noch höher, und die Dächer sanken in den Grund. An ihre Stelle trat ein See zitternder elektrischer Lichter. Unversehens stieg dieser See in die Höhe und erschien über Margaritas Kopf, während der Mond unter ihren Füßen aufblitzte. Sie merkte, dass sie kopfüber flog, richtete sich wieder auf und sah keinen See mehr; nur der Horizont schimmerte rosa. Auch dieses Schimmern verschwand eine Sekunde später, und dann gab es nur noch Margarita und oben links den Mond. Margaritas Haare flogen wild hinter und über ihr, und das Mondlicht umwehte sausend ihren Körper. Daran, wie zwei Reihen weit verstreuter Lichter unten zu zwei ungebrochenen, feurigen Linien verschmolzen, und daran, wie rasch diese hinter ihr verschwanden, erkannte Margarita, wie ungeheuer schnell sie flog, und staunte, dass sie leicht atmen konnte.

Nach ein paar Sekunden flammte weit unten in der irdischen Schwärze ein neuer See elektrischer Lichter auf und kippte zu den Füßen der Fliegenden, wirbelte aber sogleich weg, in den Abgrund. Ein paar Augenblicke später geschah es wieder.

»Es sind Städte! Städte!«, rief Margarita.

Dann sah sie noch zwei- oder vielleicht dreimal in der Schwärze schwach glimmende Säbel und begriff, dass es Flüsse waren.

Die Fliegerin schaute nach oben und links: Sie genoss den seltsamen Anblick des Mondes, der über ihrem Kopf nach Moskau zurückraste, ohne sich zu regen, und auf dem etwas Geheimnisvolles dunkel umrissen war – ein Drache, oder vielleicht ein buckliges Pferdchen, dessen scharfe Schnauze sich der verlassenen Stadt zuwandte.

Dann kam ihr der Gedanke, dass sie den Schrubber nicht so zu hetzen brauchte. So konnte sie doch nichts richtig sehen, sich nicht mit allen Sinnen an dem Flug berauschen. Etwas sagte ihr, dass man an ihrem Zielort schon auf sie warten würde, und sie war dieser wahnsinnigen Geschwindigkeit und Höhe überdrüssig.

Sie neigte die Borsten des Schrubbers vor, sodass sein Stiel sich hochrichtete, und steuerte ganz langsam auf die Erde zu. Dieses Abwärtsgleiten, wie auf einem Luftschlitten, genoss sie von dem ganzen Flug am meisten. Die Erde hob sich ihr entgegen, und in ihrer gerade noch formlosen schwarzen Dichte offenbarten sich die Reize und Geheimnisse der mondhellen Nacht. Die Erde kam auf sie zu, und schon umwehte sie der Duft der ergrünten Wälder. Margarita flog dicht über dem Nebel einer taufrischen Wiese, dann über einem Teich. Unter ihr sang ein Chor von Fröschen, und von Weitem kam das Geräusch eines Zuges, das ihr Herz unerklärlich bewegte. Bald sah sie den Zug auch. Er kroch dahin, eine schwerfällige Raupe, und spritzte Funken in die Luft. Margarita überholte ihn und fand sich wieder über einem Wasserspiegel, in dem ein zweiter Mond schwebte; sie sank noch tiefer, berührte mit den Füßen fast die Wipfel der riesigen Kiefern.

Dann hörte sie hinter sich die Luft zerreißen, ein nahendes Sausen, wie von einem Projektil. Kurz darauf kam ein anderes Geräusch dazu, das meilenweit schallende Lachen einer Frau. Margarita blickte zurück und sah einen dunklen, zusammengesetzten Gegenstand. Er zeichnete sich immer deutlicher ab und wurde schließlich zu einer Figur, die durch die Luft ritt. Die Figur holte Margarita ein und bremste ab. Es war Natascha.

Völlig nackt, das Haar zerzaust, flog sie auf einem fetten Schwein, das einen Aktenkoffer zwischen den Vorderhufen geklemmt hielt, während die Hinterhufe mit aller Kraft strampelten. Gelegentlich glimmerte sein Zwicker im Mondlicht und verblasste dann wieder; er war von seinem Rüssel abgeglitten und flog ihm an einer Schnur nach. Der Hut rutschte ihm immer wieder über die Augen. Bei genauerem Hinsehen erkannte Margarita in dem Schwein den Nachbarn Nikolai Iwanowitsch, und dann prustete auch sie los, wie Natascha, dass es über dem Wald schallte.

»Natascha, Mensch!«, gellte Margarita. »Hast dich auch eingecremt, was?«

»Herzallerliebste!«, rief Natascha zurück, und der schlafende Kiefernwald scheuchte auf. »Königin aller Frankreiche! Dem hier, dem hab ich auch was auf die Glatze geschmiert!«

»Prinzessin!«, heulte das galoppierende Schwein.

»Liebste Margarita!«, rief Natascha, die nun neben ihr ritt. »Ja, ich habe die Salbe genommen, ich geb's zu! Auch unsereins will ja leben und fliegen! Vergeben Sie mir, Gebieterin, aber ich kehre nicht zurück, um nichts in der Welt! Ah, ist das schön so! Und der da – er hat mir den Antrag gemacht!« Natascha stieß den Finger in den Nacken des beschämt schnaufenden Schweins. »Wie hast du mich genannt, he?«, rief sie ihm ins Ohr.

»Göttin!«, jaulte das Schwein. »Ich darf nicht so schnell fliegen! Ich könnte wichtige Papiere verlieren, ich bitte Sie, ich protestiere!«

»Zur Hölle mit deinen Papieren!«, lachte Natascha unverfroren.

»Ich bitte Sie! Was, wenn uns jemand hört!«, flehte das Schwein.

Natascha ließ es weiter galoppieren und berichtete lachend, was in der Villa nach Margaritas Abflug geschehen war.

Ohne die ihr geschenkten Sachen auch nur anzurühren, hatte sie sich die Kleider vom Leib gerissen und mit dem Eincremen loslegt. Darauf war mit ihr das Gleiche geschehen wie zuvor mit Margarita. Als Natascha ihre magische Schönheit jubelnd vor dem Spiegel bewunderte, öffnete sich die Tür, und vor ihr erschien der bestürzte Nikolai Iwanowitsch. In den Händen hielt er Margaritas Chemise sowie seinen Hut und den Aktenkoffer. Als er Natascha sah, verlor er vollends die Fassung, wurde tomatenrot, brachte dann aber doch heraus, er habe sich verpflichtet gefühlt, das Hemdchen aufzuheben und persönlich vorbeizubringen.

»Was er mir nicht alles erzählt hat, der Schurke!«, kreischte und kicherte Natascha. »Die Worte, die Versprechungen! Hat gesagt, seine Frau würde nie davon erfahren. Na, stimmt's oder stimmt's nicht?«, rief sie dem Schwein zu, das verschämt die Schnauze wegdrehte.

Aus Jux und Dollerei hatte Natascha im Schlafzimmer etwas Salbe auf Nikolai Iwanowitschs Glatze getupft und war darauf ganz baff: Aus dem Gesicht des respektablen Nachbarn zog sich ein Schweinerüssel, und an seinen Armen und Beinen wuchsen Hufe. Als er sich im Spiegel sah, heulte er auf, wild und verzweifelt, aber vergeblich. Ein paar Sekunden später flog er bereits beritten aus Moskau weg, weiß der Teufel wohin, und schluchzte im Fliegen.

»Ich verlange hiermit die Wiederherstellung meiner normalen Gestalt!«, grunzte das Schwein plötzlich heiser irgendwo zwischen Raserei und Flehen. »Ich beabsichtige nicht, eine illegale Versammlung anzufliegen!« Und er wandte sich an Margarita: »Sie müssen Ihr Hausmädchen zur Ordnung rufen!«

»Jetzt bin ich also ein Hausmädchen? Ein Hausmädchen bin ich?«, rief Natascha und kniff dem Schwein bei jedem »Hausmädchen« ins Ohr. »Nicht mehr Göttin? Wie hast du mich genannt?«

»Venus!«, winselte das Schwein wehleidig. Es flog gerade über einem zwischen Steinen rauschenden Bach, und seine Hufen strichen raschelnd über Haselnusssträucher.

»Venus, jawohl! Venus!«, triumphierte Natascha, eine Hand auf der Hüfte, die andere zum Mond emporgestreckt. Dann schrie sie auf einmal mit durchdringender und irgendwie gequälter Stimme: »Hopp, hopp! Schneller! Schneller! Komm schon, leg zu!« Sie vergrub ihre Fersen in den Seiten des vom rasenden Ritt bereits abgemagerten Schweins, und es legte zu, sodass die Luft wieder zerriss. Einen Moment später war Natascha nur als schwarzer Fleck in der Ferne zu sehen; dann verschwand sie vollends, und auch das Sausen verhallte.

Margarita flog immer noch langsam über eine unbekannte, verlassene Landschaft, über Hügel mit gelegentlichen Felsbrocken und verstreuten riesigen Kiefern. Sie flog und dachte, sie müsse wohl sehr weit von Moskau sein. Der Schrubber segelte nicht mehr über den Wipfeln der Kiefern, sondern zwischen ihren mondversilberten Stämmen. Der Schatten der Fliegerin glitt über den Boden vor ihr – der Mond schien Margarita nun in den Rücken.

Sie spürte die Nähe von Wasser und ahnte, dass auch ihr Ziel nahe war. Die Kiefern teilten sich, und sie glitt gemächlich auf eine Kreideklippe zu. Dahinter, unten im Schatten, lag ein Fluss. Nebel klammerte sich ans Gebüsch unter der Klippe; das gegenüberliegende Ufer war niedrig und flach. Darauf, unter einer abgeschiedenen Gruppe ausladender Bäume, flackerte das Licht eines Lagerfeuers und es bewegten sich Silhouetten. Margarita meinte auch, das Summen heiterer Musik zu hören. Ansonsten gab es auf dem silbrigen Flachland, so weit das Auge reichte, keine Anzeichen von Menschen oder Häusern.

Sie sprang von der Klippe hinunter und sauste zum Fluss. Nach dem Rasen durch die Luft lockte sie das Wasser. Sie warf den Schrubber beiseite, nahm Anlauf und tauchte kopfüber hinein. Ihr leichter Leib durchdrang die Oberfläche wie ein Pfeil, und die Wassersäule bäumte sich fast bis zum Mond auf. Das Wasser war warm wie in der Banja.

Margarita tauchte aus der Untiefe auf und schwamm sich satt, scheinbar ganz allein in diesem nächtlichen Fluss.

Dann hörte sie, etwas weiter, hinter den Büschen, ein Plantschen und Schnauben: Dort wurde auch gebadet. Margarita stieg ans Ufer. Ihr Körper glühte nach dem Schwimmen. Sie war kein bisschen müde und tänzelte freudig über das feuchte Gras. Auf einmal hielt sie inne und horchte. Das Schnauben näherte sich, und hinter dem Gebüsch kam ein Fettwanst hervor, gänzlich nackt bis auf einen keck zurückgeschobenen schwarzen Seidenzylinder. Seine Füße waren mit Schlamm bedeckt, als hätte er schwarze Schuhe an. Nach seinem Schnauben und Schluckauf zu urteilen, war er ziemlich angeheitert; dafür sprach auch, dass der Fluss mit einem Mal nach Cognac roch.

Der Fettwanst musterte Margarita und rief freudig: »Nanu! Ist das denn die Möglichkeit? Claudine, du muntere Witwe! Du auch hier?« Und er streckte ihr grüßend die Arme entgegen.

Margarita tat einen Schritt zurück und entgegnete mit Würde: »Du hast sie wohl nicht alle. Ich – und Claudine? Pass auf, mit wem du redest.« Sie dachte kurz nach und fügte einen langen, unflätigen Ausdruck hinzu. All dies hatte eine ernüchternde Wirkung auf den leichtsinnigen Fettwanst.

»Oh!«, rief er leise und fuhr zusammen. »Ich bitte untertänigst um Vergebung, strahlende Königin Margot! Eine Verwechslung. Das macht der verfluchte Cognac!«

Der Fettwanst sank auf ein Knie, zog mit Schwung den Zylinder, verbeugte sich und stammelte in einem Gemisch aus Russisch und Französisch irgendeinen Unsinn über die blutige Hochzeit seines Pariser Freundes Guessard und über den Cognac und über seinen unverzeihlichen, niederschmetternden Fehler.

»Zieh dir doch erstmal eine Hose an, du Sau«, sagte Margarita besänftigt.

Der Fettwanst grinste fröhlich, als er sah, dass sie ihm nicht mehr böse war, und erklärte enthusiastisch, er sei momentan nur aus dem

Grund hosenlos, weil er die Hose aus Zerstreutheit in Sibirien am Jenissei-Fluss vergessen habe, wo er kurz zuvor baden gewesen sei, dass er aber jetzt und sofort dorthin fliegen würde, es sei ja ein Katzensprung; er danke vielmals für Margaritas Gunst und Gönnerschaft. Dann krebste er zurück – bis er ausrutschte und rücklings ins Wasser fiel. Aber selbst im Fallen strahlte auf seinem von Koteletten umrahmten Gesicht ein Lächeln der Begeisterung und Hingabe.

Margarita pfiff durchdringend, schwang sich auf den sogleich herbeigeeilten Schrubber und überquerte den Fluss. Der Schatten des Kreideberges erreichte dieses Ufer nicht, und es war ganz mit Mondlicht überflutet.

Sobald Margarita im feuchten Gras gelandet war, schmetterte die Musik unter den Silberweiden lauter, und die Funken sprudelten fröhlicher über dem Feuer. Die Zweige der Weiden waren mit flaumigen, mondbeschienen Kätzchen übersät, darunter saßen zwei Reihen dickschnäuziger Frösche. Sie plusterten sich auf, als wären sie aus Gummi, und spielten spritzige Marschmusik auf Holztröten. Mit leuchtenden Pilzen bewachsene, faule Holzstücke hingen von Zweigen hinunter und beschienen die Noten; der flackernde Feuerschein tanzte auf den Schnauzen der Frösche.

Man spielte einen Marsch zu Ehren Margaritas. Überhaupt wurde sie äußerst feierlich empfangen. Durchscheinende Meerjungfrauen unterbrachen ihren Reigen über dem Fluss, winkten ihr mit Algen zu und stöhnten ihre Grüße weit über das verlassene grünliche Ufer hinaus. Nackte Hexen sprangen hinter den Weiden hervor, reihten sich auf, knicksten und verbeugten sich höfisch. Irgendein Bocksbeiniger flog auf Margarita zu, küsste ihr die Hand, breitete auf dem Gras eine Seidenbahn aus, erkundigte sich, ob die Königin vergnüglich gebadet habe, und lud sie ein, sich hinzulegen und auszuruhen.

Das tat Margarita auch. Der Bocksbeinige bot ihr ein Glas Champagner, sie trank, und ihr Herz wurde sogleich warm. Sie erkundigte sich nach Natascha und erhielt die Antwort, sie habe ebenfalls ein Bad genommen und sei auf ihrem Schwein nach Moskau zurückgeflogen, um Bescheid zu sagen, dass Margarita bald käme, und ihre Aufmachung vorzubereiten.

Über Margaritas kurzen Aufenthalt unter den Weiden ist noch Folgendes zu berichten: Auf einmal pfiff es in der Luft, und etwas Dunkles stürzte, offensichtlich ungewollt, ins Wasser. Wenige Augenblicke später stand vor Margarita derselbe Fettwanst mit Koteletten, der sich am anderen Ufer so unpassend präsentiert hatte. Er war wohl tatsächlich bereits zum Jenissei und zurück gesaust, denn er trug einen Frack – nur war er von Kopf bis Fuß durchnässt. Der Cognac hatte ihm auch bei der Landung übel mitgespielt. Aber selbst nach diesem bedauerlichen Vorfall blieb sein Gesichtsausdruck selig, und Margarita streckte ihm lachend die Hand für einen Kuss entgegen.

Nach und nach leerte sich die kleine Insel. Die Hexen flogen davon, lösten sich auf im Lodern des Mondes. Die Meerjungfrauen beendeten ihren Reigen; auch sie zerschmolzen im Mondlicht. Das Feuer erlosch, und die Asche ergraute über den Kohlen.

Der Bocksbeinige erkundigte sich respektvoll bei Margarita, wie sie zum Fluss angereist war. Als er hörte, sie sei auf einem Schrubber geritten, sagte er »wie unbequem, das wäre doch nicht nötig gewesen!«, bastelte im Handumdrehen ein dubioses Telefon aus zwei Ästen und verlangte ein Automobil, und zwar augenblicklich. Tatsächlich war augenblicklich ein Automobil da: Ein goldfalbes Cabriolet stürzte auf die Insel herab, auf dem Fahrersitz eine schwarze Saatkrähe mit langem Schnabel, Wachstuchmütze und Chauffeur-Handschuhen. Der Bocksbeinige und der Fettwanst halfen Margarita hinein, und sie sank auf den breiten Rücksitz. Das Cabriolet brüllte und machte einen Sprung fast bis zum Mond. Die Insel verschwand, es verschwand der Fluss. Das Automobil flog Margarita zurück nach Moskau.

# Kapitel 22

## Bei Kerzenschein

Das monotone Summen des hoch im Himmel segelnden Automobils lullte Margarita in den Schlaf, und das Mondlicht wärmte sie wohlig. Sie schloss die Augen, bot das Gesicht dem Wind und dachte etwas wehmütig an das verlassene Flussufer: Sie spürte, dass sie es nie wiedersehen würde. Nach all den Zaubereien und Wundern dieses Abends ahnte sie, zu wem sie gerade kutschiert wurde, doch Angst hatte sie nicht. Die Hoffnung, dort ihr Glück wiederzuerlangen, machte sie furchtlos. Sie hatte unterwegs aber nicht viel Zeit zum Träumen. Ob die Krähe ihren Job so gut beherrschte oder das Fahrzeug so schnell war, aber Margarita öffnete bald die Augen und sah unter sich nicht das Dunkel der Wälder, sondern das zitternde Lichtermeer Moskaus. Der schwarze Vogel schraubte im Flug das rechte Vorderrad ab und landete das Cabriolet auf einem verlassenen Friedhof im Moskauer Westen.

Nachdem er Margarita, die keine Fragen stellte, mit ihrem Schrubber neben einem der Gräber deponiert hatte, startete er das Automobil und richtete es schnurstracks in die Schlucht hinter dem Friedhof. Es polterte in diese hinein und verendete darin. Der Vogel salutierte respektvoll, bestieg das abgeschraubte Rad und flog davon.

Sogleich erschien hinter einem der Grabsteine ein schwarzer Umhang. Ein Reißzahn blitzte im Mondlicht, und Margarita erkannte Asasello. Er lud sie mit einer Geste ein, auf den Schrubber zu steigen, sprang selbst auf ein langes Florett, beide wirbelten hinauf und landeten in wenigen Sekunden, von niemandem bemerkt, nahe des Hauses 302b in der Sadowaja.

Als sie mit Florett und Schrubber unter den Armen in den Torbogen eintraten, bemerkte Margarita dort einen Mann mit Schirmmütze und hohen Stiefeln, der offenbar gelangweilt auf jemanden wartete. So leicht Asasellos und Margaritas Schritte auch waren, der einsame Mann hörte sie und zuckte nervös zusammen, als er niemanden entdecken konnte.

Am Hauseingang 6 trafen sie einen zweiten Mann, der dem ersten verblüffend ähnlich sah. Es wiederholte sich die gleiche Geschichte. Schritte; er drehte sich nervös um und runzelte die Stirn. Als sich die Tür öffnete und wieder schloss, rannte er den unsichtbaren Eindringlingen hinterher und blickte in den Hauseingang, sah aber natürlich nichts.

Ein dritter, eine Kopie des zweiten und damit auch des ersten, schob Dienst auf einer Bank im Treppenhaus des zweiten Stocks. Er rauchte starke Zigaretten, und Margarita musste husten, als sie an ihm vorbeiging. Der Raucher sprang wie gestochen auf, schaute sich unbehaglich um, ging zum Geländer und blickte nach unten. Margarita und ihr Begleiter standen bereits vor der Tür der Wohnung 50. Sie mussten nicht klingeln, Asasello öffnete lautlos mit seinem Schlüssel.

Das erste, was Margarita erstaunte, war die Finsternis. Es war dunkel wie in einem unterirdischen Verlies, sodass sie sich unwillkürlich an Asasellos Umhang klammerte, um nicht zu stolpern. Dann flackerte aber oben in der Ferne ein kleines Licht und begann sich zu nähern. Asasello zog im Gehen den Schrubber unter Margaritas Arm hervor und ließ ihn lautlos im Dunkeln verschwinden. Sie stiegen über breite Stufen hinauf, und bald schien es Margarita, diese Stufen würden nie ein Ende nehmen. Sie wunderte sich, wie in der Diele einer gewöhnlichen Moskauer Wohnung diese außergewöhnliche Treppe – unsichtbar, aber durchaus spürbar – Platz finden konnte. Schließlich endete der Aufstieg; Margarita erkannte, dass sie auf einem Treppenabsatz stand. Das Licht kam auf sie zu, und darin sah sie das Gesicht der langen, dunklen Gestalt, welche die Öllampe in der Hand hielt. Wer in den Tagen zuvor das Unglück gehabt hatte, diesem Mann über den Weg zu laufen, hätte ihn sicherlich auch im Licht der schwachen Flamme erkannt. Es war Korowjew, alias Fagott.

Zugegeben, sein Aussehen hatte sich recht stark verändert. Das flackernde Flämmchen spiegelte sich nicht in dem Zwicker, der längst auf den Müll gehörte, sondern in einem Monokel, wenngleich ebenfalls mit Sprung. Der dürftige Schnurrbart auf seinem unverfrorenen Gesicht war gezwirbelt und gewachst, und die Dunkelheit seiner Gestalt hatte eine ganz einfache Erklärung – er trug einen Frack. Nur seine Brust war weiß.

Der Magier, Kantor, Zauberer, Dolmetscher – weiß der Teufel, was er wirklich war – kurzum, Korowjew, verbeugte sich und lud Margarita mit einem breiten Schwenk der Lampe ein, ihm zu folgen. Asasello verschwand.

»Was für ein bizarrer Abend«, dachte Margarita, »ich hatte alles Mögliche erwartet, nur das nicht! Ist etwa der Strom ausgefallen? Und wie groß dieser Raum ist, das ist ja noch seltsamer. Wie kann man das alles in eine Moskauer Wohnung pferchen? Kann man eben nicht!«

So wenig Licht Korowjews Lampe auch spendete, erkannte Margarita doch, dass sie sich in einem geradezu immensen Saal befand, dazu noch gerahmt von einer dunklen und scheinbar endlosen Kolonnade. Korowjew hielt neben einem kleinen Sofa, stellte sein Öllicht auf einen Sockel, bedeutete Margarita, sich zu setzen, und platzierte sich malerisch daneben, den Ellbogen auf den Sockel gestützt.

»Erlauben Sie mir, mich vorzustellen«, knarrte er, »Korowjew. Sie sind erstaunt, dass es kein Licht gibt? Sparsamkeit, denken Sie natürlich? Nichts dergleichen! Möge der erstbeste Henker – zum Beispiel einer von denen, die später am Abend in die Ehre kommen, Ihr Knie zu küssen – mir den Kopf auf diesem Sockel hier abhacken, wenn es so ist! Messère mag einfach kein elektrisches Licht, also geben wir es erst im letzten Moment. Und dann, glauben Sie mir, wird es keinen Mangel daran geben, eher schon Überfluss.«

Dieses Gequassel wirkte beruhigend auf Margarita; sie mochte Korowjew auf Anhieb.

»Nein«, sagte sie, »mich erstaunt eher, wie das alles hier reinpasst.« Mit einer Armbewegung deutete sie die enorme Größe des Saals an.

Korowjew grinste salbungsvoll, sodass sich in den Falten an seiner Nase die Schatten regten.

»Nichts einfacher als das!«, erklärte er. »Wenn man sich mit der fünften Dimension auskennt, ist es ein Leichtes, den Raum so groß wie gewünscht zu machen. Mehr noch, meine hochverehrte Dame – verteufelt groß! Wobei«, plauderte Korowjew weiter, »ich allerdings auch von Menschen weiß, die nicht nur von der fünften Dimension, sondern generell und überhaupt keine Ahnung haben, jedoch die unglaublichsten Wundertaten in Sachen Raumerweiterung vollbringen. Ich habe da zum Beispiel von einem Moskauer gehört, der eine Dreizimmerwohnung auf dem Gartenring ohne jegliche fünfte Dimension oder anderes hirnzermürbendes Zeugs auf einen Schlag in eine Vierzimmerwohnung verwandelte, indem er eine Trennwand einzog.

Diese Wohnung tauschte er flugs gegen zwei andere in verschiedenen Stadtteilen: eine mit drei Zimmern, die andere mit zweien. Und das ergibt ja fünf, wie man's auch dreht und wendet. Die Dreizimmerwohnung tauschte er wiederum gegen zwei Zweizimmerwohnungen, und wurde, wie Sie sehen, zum Besitzer von sechs Zimmern, wenngleich über ganz Moskau verstreut. Er wollte gerade seinen finalen und brillantesten Salto schlagen, indem er in den Zeitungen einen Tausch seiner sechs Zimmer in verschiedenen Teilen Moskaus gegen eine Fünfzimmerwohnung auf dem Gartenring offerierte, als seiner Tätigkeit ein Ende gesetzt wurde. Vielleicht hat er auch jetzt eine Art Zimmer, aber nicht in Moskau, das kann ich Ihnen versichern. Das ist doch mal ein Pfiffikus, nicht wahr? Und da reden Sie noch von der fünften Dimension!«

Obschon gar nicht sie, sondern nur Korowjew selbst von der fünften Dimension geredet hatte, lachte Margarita vergnügt über die Abenteuer des pfiffigen Wohnungsjongleurs.

Korowjew fuhr derweil fort: »Aber zur Sache, meine Donna. Mit Ihrer Intelligenz haben Sie natürlich schon erraten, bei wem Sie hier sind.«

Margaritas Herz pochte. Sie nickte.

»Ja gewiss, gewiss«, sagte Korowjew, »wir sind nämlich entschieden gegen jede Verschweigung und Geheimnistuerei. Einmal im Jahr gibt Messère einen Ball. Er wird ›der Vollmondball‹ genannt, oder ›der Ball der hundert Könige‹. So ein Menschenauflauf!« Da presste sich Korowjew die Hand an die Backe, als hätte er Zahnschmerzen. »Ja nun, ich hoffe, das erleben Sie bald selbst. Also: Messère ist ein Junggeselle, wie Sie natürlich verstehen. Der Ball braucht aber eine Gastgeberin.« Korowjew spreizte die Arme: »Wie soll es denn ohne gehen, nicht wahr?«

Margarita hing an seinen Lippen. Sie fühlte eine kalte Grube unter ihrem Herzen, die Hoffnung auf Glück verdrehte ihr den Kopf.

»Nun hat sich die Tradition etabliert«, sprach Korowjew weiter, »dass die Gastgeberin erstens unbedingt Margarita heißen und zweitens einheimisch sein muss. Wir sind aber auf Reisen, wie Sie sehen, und befinden uns gerade in Moskau. Wir haben hier einhunderteinundzwanzig Margaritas gefunden, und, denken Sie nur«, da schlug sich Korowjew vor Verzweiflung auf den Schenkel, »nicht eine davon geeignet! Doch endlich war das Schicksal gnädig.«

Er grinste mit Bedeutung, neigte sich zu Margarita, und wieder lief Kälte über ihr Herz.

»Nun also! Also nun: Werden Sie diese Aufgabe übernehmen?«

»Das werde ich«, antwortete Margarita entschieden.

»Abgemacht!«, rief Korowjew. Dann nahm er die Lampe und sagte: »Folgen Sie mir.«

Sie machten sich auf den Weg zwischen den Säulen und kamen schließlich in einen anderen Saal, wo es seltsamerweise stark nach Zitronen roch. Etwas raschelte und streifte Margaritas Kopf. Sie fuhr zusammen.

»Keine Angst«, flötete Korowjew und nahm sie unter den Arm, »es sind nur Begemots Ballflausen, sonst gar nichts. Überhaupt würde ich Ihnen raten, wenn ich so frei sein darf, sich niemals vor etwas zu fürchten. Es wäre nicht weise. Der Ball wird prachtvoll, das will ich Ihnen nicht verheimlichen. Wir werden Menschen sehen, deren Macht zu ihrer Zeit außerordentlich war. Aber bedenkt man die Macht desjenigen, zu dessen Gefolge ich mich zählen darf, kann man ihre mikroskopischen Möglichkeiten nur belächeln oder auch bemitleiden. Und außerdem sind Sie ja selbst von königlichem Blut.«

»Wieso von königlichem Blut?«, flüsterte Margarita ängstlich und drückte sich an Korowjew.

»Ach, meine Königin«, plapperte er verspielt, »die Fragen des Blutes sind die kompliziertesten Fragen der Welt! Könnten wir die eine oder andere Urgroßmutter befragen, vor allem wenn sie als besonders keusch und brav galt, würden wir die erstaunlichsten Geheimnisse aufdecken, verehrte Margarita! Ein Vergleich mit einem wundersam gemischten Kartenspiel ist hier nicht unangebracht. In manchen Dingen sind weder Ranges- noch Staatsgrenzen von Bedeutung. Ein Fingerzeig nur: Eine französische Königin aus dem sechzehnten Jahrhundert wäre wohl erstaunt zu sehen, wie ich heute Arm in Arm mit ihrer bezaubernden Ururururgroßenkelin durch einen Ballsaal in Moskau schreite. Ah, da sind wir ja schon!«

Korowjew blies die Lampe aus, und sie verschwand aus seinen Händen. Margarita sah vor sich auf dem Boden einen Lichtstreifen unter einer dunklen Tür. An diese Tür klopfte Korowjew leise. Margaritas Zähne klapperten vor Aufregung, und ein Kälteschauer lief ihr über die Wirbelsäule.

Die Tür öffnete sich. Das Zimmer dahinter war unerwartet klein. Margarita sah ein breites Eichenbett mit schmutzigen, zerknitterten Laken und Kissen. Vor dem Bett stand ein Tisch mit geschnitzten Beinen, ebenfalls aus Eiche, darauf ein Kerzenleuchter, in dessen sieben goldenen Vogelklauen dicke Wachskerzen brannten, und daneben ein großes Schachbrett mit Figuren von außergewöhnlich kunstvoller Machart. Auf dem kleinen, schäbigen Teppich war ein Schemel, und dann noch ein anderer Tisch, darauf eine goldene Schale und ein zweiter Kerzenleuchter, diesmal mit Schlangenarmen. Der Raum roch nach Schwefel und nach Pech. Die Schatten der beiden Leuchter überkreuzten sich auf dem Boden.

Unter den Anwesenden erkannte Margarita gleich Asasello, der nun befrackt an der Bettlehne stand. In dieser Aufmachung glich er nicht mehr dem Banditen aus dem Alexandergarten, und er verbeugte sich äußerst galant.

Eine nackte Hexe – dieselbe Hella, die den anständigen Büfettier so konsterniert hatte, und zugegeben auch dieselbe, die in der Nacht der berüchtigten Vorstellung glücklicherweise vom Schrei des Hahns verscheucht worden war – saß auf dem Teppich neben dem Bett und rührte etwas schwefelig Dampfendes in einem Topf.

Außerdem war da noch ein immenser schwarzer Kater, der auf einem hohen Hocker vor dem Schachbrett saß und einen Springer in der rechten Pfote hielt.

Hella richtete sich auf und verbeugte sich vor Margarita. Der Kater sprang vom Hocker und tat es ihr nach. Während er mit der rechten Hinterpfote einen Kratzfuß machte, ließ er den Springer fallen und kroch suchend unters Bett.

Starr vor Angst sah Margarita all das im trügerischen Kerzenschein nur undeutlich. Ihren Blick zog das Bett an. Darauf sah sie denjenigen, den kurz zuvor am Patriarchenteich der arme Iwan zu überzeugen suchte, dass der Teufel nicht existiere. Da saß er, dieser Nichtexistierende.

Zwei Augen starrten Margarita ins Gesicht. Das rechte, in der Tiefe golden funkelnd, bohrte sich ins Innerste jeder Seele. Das linke war leer und schwarz, ein Nadelöhr, die Öffnung eines bodenlosen Brunnens voller Finsternis und Schatten. Wolands Miene war verzerrt, der rechte Mundwinkel nach unten gezogen, die hohe kahle Stirn von tiefen Falten durchfurcht, die parallel zu den eckigen Augenbrauen verliefen. Seine Haut schien in alle Ewigkeit sonnenversengt.

Woland trug nur ein langes Nachthemd, schmutzig und auf der linken Schulter geflickt. Ein nacktes dunkles Bein hatte er unter sich gezogen, das andere auf den Schemel ausgestreckt. Hella rieb ihm das Knie mit dampfender Salbe ein.

Auf Wolands entblößter, haarloser Brust erspähte Margarita einen kunstvoll aus dunklem Stein geschnitzten und mit irgendwelchen Zeichen beschriebenen Käfer an einer Goldkette. Neben Woland stand auf einem massiven Sockel ein seltsamer Globus, scheinbar lebendig und von einer Seite sonnenbeleuchtet.

Eine Weile war es still. »Er studiert mich«, dachte Margarita und versuchte mit aller Kraft, das Zittern in den Beinen zu unterdrücken.

Endlich lächelte Woland, sein funkelndes Auge glühte auf, und er sprach: »Ich grüße Sie, Königin. Entschuldigen Sie meine legere Aufmachung.«

Seine Stimme war so tief, dass sie manchen Wörtern ein heiseres Echo verlieh.

Er nahm den langen Degen, der neben ihm lag, lehnte sich über die Bettkante, stocherte mit der Klinge darunter und sagte: »Komm heraus! Die Partie ist abgesagt. Unser Gast ist da.«

»Auf keinen Fall«, zischte Korowjew wie ein besorgter Souffleur in Margaritas Ohr.

»Auf keinen Fall«, wiederholte sie.

»Messère«, hauchte Korowjew.

»Auf keinen Fall, Messère«, sagte Margarita leise, aber bestimmt. Nun hatte sie sich gefangen. Lächelnd fügte sie hinzu: »Ich beschwöre Sie, sagen Sie die Partie nicht ab. Schachzeitschriften würden sicher gutes Geld zahlen, wenn sie dieses Spiel abdrucken könnten.«

Asasello grunzte beifällig; Woland betrachtete Margarita aufmerksam und sprach, scheinbar zu sich selbst: »Korowjew hat schon recht. Wie wundersam sich doch die Karten mischen!«

Er streckte einen Arm aus und winkte Margarita zu sich. Sie kam, ohne den Boden unter den bloßen Füßen zu spüren. Er legte die Hand, schwer wie Stein und heiß wie Feuer, auf ihre Schulter, zog sie zu sich und setzte sie auf das Bett.

»Wenn Sie schon so bezaubernd zuvorkommend sind«, sprach er, »und nichts anderes hätte ich erwartet, dann lassen wir das Zeremoniell.« Er lehnte sich wieder über die Kante und rief: »Wie lang soll dieser Klamauk unterm Bett noch andauern? Komm heraus, verdammter Hanswurst!«

»Ich kann den Springer nicht finden«, gab der Kater mit affektiert erstickter Stimme von unten zurück. »Der ist mir weggehüpft, stattdessen erwische ich ständig irgend so einen Frosch.«

»Wähnst du dich auf dem Jahrmarkt?«, fragte Woland mit gespieltem Ärger. »Gerade gab es noch keine Frösche unter dem Bett! Spar dir die billigen Zaubertricks fürs Varieté auf. Trittst du nicht flugs in Erscheinung, gilt das als Kapitulation, du elender Deserteur!«

»Niemals, Messère!«, kreischte der Kater und kroch heraus, den Springer in der Pfote.

»Erlauben Sie –«, setzte Woland an und fiel sich sogleich ins Wort: »Nein, diese Witzfigur! Schauen Sie bloß, wie er sich unter dem Bett zugerichtet hat.«

Der Kater stand inzwischen staubbedeckt auf den Hinterpfoten und machte vor Margarita eine Verbeugung nach der anderen. Seinen Hals zierte eine weiße Frackfliege, und vor der Brust baumelte ein Damenopernglas aus Perlmutt. Seine Schnurrhaare waren vergoldet.

»Das darf doch nicht wahr sein!«, rief Woland. »Wozu die Vergoldung? Und was zum Teufel willst du mit einer Fliege, wenn du nicht mal eine Hose trägst?«

»Hosen gehören sich für einen Kater nicht, Messère«, erwiderte das Tier würdevoll. »Soll ich vielleicht noch Stiefel anziehen? Gestiefelte Kater gibt es nur in Märchen, Messère. Aber haben Sie jemals auf einem Ball einen Gentleman ohne Fliege gesehen? Ich gedenke nicht, mich zum Gespött zu machen oder gar hinausgeschmissen zu werden! Jeder schmückt sich, wie er kann. Das gilt auch fürs Opernglas, Messère!«

»Und die Schnurrhaare?«

»Es entgeht mir«, antwortete der Kater trocken, »warum Asasello und Korowjew sich heute beim Rasieren mit weißem Puder bestreuen durften, und inwiefern sich dieser besser ziemt als goldener. Ich habe mir schlicht und einfach den Schnurrbart gepudert. Hätte ich mich rasiert – ja nun, das wäre etwas anderes! Ein rasierter Kater ist eine Schande, das gebe ich tausendfach zu. Doch ich sehe«, da zitterte seine Stimme beleidigt, »ich werde hier schikaniert. Ich stehe offenbar vor einem ernsten Problem: Bin ich auf dem Ball überhaupt willkommen? Was sagen Sie dazu, Messère?«

Der gekränkte Kater plusterte sich auf, als könnte er jede Sekunde platzen.

»So ein Schelm, so ein Schelm aber auch«, schüttelte Woland den Kopf, »jedes Mal, wenn die Partie für ihn hoffnungslos wird, beschwatzt er einen wie der schlimmste Schwindler auf dem Marktplatz. Nun setz dich hin und hör auf mit dieser verbalen Schmiererei!«

»Ich setze mich«, entgegnete der Kater, während er sich setzte, »doch gegen Letzteres muss ich mich wehren. Meine Rede stellt keinesfalls eine Schmiererei dar, wie Sie sich vor einer Dame auszudrücken belieben, sondern vielmehr eine Reihe fest verketteter Syllogismen, die Kenner wie Sextus Empiricus und Martianus Capella, wenn nicht gar Aristoteles, zu schätzen wüssten.«

»Schach dem König«, stellte Woland fest.

»Nur zu, nur zu«, erwiderte der Kater und machte sich daran, das Brett durchs Opernglas zu studieren.

»Nun also«, wandte sich Woland an Margarita, »erlauben Sie, Ihnen mein Gefolge vorzustellen. Der Kater, der hier herumkaspert, heißt Begemot. Asasello und Korowjew kennen Sie bereits. Das ist meine Dienerin Hella. Flink, aufgeweckt, es gibt keinen Dienst, den sie nicht leisten kann.«

Die schöne Hella lächelte und wandte ihre grün schimmernden Augen Margarita zu, während sie weiterhin eine Handvoll Salbe nach der anderen auf Wolands Knie verteilte.

»Das war's schon«, schloss Woland ab und verzog kurz das Gesicht, als Hella sein Knie allzu fest drückte, »wie Sie sehen, ist die Gesellschaft klein, gemischt und simpel.« Er verstummte und begann, an seinem Globus zu drehen, der so kunstvoll gefertigt war, dass die blauen Ozeane wogten und die Polkappen vereist und verschneit dalagen.

Auf dem Brett herrschte unterdessen Chaos. Der König mit weißem Umhang trat sichtlich verstimmt auf der Stelle und riss verzweifelt die Arme empor. Drei weiße Bauern, oder vielmehr Landsknechte mit Hellebarden, blickten verlegen auf den Läufer – einen Offizier, der mit dem Degen nach vorn zeigte, wo nebeneinander zwei Rappen hitzig auf ihre Felder stampften.

Verblüfft und fasziniert betrachtete Margarita die lebendigen Schachfiguren.

Der Kater legte das Opernglas zur Seite und stupste den weißen König an. Dieser hielt sich verzweifelt beide Hände vors Gesicht.

»Es sieht nicht gut aus, Begemötchen«, flötete Korowjew so leise wie giftig.

»Die Lage ist ernst, doch keinesfalls hoffnungslos«, versetzte der Kater. »Mehr noch: Im Grunde bin ich mir des Sieges sicher. Es bedarf nur einer profunden Analyse.«

Diese Analyse führte er auf recht seltsame Art durch, und zwar indem er Grimassen schnitt und seinem König zuzwinkerte.

»Es hilft nichts«, kommentierte Korowjew.

»Auweia!«, rief Begemot. »Die Papageien sind entflogen! Ich hab ja gewarnt!«

Tatsächlich ertönte in der Ferne das Schlagen vieler Flügel. Korowjew und Asasello rannten hinaus.

»Zum Teufel mit euch und euren Ballflausen!«, murmelte Woland, ohne den Blick vom Globus abzuwenden.

Sobald Korowjew und Asasello außer Sicht waren, wurde Begemots Zwinkern geradezu zu einem Tic. Der weiße König sah endlich, was man von ihm wollte, riss sich den Umhang vom Leib, ließ ihn auf dem Feld liegen und machte sich vom Brett. Der Offizier trat auf das geräumte Feld und warf den Umhang über die eigenen Schultern. Da kamen Korowjew und Asasello auch schon zurück.

»Wieder mal Lügenmärchen«, brummte Asasello und schielte Richtung Begemot.

»Ich hatte mich wohl verhört«, entgegnete der Kater.

»Nun, wie lange noch?«, fragte Woland. »Schach dem König.«

»Ich höre wohl nicht recht, Maître«, erwiderte der Kater, »es gibt kein Schach, und es kann auch keins geben.«

»Ich wiederhole, Schach dem König.«

»Messère«, antwortete der Kater mit gekünstelter Sorge, »Sie haben sich wohl überstrapaziert! Es gibt kein Schach.«

»Der König steht auf g2«, sagte Woland, ohne auf das Brett zu schauen.

»Messère, ich bin entsetzt!«, heulte der Kater und demonstrierte ebenjenes Entsetzen mit der ganzen Visage. »Auf diesem Feld steht kein König!«

»Wie bitte?«, fragte Woland verdutzt und inspizierte das Brett, worauf sich der Offizier auf dem Königsfeld abwandte und das Gesicht mit der Hand verdeckte.

»Du elender Schurke«, sagte Woland nachdenklich.

»Messère, ich appelliere wieder an die Logik«, der Kater legte sich eine Pfote an die Brust, »wenn dem König Schach ausgesprochen wird, der König aber längst vom Brett ist, ist das Schach nicht gültig.«

»Gibst du jetzt auf oder nicht?!«, donnerte Woland.

»Ich erbitte mir Bedenkzeit«, antwortete der Kater demütig. Er stützte die Ellbogen auf den Tisch, presste sich die Pfoten an die Ohren und legte mit dem Bedenken los. Dieses Bedenken nahm einige Zeit in Anspruch und endete damit, dass der Kater verkündete: »Ich gebe auf.«

»Das sture Biest gehört totgeschlagen«, zischte Asasello.

»Ja, ich gebe auf«, wiederholte der Kater, »jedoch einzig und allein, weil mir die Hetzerei meiner Neider das Spiel unmöglich macht!« Er erhob sich, und die Schachfiguren stiegen in ihren Kasten.

»Hella, es ist Zeit«, sagte Woland, und Hella verschwand aus dem Zimmer. »Mein Bein schmerzt, und jetzt dieser Ball …«

»Erlauben Sie mir«, bat Margarita leise.

Woland studierte kurz ihr Gesicht und rückte sein Knie in ihre Richtung.

Der Matsch war heiß wie Lava und verbrühte ihr die Hände, aber sie rieb ihn behutsam ins Knie, ohne auch nur die Miene zu verziehen.

»Meine Vertrauten meinen, es sei Rheuma«, erklärte Woland, ohne den Blick von Margarita zu lassen, »aber ich vermute, diesen Schmerz hat mir eine bezaubernde Hexe als Souvenir hinterlassen, der ich 1571 auf dem Brocken nahegekommen war, auf der Teufelskanzel.«

»Nein, so etwas!«, sagte Margarita.

»Eine Bagatelle, wird in zwei-, dreihundert Jahren wieder gut. Mir wurden jede Menge Medikamente empfohlen, aber ich bleibe bei den alten Mitteln meiner Großmutter. Erstaunliche Kräuter hat sie mir hinterlassen, die scheußliche alte Schachtel! Übrigens, leiden Sie vielleicht auch an etwas? Nagt womöglich eine Trauer an Ihnen, vergiftet eine Sehnsucht Ihre Seele?«

»Nein, Messère, nichts dergleichen«, erwiderte die gescheite Margarita, »und jetzt, bei Ihnen, geht es mir noch besser.«

»Ja, das Blut ist schon ein besonderer Saft«, sagte Woland unvermittelt und heiter. Dann fügte er hinzu: »Ich sehe, mein Globus interessiert Sie.«

»Oh ja, so ein Schmuckstück hab ich noch nie gesehen.«

»Es ist ein nützliches Schmuckstück. Ich muss gestehen, ich mag keine Radio-Nachrichten. Sie werden von irgendwelchen jungen Damen verlesen, die niemals die Ortsnamen deutlich aussprechen. Überhaupt nuschelt jede Dritte, als ob man sie extra danach ausgewählt hätte. Mein Globus ist viel praktischer, zumal ich die Ereignisse genau kennen muss. Sehen Sie zum Beispiel dieses Stück Land, auf der einen Seite vom Ozean umspült? Schauen Sie: Es füllt sich mit Feuer. Dort hat ein Krieg begonnen. Wenn Sie näherkommen, sehen Sie auch die Details.«

Margarita neigte sich zu dem Globus und sah, wie ein Stück Erde sich ausbreitete und in eine bunte Reliefkarte verwandelte. Dann sah sie auch das Band eines Flusses und ein Dorf daneben. Sie sah ein Häuschen, erst nur so groß wie eine Erbse, dann wie eine Streichholzschachtel. Plötzlich und lautlos flog sein Dach in einer schwarzen Rauchwolke hoch, und die Wände brachen zusammen. Schon blieb von der zweistöckigen Schachtel nur ein Krümelhäufchen inmitten schwarzer Rauchschwaden. Margaritas Auge kam noch näher heran und sah eine Frauenfigur auf dem Boden liegen, und daneben, in einer Blutlache, die Arme und Beine von sich geworfen, ein kleines Kind.

»Das war's«, lächelte Woland, »es war noch ohne Sünde. Abaddonas Arbeit ist makellos.«

»Ich wäre nicht gern auf der Seite, gegen die dieser Abaddona ist«, sagte Margarita. »Auf wessen Seite ist er?«

»Je länger ich mit Ihnen rede«, erwiderte Woland galant, »umso klarer sehe ich, wie klug Sie sind. Ich kann Sie beruhigen: Er ist außergewöhnlich unparteiisch und hat gleich viel für beide kämpfende Seiten übrig. Deswegen sind auch die Ergebnisse für beide Seiten immer gleich. Abaddona!«, rief Woland leise. Da erschien aus der Wand eine hagere Gestalt mit dunkler Brille. Diese Brille machte einen so starken Eindruck auf Margarita, dass sie leise aufschrie und ihr Gesicht gegen Wolands Bein presste. »Lassen Sie das!«, sagte Woland. »Was sind die Menschen nervös heutzutage!« Er klatschte Margarita mit Schwung auf den Rücken, sodass ihr ein Klirren durch den ganzen Körper ging. »Sie sehen doch: Er hat seine Brille an. Zudem ist Abaddona nie jemandem vorzeitig erschienen, und das bleibt auch so. Und überhaupt: Ich bin hier. Sie sind doch mein Gast! Ich wollte ihn nur einmal zeigen.«

Abaddona stand reglos da.

»Geht es denn, dass er die Brille für einen Augenblick abnimmt?«, fragte Margarita und drückte sich, immer noch schaudernd, nun aber voller Neugier, an Woland.

»Das geht nun gerade nicht«, antwortete er ernsthaft, gab Abaddona ein Zeichen, und er verschwand. »Du willst etwas sagen, Asasello?«

»Ja, Messère, wenn ich darf. Wir haben hier zwei Fremde: eine Schönheit, die wimmert und flehentlich darum bittet, bei ihrer Herrin bleiben zu dürfen, und mit ihr, wenn Sie gestatten, ihr Schwein.«

»Was Schönheiten so treiben …«, kommentierte Woland.

»Natascha! Das ist Natascha!«, rief Margarita.

»Meinetwegen kann sie bei ihrer Herrin bleiben. Und das Schwein soll zu den Köchen.«

»Zum Schlachten?«, schrie Margarita auf. »Bitte, Messère, es ist Nikolai Iwanowitsch aus dem Erdgeschoss! Es ist ein Missverständnis, sie hat ihn mit der Salbe betupft, verstehen Sie –«

»Jetzt warten Sie doch mal«, unterbrach Woland, »wer zum Geier würde es denn schlachten, und wozu? Es soll eben in der Küche sitzen! Überlegen Sie doch selbst: Gehört es etwa in den Ballsaal?«

»Wohl kaum«, sagte Asasello und kündigte an: »Die Mitternacht rückt näher, Messère.«

»Gut«, und Woland wandte sich an Margarita: »Nun, es geht los. Ich will Ihnen jetzt schon danken. Machen Sie sich keine Sorgen und haben Sie keine Angst. Trinken Sie nichts als Wasser, sonst werden Sie träge und haben es dann schwer. Es ist Zeit!«

Margarita erhob sich vom Teppich, und in der Tür erschien sogleich Korowjew.

# Kapitel 23

## Des Satans großer Ball

Die Mitternacht rückte näher; sie mussten sich sputen. Margarita nahm alles nur verschwommen wahr. Kerzen blieben ihr in Erinnerung, und ein Schwimmbecken aus Schmucksteinen. Als sie hineinstieg, übergossen Hella und Natascha sie mit einer heißen roten Flüssigkeit. Margarita spürte Salz auf den Lippen, und ihr wurde klar, dass man sie mit Blut wusch. Nach diesem roten Ornat kam ein anderer Überguss – dickflüssig, transparent, rosa schimmernd; Margarita wurde schwindelig von Rosenöl. Dann schwangen Hella und Natascha sie auf eine Kristallliege, um ihre Haut mit großen grünen Blättern glänzend zu reiben. Der Kater barst herein und legte mit dem Helfen los, indem er sich zu Margaritas Füßen hockte und sich mit den Blättern geschäftig an ihre Sohlen machte, als würde er in der Straße Stiefel putzen.

Margarita erinnerte sich später nicht daran, wer ihr aus blassen Rosenblättern Schuhe genäht, und wie sich diese Schuhe von selbst mit goldenen Schnallen geschlossen hatten. Etwas riss sie hoch und stellte sie vor einen Spiegel, eine Diamantenkrone blitzte in ihrem Haar auf. Auf einmal war Korowjew da; er hängte das Bild eines schwarzen Pudels in einem ovalen Rahmen an Margaritas Brust. Das Bild war schwer, und schwer war auch die Kette. Der Schmuck belastete die Königin sehr. Die Kette scheuerte ihren Nacken, das Gewicht zog ihren Kopf nach unten. Aber etwas entschädigte sie für die Unannehmlichkeiten, die ihr der schwarze Pudel bereitete, und zwar die Hochachtung, mit der Korowjew und Begemot sie nun behandelten.

»Wird schon, wird schon!«, murmelte Korowjew vor der Tür des Baderaums. »Da ist nichts zu machen, das muss sein, ja, das muss sein … Erlauben Sie mir, Königin, Ihnen einen letzten Rat zu geben. Unter den

Gästen wird es alle möglichen geben, oh ja, alle möglichen, aber ich bitte Sie, Königin Margot, keine Präferenzen! Auch wenn Ihnen einer missfällt: Natürlich wird Ihr Gesicht das nicht verraten … Nein, daran mag ich gar nicht denken! Der Gast würde es merken, sogleich würde er's merken. Sie müssen jeden lieben lernen, Königin, jawohl, lieben lernen! Der Herrin des Balls wird es hundertfach vergolten. Und: niemanden auslassen! Wenigstens ein kleines Lächeln, wenn keine Zeit für einen Gruß ist, wenigstens ein winziges Nicken. Alles, nur nicht ignorieren, sonst verkümmern sie.«

Hier trat Margarita, begleitet von Korowjew und Begemot, aus dem Baderaum in absolute Dunkelheit.

»Ich, ich«, flüsterte der Kater, »ich gebe das Signal!«

»Dann mach!«, antwortete Korowjew im Dunkeln.

»Der Ball!«, kreischte der Kater. Sogleich entfuhr auch Margarita ein Schrei, und für ein paar Sekunden schloss sie die Augen: Der Ball hatte sich auf sie gestürzt – als Licht, als Klang und als Geruch. Sie fand sich Arm in Arm mit Korowjew in einem Regenwald. Er führte sie an Lianen vorbei, an denen rote Papageien mit grünen Schwänzen umhersprangen und ohrenbetäubend »Entzückt!« schrien. Aber bald endete der Wald. Statt tropischer Schwüle umgab Margarita nun ein kühler Ballsaal mit Säulen aus golden schimmerndem Stein. Er war fast genauso leer wie der Regenwald, nur standen an den Säulen dunkelhäutige Männer, nackt bis auf silberne Bänder um die Köpfe. Vor Aufregung wurden ihre Gesichter braungrau, als Margarita mit ihrem Gefolge, zu dem auch Asasello sich gesellt hatte, in den Saal schwebte.

Hier ließ Korowjew ihren Arm los und flüsterte: »Auf die Tulpen zu!«

Vor Margarita erschien eine niedrige Mauer aus weißen Tulpen, hinter welcher sie ebenso weiße Hemdbrüste und schwarze Frackschultern erblickte, umringt von unzähligen Lichtern unter Glockenschirmen. Da wurde ihr klar, woher der Klang des Balls kam. Das Gebrüll der Posaunen prallte auf sie nieder, und darunter brauste eine Violinenwoge hervor, die sich wie Blut über ihren Leib ergoss. Das etwa hundertfünfzig Mann starke Orchester spielte eine Polonaise.

Der Mann im Frack, der über den Musikern thronte, sah Margarita, erblasste, lächelte und brachte auf einmal mit einem Schwung beider Arme das ganze Orchester auf die Beine. Ohne das Spielen für einen Moment zu unterbrechen, übergoss es Margarita mit Klängen. Dann wandte er sich vom Orchester ab und machte mit ausgebreiteten Armen eine tiefe Verbeugung. Margarita winkte ihm lächelnd zu.

»Nein, zu wenig, zu wenig«, flüsterte Korowjew, »sonst lässt es ihm keine Ruhe. Rufen Sie: ›Ich grüße Sie, Walzerkönig!‹«

Margarita rief es und wunderte sich über die eigene Stimme: Voll wie eine große Glocke überdeckte sie das Heulen des Orchesters. Der Mann zuckte vor Glück zusammen und presste sich die linke Hand an die Brust, während die rechte weiterhin den weißen Stab über den Musikern schwang.

»Immer noch zu wenig«, flüsterte Korowjew, »schauen Sie nach links, zu den ersten Geigen, und nicken Sie, als würden Sie jeden persönlich erkennen. Nichts als Weltberühmtheiten hier. Nicken Sie diesem zu, am ersten Stand, das ist Vieuxtemps. Sehr gut. Nun weiter!«

»Wer ist dieser Dirigent?«, fragte Margarita im Wegfliegen.

»Johann Strauss!«, rief der Kater. »Ich lasse mich an einer Liane im Regenwald erhängen, wenn so ein Orchester jemals auf einem anderen Ball gespielt hat! Ich habe alle selbst eingeladen! Und, beachten Sie, nicht einer wurde krank, und nicht einer lehnte ab.«

Auch im nächsten Raum gab es Mauern aus Blumen – Rosen in Rot, Pink und Milchweiß auf der einen Seite, auf der anderen fransige japanische Kamelien. Dazwischen gluckten und gurgelten Springbrunnen, Champagner blubberte in drei Becken, das erste durchschimmernd-violett, das zweite rubinrot und das dritte kristallweiß. Dunkelhäutige Diener eilten emsig mit silbernen Schöpfkellen dazwischen und füllten flache Kelche aus den Becken. Margarita entdeckte in einer der Rosenmauern eine Lücke, in der ein Mann im roten Frack mit Schwalbenschwanz auf der Bühne umhersprudelte. Vor ihm schmetterte eine Band unerträglich lauten Jazz.

Als der Dirigent Margarita sah, verbeugte er sich so tief, dass seine Hände den Boden berührten, richtete sich dann auf und rief durchdringend: »Halleluja!« Er schlug sich aufs Knie – eins! Über Kreuz aufs andere – zwei! Dann schnappte er die Becken aus den Händen des nächsten Musikers und schlug damit gegen eine Säule.

Im Wegfliegen sah Margarita noch, wie der virtuose Jazzer tapfer gegen die Polonaise in ihrem Rücken kämpfte und dabei mit dem Becken auf die Köpfe seiner Musiker schlug, die in komischem Schrecken niederkauerten.

Schließlich flogen sie auf einen Treppenabsatz, den Margarita wiedererkannte: Dort hatte Korowjew sie im Dunkeln mit der Öllampe empfangen. Nun verströmten hier Kristalltrauben blendendes Licht. Margarita wurde darunter aufgestellt und spürte am linken Arm eine niedrige Säule aus Amethyst.

»Sie können den Ellbogen darauf legen, wenn Sie schwach werden«, flüsterte Korowjew.

Zu Margaritas Füßen legte einer der Dunkelhäutigen ein Kissen, auf dem ein Pudel in Gold gestickt war. Jemand winkelte ihr das rechte Bein an, stellte ihren Fuß auf das Kissen.

Sie versuchte, sich umzusehen. Korowjew und Asasello standen feierlich an ihrer Seite. Neben Asasello befanden sich noch drei junge Männer, die Abaddona vage ähnlich sahen. Kühle Luft streifte Margaritas Rücken. Sie blickte zurück und sah, dass hinter ihr aus einer Marmorwand Schaumwein in ein Eisbecken sprudelte. An ihrem linken Bein spürte sie etwas Warmes und Pelziges. Es war Begemot.

Margarita stand in der Höhe, und eine grandiose, teppichbedeckte Treppe breitete sich zu ihren Füßen aus. Unten, so weit weg, als ob sie durch ein Fernglas in die falsche Richtung schaute, sah sie eine immense Eingangshalle mit riesigem Kamin, dessen kalter schwarzer Schlund jeden Lastwagen fassen könnte. Diese Halle und das augenstechend lichtüberflutete Treppenhaus waren leer. Der Klang der Posaunen kam nun aus der Ferne. So verharrte sie mit ihren Begleitern etwa eine Minute lang.

»Wo bleiben denn die Gäste?«, fragte sie schließlich.

»Die kommen, Königin, die kommen schon gleich. An ihnen wird es keinen Mangel geben. Und ich schwöre Ihnen, ich würde lieber Holz hacken, als sie hier zu empfangen«, sagte Korowjew.

»Was ist schon Holz hacken!«, fiel der geschwätzige Kater ein. »Ich wäre lieber Schaffner in der Straßenbahn, und schlimmere Arbeit gibt es auf der Welt nicht!«

»Alles muss im Voraus fertig sein, Königin«, erklärte Korowjew, und sein Auge glimmerte durch das gebrochene Monokel. »Nichts ist so elend, als wenn der erste Gast schmachtet und nicht weiß, wohin mit sich, während seine geehelichte Megäre ihn anzischt, sie hätten doch nicht so früh kommen sollen. Solche Bälle gehören auf den Müll, Königin.«

»Definitiv auf den Müll«, bestätigte der Kater.

»Höchstens zehn Sekunden bis Mitternacht«, sagte Korowjew. »Gleich geht es los.«

Diese zehn Sekunden erschienen Margarita ungemein lang. Offensichtlich waren sie bereits verstrichen, doch es passierte rein gar nichts. Da aber donnerte plötzlich etwas in den riesigen Kamin, und heraus sprang ein Galgen, an dem halb verrottete menschliche Überreste hingen. Diese fielen vom Strick ab, landeten auf dem Boden und wurden zu einem schwarzhaarigen Schönling mit Frack und Lackschuhen. Ein verrotteter kleiner Sarg trottete aus dem Kamin, sein Deckel sprang zur Seite, und eine zweite verweste Leiche fiel heraus. Der Schönling eilte galant auf sie zu und bot ihr seinen gebeugten Arm, worauf die Leiche zu einer quicklebendigen Frau wurde, die nichts als schwarze Pumps und schwarzen Kopfschmuck aus Federn trug. Der Mann und die Frau strebten geschwind die Treppe hinauf.

»Die Ersten!«, rief Korowjew. »Monsieur Jacques mit Gattin. Ein hochinteressantester Mann, Königin. Geldfälscher aus Überzeugung, ein Hochverräter, aber ein ziemlich guter Alchemist.« Weiter flüsterte er ihr ins Ohr: »Berühmt vor allem, weil er die Geliebte des Königs vergiftet hat. Das kann nicht jeder von sich behaupten! Schauen Sie nur: Ist er nicht schön?«

Margarita stand bleich da, den Mund offen, und sah den Galgen und den Sarg in einem Seitengang der Halle verschwinden.

Nun waren die beiden Gäste die Treppe heraufgestiegen. »Ich bin entzückt!«, gellte der Kater dem Schönling ins Gesicht, während unten ein kopfloses, einarmiges Skelett aus dem Kamin purzelte, zu Boden fiel und sich in einen Mann im Frack verwandelte. Madame Jacques kniete indes schon vor Margarita und küsste, blass vor Aufregung, ihr rechtes Knie.

»Königin«, murmelte sie.

»Die Königin ist entzückt!«, rief Korowjew.

»Königin«, sprach der schöne Monsieur Jacques leise.

»Wir sind entzückt!«, posaunte der Kater.

Doch die drei jungen Männer, Asasellos Gefährten, drängten Monsieur Jacques mitsamt Gattin bereits leblos lächelnd zur Seite, zu den Dienern mit den Champagnerkelchen. Inzwischen rannte das ehemalige Skelett die Treppe hinauf.

»Graf Robert«, flüsterte Korowjew, »auch ein interessanter Mann. Und wissen Sie, was besonders amüsant ist? Hier steht es genau umgekehrt: Dieser eine war der Liebhaber einer Königin und hat seine Frau vergiftet!«

»Hocherfreut, Graf!«, rief Begemot.

Drei Särge fielen nun nacheinander aus dem Kamin, platzten und zerbröselten, dann stürzte ein Mann im schwarzen Umhang aus dem dunklen Schlund, und gleich darauf ein zweiter, der dem ersten ein Messer in den Rücken stieß. Unten ertönte ein erstickter Schrei. Eine fast vollständig zersetzte Leiche lief aus dem Kamin. Margarita presste die Augen zu, und eine Hand hielt ihr einen Flakon mit Riechsalz unter die Nase – Nataschas Hand, so schien es Margarita. Die Treppe begann sich zu füllen. Auf jeder Stufe standen nun Frackmänner, die von oben vollkommen gleich aussahen, und mit ihnen nackte Frauen, die sich höchstens anhand der Farbe ihrer Schuhe und ihres Federschmucks unterscheiden ließen.

Auf Margarita hinkte eine magere Dame zu, mit fromm gesenktem Blick, einem seltsamen Holzstiefel am linken Fuß und mit einem breiten grünen Band um den Hals.

»Die Grüne?«, fragte Margarita mechanisch.

»Eine ausgesprochen charmante und respektable Dame«, flüsterte Korowjew, »Madame Tofana. Sie war äußerst beliebt unter den bezaubernden jungen Bewohnerinnen von Neapel, und auch Palermo, vor allem unter denen, die ihrer Ehemänner überdrüssig waren. Es kommt ja vor, Königin, dass eine Frau ihres Mannes überdrüssig wird.«

»Ja«, erwiderte Margarita hohl, während sie zwei Fräcke anlächelte, die sich nacheinander vor ihr verbeugten, um ihr Knie und ihre Hand zu küssen.

Während er jemandem »Herzog! Champagner? Entzückend!« zurief, brachte Korowjew es fertig, gleichzeitig weiter in Margaritas Ohr zu wispern: »Ja nun, Madame Tofana hatte also Mitleid mit diesen unglückseligen Frauen und verkaufte ihnen ein spezielles Wasser in kleinen Fläschchen. Die Frau goss es dem Gatten in die Suppe, er aß, dankte ihr für ihre Fürsorge und fühlte sich vollkommen wohl. Ein paar Stunden später freilich bekam er großen Durst, legte sich dann ins Bett, und am nächsten Tag war die reizende Neapolitanerin, die ihren Mann mit solcher Suppe bewirtet hatte, frei wie der Frühlingswind.«

»Was hat sie denn am Fuß?«, fragte Margarita, während sie unermüdlich ihre Hand den Gästen hinhielt, welche die hinkende Madame Tofana überholt hatten. »Und wozu das Grüne? Ein welker Hals?«

»Ich bin entzückt, Fürst!«, rief Korowjew und flüsterte dabei zu Margarita: »Ein wunderschöner Hals, aber im Gefängnis ist ihr eine Unannehmlichkeit passiert. Was sie am Fuß hat, Königin, ist ein spanischer Stiefel, und was das Band angeht: Als die Wärter erfuhren, dass dank Madame Tofana etwa fünfhundert schlecht ausgewählte Ehemänner Neapel und Palermo für immer verlassen hatten, da haben sie die Dame in der Hitze des Augenblicks erdrosselt.«

»Wie glücklich ich bin, schwarze Königin, dass mir die hohe Ehre zuteilwird«, flüsterte Tofana nonnenhaft und versuchte, sich auf ein Knie zu senken, der spanische Stiefel machte es ihr aber schwer. Korowjew und Begemot halfen ihr auf.

»Freut mich«, antwortete Margarita und bot ihre Hand schon den Nächsten zum Kuss.

Nun floss ein stetiger Strom die Treppe herauf. Margarita konnte nicht mehr sehen, was in der Eingangshalle vor sich ging. Sie hob und senkte automatisch die Hand und zeigte die Zähne in einem monotonen Lächeln. Die Luft auf dem Treppenabsatz summte. Aus den Ballsälen, durch die sie vorhin geflogen war, rauschte Musik wie das Meer.

»Diese Frau hier ist langweilig.« Korowjew flüsterte nicht mehr: Er konnte laut sprechen, gewiss, dass ihn im Stimmengewirr niemand hörte. »Sie liebt Bälle – träumt immerzu davon, sich über ihr Tuch zu beschweren.«

Margaritas Blick fand unter den Aufsteigenden die Frau, die Korowjew meinte. Sie war jung, etwa zwanzig, die Figur bemerkenswert schön, die Augen aber rastlos und aufdringlich.

»Was für ein Tuch denn?«

»Ihr wurde eine Zofe zugewiesen«, erklärte Korowjew, »die ihr seit dreißig Jahren jede Nacht ein Tuch auf den Nachttisch legt. Sie wacht auf – und da ist es. Sie hat es schon im Ofen verbrannt und in den Fluss geworfen, aber es hilft nichts.«

»Ja, aber was für ein Tuch?«, flüsterte Margarita, während sie den Arm hob und senkte.

»Ein Tuch eben, mit blauem Saum. Sie war nämlich Bedienstete in einem Café gewesen, und der Besitzer hat sie einmal in die Speisekammer gelockt, also hat sie neun Monate später einen Jungen bekommen. Den brachte sie in den Wald, steckte ihm das Tuch in den Mund und vergrub ihn. Vor Gericht sagte sie, sie habe nicht gewusst, wie sie das Kind durchfüttern soll.«

»Wo ist denn der Besitzer des Cafés?«

»Königin«, knarzte der Kater von unten, »ich frage Sie: Was hat der denn mit der Sache zu tun? Hat etwa er den Säugling im Wald erstickt?«

Weiterhin lächelnd und mit der rechten Hand winkend, vergrub Margarita die scharfen Nägel der linken in Begemots Ohr und zischte: »Wenn du Miststück noch einmal dazwischenquasselst!«

Begemot quietschte auf eine zu den Feierlichkeiten ganz und gar nicht passende Art und röchelte: »Königin, mein Ohr! Wozu mit geschwollenem Ohr den Ball vermasseln? War rein juristisch gemeint … rein rechtlich … Ich schweige, ich schweige ja schon! Ich bin ein Fisch und kein Kater, lassen Sie nur mein Ohr!«

Margarita ließ los. Die aufdringlichen düsteren Augen waren bereits vor ihr.

»Königin, Herrin! Ich schätze mich glücklich, auf dem großen Vollmond-Ball zu sein.«

»Und ich bin froh, Sie zu sehen«, antwortete Margarita, »sehr froh. Mögen Sie Champagner?«

»Was tun Sie da, Königin?«, rief Korowjew verzweifelt, doch lautlos in Margaritas Ohr. »Es gibt gleich einen Stau!«

»Ja, ich mag ihn«, sagte die Frau flehentlich und begann auf einmal mechanisch zu wiederholen: »Frieda, Frieda, Frieda! Mein Name ist Frieda, Königin!«

»Trinken Sie sich heute Abend einen Rausch an, Frieda, und sorgen Sie sich um nichts!«

Frieda streckte beide Hände nach Margarita aus, aber Korowjew und Begemot nahmen sie sehr geschickt unter die Arme, und sie verschwand in der Menge.

Nun erstürmte ein Schwall den Treppenabsatz. Zwischen den Fracks stiegen nackte Frauenkörper hoch. Weiß, rosig, bronzen und kaffeefarben wallten sie auf Margarita zu. Im roten, schwarzen, kastanienbraunen, flachsblonden Haar tanzten lichtüberströmte Edelsteine und sprühten ihre Funken. Und als hätte jemand die stürmende Schar der Männer mit leuchtenden Tropfen benetzt, verspritzten auch die Diamantknöpfe auf Hemdbrüsten ihren Schein. Jede Sekunde fühlte Margarita nun, wie Lippen ihr Knie berührten, jede Sekunde streckte sie ihre Hand für einen Kuss aus, und eine reglose Willkommensmaske lähmte ihr Gesicht.

»Ich bin entzückt«, summte Korowjew, »wir sind entzückt, die Königin ist entzückt …«

»Die Königin ist entzückt«, näselte Asasello hinter ihrem Rücken.

»Ich bin entzückt!«, schrie der Kater.

»Die Marquise hier«, murmelte Korowjew, »vergiftete um des Erbes willen ihren Vater, zwei Brüder und zwei Schwestern. Die Königin ist entzückt! Madame Minkina. Ach, was ist sie schön! Nur etwas reizbar. Man muss dem Dienstmädchen ja nicht gleich das Gesicht mit dem Frisiereisen verbrennen. Da wird man eben schon mal erstochen. Die Königin ist entzückt! … Königin, beachten Sie bitte: Kaiser Rudolf, Zauberer und Alchemist. Ein weiterer Alchemist, erhängt. Ach, da ist sie ja! Was für ein wunderbares Bordell sie in Straßburg doch hatte … Wir sind entzückt! Und hier, eine Moskauer Schneiderin, wir lieben sie alle für ihre Erfindungsgabe. Sie hat für ihr Atelier einen sehr drolligen Trick erdacht, nämlich zwei Löcher in die Wand gebohrt –«

»Und die Damen wussten es nicht?«, fragte Margarita.

»Jede wusste es, Königin, ausnahmslos jede«, antwortete Korowjew. »Ich bin entzückt! Hier, dieser zwanzigjährige Bub hatte von Kindesbeinen an wunderliche Fantasien, ein Träumer eben, ein Exzentriker. Eine junge Frau verliebte sich in ihn – und er hatte den Einfall, sie an ein Bordell zu verkaufen.«

Ein Fluss strömte herauf, und dieser Fluss hatte kein Ende. Seine Quelle, der riesige Kamin, nährte ihn unermüdlich. So verging eine Stunde, eine zweite fing an. Margarita fühlte, wie ihre Kette schwerer wurde. Korowjews amüsante Kommentare amüsierten sie nicht länger. Die Gesichter, ob schlitz- oder rundäugig, weiß oder braun, waren nicht mehr zu unterscheiden; sie verschmolzen, und die Luft zwischen ihnen flimmerte. Ein stechender Schmerz durchbohrte Margaritas rechten Arm. Sie presste die Zähne zusammen und legte ihren Ellbogen auf die Säule. Ein Rascheln kam nun aus dem Ballsaal, als ob Flügel gegen die Wände schlugen: Dort tanzte offensichtlich die immense Gasthorde, und es schien Margarita, dass selbst die massiven Böden aus Marmor, Mosaik und Kristall rhythmisch pulsierten.

Weder Gaius Caesar Caligula noch Messalina konnten ihr auch nur das geringste Interesse abgewinnen, und auch nicht all die anderen Könige, Herzöge, Kavaliere, Selbstmörder, Giftmischerinnen, Galgenvögel, Kupplerinnen, Kerkermeister, Falschspieler, Henker, Informanten, Spitzel, Verräter, Verrückte und Verführer. Ihre Namen wirbelten in Margaritas Kopf durcheinander, ihre Gesichter verkneteten sich zu einem riesigen Fladen, und nur eines prägte sich schmerzhaft ein – das feuerbärtige Gesicht von Maljuta Skuratow. Margaritas Beine zitterten, sie fürchtete, gleich würde sie in Tränen ausbrechen. Am schlimmsten litt ihr wund geküsstes rechtes Knie. Es war angeschwollen, und die Haut wurde blau, obschon Nataschas Hand mehrmals erschien und es mit einem duftenden Schwamm abwischte. Am Ende der dritten Stunde blickte Margarita verzweifelt nach unten und zuckte vor Freude zusammen – der Strom der Gäste wurde dünner.

»Bälle folgen stets den gleichen Gesetzen, Königin«, flüsterte Korowjew, »die Welle beginnt nun zu sinken. Ich schwöre Ihnen, wir ertragen gerade die letzten Minuten. Da sind schon die Nachtschwärmer vom Brocken, sie kommen immer als Letzte. Ja, sie sind's. Dann noch zwei betrunkene Vampire … Das war's – fast, hier ist noch einer. Nein, zwei.«

Die letzten beiden Gäste kamen die Treppe empor.

»Oh, ein Neuer!«, sagte Korowjew und schielte durch sein Monokel. »Ach ja, genau. Asasello hat ihm mal einen Besuch abgestattet und beim Cognac zugeflüstert, wie man einen Menschen loswerden könnte, der seine Machenschaften zu enthüllen drohte. Er wies einen Untergebenen an, die Wände des Raums mit Gift zu besprühen –«

»Wie heißt er?«

»Das weiß ich noch gar nicht. Asasello wird's wissen.«

»Und wer ist der andere?«

»Eben dieser gehorsame Untergebene. Ich bin entzückt!«, rief Korowjew den letzten beiden Gästen zu.

Und damit war die Treppe leer. Vorsichtshalber warteten sie noch eine Zeit lang. Aber niemand trat aus dem Kamin.

Dann fand sich Margarita, sie wusste nicht wie, in dem Raum, wo man sie zu Anfang gebadet hatte. Dort brach sie weinend auf dem Boden zusammen: Ihr Arm und ihr Bein taten höllisch weh. Aber Natascha und Hella zogen sie mit tröstenden Worten erneut unter die blutige Dusche, massierten ihren Körper, und sie lebte auf.

»Mehr, mehr ist noch zu tun, Königin Margot«, flüsterte Korowjew, der nun wieder an ihrer Seite erschien, »Sie müssen die Säle umfliegen, damit sich die verehrten Gäste nicht vernachlässigt fühlen.«

Und wieder flog Margarita hinaus. Auf der Bühne hinter den Tulpen, wo das Orchester des Walzerkönigs gespielt hatte, tobte nun ein Affenjazz. Ein riesiger Gorilla mit zottigem Backenbart wiegte sich wuchtig im Tanz und dirigierte mit einer Trompete. Orang-Utans, ordentlich aufgereiht, bliesen in glänzende Posaunen. Auf ihren Schultern saßen drollige Schimpansen mit Konzertinas. Zwei Paviane mit Löwenmähnen spielten auf zwei Flügeln, kaum hörbar im Gequietsche, Gedonner und Gedröhn – Saxofone, Geigen und Trommeln lärmten in den Pfoten von Gibbons, Mandrillen und Makaken. Über dem Spiegelboden brandete eine Welle aus unzähligen Paaren, jede Bewegung erstaunlich klar und geschmeidig, immerzu in eine Richtung, unaufhaltbar, als könnte sie jede Hürde aus dem Weg spülen. Lebende Seidenschmetterlinge schwirrten über den tanzenden Horden, Blumen strömten von der Decke. Gelegentlich ging das elektrische Licht aus, und dann leuchteten in den Kapitellen der Säulen unzählige Glühwürmchen auf, und man sah Irrlichter in der Luft schweben.

Auf einmal war Margarita in einem säulengesäumten Schwimmbecken von monströser Größe. Ein riesiger schwarzer Neptun spritzte einen breiten rosigen Strahl aus dem Maul, und ein betörender Champagnerduft stieg hoch. Hier ging es ausgelassen zu: Die Damen lachten, überließen die Handtaschen ihren Kavalieren oder den mit Badetüchern umhereilenden dunkelhäutigen Dienern – und sprangen kreischend kopfüber hinein. Schaumsäulen schossen empor. Der Kristallboden des Beckens war von unten beleuchtet, so hell, dass die Strahlen den Champagner durchdrangen und die schwimmenden Leiber silbrig umspielten. Wenn die Damen aus dem Becken schnellten, waren sie tüchtig beschwipst. Gelächter klirrte hallend unter den Säulen.

In all diesem Gewirr ätzte sich ein vollkommen betrunkenes Frauengesicht in Margaritas Gedächtnis, mit leeren, doch selbst in ihrer Leere flehenden Augen, und ein Wort blieb ihr in Erinnerung – Frieda.

Margarita wurde es schwindelig vom Champagnerdunst, und sie wollte schon fortschweben, als Begemot ein Kunststück vollbrachte, das sie aufhielt. Er trickste an Neptuns Maul umher, und schon zischte und gurgelte der Champagner fort. Mit einem Mal spie Neptun einen anderen Strahl, nicht schimmernd und schäumend, sondern bernsteinfarben. Die Damen kreischten und flohen hinaus, zu den Säulen. In wenigen Sekunden war das Becken menschenleer und voller Cognac.

Da machte der Kater einen Dreifachsalto und ließ sich in die Cognacwogen fallen. Als er schnaufend hinauskroch, hing seine Fliege schief, und der Goldstaub war von seinen Schnurrhaaren verschwunden, ebenso wie das Opernglas vom Hals. Nur ein Pärchen wagte es, seinem Beispiel zu folgen – die pfiffige Schneiderin und ihr Kavalier, ein unbekannter junger Mulatte. Als sich die beiden in den Cognac stürzten, nahm Korowjew Margarita unter den Arm, und sie verließen die badenden Gäste.

Im Fliegen meinte Margarita, Berge von Austern in riesigen Steinbecken zu sehen, dann einen Glasboden, unter dem höllische Öfen brannten und weiße Köche wie die Teufel umherhuschten. Dann erblickte sie, immer verwirrter und verständnisloser, dunkle Keller, in denen Öllampen brannten und junge Frauen geröstetes Fleisch auf glühenden Kohlen servierten; hier wurde ihr mit großen Krügen zugeprostet. Sie sah eine Bühne mit Eisbären, die Harmonika spielten und Volkstänze aufführten, und einen Salamander-Zauberer, der im Kamin nicht verbrannte. Da begannen ihre Kräfte zum zweiten Mal zu schwinden.

»Ein letzter Auftritt noch«, flüsterte Korowjew besorgt, »und das war's!«

Er brachte sie wieder in den Ballsaal, nun wurde hier aber nicht mehr getanzt. Der immense Menschenauflauf stand gedrängt zwischen den Säulen; die Mitte des Saals war frei. Margarita würde sich später nicht erinnern, wer ihr geholfen hatte, auf das Podest zu steigen, das dort erschien. Als sie oben stand, hörte sie zu ihrem Erstaunen eine Uhr irgendwo Mitternacht schlagen, obwohl diese doch längst verstrichen sein musste. Beim letzten Schlag dieser unerklärlichen Uhr fiel Stille auf die unzähligen Gäste.

Dann sah Margarita Woland wieder. Er schritt in Begleitung von Asasello sowie Abaddona und einigen dunklen jungen Männern, die Abaddona ähnelten. Margarita sah nun, dass gegenüber ihrem Podest ein zweites vorbereitet war. Aber Woland nutzte es nicht. Zur Margaritas Verblüffung erschien er bei diesem letzten großen Ballempfang in genau derselben Aufmachung wie zuvor im Schlafzimmer. Dasselbe schmutzige, geflickte Nachthemd hing von seinen Schultern, die Füße steckten in verschlissenen Pantoffeln. Er hatte einen entblößten Degen bei sich, benutzte ihn aber als Gehstock.

Auf den Degen gestützt hinkte Woland zu seinem Podest, blieb daneben stehen, und sogleich erschien Asasello vor ihm. Er trug ein Tablett, und auf diesem Tablett sah Margarita einen abgetrennten Kopf mit ausgeschlagenen Vorderzähnen. Der Raum blieb völlig still, nur einmal klingelte es, unerklärlich alltäglich, wie es in normalen Wohnungen an der Tür klingelt.

»Herr Berlioz«, sagte Woland ruhig, und die Lider des Getöteten hoben sich. Mit einem Schauer sah Margarita in dem toten Gesicht lebendige Augen voller Leid und Gedanken. »Alles ist in Erfüllung gegangen, nicht wahr?«, fuhr Woland fort, während er dem Kopf tief in die Augen schaute. »Eine Frau hat Ihnen den Kopf vom Leibe getrennt, die Sitzung fand nicht statt, und ich wohne bei Ihnen zu Hause. Das sind Tatsachen, und nichts ist hartnäckiger als eine Tatsache. Aber diese Tatsachen liegen in der Vergangenheit, und uns beschäftigt die Zukunft. Sie haben immer leidenschaftlich die Theorie verfochten, dass ein Mensch, so man seinen Kopf abtrennt, gänzlich zu leben aufhört, zu Asche wird und ins Nichtsein übergeht. Ich will Ihnen hier vor meinen Gästen, obschon sie eine ganz andere Theorie illustrieren, mitteilen, dass diese Annahme sowohl Gewicht hat als auch Witz. Im Grunde, mein Freund, ist aber jede Theorie so gut wie die andere. Es gibt auch eine, die besagt, es ergehe jedem nach seinem Glauben. Soll sich das nun erfüllen! Sie gehen ins Nichtsein, und aus dem Kelch, in den Sie sich verwandeln, trinke ich mit Freude auf das Sein!«

Woland hob seinen Degen. Schon schrumpfte der Kopf, wurde dunkler; was Haut und Fleisch gewesen war, bröckelte ab, die Augäpfel verschwanden, und bald sah Margarita auf dem Tablett einen gelblichen Schädel auf goldenem Fuß, mit Augen aus Smaragden und Zähnen aus Perlen. Die Schädeldecke klappte auf.

»Gleich, Messère«, sagte Korowjew auf Wolands fragenden Blick hin, »wird er vor Ihnen erscheinen. In dieser Grabesstille höre ich das Knarren seiner Lackschuhe und das Klirren des Glases, das er auf den Tisch stellt, nachdem er zum letzten Mal Champagner getrunken hat. Da ist er ja schon!«

Ein neuer Gast betrat allein den Raum und ging auf Woland zu. Er war wie die anderen männlichen Gäste bekleidet, schlotterte aber vor Aufregung, was schon von Weitem zu sehen war. Rote Flecken brannten auf seinen Wangen, und die Augen huschten rastlos umher. Offenbar verblüffte ihn alles, vor allem Wolands Aufmachung.

Empfangen wurde er allerdings mit der größten Freundlichkeit.

»Ah, mein lieber Baron Meigel!«, sagte Woland mit einem warmen Lächeln zu dem Gast, dem die Augen aus dem Kopf sprangen. »Ich freue mich, Ihnen den hochverehrten Baron Meigel vorstellen zu dürfen«, wandte er sich an die anderen Gäste, »einen Mitarbeiter des Volksbelustigungsausschusses, zuständig für die Vertrautmachung ausländischer Besucher mit Moskauer Sehenswürdigkeiten.«

Da erstarrte Margarita, weil sie diesen Meigel erkannte. Er war ihr mehrmals in Moskauer Theatern und Restaurants begegnet. »Aber«, dachte Margarita, »das hieße doch – ist er auch tot?« Doch da kam schon die Antwort.

»Der liebe Baron«, fuhr Woland lächelnd fort, »war so charmant, mich gleich anzurufen, nachdem er von meiner Ankunft in Moskau erfuhr, und mir seine Fachdienste anzubieten, das heißt, mich mit den Sehenswürdigkeiten vertraut zu machen. Es versteht sich, dass ich ihn mit größter Freude hierher eingeladen habe.«

Inzwischen übergab Asasello, wie Margarita sah, das Tablett mit dem Schädel an Korowjew.

»Ach ja, übrigens, Baron«, Woland senkte vertraulich die Stimme, »Gerüchten zufolge sollen Sie ungemein neugierig sein. Diese Neugier, kombiniert mit Ihrer nicht minder ausgeprägten Gesprächigkeit, beginnt, die allgemeine Aufmerksamkeit auf sich zu ziehen. Böse Zungen lassen bereits schlimme Wörter fallen – Spitzel, Spion … Ja mehr noch, es ist anzunehmen, dass all dies Sie bereits innerhalb eines Monats zu einem traurigen Ende führen wird. Und so haben wir beschlossen, Ihnen das qualvolle Warten zu ersparen und Hilfe zu leisten, da Sie sich schon zu mir einladen ließen, um meine Gäste zu belauschen und hier zu spionieren.«

Der Baron wurde noch bleicher als der außergewöhnlich blasse Abaddona, und dann geschah etwas Seltsames. Auf einmal stand ebendieser Abaddona vor ihm. Für eine Sekunde nahm er seine Brille ab. In demselben Augenblick blitzte etwas in Asasellos Hand, etwas ertönte leise, wie ein Händeklatschen, und der Baron fiel langsam rückwärts um. Scharlachrotes Blut sprudelte aus seiner Brust und ergoss sich über Hemd und Weste. Korowjew hielt den Schädelkelch unter den pulsierenden Strom und übergab ihn, als er sich gefüllt hatte, an Woland. Der leblose Körper des Barons lag auf dem Boden.

»Ihre Gesundheit, Herrschaften«, sagte Woland leise, hob den Kelch und brachte ihn an die Lippen.

Da geschah eine Metamorphose. Das geflickte Hemd und die abgenutzten Pantoffeln verschwanden. Woland trug nun eine Art schwarze Chlamys und einen Stahldegen an der Hüfte. Mit schnellen Schritten kam er auf Margarita zu, streckte ihr den Kelch entgegen und sagte gebieterisch: »Trink!«

Ihr wurde schwindelig, sie schwankte, aber der Kelch war bereits an ihren Lippen, und Stimmen, sie wusste nicht, wessen, flüsterten in ihre beiden Ohren: »Keine Angst, Königin. Keine Angst, das Blut ist längst schon in der Erde. Und wo es verschüttet wurde, wachsen Weinreben.«

Ohne die Augen zu öffnen, nahm Margarita einen Schluck, und ein süßer Strom lief ihr durch die Venen; in ihren Ohren begann ein Geklimper. Ihr war, als ob sie betäubendes Hahnengeschrei hörte, als ob man irgendwo einen Marsch spielte. Die Menschenmassen verloren ihre Form, die Frackmänner und die Frauen zerfielen zu Staub. Vor Margaritas Augen umhüllte Verwesung den Saal, und der Geruch des Grabes strömte auf. Die Säulen fielen auseinander, die Feuer gingen aus, alles schrumpfte; es gab keine Brunnen mehr, keine Kamelien, keine Tulpen. Es war nur da, was da war: das bescheidene Wohnzimmer der Juwelierswitwe und eine angelehnte Tür, durch die ein Lichtstreifen fiel. Und Margarita ging durch diese Tür.

# Kapitel 24

## Der Meister wird extrahiert

In Wolands Schlafzimmer war alles wie vor dem Ball. Er saß in seinem Nachthemd auf dem Bett, nur Hella rieb ihm nicht mehr das Knie ein, sondern servierte ein Abendessen auf dem Tisch, an dem Woland und Begemot Schach gespielt hatten. Korowjew und Asasello hatten die Fracks abgenommen und saßen an der Tafel; daneben natürlich der Kater, der sich nicht von der Frackfliege trennen konnte, obschon von ihr nur ein dreckiger Lappen blieb. Margarita näherte sich schwankend dem Tisch und stützte sich darauf. Wie damals winkte Woland sie heran und deutete, sie solle sich neben ihn setzen.

»Und, hat man Sie sehr strapaziert?«, fragte er.

»Oh nein, Messère«, antwortete Margarita kaum hörbar.

»Noblesse oblige«, kommentierte der Kater, goss etwas Transparentes in ein Kristallglas und überreichte es Margarita.

»Ist das Wodka?«, fragte sie mit schwacher Stimme.

Der Kater tat einen Sprung vor Empörung.

»Ich bitte Sie, Königin!«, krächzte er. »Hätte ich mir jemals erlaubt, einer Dame Wodka anzubieten? Nein, das ist purer Alkohol!«

Margarita lächelte und versuchte, das Glas wegzuschieben.

»Trinken Sie ruhig«, sagte Woland, und Margarita nahm das Glas sofort in die Hand. »Hella, setz dich«, befahl er und wandte sich wieder an Margarita: »Die Vollmondnacht ist eine festliche Nacht, und ich diniere mit meinem Gefolge, in kleiner Gesellschaft. Nun, wie fühlen Sie sich? Wie war dieser anstrengende Ball?«

»Atemberaubend!«, ratterte Korowjew los. »Alle sind verzaubert, vernarrt, betört! Der Takt, das Können, der Charme!«

Woland erhob schweigend sein Glas und stieß mit Margarita an. Sie trank gehorsam aus und dachte, nur würde ihr Ende kommen. Aber es passierte nichts Schlimmes. Lebendige Wärme floss ihr durch den Magen, etwas pochte weich in ihren Hinterkopf, und ihre Kraft kehrte zurück, als wäre sie nach langem, erfrischendem Schlaf aufgewacht. Auf einmal spürte sie einen Wolfshunger. Als ihr klar wurde, dass sie seit dem letzten Morgen nichts gegessen hatte, flammte er noch mehr auf. Gierig machte sie sich über den Kaviar her.

Begemot schnitt eine Scheibe Ananas ab, schüttete darauf Salz und Pfeffer, vertilgte sie und leerte dann so schmissig noch ein Glas puren Alkohol, dass alle applaudierten.

Auch Margarita trank ein zweites Glas, worauf die Kerzen in den Kandelabern und die Flamme im Kamin heller aufleuchteten. Dabei fühlte sie sich keinesfalls betrunken. Sie versenkte die weißen Zähne ins Fleisch, schluckte genussvoll den Bratensaft und beobachtete, wie Begemot eine Auster großzügig mit Senf bestrich.

»Fehlen nur noch ein paar Trauben drauf«, giftete Hella leise und stieß den Kater in die Rippen.

»Auf Belehrungen kann ich verzichten, besten Dank«, entgegnete dieser, »habe mit den Besten zu Tische gesessen!«

»Wie gemütlich ist doch so ein zwangloses Abendessen am Kamin«, knarzte Korowjew, »im engen Kreis –«

»Aber Fagott«, versetzte der Kater, »ein Ball hat doch Charme, ein Ball hat Elan!«

»Keinerlei Charme hat er, und auch keinen Elan. Vom Gebrüll dieser albernen Bären und Tiger in der Bar hätte ich beinah Migräne bekommen«, sagte Woland.

»Ich gehorche, Messère«, erwiderte der Kater, »wenn Sie finden, ein Ball habe keinen Elan, dann bin ich ab sofort genau der gleichen Meinung.«

»Pass du nur auf!«, warnte Woland.

»Nur ein Scherz«, sagte der Kater demütig, »und was die Tiger betrifft, so lasse ich sie braten.«

»Tiger sind ungenießbar«, meldete Hella.

»Tatsächlich? Dann will ich mal etwas erzählen«, antwortete der Kater und berichtete, die Augen genüsslich zusammengekniffen, wie er einmal neunzehn Tage lang in der Wildnis gewandert sei und sich ausschließlich vom Fleisch eines selbstgetöteten Tigers ernährt habe. Die anderen lauschten dieser unterhaltsamen Schnurre mit großem Interesse, und als Begemot fertig war, riefen alle im Chor:

»Unsinn!«

»Und das Interessanteste an diesem Unsinn ist«, bemerkte Woland, »dass es ganz und gar erlogen ist, vom ersten bis zum letzten Wort.«

»Ach ja, erlogen?!«, rief der Kater – aber statt der allseits erwarteten Widerrede fügte er nur leise hinzu: »Geschichte wird uns richten.«

»Sagen Sie«, sprach Margarita, belebt nach dem Trinken, zu Asasello, »haben Sie ihn erschossen, diesen Ex-Baron?«

»Aber sicher doch«, erwiderte dieser, »wie denn auch nicht? Er gehörte unbedingt erschossen.«

»Es war so ein Schock!«, rief Margarita. »So unerwartet!«

»Ganz und gar nicht unerwartet«, widersprach Asasello, aber Korowjew jammerte und wimmerte: »So ein schlimmer, schlimmer Schock! Ich war selbst ganz aus dem Häuschen! Peng! Hoppla! Baron kippt um!«

»Um ein Haar wäre ich hysterisch zusammengebrochen«, fügte der Kater hinzu und leckte den Kaviarlöffel ab.

»Was ich nicht verstehe«, sprach Margarita, und das Kristallglas ließ goldene Funken in ihren Augen springen, »waren die Musik und all der Lärm des Balls draußen etwa nicht zu hören?«

»Natürlich nicht, Königin«, erklärte Korowjew. »Das muss man schon so regeln, dass es nicht zu hören ist. Ganz akkurat muss man das regeln.«

»Ach ja, ach ja … Ich frage nur, weil dieser Mann auf der Treppe – als Asasello und ich vorbeigingen – und der andere am Eingang … Ich glaube, er hat die Wohnung beobachtet.«

»So ist es!«, rief Korowjew. »So ist es, liebe Margarita! Sie bestätigen meinen Verdacht! Ja, er hat wohl tatsächlich die Wohnung beobachtet! Ich hatte ihn ja erst für einen zerstreuten Privatdozenten gehalten oder für einen auf der Treppe schmachtenden Verliebten. Aber nein, nein! Etwas nagte an meinem Herzen! Meine Güte, nun wird alles klar: Er hat die Wohnung beobachtet! Und der andere am Eingang, der auch! Und der im Torweg – der ja auch noch!«

»Was ist denn, wenn diese Leute Sie verhaften kommen? Das wäre ja interessant …«

»Unbedingt werden sie kommen, bezaubernde Königin, unbedingt!«, erwiderte Korowjew. »Ich ahne schon, dass sie kommen werden. Nicht jetzt, natürlich, doch zu gegebener Zeit kommen sie definitiv. Aber ich glaube nicht, dass es interessant wird.«

»Ich war so aufgeregt, als dieser Baron zu Boden fiel!«, rief Margarita. Sie hatte zum ersten Mal einen Mord miterlebt, und kam von dem Thema nicht los. »Sie sind wohl ein guter Schütze?«

»Passabel«, antwortete Asasello.

»Aus wie vielen Schritten?«, fragte Margarita etwas unklar.

»Kommt drauf an, worauf man zielt«, sagte Asasello nicht ohne Logik. »Es ist ja ein großer Unterschied, ob man mit dem Hammer das Fenster des Kritikers Latunski trifft – oder ihn selbst ins Herz.«

»Ins Herz!«, rief Margarita und drückte die Hand an die eigene Brust. »Ins Herz!«, wiederholte sie mit hohler Stimme.

»Was für ein Kritiker Latunski?«, fragte Woland und musterte Margarita mit verengten Augen.

Asasello, Korowjew und Begemot ließen schamhaft die Blicke sinken. Margarita errötete und sagte: »So ein Kritiker eben … Ich habe heute Abend seine Wohnung demoliert.«

»Na so was! Wozu denn?«

»Er hat einen Meister ruiniert, Messère«, erklärte Margarita.

»Aber warum sich persönlich bemühen?«, fragte Woland.

»Erlauben Sie mir, Messère!«, rief der Kater freudig und sprang auf.

»Bleib mal sitzen«, brummte Asasello und erhob sich. »Ich fahre selbst hin.«

»Nein!«, rief Margarita. »Nein, ich beschwöre Sie, Messère, bitte nicht!«

»Wie Sie wünschen«, sagte Woland, und Asasello setzte sich wieder.

»Also, wo waren wir, werte Königin Margot?«, fragte Korowjew. »Ah ja, das Herz … Der da«, er zeigte mit einem langen Finger auf Asasello, »trifft je nach Bedarf einen beliebigen Vorhof oder Kammer.«

Margarita verstand zunächst nicht. Dann rief sie überrascht: »Aber sie sind doch verdeckt!«

»Meine Teure«, klirrte Korowjew, »das ist es ja, dass sie verdeckt sind! Das ist die Würze! Was offen liegt, kann jeder treffen.«

Korowjew nahm eine Piksieben aus einer Schreibtischschublade und bat Margarita, mit dem Fingernagel eines der Augen zu markieren. Sie wählte das in der rechten oberen Ecke. Hella versteckte die Karte unter einem Kissen und rief: »Los!«

Asasello, der mit dem Rücken zum Kissen saß, zog einen schwarzen Revolver aus der Tasche seiner Frackhose, legte sich den Lauf auf die Schulter und feuerte ab, ohne sich umzudrehen – zum freudigen Schrecken Margaritas. Die Sieben wurde unter dem durchgeschossenen Kissen hervorgeholt. Das von Margarita markierte Auge hatte ein Loch.

»Ich würde Ihren Weg nicht kreuzen wollen, wenn Sie eine Pistole halten«, sagte Margarita und warf einen koketten Blick auf Asasello. Sie hatte eine Leidenschaft für alle, die etwas erstklassig konnten.

»Teuerste Königin«, knarzte Korowjew, »ich würde niemandem raten, seinen Weg zu kreuzen, auch wenn er keine Pistole hält! Ich gebe Ihnen mein Ehrenwort als ehemaliger Kantor und Vorsänger, dass niemand so einen Wegkreuzer beneiden würde.«

Der Kater, der das Experiment finster beobachtet hatte, verkündete plötzlich: »Ich überbiete den Rekord mit der Sieben.«

Daraufhin knurrte Asasello etwas, aber der Kater blieb hartnäckig und verlangte nicht einen, sondern zwei Revolver. Asasello nahm einen zweiten Revolver aus der anderen Hosentasche und übergab beide mit einer verächtlichen Grimasse dem Angeber. Zwei Augen wurden auf der Sieben markiert. Der Kater wandte dem Kissen den Rücken zu und bereitete sich umständlich vor. Margarita saß da, die Finger in den Ohren, und schaute die Eule an, die auf dem Kaminsims döste. Der Kater feuerte beide Revolver ab. Hella kreischte auf, die Eule fiel tot vom Sims, und die Wanduhr zerplatze. Hella, der Blut über die Hand floss, packte den Kater heulend beim Fell, woraufhin er sich in ihr Haar krallte; die beiden kullerten in einem Knäuel zu Boden. Ein Glas fiel vom Tisch und zerbarst.

»Schafft doch das rasende Teufelsweib weg!«, brüllte der Kater und schlug nach Hella, die rittlings auf ihm saß. Die beiden wurden auseinandergezerrt, Korowjew pustete auf Hellas durchgeschossenen Finger, und schon war er heil.

»Ich kann nicht schießen, wenn mir Leute dazwischenreden!«, schrie Begemot, bemüht, sich einen riesigen ausgerissenen Fellklumpen wieder an den Rücken festzudrücken.

»Ich wette«, sagte Woland und lächelte Margarita zu, »das war alles Absicht. Er ist kein übler Schütze.«

Hella und der Kater schlossen Frieden und küssten sich zur Versöhnung. Die Karte wurde hervorgeholt. Kein Auge war getroffen, außer dem, das Asasello durchgeschossen hatte.

»Das kann nicht sein«, insistierte der Kater und musterte die Karte, die er gegen das Licht des Kronleuchters hielt.

Das Abendessen ging fröhlich weiter. Die Kerzen schmolzen in ihren Ständern; trockene, duftende Wärmewellen strömten aus dem Kamin. Margarita fühlte sich satt, glückselig und wohlig. Sie beobachtete, wie die blaugrauen Rauchringe aus Asasellos Zigarre zum Kamin schwebten und der Kater sie auf den Degen spießte. Sie wollte nirgendwo hin, wie spät es auch immer sein mochte. Doch es war sicherlich spät, um die sechs Uhr morgens, schätzte sie. Margarita nutzte eine Pause und sagte schüchtern zu Woland: »Ich sollte wohl gehen – es ist spät …«

»Jetzt schon?«, fragte Woland höflich, aber etwas trocken. Die anderen schwiegen und taten so, als konzentrierten sie sich auf die Rauchringe.

Margarita wurde ganz verlegen. »Ja, ich sollte gehen«, wiederholte sie und sah sich um, als suchte sie nach einem Umhang oder Mantel. Ihre Nacktheit genierte sie auf einmal. Sie stand auf. Woland nahm schweigend seinen abgetragenen, fettigen Hausmantel vom Bett, und Korowjew warf ihn Margarita über die Schultern.

»Ich danke Ihnen, Messère«, sagte sie kaum hörbar und sah Woland fragend an. Zur Antwort lächelte er höflich und gleichgültig. Die schwärzeste Schwermut flutete Margaritas Herz. Sie fühlte sich betrogen. Offenbar hatte niemand vor, ihr eine Belohnung für die Dienste auf dem Ball anzubieten, ebenso wie niemand sie hier aufhielt. Dabei war ihr völlig klar, dass sie nun nirgendwohin gehen konnte. Die flüchtige Vorstellung, in die Villa zurückzukehren, ließ in ihr die Verzweiflung explodieren. Sollte sie die Gelegenheit ergreifen und selbst ihre Bitte stellen, wie Asasello im Alexandergarten so verlockend angeraten hatte? »Niemals!«, dachte sie.

»Alles Gute, Messère«, sagte sie. Hauptsache weg hier, dann würde sie zum Fluss gehen und sich ertränken.

»Setzen Sie sich«, befahl Woland auf einmal.

Mit verwandeltem Gesicht nahm Margarita Platz.

»Möchten Sie zum Abschied vielleicht noch etwas sagen?«

»Nein, nichts, Messère«, antwortete Margarita stolz, »nur dass ich gern bereit bin, alles zu tun, was Sie wünschen, falls Sie mich noch brauchen. Ich bin nicht im Geringsten müde und habe den Ball sehr genossen. Ginge er weiter, würde ich mein Knie mit Vergnügen weiteren Tausenden von Galgenvögeln und Mördern zum Küssen hinhalten.« Sie sah Woland wie durch einen Schleier an, die Augen voller Tränen.

»Richtig! Sie haben völlig recht!«, donnerte Woland schallend. »Richtig so!«

»Richtig so!«, wiederholte sein Gefolge wie ein Echo.

»Wir haben Sie auf die Probe gestellt. Bitten Sie niemals, bitten Sie um nichts, vor allem nicht die Mächtigen. Niemals und um nichts. Die Mächtigen werden Ihnen selbst alles geben. Nun, Margot«, fuhr Woland sanfter fort, »was wollen Sie für den heutigen Auftritt als Gastgeberin? Was wünschen Sie dafür, dass Sie diesen Ball nackt durchgestanden haben? Was ist Ihr Knie Ihnen wert? Was kann den Schaden wiedergutmachen, den meine Gäste, die Sie gerade Galgenvögel nannten, angerichtet haben? Sprechen Sie! Und sprechen Sie nun ohne Scheu, denn ich bitte Sie darum.«

Margaritas Herz pochte.

»Nun, kommen Sie, nur zu!«, ermutigte Woland. »Wecken Sie Ihre Fantasie, geben Sie ihr die Sporen! Allein dafür, der Ermordung dieses Schurken von einem Baron beizuwohnen, hätte jeder – und erst recht jede – eine Belohnung verdient. Nun?«

Margaritas Atem stockte, und schon wollte sie die Worte aussprechen, die sie in ihrem Innersten längst vorbereitet hatte, als sie plötzlich erbleichte und Woland mit offenem Mund anstarrte. »Frieda! Frieda! Frieda!«, flehte eine aufdringliche Stimme in ihren Ohren, »mein Name ist Frieda!«

Und Margarita stammelte: »Ich darf also – ich darf – um eine Sache bitten?«

»Verlangen, verlangen, meine Donna«, erwiderte Woland und lächelte wissend, »Sie können eine Sache verlangen.«

Ah, wie geschickt und deutlich er es beim Wiederholen ihrer eigenen Worte betont hat – *eine* Sache!

Da seufzte Margarita und sagte: »Ich möchte, dass Frieda nicht mehr das Tuch gebracht wird, mit dem sie ihr Baby erstickt hatte.«

Der Kater hob die Augen zum Himmel und atmete laut aus, sagte aber nichts, wohl eingedenk des Schicksals, das sein Ohr während des Balls ereilt hatte.

»Angesichts der Tatsache«, lächelte Woland, »dass diese dumme Gans Frieda Sie unmöglich bestochen haben konnte – dies wäre mit Ihrer königlichen Würde unvereinbar – weiß ich einfach nicht, was ich tun soll. Vielleicht eine Ladung Lappen besorgen und damit jeden Ritz in meinem Schlafzimmer stopfen?«

»Wie meinen Sie das, Messère?«, fragte Margarita erstaunt, als sie diese in der Tat unverständlichen Worte vernahm.

»Ich stimme Ihnen vollkommen zu, Messère!«, fiel der Kater nun doch ein. »Jawohl, mit Lappen stopfen!« Und er schlug gereizt mit der Pfote auf den Tisch.

»Ich rede von Barmherzigkeit«, erklärte Woland, ohne die Glut seines Blickes von Margarita abzuwenden, »zuweilen kriecht sie ganz unerwartet und perfide durch die engsten Ritze. Deswegen spreche ich von Lappen.«

»Ich auch! Eben!«, rief der Kater, wobei er für alle Fälle von Margarita zurückwich und sich die Ohren mit tortencremetriefenden Pfoten bedeckte.

»Troll dich«, sagte Woland zu ihm.

»Ich habe noch keinen Kaffee getrunken«, antwortete der Kater, »und da soll ich schon gehen? Soll es in der Festnacht etwa zwei Sorten Gäste geben, Messère? Der ersten Frischeklasse und der zweiten, wie sich dieser jämmerliche Geizhals von einem Büfettier ausdrückte?«

»Sei still«, befahl Woland und wandte sich wieder an Margarita: »Sie sind offenbar ein außergewöhnlich gütiger Mensch? Ein hochmoralischer Mensch?«

»Nein«, erwiderte Margarita mit Nachdruck, »ich weiß, dass man mit Ihnen ganz offen reden muss, und deshalb sage ich auch ganz offen: Ich bin ein leichtsinniger Mensch. Ich habe nur deshalb für Frieda gesprochen, weil ich so dumm gewesen war, ihr Hoffnung zu geben. Sie wartet, Messère; sie glaubt an meine Macht. Und wenn ich sie enttäusche, wird es mir schlimm ergehen. Ich werde bis ans Lebensende keine Ruhe kennen. Da ist nichts zu machen! Passiert ist passiert.«

»Ah«, sagte Woland, »das ist verständlich.«

»Sie tun es also?«, fragte Margarita leise.

»Auf keinen Fall«, antwortete Woland. »Die Sache ist die, liebe Königin, dass hier ein kleines Missverständnis vorliegt. Jede Behörde sollte sich um ihre eigenen Angelegenheiten kümmern. Ich leugne nicht, dass unsere Möglichkeiten recht groß sind, viel größer, als einige nicht allzu scharfsinnige Menschen vielleicht denken –«

»Jawohl, viel größer!«, fiel ihm der Kater ins Wort. Offenbar konnte er seinen Stolz auf diese Möglichkeiten nicht zurückhalten.

»Sei still, zum Teufel noch mal!«, herrschte Woland ihn an und sprach zu Margarita weiter: »Es hat aber einfach keinen Sinn, etwas zu tun, wofür eine andere Behörde zuständig ist. Ich tu es also nicht, sondern Sie tun es selbst.«

»Aber geht mein Wort denn in Erfüllung?«

Asasello schielte ironisch in Margaritas Richtung, schüttelte leicht seinen rothaarigen Kopf und schnaubte.

»Machen Sie doch schon, es ist ja eine Qual mit Ihnen!«, brummte Woland, drehte den Globus und begann, darauf ein Detail zu studieren. Seine Aufmerksamkeit galt anscheinend nicht mehr ausschließlich Margarita.

»Also: Frieda«, soufflierte Korowjew.

»Frieda!«, rief Margarita durchdringend.

Die Tür flog auf, und eine zerzauste, nackte, doch nunmehr vollkommen nüchterne Frau lief mit wilden Augen ins Zimmer und streckte die Arme Margarita entgegen, die majestätisch sagte: »Dir ist vergeben. Das Tuch wird nicht mehr gebracht.«

Frieda schrie auf, warf sich nieder und streckte sich vor Margarita auf dem Boden aus. Woland winkte ab, und Frieda verschwand.

»Danke. Leben Sie wohl«, sagte Margarita und stand auf.

»Was meinst du, Begemot«, sprach Woland, »wir wollen den Leichtsinn eines unpraktischen Menschen in dieser festlichen Nacht nicht missbrauchen, oder?« Er wandte sich an Margarita: »Nun, das zählt nicht; ich habe ja nichts getan. Was wollen Sie für sich?«

Darauf folgte Stille. Unterbrochen wurde sie von Korowjew, der Margarita ins Ohr flüsterte: »Diamantene Donna, ich rate Ihnen, diesmal vernünftiger zu sein! Sonst könnte Fortuna Ihnen noch entwischen …«

»Ich will meinen Geliebten, den Meister, wiederhaben – sofort, in dieser Sekunde!«, sagte Margarita, und ein Krampf verzerrte ihre Züge.

Da stürmte Wind in den Raum, sodass die Flammen der Kerzen sich niederbeugten und der schwere Vorhang zur Seite flog; das Fenster schlug auf und enthüllte den Vollmond in der Ferne – keinen blassen morgendlichen, sondern einen mitternächtlichen. Sein Licht fiel auf den Boden wie ein lindgrünes Tuch, und darauf erschien Iwans Besucher, der sich »der Meister« nannte. Er trug ein Krankenhemd, Pantoffeln und die schwarze Mütze. Sein unrasiertes Gesicht zuckte, er schielte irrsinnig und ängstlich auf die Kerzenlichter. Der Strom des Mondlichts brodelte um ihn.

Margarita stöhnte, streckte die Arme aus und stürzte zu ihm. Sie küsste ihn auf die Augen, auf die Lippen, presste die Stirn an seine stoppelige Wange, und die Tränen, die sie so lange zurückgehalten hatte, strömten über ihr Gesicht. Sie wiederholte ein Wort, unaufhörlich, ohne Sinn: »Du … du … du …«

Der Meister schob sie von sich und sagte mit hohler Stimme: »Weine nicht, Margot, quäle mich nicht. Ich bin schwer krank.« Er packte die Fensterbank, als wollte er darauf springen und fliehen, musterte zähnefletschend die Anwesenden und rief: »Ich habe Angst, Margot! Die Halluzinationen sind wieder da …«

Margarita erstickte im Schluchzen, flüsterte stammelnd: »Nein, nein! Hab keine Angst … Ich bin bei dir … Ich bin doch bei dir!«

Korowjew schob dem Meister geschickt und unauffällig einen Stuhl zu, und er sank darauf nieder. Margarita warf sich auf die Knie, drückte sich an den Kranken und verharrte still. In ihrer Aufregung hatte sie nicht bemerkt, dass sie nicht mehr nackt war, sondern einen schwarzen Seidenmantel trug. Der Kranke ließ den Kopf hängen und starrte düster und gequält zu Boden.

»Ja«, sagte Woland nach einer Pause, »man hat ihn ordentlich zugerichtet.« Und er befahl Korowjew: »Ritter, gib diesem Mann zu trinken.«

Margarita flehte den Meister mit zitternder Stimme an: »Trink, trink doch! Hast du Angst? Nein, glaub mir, sie werden dir helfen!«

Der Kranke nahm das Glas und trank aus, aber seine Hand zuckte, und das geleerte Glas zerbarst zu seinen Füßen.

»Scherben bringen Glück!«, flüsterte Korowjew zu Margarita. »Schauen Sie, er kommt schon zu sich.«

Tatsächlich war der Blick des Kranken nicht mehr so wild und rastlos.

»Bist du es wirklich, Margot?«, fragte der mondhelle Gast.

»Ich bin es, ganz sicher«, antwortete Margarita.

»Noch eins!«, befahl Woland.

Nachdem der Besucher das zweite Glas geleert hatte, kehrten Sinn und Leben in seinen Blick zurück.

»Schon besser«, sagte Woland und kniff die Augen zusammen. »Nun können wir reden. Wer sind Sie?«

»Inzwischen bin ich niemand«, erwiderte der Meister mit einem schiefen Lächeln.

»Wo kommen Sie jetzt her?«

»Aus der Anstalt. Ich bin geisteskrank.«

Diese Worte konnte Margarita nicht ertragen; wieder musste sie weinen. Dann wischte sie sich die Augen und rief: »Schlimme, schlimme Worte! Er ist ein Meister, Messère, ein Meister, sage ich Ihnen! Heilen Sie ihn, er ist es wert.«

»Wissen Sie, mit wem Sie gerade reden?«, fragte Woland. »Wissen Sie, bei wem Sie sind?«

»Ich weiß es«, antwortete der Meister, »mein Nachbar im Irrenhaus war dieser Junge, Iwan Besdomny. Er hat mir von Ihnen erzählt.«

»Ach ja«, erwiderte Woland, »ich hatte das Vergnügen, diesen jungen Mann am Patriarchenteich zu treffen. Beinah hätte er mich selbst in den Wahnsinn getrieben mit seinen Versuchen, meine Nichtexistenz zu beweisen! Aber Sie glauben doch, dass ich es tatsächlich bin?«

»Das muss ich«, sagte der Besucher, »obschon es mir sicherlich guttun würde, Sie als eine Halluzination zu betrachten.« Sogleich besann er sich aber und bat um Verzeihung.

»Nun, wenn es Ihnen guttut, betrachten Sie mich ruhig als eine«, erwiderte Woland höflich.

»Nein, nein!«, wiederholte Margarita erschrocken und schüttelte den Meister an der Schulter. »Komm zur Besinnung! Er ist es wirklich!«

Auch diesmal fuhr der Kater dazwischen: »Ich hingegen habe durchaus etwas von einer Halluzination. Betrachten Sie nur mein Profil im Mondlicht!«

Er positionierte sich im Mondstrahl und wollte noch etwas sagen, wurde aber zur Stille ermahnt. Darauf erwiderte er: »Na gut, dann bin ich eben eine schweigende Halluzination«, und wurde tatsächlich still.

»Sagen Sie, warum nennt Margarita Sie den Meister?«, fragte Woland.

Der Besucher lächelte traurig und sagte: »Das ist eine verzeihliche Schwäche. Sie hält zu viel von einem Roman, den ich geschrieben habe.«

»Wovon handelt er?«

»Von Pontius Pilatus.«

Da schwangen und sprangen abermals die Flammen der Kerzen, das Geschirr auf dem Tisch klapperte, und Woland brach in donnerndes Gelächter aus, das aber niemanden erschreckte oder überraschte. Begemot applaudierte.

»Wovon? Von wem?«, fragte Woland, als sein Lachen verhallt war. »Jetzt, hier? Das ist ja kolossal! Ist Ihnen kein anderes Thema eingefallen? Lassen Sie mich mal sehen.« Woland streckte die Hand aus.

»Leider geht das nicht«, antwortete der Meister. »Ich habe den Roman im Ofen verbrannt.«

»Verzeihen Sie, aber das glaube ich kaum«, entgegnete Woland, »Manuskripte brennen nicht.« Er wandte sich an Begemot: »Gib mal den Roman her.«

Der Kater schnellte vom Stuhl, und alle sahen, dass er auf einem dicken Stapel Hefte gesessen hatte. Mit einer Verbeugung überreichte er Woland das oberste Exemplar. Zitternd, wieder den Tränen nahe, rief Margarita: »Da ist es, das Manuskript! Da ist es!«

Sie stürzte auf Woland zu und flüsterte bewundernd: »Allmächtig! Allmächtig!«

Woland nahm das ihm überreichte Exemplar, drehte es um, legte es beiseite und betrachtete den Meister still und ernst. Dieser wurde aber auf einmal rastlos, stand auf, zuckte, rang die Hände, starrte den fernen Mond an und murmelte wehmütig: »Selbst nachts bei Mondschein hab ich keine Ruhe. Warum lässt man mich nicht allein? Oh Götter, Götter ...«

Margarita klammerte sich ans Krankenhemd, drückte sich an den Meister und stammelte, gequält, unter Tränen: »Warum, warum wirkt die Medizin nicht?«

»Schon gut«, flüsterte Korowjew eifrig dem Meister zu, »schon gut, schon gut ... Noch ein Gläschen, und ich trinke auch mit.«

Das Gläschen blinkte, glänzte im Mondlicht, und es wirkte, dieses Gläschen. Man half dem Kranken, sich wieder zu setzen, und sein Gesicht wurde ruhig.

»Nun ist alles klar«, sagte Woland und klopfte mit einem langen Finger auf das Manuskript.

»Kristallklar«, bestätigte der Kater – das Versprechen, eine schweigende Halluzination zu sein, war vergessen –, »jetzt begreife ich das Leitmotiv dieses Werkes durch und durch! Was meinst du dazu?« Er wandte sich an den stillen Asasello.

»Ich meine«, näselte dieser, »dich sollte man ertränken.«

»Oh, erbarme dich, Asasello! Bringe meinen Herrn nicht auf Ideen. Glaub mir, ich würde dir jede Nacht erscheinen, in einem Mondgewand wie der arme Meister hier. Ich würde dir zunicken und zuwinken und dich zu mir locken. Wie fändest du das wohl, Asasello?«

»Nun, Margarita«, sprach Woland wieder, »sagen Sie: Was brauchen Sie?«

Margaritas Augen leuchteten auf, und sie sagte flehentlich zu Woland: »Darf ich kurz mit ihm flüstern?«

Woland nickte, und Margarita wisperte dem Meister etwas ins Ohr. Man konnte seine Antwort hören: »Nein, es ist zu spät. Ich will nichts mehr im Leben, ich will nur dich. Aber auch dir rate ich noch einmal – verlasse mich. Du gehst sonst mit mir unter.«

»Nein, ich verlasse dich nie«, antwortete Margarita und wandte sich an Woland: »Ich bitte darum, dass wir wieder in unserem Kellerstübchen am Arbat sind, und dass die Lampe leuchtet und dass alles so ist wie früher.«

Da lachte der Meister, umfasste Margaritas Lockenkopf mit beiden Händen und sagte: »Hören Sie nicht auf die arme Frau, Messère! Jemand anderes lebt schon lange dort, und überhaupt geht das nicht, dass alles so ist wie früher.« Er legte die Wange an den Kopf seiner Gefährtin, drückte sie an sich und murmelte: »Du Arme, du Arme …«

»Das geht nicht, sagen Sie?«, fragte Woland. »Stimmt. Aber wir wollen es versuchen. Asasello!«

Und sogleich fiel ein Bürger von der Decke. Er war sichtlich dem Wahnsinn nahe und trug nichts als Unterwäsche, dazu aber eine Schirmmütze und einen Koffer. Er kauerte und schlotterte vor Angst.

»Mogaritsch?«, fragte Asasello den vom Himmel Gefallenen.

»Jaw-wohl, Alois Mogaritsch.«

»Haben Sie Latunskis Artikel über den Roman dieses Mannes hier gelesen und ihn dann wegen Aufbewahrung illegaler Literatur denunziert?«, fragte Asasello weiter.

Der frisch erschienene Bürger wurde blau und löste sich in Reuetränen auf.

»Sie wollten in seine Zimmer ziehen?«, näselte Asasello vertraulich.

Da zischte Margarita wie eine rasende Katze. »Na warte!«, jaulte sie, und ihre Nägel krallten sich Mogaritsch ins Gesicht.

Auf einmal herrschte Aufruhr.

»Was tust du?«, rief der Meister gequält. »Margot, es ist doch eine Schande!«

»Ich protestiere! Es ist keine Schande!«, kreischte der Kater.

Korowjew zerrte Margarita weg.

»Hab eine Badewanne eingebaut!«, schrie der blutüberströmte Mogaritsch mit klappernden Zähnen und brabbelte dann völlig wirr: »Das Tünchen allein! Der Zinkanstrich …«

»Das mit der Badewanne haben Sie gut gemacht«, sagte Asasello beifällig, »Bäder werden ihm wohltun.« Dann rief er: »Raus!«

Da wurde Mogaritsch kopfüber hochgewirbelt und aus Wolands Schlafzimmer hinaus ins Treppenhaus befördert.

Der Meister sah ihm unverwandten Blickes nach und flüsterte: »Das ist ja noch fantastischer als das, was Iwan erzählt hat!«

Erschüttert schaute er sich um und fragte schließlich den Kater: »Verzeihung, aber bist du – seid Ihr – sind Sie –«, er stockte, der Konversationssitten mit Katzen unsicher, »sind Sie vielleicht der Kater, der Straßenbahn gefahren ist?«

»Ich bin's«, bestätigte dieser geschmeichelt und fügte hinzu: »Es ist schön zu hören, dass Sie einen Kater so höflich ansprechen. Aus irgendeinem Grund werden Katzen ja meist geduzt, obschon keiner von uns jemals Brüderschaft getrunken hat.«

»Es scheint mir, Sie sind nicht unbedingt ein Kater«, antwortete der Meister zögerlich und wandte sich dann schüchtern an Woland: »Aber man wird mich im Krankenhaus doch suchen?«

»Was sollen die schon suchen!«, beruhigte ihn Korowjew, und in seinen Händen erschien ein Stapel Papiere und Bücher. »Ist das Ihre Krankenakte?«

»Ja.«

Korowjew warf die Akte in den Kamin.

»Keine Papiere, keine Person«, sagte er zufrieden. »Und das ist das Hausbuch Ihres Vermieters?«

»Ja –«

»Wer ist darin registriert? Alois Mogaritsch?« Korowjew blies auf eine Seite. »Hopp, schon ist er weg! Und, das bitte ich zu beachten, er ist auch nie da gewesen. Sollte sich der Vermieter wundern, sagen Sie ihm, er hat von Alois geträumt! Mogaritsch? Was für ein Mogaritsch? Einen Mogaritsch hat's nie gegeben!« Da verflüchtigte sich das durchgenähte Buch aus Korowjews Händen. »Und schon ist es im Schreibtisch des Vermieters.«

»Es ist genau, wie Sie sagen«, bemerkte der Meister, erstaunt über Korowjews saubere Arbeit, »keine Papiere, keine Person. Aber dann bin ich eben keine Person, denn ich habe keine Papiere.«

»Ich bitte um Verzeihung«, rief Korowjew, »aber das ist nun wirklich eine Halluzination! Hier sind sie doch.« Und Korowjew übergab dem Meister seine Papiere. Dann flüsterte er Margarita mit gesalbter Stimme zu: »Und hier ist auch Ihr Eigentum«. Er überreichte ihr das verkohlte Heft, die getrocknete Rose, das Foto und, mit besonderer Sorgfalt, das Sparbuch. »Zehntausend, wie Sie einzuzahlen beliebten, liebe Margarita. Fremdes Geld brauchen wir nicht.«

»Sollen mir die Pfoten abfallen, bevor ich fremdes Geld anfasse!«, plusterte sich der Kater auf. Er tanzte gerade auf dem Koffer, um alle Kopien des unseligen Romans hineinzupferchen.

»Hier auch Ihre werten Papiere«, fuhr Korowjew fort, übergab Margarita ihre Dokumente und wandte sich respektvoll an Woland: »Fertig, Messère!«

»Nicht ganz«, antwortete Woland und schaute von seinem Globus hoch. »Liebe Donna, was machen wir mit Ihrem Gefolge? Ich persönlich kann es nicht gebrauchen.«

Da kam Natascha, noch immer nackt, durch die offene Tür gerannt, klatschte in die Hände und rief: »Ich wünsche Ihnen alles Glück der Welt, Margarita!« Sie nickte dem Meister zu und wandte sich wieder an ihre Herrin: »Ich habe ja schon immer gewusst, wo Sie hingehen.«

»Hausmädchen wissen immer alles«, beobachtete der Kater und hob bedeutungsvoll die Pfote. »Man sollte sie keinesfalls für blind halten.«

»Was möchtest du denn, Natascha?«, fragte Margarita. »Du kannst zurück in die Villa.«

»Margarita, liebste!«, rief Natascha flehentlich und kniete nieder, »bitten Sie für mich« – sie warf einen Seitenblick auf Woland – »dass ich Hexe bleiben darf. Ich will nicht mehr in die Villa! Ich will auch keinen Ingenieur heiraten und keinen Techniker! Gestern auf dem Ball haben Monsieur Jacques um meine Hand angehalten.« Natascha öffnete die Faust und zeigte irgendwelche Goldmünzen.

Margarita blickte Woland fragend an. Er nickte. Da fiel Natascha ihrer Herrin um den Hals, küsste sie schallend auf beide Wangen und flog mit einem Siegesschrei aus dem Fenster.

An Nataschas Stelle stand nun Nikolai Iwanowitsch. Er hatte seine menschliche Gestalt wiedererlangt, war aber ungemein finster, ja geradezu gereizt.

»Diesen hier lasse ich besonders gern gehen«, sagte Woland und betrachtete Nikolai Iwanowitsch mit Abscheu, »ja, ganz besonders gern, denn hier ist er völlig überflüssig.«

»Ich erbitte dringend eine Bescheinigung betreffs meines Verbleibs vergangene Nacht«, sagte Nikolai Iwanowitsch. Er schaute wild umher, sprach aber sehr entschlossen.

»Zu welchem Zwecke?«, fragte der Kater streng.

»Zum Zwecke der Vorlage bei Polizei und Gattin.«

»Normalerweise stellen wir keine Bescheinigungen aus«, erwiderte der Kater mit mürrischer Miene, »aber meinetwegen, für Sie machen wir eine Ausnahme.«

Schon saß die nackte Hella an einer Schreibmaschine, und der Kater diktierte:

»Hiermit wird dem Präsentanten, Nikolai Iwanowitsch, bescheinigt, die genannte Nacht auf Satans Ball verbracht zu haben, und zwar zum Zwecke der Nutzung seiner Person als Transportmittel. Klammer auf, Hella, dann schreibst du ›Schwein‹, Klammer zu. Gezeichnet Begemot.«

»Und das Datum?«, quietschte Nikolai Iwanowitsch.

»Kein Datum. Mit Datum wird das Dokument ungültig«, entgegnete der Kater und unterzeichnete. Auf einmal war ein Stempel in seiner Pfote; er atmete darauf, presste direkt über »Nikolai Iwanowitsch« das Wort »erledigt« und überreichte das Papier dem Bittsteller. Darauf verschwand dieser spurlos, und an seiner Stelle erschien ein neuer, unerwarteter Gast.

»Wer ist denn das?«, fragte Woland angewidert und hielt eine Hand gegen den Kerzenschein.

Warenucha ließ den Kopf hängen, seufzte und sagte leise: »Lassen Sie mich gehen. Ich habe nicht das Zeug zum Vampir. Hella und ich hätten Rimski ja beinah umgebracht, dabei bin ich gar nicht blutrünstig. Lassen Sie mich gehen!«

»Was soll dieser Unfug?«, fragte Woland stirnrunzelnd. »Was für ein Rimski? Was ist das für Unsinn?«

»Ich kümmere mich sofort darum, Messère«, antwortete Asasello und wandte sich an Warenucha: »Sie sollen niemanden mehr am Telefon anschnauzen. Sie sollen niemanden mehr am Telefon anlügen. Ist das klar? Werden Sie es lassen?«

Vor Freude wurde es Warenucha schwindlig, er strahlte und haspelte: »Ich schwöre bei G – Das heißt, Ihre Maje – jawohl, heute noch!« Er presste sich die Hände an die Brust und sah Asasello beschwörend an.

»Gut, ab nach Hause«, sagte dieser, und Warenucha löste sich auf.

»Jetzt lasst mich mit den beiden allein«, befahl Woland und zeigte auf den Meister und Margarita.

Sein Befehl wurde sogleich befolgt. Nach kurzem Schweigen fragte er den Meister: »Also zurück ins Kellerstübchen am Arbat? Und was ist mit dem Schreiben? Mit den Träumen, der Inspiration?«

»Ich habe keine Träume mehr und keine Inspiration«, erwiderte der Meister. »Nichts interessiert mich mehr außer ihr.« Er legte die Hand auf Margaritas Nacken. »Ich bin gebrochen, mir ist öde, ich will in meine Kellerstube.«

»Und der Roman? Pilatus?«

»Er ist mir verhasst, dieser Roman«, entgegnete der Meister, »zu viel habe ich seinetwegen durchgemacht.«

»Ich flehe dich an«, bat Margarita jämmerlich, »sag doch nicht so was. Warum quälst du mich? Du weißt doch, mein ganzes Leben steckt in deinem Werk!« Dann wandte sie sich an Woland: »Hören Sie nicht auf ihn, Messère, er ist zu gemartert.«

»Aber über etwas muss man doch schreiben, oder?«, fragte Woland. »Wenn der Prokurator für Sie erledigt ist, warum nicht, na, meinetwegen diesen Alois darstellen?«

Der Meister lächelte.

»Lapschennikowa würde das nicht drucken, und interessant ist es auch nicht.«

»Und wovon wollen Sie leben? Sie werden bettelarm sein.«

»Umso besser«, antwortete der Meister, zog Margarita noch näher zu sich, umklammerte ihre Schultern und sagte: »Dann kommt sie endlich zur Vernunft und verlässt mich.«

»Das bezweifle ich«, knirschte Woland. »Nun also,« fuhr er fort, »der Mann, der von Pontius Pilatus geschrieben hat, will bettelarm im Kellerstübchen an der Lampe sitzen und nichts tun?«

Margarita löste sich von dem Meister und rief: »Ich habe alles versucht, was ich nur konnte! Ich habe ihm die verlockendsten Dinge zugeflüstert. Und er hat nein gesagt.«

»Ich weiß, was Sie ihm zugeflüstert haben«, erwiderte Woland, »aber es gibt noch Verlockenderes. Und Ihnen will ich sagen«, wandte er sich lächelnd an den Meister, »dass Ihr Roman Sie noch überraschen wird.«

»Das ist sehr traurig«, antwortete der Meister.

»Nein, es ist nicht traurig. Alles Schlimme liegt jetzt hinter Ihnen. Nun, Margarita, es ist alles getan. Bin ich Ihnen noch etwas schuldig?«

»Oh nein! Was für eine Frage, Messère!«

»Dann nehmen Sie das bitte als Andenken«, sagte Woland und zog unter dem Kissen ein kleines goldenes Hufeisen hervor, das mit Diamanten übersät war.

»Das kann ich doch nicht annehmen!«

»Wollen Sie mir wirklich widersprechen?«, fragte Woland mit einem Lächeln.

Da Margaritas Mantel keine Taschen hatte, wickelte sie das Hufeisen in eine Serviette und verknotete sie. Da fiel ihr Blick auf den Mond im Fenster, und sie sagte erstaunt: »Das verstehe ich nicht – wie kann es denn ständig Mitternacht sein, wenn es doch längst dämmern müsste?«

»Die Nacht des Festes darf verweilen«, antwortete Woland. »Nun, ich wünsche Ihnen ein glückliches Leben!«

Margarita streckte beide Arme nach ihm aus, wagte es aber nicht, sich ihm zu nähern, und rief nur leise: »Leben Sie wohl!«

»Auf Wiedersehen«, sagte Woland.

Und die zwei – Margarita im schwarzen Mantel und der Meister in seinem Krankenhemd – gingen hinaus, in den Flur der Juwelierswitwe, wo eine Kerze brannte und Wolands Gefolge sie erwartete. Als sie zusammen den Flur verließen, trug Hella mit Begemots Hilfe den Koffer mit dem Roman und den wenigen Besitztümern Margaritas. An der Wohnungstür verbeugte sich Korowjew und verschwand. Die anderen begleiteten das Paar hinunter. Die Treppe war leer. Auf dem Absatz im zweiten Stock hörten sie ein leises Klopfen, achteten aber nicht darauf. Unten blies Asasello in die Luft, ehe sie in den mondlosen Hof hinausgingen. An der Schwelle sahen sie einen Mann mit Stiefeln und Mütze, der totenstill schlief, und vor dem Haus ein großes schwarzes Automobil mit ausgeschalteten Scheinwerfern. Durch die Windschutzscheibe war undeutlich die Silhouette der Saatkrähe zu erkennen.

Man wollte schon einsteigen, als Margarita leise und verzweifelt rief: »Oh nein, ich habe das Hufeisen verloren!«

»Steigen Sie ein«, sagte Asasello, »und warten Sie auf mich. Ich schaue, was Sache ist, und komme gleich zurück.« Und er ging wieder ins Haus.

Die Sache war aber die: Einige Zeit bevor Margarita und der Meister mit ihrer Eskorte aufbrachen, kam aus der Wohnung 48, die sich direkt unter derjenigen der Juwelierswitwe befand, eine dürre Frau mit

Blechkanne und Tasche. Das war eben die Annuschka, die zu Berlioz' Unglück am Mittwoch Sonnenblumenöl verschüttet hatte.

Niemand wusste, und es wird wohl auch niemand erfahren, was diese Frau in Moskau tat oder wovon sie lebte. Bekannt war nur, dass sie jeden Tag entweder mit der Blechkanne oder mit der Tasche – und manchmal sogar sowohl mit der Kanne als auch mit der Tasche – zu sehen war: im Petroleumladen, auf dem Markt, am Haustor, auf der Treppe, aber meistens in der Küche der Wohnung 48, in der sie lebte. Außerdem und vor allem war bekannt, dass dort, wo sie erschien, sogleich ein Skandal ausbrach. Man nannte sie »die Pest«.

Aus irgendeinem Grund stand Annuschka immer sehr früh auf, und diesmal hatte etwas sie noch früher geweckt, kurz nach Mitternacht. Der Schlüssel drehte sich in der Tür, dann erschien Annuschkas Nase, gefolgt von der ganzen Annuschka. Sie schloss die Tür hinter sich und wollte schon los, als jemand die Treppe herunterstürzte und gegen sie prallte, sodass sie zur Seite geschleudert wurde und mit dem Hinterkopf gegen die Wand schlug.

»Pass doch auf, wo du hinrennst! Und nichts als Unterhosen an!«, kreischte Annuschka und griff sich an den Kopf. Der Mann, der wirklich nichts als Unterwäsche sowie Koffer und Mütze trug, erwiderte mit wirrer Schlafwandler-Stimme: »Der Durchlauferhitzer! Der Zinkanstrich! Das Tünchen allein –«, dann rief er unter Tränen: »Raus!«

Und dann, statt weiter hinunterzulaufen, hetzte er plötzlich nach oben, wo der Fuß des Kiewer Wirtschaftsplaners kürzlich das Glas aus dem Fenster geschlagen hatte. Durch dieses Fenster flog der Mann mit den Beinen voran in den Innenhof. Annuschka vergaß sogar ihre Prellung und stürzte mit einem »Oh!« zum Fenster. Den Bauch auf dem Sims, steckte sie den Kopf in den Hof hinaus in der Erwartung, im Laternenlicht auf dem Asphalt die zerschmetterte Leiche des Mannes mit Koffer zu sehen. Auf dem Asphalt war aber rein gar nichts.

Es blieb anzunehmen, dass die seltsame schlafwandlerische Gestalt wie ein Vogel aus dem Haus geflogen war, ohne jegliche Spuren zu hinterlassen. Annuschka bekreuzigte sich und dachte: »Na, diese Wohnung 50 aber auch! Stimmt alles, was die Leute reden. Das ist mir mal eine Wohnung!«

Bevor sie diese Überlegung zu Ende führen konnte, knallte die Tür im Obergeschoss wieder zu, und noch jemand lief herunter. Annuschka drückte sich an die Wand. Ein Bürger, recht respektabel und mit sauber gestutztem Bart, aber etwas ferkelhaften Zügen, huschte an ihr vorbei und verließ das Haus, und zwar ebenfalls durch das Fenster; auch er dachte gar nicht daran, auf dem Asphalt zu landen. Annuschka hatte bereits vergessen, warum sie hinausgegangen war, und blieb, sich bekreuzigend und murmelnd, auf der Treppe stehen.

Ein Dritter, dieser ohne Bart, mit rundem, sauber rasiertem Gesicht, in weitem Hemd, rannte kurz darauf hinunter und flatterte ebenso aus dem Fenster.

Eins muss man Annuschka lassen: Sie hatte eine ordentliche Portion Neugier. Sie beschloss also, neue Wunder abzuwarten. Die Tür ging wieder auf, und nun kam eine ganze Gesellschaft herunter, jedoch nicht gerannt, sondern in einem normalen Tempo, wie Leute so gehen. Annuschka huschte vom Fenster, lief zu ihrer eigenen Tür, öffnete sie flott und versteckte sich dahinter, wobei sie einen Spalt offenließ, in dem ihr vor Neugier fiebriges Auge schimmerte.

Ein Mann, krank vielleicht, oder auch nicht krank, sondern seltsam – blass, unrasiert, in einer Art Hausmantel und mit schwarzer Mütze – kam mit wackeligen Schritten herab. Eine Frauensperson führte ihn fürsorglich bei der Hand. Im Dunklen schien es Annuschka, dass sie eine Kutte trug. Sie war barfuß – oder nein, sie hatte eine Art transparente Schuhe an, wohl aus dem Westen, und ganz zerfetzt. Pfui Teufel, Schuhe hin oder her, die Frauensperson war ja nackig! Ja, rein gar nichts unter der Kutte! Das war mal eine Wohnung! Was sie den Nachbarn alles erzählen würde! Vorfreude sang in Annuschkas Herzen.

Der seltsam gekleideten Frau folgte eine schlichtweg splitternackte. Sie trug einen Koffer, und daneben trieb sich ein immenser schwarzer

Kater herum. Annuschka rieb sich die Augen und unterdrückte nur mit größter Mühe ein lautes Quietschen.

Den Abschluss der Prozession bildete ein untersetzter, humpelnder Mann, offensichtlich ein Ausländer: ein Auge getrübt, ohne Jackett, dafür in einer weißen Frackweste und mit Fliege. Die ganze Gesellschaft lief an Annuschka vorbei. Da klopfte etwas im Treppenhaus.

Als die Schritte verklungen waren, schlängelte Annuschka sich hinter der Tür hervor, stellte die Kanne an der Wand ab, ließ sich bäuchlings auf den Boden fallen und tastete umher. Ihre Hände erwischten eine Serviette mit etwas Schwerem darin. Als sie das Bündel auspackte, blieb ihr die Luft weg. Sie hielt sich das Kleinod vor die Augen, und diese Augen brannten mit geradezu wölfischem Feuer. Ein Schneesturm wirbelte in ihrem Kopf: »Nie gesehen, nie gehört, hab keine Ahnung von keinem Diamantending! Jetzt damit zum Neffen? Oder in Stücke schneiden? Die Steine lassen sich ja herauspicken – dann immer schön einen nach dem anderen loswerden: einen an der Petrowka, den anderen am Smolenski … Und: keine Ahnung von gar nichts!«

Annuschka versteckte den Fund am Busen, schnappte ihre Kanne und wollte wieder in die Wohnung schlüpfen – in die Stadt würde sie eben später gehen – als sich vor ihr der Ausländer mit der weißen Hemdbrust aufbaute; weiß der Teufel, wo er hergekommen war. Leise sagte er: »Hufeisen, Serviette. Her damit.«

»Was für welche Hufeisen-Serviette?«, wunderte sich Annuschka mit großer Kunst. »Weiß nichts von keinen Servietten. Sind Sie betrunken, Bürger?«

Mit Fingern so hart wie die Griffstangen im Bus, und genauso kalt, drückte der Weißbrüstige ohne ein weiteres Wort Annuschkas Kehle zusammen und schnitt damit den Zugang von Luft zu ihrer Lunge vollständig ab. Die Kanne fiel aus ihrer Hand zu Boden. Nachdem er Annuschka eine Zeit lang ohne Sauerstoff belassen hatte, nahm der jackettlose Ausländer die Finger von ihrem Hals. Sie schluckte etwas Luft und lächelte.

»Ach, das Hufeischen?«, sprudelte sie hervor. »Sofort! Es war also Ihr gutes Stück? Ich seh's da so im Serviettchen liegen – da denke ich, ich heb's mal auf, dass es niemand nimmt, sonst ist es ja futsch!«

Das Hufeisen und die Serviette in der Hand, machte der Ausländer vor Annuschka nun zahlreiche Verbeugungen und Kratzfüße, schüttelte ihr fest die Hand und dankte ihr herzlich mit starkem Akzent wie folgt: »Ich bin Ihnen zutiefst verbunden, Madame. Dieses kleine Hufeisen ist mir als Andenken viel wert. Erlauben Sie mir, Ihnen für die sichere Verwahrung zweihundert Rubel zu überreichen.« Und schon nahm er das Geld aus seiner Westentasche und übergab es an Annuschka.

Sie lächelte mit aller Kraft und rief: »Ich danke ergebenst! Merci! Merci!«

Darauf schnellte der großzügige Ausländer hinunter und war mit einem Satz schon eine Etage tiefer. Bevor er sich aber endgültig davonmachte, rief er von unten, diesmal ganz akzentfrei: »Wenn du alte Hexe wieder mal fremde Sachen aufhebst, bring sie zur Polizei statt sie einzustecken!«

Von all diesen Ereignissen herrschte ein klirrender Tumult in Annuschkas Kopf, und in ihrer Verwirrung rief sie dem Ausländer noch lange nach: »Merci! Merci! Merci!«

Doch er war längst weg und das Automobil im Innenhof übrigens auch. Asasello hatte Wolands Geschenk Margarita zurückgegeben, gefragt, ob sie bequem sitze, und sich verabschiedet. Hella hatte ihr saftig die Wangen geküsst, der Kater die Hand, und alle hatten dem Meister zugewinkt, der leblos in einer Ecke des Autos zusammengesackt war. Dann hatte das Gefolge der Saatkrähe das Signal gegeben und sich in der Luft aufgelöst, ohne die Mühe des Treppensteigens auf sich zu nehmen. Die Krähe hatte die Scheinwerfer eingeschaltet und war durch das Tor gefahren, vorbei an dem Mann, der im Torweg wie ein Toter schlief. Und die Lichter des großen schwarzen Cabriolets hatten sich mit anderen Lichtern der lärmenden, schlaflosen Sadowaja vermischt.

Eine Stunde später war Margarita im Souterrain des Häuschens in der Gasse am Arbat, im vorderen Stübchen, wo alles genauso war wie ein Jahr zuvor, vor jener schrecklichen Herbstnacht. Sie saß am Tisch, auf dessen Samtdecke eine beschirmte Lampe und eine kleine Vase mit Maiglöckchen standen, und weinte leise vor Erschütterung und Glück. Das vom Feuer entstellte Heft lag vor ihr, daneben ein Stapel unversehrter Manuskripte. Das Haus war still. Auf dem Sofa in dem kleinen Nebenzimmer lag, mit seinem Krankenhemd bedeckt, in tiefem Schlaf der Meister. Er atmete gleichmäßig und geräuschlos.

Nachdem sie sich sattgeweint hatte, nahm Margarita eines der unversehrten Manuskripte und fand die Stelle, die sie vor ihrem Treffen mit Asasello unter der Kremlmauer gelesen hatte. Ihr war nicht nach Schlaf zumute. Sie streichelte das Manuskript zärtlich, wie man eine geliebte Katze streichelt, drehte es hin und her, studierte es von allen Seiten, betrachtete das Titelblatt, blätterte ans Ende. Mit einem Mal überflutete sie der schreckliche Gedanke, dass dies alles Zauberei sei, dass die Hefte augenblicklich verschwinden würden, dass sie gleich in ihrem Schlafzimmer in der Villa aufwachen und ihr nichts bleiben würde, als sich zu ertränken. Aber das war der letzte schlimme Gedanke, der sie heimsuchte, ein Echo ihrer langen Leidenszeit. Nichts verschwand, der allmächtige Woland war wirklich allmächtig. Solange sie wollte, und sei es bis zum Morgengrauen, konnte Margarita mit den Seiten rascheln, sie anschauen, küssen und die Worte lesen:

»… die Finsternis, vom Mittelmeer gekommen, bedeckte die dem Prokurator verhasste Stadt …«

# Kapitel 25

## Wie der Prokurator den Judas aus Kirjat zu retten suchte

Die Finsternis, vom Mittelmeer gekommen, bedeckte die dem Prokurator verhasste Stadt. Verschwunden waren die Hängebrücken zwischen dem Tempel und der gefürchteten Burg Antonia, der Abgrund sank nieder vom Himmel und überflutete die geflügelten Götter über dem Hippodrom, den Hasmonäer-Palast mit seinen Schießscharten, die Basare, die Karawansereien, die Gassen, die Teiche ... Verschwunden war die mächtige Stadt Jerschalaim, als wäre sie nie da gewesen. Alles hatte die Finsternis verschlungen; jedes Lebewesen in Jerschalaim und ringsum ließ sie erschaudern. Als der vierzehnte Tag des Frühlingsmonats Nisan sich gegen Abend neigte, erschien diese merkwürdige Gewitterwolke vom Mittelmeer.

Sie stemmte sich mit ihrem schwarzen Bauch schon auf den Kahlen Berg, wo die Henker hastig die Verurteilten erstachen, sie senkte ihre ganze Wucht auf den Tempel von Jerschalaim nieder, sie kroch in Schwaden den Tempelhügel hinunter und überflutete die Unterstadt. Sie strömte durch die Fenster und trieb Menschen aus den gewundenen Gassen in die Häuser. Sie wollte ihr Nass noch nicht spenden, vorerst spendete sie nur Licht. Jedes Mal, wenn das Feuer ihr dunstiges Gebräu zerriss, schoss aus der Finsternis der riesige Brocken des Tempels mit seinen glitzernden Schuppen hervor. Aber sogleich erlosch das Feuer wieder, und der Tempel versank in den schwarzen Abgrund. Immer wieder wuchs er aus diesem Abgrund empor und ging wieder unter, und bei jedem Untergang verkündete der Donner die Katastrophe.

Auch den Palast des Herodes auf dem Westhügel riss das Flackern immer wieder aus dem Dunkel heraus, und mit emporgereckten Armen flogen furchtbare, blicklose Statuen golden in den schwarzen Himmel. Dann wieder verbarg sich das himmlische Feuer, und schwere Donnerschläge stürzten die goldenen Götzen in die Finsternis.

Dann ging auf einmal der Schauer los, und das Gewitter wurde zum Orkan. Bei der Marmorbank im Garten – genau an der Stelle, wo zu mittäglicher Stunde der Prokurator und der Hohepriester ihre Unterredung abgehalten hatten – brach ein Zypressenbaum wie ein Gehstock, und das Holz krachte mit einem Kanonenschlag. Der Orkan zerfledderte den Garten.

Zu dieser Zeit befand sich nur einer unter den Säulen, und das war der Prokurator. Nun saß er nicht mehr im Sessel, sondern ruhte auf einer Liege an einem niedrigen kleinen Tisch, der voll war mit Speisen und Weinkrügen. Eine weitere Liege stand leer an der anderen Seite des Tisches. Zu den Füßen des Prokurators breitete sich eine rote Lache aus wie Blut, und darin lagen die Scherben eines zerschellten Kruges. Vor dem Gewitter hatte der Diener beim Tischdecken unter dem missbilligenden Blick des Prokurators gestutzt, worauf dieser den Krug auf den Mosaikboden schmetterte und rief: »Warum siehst du mir nicht in die Augen, wenn du mir dienst? Du hast doch nichts gestohlen?«

Das schwarze Gesicht des Afrikaners wurde grau, Todesangst flackerte in seinen Augen auf, und beinah hätte er zitternd einen zweiten Krug zerbrochen – aber der Zorn des Prokurators verflog so schnell, wie er gekommen war. Der Diener wollte die Scherben auflesen und die Lache wegwischen, aber der Prokurator winkte ihn weg, und der Sklave entfernte sich. Die Lache blieb.

Jetzt versteckte sich der Afrikaner vor dem Orkan. Er stand an einer Nische mit der weißen Statue einer nackten, hinunterblickenden Frau und fürchtete sich ebenso davor, zur falschen Zeit vor die Augen des Prokurators zu treten wie seinen Ruf zu verpassen.

Nun ruhte Pontius Pilatus also in der Gewitterdämmerung auf der Liege, goss sich Wein in einen Kelch, trank ihn in langen Zügen, bröckelte gelegentlich etwas Brot ab, aß ein paar Krümel, schluckte von Zeit zu Zeit eine Auster, kaute an einer Zitrone und trank wieder.

Wäre da nicht das Rauschen des Wassers, wäre da nicht der Donner, der scheinbar das Dach des Palastes zu zerschmettern drohte, wäre da nicht das Rasseln des Hagels auf den Balkonstufen, dann würde man hören, wie der Prokurator etwas murmelt, wie er mit sich selbst spricht. Hätte gleichmäßiges Licht statt des feurigen Flackerns den Himmel erhellt, würde man die Ungeduld in seiner Miene sehen. Man würde sehen: Seine von Schlafmangel und Wein geröteten Augen sind nicht immer nur auf zwei in der roten Lache schwimmenden weißen Rosen gerichtet; nein, sein Gesicht wendet sich immer wieder zum Garten, dem tosenden Wasser und Sand entgegen. Er wartet auf jemanden, ungeduldig wartet er.

Nach einiger Zeit wurde der Wasserschleier dünner, der Orkan schwächer. Keine Äste brachen mehr ab, keine Zweige fielen zu Boden. Donnerschläge und Blitze wurden seltener. Es war kein weiß umsäumter, violetter Schleier mehr, der über Jerschalaim dahinzog, sondern eine gewöhnliche graue Wolke. Das Gewitter trieb in Richtung Totes Meer.

Schon konnte man den Lärm des Regens von dem Lärm des Wassers unterscheiden, das durch die Rinnen stürzte und die Treppe niederfloss – die Treppe, über die der Prokurator am Nachmittag gegangen war, um auf dem Platz das Urteil zu verkünden. Schließlich konnte man auch den Brunnen heraushören. Es wurde heller. Blaue Lücken entstanden im grauen Schleier, der in den Osten zog.

Durch das immer schwächere Prasseln des Regens drang von Weitem ein Trompetengeräusch und das Klappern von mehreren Hundert Hufen an das Gehör des Prokurators. Da rührte er sich, und sein Gesicht lebte auf. Die Ala kehrte vom Kahlen Berg zurück. Dem Klang nach ritt sie gerade über den Platz, wo das Urteil verkündet worden war.

Schließlich hörte der Prokurator die lang ersehnten Schritte, das feuchte Klatschen auf der Treppe, die zur oberen Gartenterrasse führte. Er reckte den Hals nach dem Geräusch, und seine Augen strahlten vor Freude.

Zwischen den beiden Marmorlöwen erschien zuerst ein Kopf in einer Kapuze, und dann ein völlig durchnässter Mann, dessen Umhang am

Körper klebte. Es war der Mann, der vor der Verurteilung in einem abgedunkelten Raum mit dem Prokurator geflüstert und während der Hinrichtung auf einem dreibeinigen Hocker sitzend mit einem Zweig gespielt hatte.

Ohne Rücksicht auf die Pfützen überquerte der Mann mit Kapuze die Terrasse, trat auf den Mosaikboden des Balkons, hob den Arm und sagte mit hoher, angenehmer Stimme auf Lateinisch: »Glück und Gesundheit dem Prokurator!«

»Meine Götter«, rief Pilatus aus, »Ihr trieft ja vor Regen! Ein richtiger Orkan, nicht wahr? Geht sofort hinein, ich bitte Euch. Zieht Euch um, tut mir den Gefallen.«

Der Besucher warf seine Kapuze zurück, enthüllte einen nassen Kopf, an dessen Stirn die Haare klebten, und schlug das Angebot mit einem höflichen Lächeln ab: Ein wenig Regen würde ihm schon nicht schaden.

»Ich will nichts davon hören«, erwiderte Pilatus und klatschte in die Hände. Die Diener eilten aus ihren Verstecken herbei, und er befahl ihnen, sich um den Mann zu kümmern und dann sofort die warmen Gerichte zu servieren. Sehr zügig hatte der Besucher die Kleidung und Schuhe gewechselt, sein Haar getrocknet und dergleichen. Bald erschien er in trockenen Sandalen, einem purpurroten Militärmantel und mit glatt gekämmten Haaren auf dem Balkon.

Da kehrte auch die Sonne nach Jerschalaim zurück, schickte, ehe sie im Mittelmeer ertrank, ihre Abschiedsstrahlen in die dem Prokurator verhasste Stadt und vergoldete die Balkonstufen. Der Brunnen war nun wieder quicklebendig und sang aus aller Kraft, die Tauben kamen wieder heraus, gurrten, sprangen über gebrochene Äste, pickten etwas im nassen Sand. Die rote Lache war weggewischt, die Scherben entfernt, gebratenes Fleisch dampfte auf dem Tisch.

»Ich erwarte die Befehle des Herrn Prokurators«, sagte der Besucher, als er sich dem Tisch näherte.

»Keine Befehle bevor Ihr Euch erholt und etwas Wein getrunken habt«, erwiderte Pilatus höflich und zeigte auf die Liege gegenüber.

Der Besucher lehnte sich zurück, ein Diener goss sattroten Wein in seinen Kelch. Ein anderer beugte sich vorsichtig über Pilatus' Schulter und schenkte ihm ein. Dann schickte der Prokurator beide Diener mit einer Geste weg.

Er schlürfte seinen Wein und schielte auf den Besucher, während dieser aß und trank. Er war ein Mann mittleren Alters. Sein Haar wurde heller, als es trocknete, insgesamt blieb die Farbe aber unbestimmt. Die Nationalität war ebenfalls schwer zu erraten. Das runde, glatt rasierte Gesicht mit fleischiger Nase wirkte sehr angenehm. Das Kennzeichnende daran war der gutmütige Ausdruck, zu dem jedoch die Augen des Besuchers nicht ganz passen wollten – oder vielmehr seine Art, den Gesprächspartner anzuschauen. Die kleinen Augen waren meist halb unter merkwürdig wirkenden, scheinbar leicht angeschwollenen Lidern versteckt. Etwas Schelmisches strahlte aus diesen Schlitzen; man hatte allen Grund, eine humoristische Ader zu vermuten. Gelegentlich aber verbannte der Gast des Prokurators jeglichen Humor aus seinen Augen, öffnete sie weit und starrte sein Gegenüber plötzlich und unverwandt an, als müsste er dringend einen kleinen Fleck auf dessen Nase untersuchen. Dies dauerte nur einen Augenblick, dann senkten sich die Lider, und wieder leuchtete in den engen Schlitzen nichts als Gutmütigkeit und schelmische Intelligenz.

Der Besucher lehnte auch einen zweiten Kelch Wein nicht ab, schluckte mit offensichtlichem Vergnügen ein paar Austern, probierte etwas gedünstetes Gemüse, aß ein Stück Fleisch.

Gesättigt, lobte er den Wein: »Ein ausgezeichneter Jahrgang, Herr Prokurator. Kein Falerner, oder?«

»Ein Cäcuber, dreißig Jahre alt.«

Der Gast legte sich die Hand aufs Herz und erklärte, er könne keinen Bissen mehr essen. Dann goss Pilatus sich selbst ein, und der Gast tat es ihm nach. Beide kippten etwas Wein in die Schüssel mit Fleisch, dann hob der Prokurator den Kelch und sagte laut: »Auf uns und auf dich, Cäsar, Vater der Römer, der teuerste und beste aller Menschen!«

Sie tranken aus, und die Afrikaner räumten die Speisen vom Tisch, nur die Früchte und Krüge blieben zurück. Wieder entließ der Prokurator die Diener mit einer Geste und blieb in der Kolonnade mit seinem Gast allein.

»Nun«, fragte er leise, »was könnt Ihr über die Stimmung in der Stadt sagen?«

Unbewusst richtete er den Blick über die Gartenterrassen hinaus, dorthin, wo die Kolonnaden und die flachen Dächer im Abendlicht glühten, von den letzten Strahlen vergoldet.

»Herr Prokurator«, antwortete der Gast, »ich denke, die jetzige Stimmung in Jerschalaim ist zufriedenstellend.«

»Man kann also sicher sein, dass keine Unruhen mehr drohen?«

»Nur einer Sache kann man auf dieser Welt sicher sein«, sagte der Gast und blickte zärtlich auf den Prokurator, »und zwar der Macht des großen Cäsars.«

»Mögen die Götter ihm ein langes Leben und allgegenwärtigen Frieden bescheren«, stimmte Pilatus ein. Er hielt inne und fuhr fort: »Ihr glaubt also, dass die Truppen jetzt abziehen können?«

»Ich glaube, dass die Kohorte der Zwölften Legion gehen kann«, antwortete der Gast und fügte hinzu: »Gut wäre es, wenn sie zum Abschied durch die Stadt ziehen würde.«

»Ein sehr guter Gedanke«, pflichtete Pilatus bei. »Übermorgen lasse ich sie gehen, und gehe auch selbst. Ich schwöre bei den zwölf Göttern, bei den Laren schwöre ich – ich würde viel darum geben, es noch heute zu tun!«

»Der Herr Prokurator mag Jerschalaim nicht?«, erkundigte sich der Gast gutmütig.

»Da fragt Ihr noch?«, lachte der Prokurator. »Es gibt keinen trostloseren Ort auf Erden. Allein schon die Natur hier – ich werde jedes Mal krank, wenn ich hierhin muss. Das wäre aber noch halb so schlimm; doch diese Feste! Die Magier, die Zauberer, die Hexer, diese Pilgerscharen, diese Fanatiker! Und dann der Messias, den sie dieses Jahr mit einem Mal erwarten … Jeden Moment muss man auf unerfreuliches Blutvergießen gefasst sein. Die Truppen ständig wie Spielkarten umsortieren, die Denunziationen und Verleumdungen lesen, von denen übrigens die Hälfte gegen einen selbst gerichtet ist – das wird schon öde. Oh, wenn der Dienst nicht wäre!«

»Ja, die Feste sind hier schwierig«, pflichtete der Gast bei.

»Ich wünsche von ganzem Herzen, dass sie bald vorbei sind«, fügte Pilatus energisch hinzu. »Dann kann ich endlich nach Cäsarea zurück. Wisst Ihr, dieser architektonische Irrsinn von Herodes« – mit einer Geste entlang der Kolonnade deutete der Prokurator auf den Palast – »treibt mich geradezu in den Wahnsinn. Ich kann hier nicht nächtigen. Die Welt kennt kein seltsameres Bauwerk! Aber wie dem auch sei – zurück zur Sache. Erstens: Macht Euch dieser verfluchte Bar-Rabban keine Sorgen?«

Da richtete der Gast seinen eigentümlichen Blick auf die Wange des Prokurators. Aber dieser schaute mit einer Mischung aus Ekel und Langeweile in die Ferne, auf den Teil der Stadt, der zu seinen Füßen in der Dämmerung erlosch. Es erlosch auch der Blick des Gastes, und seine Lider senkten sich.

»Es ist anzunehmen, dass er nun harmlos ist wie ein Lamm«, sagte der Gast, und Lachfältchen erschienen auf seinem runden Gesicht. »Jetzt könnte er schlecht rebellieren.«

»Zu berühmt?«, fragte Pilatus mit einem halben Lächeln.

»Der Herr Prokurator zeigt wie immer ein feines Verständnis!«

»Jedenfalls«, bemerkte Pilatus mit Sorge, und ein dünner, langer Finger erhob sich, und ein schwarzer Stein glänzte im Ring, »sollte man –«

»Oh, der Herr Prokurator kann sicher sein, dass der Verbrecher keinen Schritt unbeobachtet macht, solange ich in Judäa bin.«

»Jetzt bin ich zuversichtlich. Wie immer, wenn Ihr hier seid.«

»Der Herr Prokurator ist zu liebenswürdig!«

»Nun bitte ich Euch, mir von der Hinrichtung zu erzählen.«

»Was genau interessiert den Herrn Prokurator?«

»Hat die Menge Empörung an den Tag gelegt? Das ist natürlich das Wichtigste.«

»Keineswegs.«

»Sehr gut. Ihr habt den Tod persönlich festgestellt?«

»Der Herr Prokurator kann sich dessen sicher sein.«

»Eine Sache noch … Wurde vor dem Aufhängen das Getränk verteilt?«

»Ja. Aber er«, da schloss der Besucher kurz die Augen, »weigerte sich zu trinken.«

»Wer?«

»Verzeiht, Hegemon! Habe ich den Namen nicht genannt? Ha-Nozri.«

»Der Wahnsinnige!«, rief Pilatus, und eine Grimasse verzerrte seine Züge. Seine linke Wange zuckte. »Sich von der Sonne zu Tode braten zu lassen! Warum etwas ablehnen, was einem laut Gesetz zusteht? Was hat er denn gesagt?«

»Er sagte«, antwortete der Gast und senkte wieder die Lider, »er danke und gebe nicht die Schuld dafür, dass man ihm sein Leben nimmt.«

»Wem gebe er nicht die Schuld?«, fragte Pilatus hohl.

»Das hat er nicht gesagt, Hegemon.«

»Hat er versucht, vor den Soldaten etwas zu predigen?«

»Nein, Hegemon, er war dieses Mal nicht redselig. Er sagte nur, ein menschliches Laster gehöre seiner Meinung nach zu den schlimmsten: die Feigheit.«

»In Bezug worauf hat er das gesagt?«, fragte Pilatus, und seine Stimme brach.

»Das war nicht zu verstehen. Überhaupt benahm er sich seltsam – aber das tat er ja immer.«

»Inwiefern?«

»Er versuchte immer wieder, den Menschen um ihn herum in die Augen zu schauen, und lächelte unentwegt ein verlorenes Lächeln.«

»Sonst nichts?«, fragte Pilatus heiser.

»Sonst nichts.«

Der Kelch schlug auf den Tisch, als der Prokurator sich Wein einschenkte. Er trank aus und sprach: »Die Sache ist die: Wir konnten zwar bis jetzt keine Jünger oder Anhänger Ha-Nozris entdecken, aber wir können nicht sicher sein, dass es keine gibt.«

Der Gast lauschte aufmerksam mit geneigtem Kopf.

»Und so, um Überraschungen jeglicher Art zu vermeiden«, fuhr der Prokurator fort, »bitte ich Euch, sofort und im Stillen die Leichen aller drei Hingerichteten vom Kahlen Berg zu entfernen und sie heimlich zu begraben, sodass von ihnen keine Spur bleibt.«

»Verstanden, Hegemon«, antwortete der Gast und stand auf. »Gestattet mir, mich in Anbetracht dieser komplexen und verantwortungsvollen Aufgabe sofort auf den Weg zu machen.«

»Nein, setzt Euch bitte kurz«, sagte Pilatus und hielt den Gast mit einer Geste an, »zwei Dinge noch. Erstens: Eure enormen Verdienste bei der überaus schwierigen Arbeit als Befehlshaber der Schutzpolizei des Prokurators von Judäa bieten mir die angenehme Möglichkeit, in Rom von Euch zu berichten.«

Das Gesicht des Gastes wurde rosig, er stand auf, verbeugte sich und sagte: »Ich erfülle nur meine Pflicht vor dem Cäsar!«

»Aber falls man Euch eine höhere Position anderswo anbietet«, fuhr der Hegemon fort, »möchte ich Euch bitten, abzulehnen und hier zu bleiben. Ich will mich auf keinen Fall von Euch trennen. Lasst Euch auf eine andere Weise belohnen.«

»Ich schätze mich glücklich, unter Eurem Kommando zu dienen, Hegemon.«

»Das freut mich sehr. Nun, die zweite Frage. Es geht um diesen – wie heißt er doch? – Judas aus Kirjat.«

Da sandte der Gast dem Prokurator wieder kurz diesen seinen Blick und löschte ihn natürlich sofort.

»Man sagt«, fuhr der Prokurator mit gesenkter Stimme fort, »er habe Geld dafür bekommen, dass er diesen verrückten Philosophen so herzlich empfing?«

»Er wird es noch bekommen«, berichtigte der Befehlshaber der geheimen Polizei leise.

»Wie hoch ist die Summe?«

»Das kann niemand wissen, Hegemon.«

»Nicht einmal Ihr?«, staunte Pilatus.

»Leider nicht einmal ich«, erwiderte der Gast ruhig. »Aber er bekommt das Geld heute Abend, das weiß ich. Er wurde für heute Abend in den Palast von Qajfa bestellt.«

»So ein gieriger alter Mann aus Kirjat«, bemerkte der Prokurator lächelnd. »Er ist doch ein alter Mann?«

»Der Herr Prokurator ist unbeirrbar, aber diesmal irrt er sich doch«, sagte der Gast. »Der Mann aus Kirjat ist jung.«

»So etwas! Könnt Ihr mir eine Charakteristik geben? Ein Fanatiker?«

»Oh nein, Herr Prokurator.«

»Aha. Was könnt Ihr denn über ihn sagen?«

»Sehr gut aussehend.«

»Was noch? Hat er vielleicht eine Leidenschaft?«

»So genau kann man kaum jeden in dieser riesigen Stadt kennen, Herr Prokurator –«

»Nun wirklich, Afranius! Ihr braucht Eure Verdienste nicht zu schmälern.«

»Eine Leidenschaft hat er, Herr Prokurator.« Der Gast machte eine winzige Pause. »Sie gilt dem Gelde.«

»Was ist er von Beruf?«

Afranius schaute hoch, erinnerte sich und antwortete: »Er arbeitet in einem Wechselladen bei einem Verwandten.«

»Ja nun. Soso.« Hier verstummte der Prokurator, sah sich um, ob auch niemand auf dem Balkon war, und sagte dann leise: »Die Sache ist die – ich habe heute Kunde bekommen, er soll diesen Abend erstochen werden.«

Diesmal warf der Gast nicht nur einen seiner Blicke auf Pilatus, sondern hielt diesen Blick sogar eine kurze Weile, und erwiderte sodann: »Ihr habt mich zu früh gelobt, Herr Prokurator. Ich verdiene keine Fürsprache in Rom. Diese Information habe ich nicht.«

»Ihr verdient die höchste Belohnung«, erwiderte der Prokurator, »aber diese Information existiert.«

»Darf ich so kühn sein und fragen, von wem sie stammt?«

»Erlaubt mir, es vorerst nicht zu sagen, zumal die Quelle zufällig, obskur und unsicher ist. Aber es ist meine Pflicht, alles vorherzusehen. Das ist mein Beruf, und vor allem muss ich meiner Vorahnung vertrauen, denn noch nie hat sie mich getäuscht. Die Information besteht darin, dass geheime Freunde Ha-Nozris, empört über die ungeheuerliche Untat dieses Geldwechslers, planen, ihn heute Nacht zu töten und die Bezahlung wieder dem Hohepriester zukommen zu lassen, mit der Notiz: ›Das verfluchte Geld kommt zurück.‹«

Der Befehlshaber der geheimen Schutzpolizei warf keinen seiner scharfen Blicke mehr auf den Hegemon, sondern hörte ihm mit verengten Augen zu. Pilatus sprach weiter: »Was meint Ihr: Würde es dem Hohepriester gefallen, ein solches Geschenk zur Festnacht?«

»Nicht nur würde es ihm nicht gefallen«, antwortete der Gast lächelnd, »sondern ich glaube, es würde einen sehr großen Skandal geben, Herr Prokurator.«

»Das glaube ich auch. Und deshalb bitte ich, dass Ihr Euch damit befasst. Das heißt natürlich, alle Maßnahmen zum Schutz des Judas aus Kirjat sind zu ergreifen.«

»Der Befehl des Hegemonen wird befolgt«, sagte Afranius, »aber ich muss Euch beruhigen: Der Plan der Übeltäter ist sehr schwer durchzuführen. Denkt nur«, der Gast schaute sich über die Schulter und sprach weiter, »den Mann aufzuspüren, ihn zu erstechen, herauszufinden, wie viel er bekommen hat, das Geld auch noch wieder Qajfa zurückzugeben, und das alles in einer Nacht? Heute?«

»Trotzdem: Heute Nacht wird er erstochen«, wiederholte Pilatus hartnäckig. »Ich sage Euch doch: Ich habe eine Vorahnung! Noch nie hat mich eine Vorahnung getäuscht.« Da ging ein Krampf über das Gesicht des Prokurators, und er rieb sich die Hände.

»Verstanden«, antwortete der Gast gehorsam, erhob sich, richtete sich auf und fragte plötzlich mit Nachdruck: »Er wird also erstochen, Hegemon?«

»Ja, das wird er. Es bleibt nur auf Eure verblüffende Effizienz zu hoffen.«

Der Gast rückte den schweren Gürtel unter seinem Umhang zurecht und sagte: »Ich habe die Ehre. Mögen Gesundheit und Freude mit Euch sein.«

»Ach ja«, rief Pilatus leise, »ich hätte beinahe vergessen: Ich schulde Euch doch etwas!«

Der Gast war erstaunt.

»Aber Herr Prokurator, Ihr schuldet mir nichts.«

»Doch, doch. Als ich nach Jerschalaim einfuhr – wisst Ihr noch, die vielen Bettler – ich wollte ihnen etwas Geld zuwerfen, aber ich hatte keins bei mir, also habe ich von Euch geborgt.«

»Oh, es war doch eine Kleinigkeit, Herr Prokurator!«

»Auch kleine Schulden wollen beglichen werden.«

Dann drehte Pilatus sich um, hob den Umhang auf, der auf dem Sessel hinter ihm lag, nahm einen Lederbeutel darunter hervor und überreichte ihn dem Gast. Dieser verbeugte sich und steckte den Beutel unter den eigenen Umhang.

»Ich erwarte einen Bericht über das Begräbnis«, sagte Pilatus, »und auch über diese Sache mit Judas aus Kirjat. Noch heute Nacht, hört Ihr, Afranius, heute. Dem Wachposten wird befohlen, mich zu wecken, sobald Ihr erscheint. Ich erwarte Euch.«

»Ich habe die Ehre«, sagte der Befehlshaber der geheimen Schutzpolizei, drehte sich um und verließ den Balkon. Man hörte den nassen Sand unter seinen Füßen knirschen, gleich darauf seine Caligae auf dem Marmor zwischen den Löwen pochen. Dann schnitt es ihm die Beine ab, dann den Körper, und schließlich verschwand auch die Kapuze. Erst jetzt bemerkte der Prokurator, dass die Sonne untergegangen war. Die Dämmerung war angebrochen.

# Kapitel 26

## Das Begräbnis

Vielleicht war es ebendiese Dämmerung, die das Aussehen des Prokurators schlagartig verändert hatte. Augenblicklich wurde er älter, sein Rücken krümmte sich, er wirkte rastlos. Er schaute sich um und zuckte zusammen, als sein Blick auf den leeren Sessel fiel, über dessen Lehne ein Umhang hing. Die Festnacht rückte näher, die Abendschatten spielten ihr Spiel: Dem müden Prokurator war kurz, als säße jemand in dem leeren Sessel. Er gab seiner Schwäche nach und berührte den Umhang. Dann begann er, auf dem Balkon auf und ab zu laufen. Mal rieb er sich die Hände, mal stürzte er zum Tisch und ergriff den Kelch, mal blieb er stehen und starrte sinnlos das Bodenmosaik an, als ob er darin etwas lesen wollte.

Zum zweiten Mal an diesem Tag hatte sich die Schwermut auf ihn niedergewuchtet. Er rieb sich die Schläfe, wo nur ein dumpfer Nachklang an den höllischen Schmerz des Morgens erinnerte, und bemühte sich, seinen Seelenqualen auf den Grund zu kommen. Das gelang ihm auch sogleich, doch er versuchte noch, sich zu täuschen. Ihm war klar: Er hatte an diesem Tag etwas unwiederbringlich versäumt und wollte sein Versäumnis nun durch jämmerliche, nichtige und vor allem verspätete Unternehmungen wiedergutmachen. Der Prokurator versuchte, sich zu täuschen, indem er sich einredete, dass diese Unternehmungen heute Abend nicht minder wichtig waren als die Verurteilung am Morgen. Doch diese Täuschung wollte ihm nicht gelingen.

Als er den Balkon wieder durchschritten hatte und sich umdrehte, blieb er abrupt stehen und pfiff. Darauf schallte in der Dämmerung ein tiefes Bellen, und ein riesiger Hund mit spitzen Ohren, grauem Fell und goldbesetztem Halsband sprang aus dem Garten.

»Banga, Banga«, rief der Prokurator schwach.

Der Hund stellte sich auf die Hinterbeine, legte die Vorderpfoten auf die Schultern seines Herrn, sodass er diesen beinah niedergeworfen hätte, und leckte ihm die Wange. Der Prokurator setzte sich in den Sessel, Banga legte sich ihm zu Füßen, keuchend, die Zunge herausgestreckt, die Augen voller Freude darüber, dass das Gewitter – das Einzige, wovor der furchtlose Hund sich ängstigte – vorbei war, und auch darüber, dass er wieder in der Nähe des Menschen war, den er liebte, respektierte und für den Mächtigsten der Welt erachtete, den Herrscher über alle Menschen. Da er ihm nahestand, betrachtete der Hund auch sich selbst als ein privilegiertes, erhabenes und besonderes Wesen. Nun, an den Füßen seines Herren, begriff Banga, ohne ihn auch nur anzusehen, den Blick in den dämmernden Garten gerichtet, dass ihm ein Unglück geschehen war. Also stand der Hund auf, näherte sich dem Prokurator und legte ihm die mit nassem Sand beschmierten Vorderpfoten und den Kopf in den Schoss. Bangas Handlungen hießen wohl, dass er seinen Herrn trösten wollte und bereit war, das Unglück mit ihm zu teilen. Dies versuchte er auch mit den Augen auszudrücken, die Pilatus von unten anblickten, und mit den wachsam aufgerichteten Ohren. So begingen die beiden, der Hund und der Mensch, die einander liebten, auf dem Balkon die Festnacht.

Der Mann mit Kapuze hatte unterdessen viel zu tun. Nachdem er den Balkon verlassen hatte, ging er die Treppe hinunter zur nächsten Gartenterrasse, bog rechts ab und kam zu den Kasernen auf dem Schlossgelände. In diesen Kasernen waren die beiden Centurien einquartiert, die mit Pilatus für das Fest nach Jerschalaim gekommen waren, sowie die geheime Schutzpolizei des Prokurators, die unter dem Kommando ebendieses Besuchers stand. Er verbrachte nicht viel Zeit in der Kaserne, höchstens zehn Minuten; nach diesen zehn Minuten aber fuhren drei Wagen aus dem Kasernenhof, beladen mit Schanzzeug und einem Fass Wasser. Die Wagen wurden von fünfzehn Reitern in grauen Umhängen begleitet. Sie verließen das Gelände durch das hintere Palasttor, bogen nach Westen ab, passierten das Tor in der Stadtmauer, kamen über einen

Pfad auf die Straße nach Bethlehem, schlugen diese in Richtung Norden ein, erreichten die Kreuzung am Hebron-Tor und nahmen dann den Jaffa-Weg, den tagsüber die Prozession mit den Verurteilten gegangen war. Nun dunkelte es, am Horizont erschien der Mond.

Kurz nach der Abfahrt der Wagen mit ihrer Eskorte verließ auch der Besucher des Prokurators das Palastgelände zu Pferde. Er hatte einen dunklen, abgenutzten Chiton angezogen und begab sich nicht aus der Stadt hinaus, sondern in ihr Zentrum. Einige Zeit später konnte man sehen, wie er sich der Burg Antonia näherte, die sich im Norden nahe dem großen Tempel befand. Auch in der Burg blieb der Besucher nicht lange. Als Nächstes finden sich seine Spuren in der Unterstadt, in ihren schiefen, verwinkelten Gassen. Inzwischen ritt er ein Maultier.

Er kannte die Stadt gut und fand leicht, was er suchte – die Griechische Straße, die so hieß, weil es hier mehrere griechische Läden gab, darunter einen für Teppiche. An diesem Laden hielt er sein Maultier an, stieg ab und band es an den Ring am Tor. Der Laden war schon geschlossen. Afranius ging durch die Pforte neben dem Eingang und gelangte in einen kleinen, rechteckigen Hof mit Schuppen auf drei Seiten. Er bog um die Ecke und sah sich um. Er befand sich auf der efeubewachsenen Steinterrasse eines kleinen Wohnhauses. Sowohl darin als auch in den Schuppen war es dunkel, man hatte noch kein Licht gemacht. Leise rief er: »Nisa!«

Darauf knarrte eine Tür, und in der Abenddämmerung erschien eine junge Frau mit unbedecktem Kopf. Sie lehnte sich über das Geländer und schaute besorgt, wer gekommen war. Als sie den Besucher erkannte, lächelte sie ihm grüßend zu, nickte und winkte.

»Bist du allein?«, fragte er leise auf Griechisch.

»Ja«, wisperte die Frau auf der Terrasse, »mein Mann ist am Morgen nach Caesarea aufgebrochen.« Dann blickte sie zur Tür zurück und fügte hinzu: »Aber die Dienerin ist zu Hause«. Sie machte eine Willkommensgeste. Afranius sah sich um und ging die Steintreppe hinauf. Beide verschwanden im Haus.

Bei dieser Frau blieb Afranius nun wirklich sehr kurz, sicherlich nicht länger als fünf Minuten. Dann verließ er das Haus und die Terrasse, zog sich die Kapuze tiefer ins Gesicht und ging auf die Straße hinaus. Gerade wurden die Lampen in den Häusern angezündet, der Tumult vor dem Fest war noch beträchtlich, und er verlor sich auf seinem Maultier im Strom der Gehenden und Reitenden. Wohin er sich als Nächstes begab, weiß niemand.

Die Frau, die er Nisa genannt hatte, zog sich unterdessen um, und zwar in großer Eile. So schwer es auch war, in dem dunklen Zimmer alles Nötige zu finden, machte sie kein Licht und rief auch nicht die Dienerin. Erst als sie fertig war und einen dunklen Schleier über dem Kopf trug, hörte man im Häuschen ihre Stimme: »Wenn jemand nach mir fragt, sag, ich besuche Oenanthe.«

Im Dunklen hörte man die alte Dienerin brummen: »Oenanthe? Was willst du wieder mit Oenanthe? Dein Mann hat's doch verboten! Eine Kupplerin ist die! Na warte, ich erzähl es ihm noch –«

»Jetzt hör schon auf«, sagte Nisa und schlüpfte wie ein Schatten aus dem Haus. Ihre Sandalen klapperten über die Steinplatten im Hof. Die Dienerin schloss, immer noch grummelnd, die Tür zur Terrasse. Nisa verließ ihr Haus.

Zur selben Zeit kam ein junger Mann aus einer Gasse in der Unterstadt, einer verwinkelten Gasse, die stufenweise zu einem Stadtteich hinunterführte und in der ein unansehnliches Haus stand, ein halb blindes Haus, mit Fenstern nur zum Innenhof. Darin wohnte der junge Mann. Er hatte eine Adlernase und einen adrett gestutzten Bart, trug einen neuen, himmelblauen, festlichen Tallit mit Quasten, nagelneue, knarrende Sandalen und eine strahlend weiße Kufiya über den Schultern. Der junge Schönling in der feierlichen Tracht lief zügig und munter, überholte Passanten, die nach Hause zum Festmahl eilten, und beobachtete, wie ein Fenster nach dem anderen aufleuchtete. Über die Straße, die am Basar vorbeiführte, ging er zum Palast des Hohepriesters Qajfa am Fuße des Tempelbergs.

Bald darauf konnte man ihn Qajfas Innenhof betreten sehen – und diesen etwas später auch verlassen.

Nach dem Besuch im Palast, wo die Lampen und Fackeln loderten und das festliche Treiben bereits begonnen hatte, eilte der junge Mann noch munterer und freudiger zurück in die Unterstadt. An der Ecke, wo die Straße im Basarplatz mündete, wurde er im Gedränge und Gebrodel von einer leichtfüßigen Frau überholt, der ein schwarzer Schleier auf die Augen fiel. Als sie tanzenden Schrittes an dem Schönling vorbeilief, hob sie für einen Moment den Schleier an und warf ihm einen Blick zu, verlangsamte ihren Schritt aber nicht, wurde vielmehr noch schneller, als ob sie dem jungen Mann, den sie gerade überholt hatte, entkommen wollte.

Er sah die Frau und erkannte sie; und als er sie erkannte, zuckte er zusammen, blieb kurz stehen, blickte verblüfft in ihren Rücken und machte sich sofort daran, sie einzuholen. Als er dies geschafft hatte, nicht ohne einen krugtragenden Passanten beinahe umzustoßen, rief er vor Aufregung schwer atmend: »Nisa!«

Die Frau drehte sich um, verengte die Augen mit kaltem Missmut und antwortete trocken auf Griechisch: »Ach, du bist es, Judas. Ich habe dich nicht gleich erkannt. Na, das ist ja ein gutes Omen. Wie man bei uns so sagt: Der Verkannte wird reich.«

So aufgeregt, dass sein Herz wie ein Vogel unter schwarzem Tuch umhersprang, flüsterte Judas zögernd, ängstlich bemüht, nicht von Passanten belauscht zu werden: »Wo willst du denn hin, Nisa?«

»Was geht dich das an?«, erwiderte Nisa hochmütig. Sie ging dabei weiter, nun aber etwas langsamer.

Judas Flüstern wurde kindisch und ratlos: »Aber – wir haben's doch abgemacht? Ich wollte vor dem Fest noch zu dir! Du hast gesagt, du bist den ganzen Abend zu Hause –«

»Ach nein«, antwortete Nisa, schob schmollend die Unterlippe vor, und ihr Gesicht – das schönste Gesicht, das Judas je gesehen hatte – wurde für ihn noch schöner. »Mir war öde. Ihr feiert ein Fest, und was soll ich tun? Dasitzen und zuhören, wie du mich von der Terrasse anseufzt? Und dazu noch fürchten, dass die Dienerin es meinem Mann erzählt? Nein danke! Ich gehe lieber aus der Stadt hinaus, den Nachtigallen lauschen.«

»Wie – hinaus?«, fragte Judas verwirrt. »Allein?«

»Sicher.«

»Lass mich dich begleiten«, bat Judas atemlos. Sein Verstand trübte sich, er vergaß alles auf der Welt und blickte flehend in Nisas Augen, die blau waren, nun aber schwarz schienen.

Sie schwieg und lief schneller.

»Warum sagst du denn nichts, Nisa?«, fragte Judas jämmerlich, bemüht, Schritt zu halten.

»Wird es mir auch nicht langweilig mit dir?«, sinnierte Nisa und blieb stehen. Das machte ihn nun vollends kopflos.

»Na gut«, erbarmte sie sich schließlich, »komm mit.«

»Wohin denn? Wohin?«

»Warte. Gehen wir in diesen Hof und machen es aus, sonst sieht mich noch ein Bekannter und sagt dann, ich wäre mit einem Liebhaber auf der Straße gewesen.«

Und schon waren Nisa und Judas vom Basar verschwunden. Sie flüsterten in einem Hoftor.

»Geh zum Olivenhain«, wisperte Nisa, wobei sie sich den Schleier über die Augen zog und das Gesicht von einem Mann abwandte, der gerade mit einem Eimer durch das Tor kam, »nach Getsemani, über den Kidron, klar?«

»Ja«, nickte Judas eifrig.

»Ich gehe vor. Lauf mir nicht gleich nach, halte Abstand. Dann, wenn du den Bach überquerst – weißt du, wo die Grotte ist?«

»Ja, ich weiß –«

»Geh an der Olivenpresse vorbei und komm zur Grotte. Ich werde da sein. Aber wage es ja nicht, mir jetzt hinterherzulaufen! Du musst Geduld haben. Warte hier ab.« Und mit diesen Worten verließ Nisa den Hof, als hätte sie mit Judas nie gesprochen.

Er stand einige Zeit allein da und versuchte, seine verstreuten Gedanken zu sammeln. Unter ihnen war die Frage, wie er den Verwandten seine Abwesenheit beim Festmahl erklären sollte. Er stand da und überlegte sich eine Lüge, aber in seiner Aufregung konnte er nichts richtig durchdenken oder vorbereiten, und die Füße trugen ihn gegen seinen Willen aus dem Hof hinaus.

Nun führte sein Weg nicht mehr in die Unterstadt, sondern zurück in Richtung des Palastes von Qajfa. Das Fest war nun in die Stadt vorgedrungen. In den Fenstern um Judas herum leuchteten die Lichter und ertönten die Lobgesänge. Auf dem Bürgersteig drängten verspätete Passanten ihre Esel, schwangen die Peitschen, schrien die Tiere an. Judas' Füße trugen ihn von alleine, er merkte nicht, wie die furchtbaren, moosbewachsenen Türme der Burg Antonia an ihm vorbeiglitten, er hörte nicht das Gebrüll der Posaunen in der Burg, beachtete nicht die patrouillierenden römischen Reiter, deren Fackeln unruhig über seinen Weg flackerten.

An dem Turm vorbei, drehte Judas sich um und sah in der schrecklichen Höhe über dem Tempel zwei riesige fünfarmige Leuchter auflodern. Aber selbst diese erkannte er nur undeutlich; ihm war, als leuchteten zehn immense Öllampen über Jerschalaim und wollten das Licht der einen Lampe überbieten, die immer höher über die Stadt stieg – der Lampe des Mondes.

Jetzt war ihm alles egal, er wollte nur noch zum Getsemani-Tor, nur schnell aus der Stadt hinaus. Manchmal schien es ihm, dass vorne, zwischen den Rücken und Gesichtern der Passanten, eine Figur tänzelte und ihn führte. Aber das war eine Illusion. Judas wusste, dass Nisa weit vor ihm war. Er eilte an den Wechselläden vorbei und erreichte schließlich das Tor. Glühend vor Ungeduld musste er dort warten. Kamele gingen durch, dann ritt eine syrische Militärpatrouille in die Stadt hinein, und er verfluchte sie im Geiste.

Doch alles geht irgendwann zu Ende. Der ungeduldige Judas war bereits hinter der Stadtmauer. Links sah er einen kleinen Friedhof, daneben einige gestreifte Pilgerzelte. Er überquerte die staubige, monddurchflutete Straße und eilte zum Kidron: Er musste über den Fluss. Das Wasser murmelte leise zu seinen Füßen. Er sprang von Stein zu Stein, kam am Getsemani-Ufer an und sah mit großer Freude, dass die Straße unter den Gärten leer war. Die halbverfallenen Tore des Olivenhains waren schon in Sichtweite.

Der betörende Geruch der Frühlingsnacht in Getsemani überwältigte Judas nach der Schwüle der Stadt. Aus dem Garten strömte Myrten- und Akazienduft über den Zaun.

Niemand bewachte das Tor, niemand stand dort, und ein paar Minuten später lief Judas bereits unter dem geheimnisvollen Schatten der riesigen, weitverzweigten Olivenbäume. Es ging bergauf, Judas atmete schwer, tauchte manchmal aus dem Dunkel in helle Mondmuster, die ihn an Teppiche aus der Werkstatt von Nisas eifersüchtigem Ehemann erinnerten. Bald darauf erschien links von ihm auf einer Lichtung eine Olivenpresse mit schwerem Steinrad, daneben ein Haufen Fässer. Es war niemand im Garten. Die Arbeit war zum Sonnenuntergang beendet, und nun trillerten und rasselten Nachtigallenchöre über Judas' Kopf.

Sein Ziel war nahe. Er wusste, dass er im Dunkeln zu seiner Rechten bald das Flüstern des Wassers in der Grotte hören würde. Und so war es auch; er hörte das Flüstern. Die Luft wurde immer kühler.

Dann verhielt er den Schritt und rief leise: »Nisa!«

Aber statt Nisa löste sich eine stämmige, männliche Gestalt von einem dicken Olivenstamm, sprang auf die Straße, und etwas blitzte kurz in ihrer Hand. Mit einem schwachen Schrei stürzte Judas zurück, aber ein zweiter Mann versperrte ihm den Weg.

Der Erste, der direkt vor ihm stand, fragte Judas: »Wie viel hast du gerade bekommen? Sprich, wenn du leben willst!«

Hoffnung flammte in Judas' Herzen auf, und er schrie verzweifelt: »Dreißig Tetradrachmen! Dreißig! Alles bei mir. Hier ist das Geld! Nehmt es, lasst mir nur mein Leben!«

Der Mann schnappte den Geldbeutel aus seinen Händen. Und im selben Moment flog ein Messer hinter Judas' Rücken hoch und rammte sich dem Verliebten unters Schulterblatt. Er wurde nach vorn geschleudert, seine Finger krallten sich in die Luft. Der vordere Mann fing ihn mit seinem Messer auf, und die Klinge spießte sich bis zum Griff in sein Herz.

»Nisa –«, sagte Judas, nicht mit seiner hohen und klaren, jungen Stimme, sondern tief, vorwurfsvoll. Danach gab er keinen Ton mehr von sich. Sein Körper traf die Erde so hart, dass sie dröhnte.

Dann erschien eine dritte Gestalt auf dem Weg. Dieser Dritte trug einen Umhang mit Kapuze.

»Beeilt euch«, befahl er. Er reichte den Mördern einen Zettel. Sie wickelten diesen zusammen mit dem Geldbeutel schnell in ein Stück Leder und kreuzten eine Schnur darüber. Der zweite versteckte das Bündel in seiner Kleidung, und dann verschwanden die beiden Mörder von der Straße, und das Dunkel zwischen den Olivenbäumen fraß sie auf. Der Dritte hockte von dem Ermordeten nieder und schaute ihm ins Gesicht. Im Schatten war es weiß wie Kreide und von einer beseelten Schönheit.

Wenige Augenblicke später war kein Lebender mehr auf der Straße. Judas Körper lag mit ausgestreckten Armen da. Ein Mondfleck fiel auf den linken Fuß, beleuchtete minutiös jedes Riemchen der Sandale. Der ganze Garten von Getsemani war vom Gesang der Nachtigallen erfüllt. Wohin die beiden gingen, die Judas erstochen hatten, weiß niemand, aber der Weg des Mannes mit Kapuze ist bekannt. Er verließ den Pfad und vertiefte sich ins Dickicht der Olivenbäume in Richtung Süden. Weit weg vom Haupttor kletterte er über die Mauer in der südlichen Ecke des Gartens, wo die oberen Steine herausgefallen waren. Bald war er am Ufer des Kidrons. Dann betrat er das Wasser und watete hindurch, bis er die Silhouetten eines Mannes und zweier Pferde sah. Die Pferde standen auch im Fluss; das fließende Wasser wusch ihre Hufe. Der Pferdeführer bestieg eines, der Mann mit Kapuze sprang auf das andere, und schon ritten beide langsam im Wasserstrom, und Kieselsteine knirschten unter den Hufen. Dann verließen sie das Wasser, stiegen in Jerschalaim ans Ufer und ritten im Schritt unter der Stadtmauer.

Hier löste sich der Pferdeführer von seinem Gefährten, galoppierte los und verschwand aus den Augen, während der Mann mit Kapuze sein Ross anhielt, auf der verlassenen Straße absprang, den Umhang abnahm, die Innenseite nach außen kehrte, einen flachen federlosen Helm unter dem Umhang hervorholte und ihn aufsetzte. Es war ein Mann im Militärchlamys und mit einem kurzen Degen an der Hüfte, der das Pferd wieder bestieg. Er berührte die Zügel, und das Kavallerieross trabte so feurig los, dass es den Reiter schüttelte. Es war nicht weit – er näherte sich dem Südtor von Jerschalaim.

Unter dem Torbogen tanzten und sprangen die flackernden Flammen der Fackeln. Wachsoldaten der zweiten Centurie der Zwölften Legion saßen auf Steinbänken und würfelten. Als sie den Reiter in militärischer Kleidung erblickten, sprangen sie auf. Er winkte ab und ritt hinein.

Die Stadt war mit festlichen Lichtern überflutet. Die Flammen der Öllampen spielten in allen Fenstern, und überall verschmolzen Lobgesänge zu einem chaotischen Chor. Gelegentlich blickte der Reiter in ein Fenster und sah Menschen am festlich gedeckten Tisch mit Kitzfleisch, Weinbechern und Schalen voller bitterer Kräuter. Ein leises Lied pfeifend ritt der Mann im ruhigen Trab durch die menschenleeren Straßen der Unterstadt zur Burg Antonia und blickte gelegentlich auf die über dem Tempel lodernden fünfarmigen Kerzenleuchter, wie sie die Welt sonst nirgendwo gesehen hatte, oder auf den Mond, der noch höher hing als die Leuchter.

Der Palast von Herodes dem Großen nahm nicht Teil an den Feierlichkeiten der Pessachnacht. In seinen südlichen Nebengebäuden, wo die Offiziere der römischen Kohorte und der Legat der Legion stationiert waren, brannten immerhin Lichter, da gab es Bewegung und Leben. Aber der offizielle, vordere Teil, der mit einem einzigen und dazu unfreiwilligen Bewohner – dem Prokurator, war mit seinen Säulen und goldenen Statuen im grellen Mondlicht wie erblindet. Hier, im Inneren des Palastes, herrschten Finsternis und Stille. Der Prokurator war, wie er Afranius angekündigt hatte, nicht hineingegangen. Er hatte sich ein Nachtlager auf dem Balkon machen lassen, dort, wo er zu Mittag gegessen und am Morgen das Verhör durchgeführt hatte. Als das Lager fertig war, hatte er sich hingelegt, doch ihm war nicht nach Schlaf zumute. Der nackte Mond hing hoch am klaren Himmel, und Pilatus ließ von ihm stundenlang nicht die Augen.

Gegen Mitternacht erbarmte sich die Müdigkeit endlich des Hegemonen. Er gähnte krampfhaft, öffnete den Umhang, warf ihn zu Boden, entfernte den Gürtel mit dem breiten Stahlmesser in lederner Scheide, legte ihn auf den Stuhl neben seiner Schlafstätte, nahm die Sandalen ab und streckte sich aus. Banga kroch sofort in sein Nachtlager und legte sich neben ihn, Kopf an Kopf; die Hand auf dem Nacken des Hundes, schloss der Prokurator endlich die Augen. Erst dann schlief auch Banga ein.

Das Lager befand sich im Halbdunkel, durch eine Säule vom Mond abgeschirmt, aber ein Pfad aus Mondlicht erstreckte sich zu ihm von der Treppe. Und sobald der Prokurator sich aus der Wirklichkeit gelöst hatte, schlug er diesen leuchtenden Pfad ein und ging hinauf, zum Mond. Er lachte sogar vor Glück im Schlaf, so wunderbar und einzigartig war alles auf dem durchsichtigen hellblauen Band. Banga begleitete ihn, und neben ihm schritt der wandernde Philosoph. Sie diskutierten über etwas sehr Komplexes und Wichtiges, und keiner konnte den anderen überzeugen. Nicht in einer Frage waren sie sich einig, und das machte das Gespräch unvergleichbar interessant und endlos. Natürlich hatte sich die Hinrichtung als reines Missverständnis erwiesen – da war er, der Philosoph, der sich so unglaubliche Absurditäten einfallen ließ wie die Idee, alle Menschen seien gut. Er schritt neben Pilatus, also lebte er. Der bloße Gedanke daran, so einen hinzurichten, war nicht zu ertragen. Die Hinrichtung war nie passiert! Nie passiert! Das war das Schöne an diesem Spaziergang über den Mondpfad.

Sie hatten so viel Zeit, wie sie brauchten, das Gewitter würde erst gegen Abend kommen, und Feigheit war zweifellos eines der schlimmsten Laster. So sprach Jeschua Ha-Nozri. Nein, Philosoph, du irrst dich: Sie ist das schlimmste Laster überhaupt!

Der heutige Prokurator von Judäa, und damals der Tribun einer Legion, war zum Beispiel nicht feige gewesen, als die rasenden Germanen im Tal der Jungfrauen den Riesen Rattenschinder beinah zerrissen hätten. Aber um Himmels willen, mein lieber Philosoph! Sie können mit Ihrer Intelligenz doch nicht etwa glauben, der Prokurator würde für einen Menschen, der ein Verbrechen gegen den Cäsar begangen hat, seine Karriere ruinieren?

»Doch, doch!«, stöhnte und schluchzte Pilatus im Schlaf.

Natürlich würde er das. Am Morgen hätte er es nicht getan, aber jetzt, diese Nacht, nachdem er alles erwägt hatte, würde er es tun. Alles würde er tun, um den vollkommen unschuldigen verrückten Träumer und Heiler vor der Hinrichtung zu retten!

»Jetzt werden wir immer zusammen sein«, sagte im Traum der zerlumpte wandernde Philosoph, der so unerklärlich in das Leben des Pilatus getreten war. »Wo einer von uns ist, ist auch der andere. Wann immer man an mich denkt, denkt man auch an dich. An mich, das Findelkind, Eltern unbekannt, und an dich – den Sohn eines Sterndeuterkönigs und einer Müllerstochter, der schönen Pila.«

»Ja, bitte denk an mich, vergiss nicht den Sohn des Sterndeuters«, bat der Ritter des Goldenen Speers. Der Landstreicher aus Gamala, der neben ihm ging, nickte im Traum, und der grausame Prokurator von Judäa lachte und weinte vor Glück.

Ja, das alles war gut, aber umso schrecklicher das Erwachen. Banga knurrte den Mond an, und der ölig-glatte hellblaue Pfad rutschte dem Hegemon unter den Füßen weg. Er öffnete die Augen. Das Erste, woran er sich erinnerte: Die Hinrichtung war doch passiert. Das Erste, was er tat, war Bangas Halsband mit einer gewohnten Geste zu umklammern. Dann fand er mit kranken Augen den Mond und sah, dass er sich etwas verschoben hatte und nun silbrig schimmerte. Sein Licht wurde durch ein unangenehmes Flackern gestört, hier auf dem Balkon, direkt im Blickfeld des Prokurators. Eine Fackel brannte und rauchte in der Hand des Rattenschinders. Der Centurio blickte in wütender Furcht auf das gefährliche Tier, das zum Sprung ansetzte.

»Ruhig, Banga«, sagte Pilatus mit kranker Stimme und hustete. Er schützte sich mit der Hand vor der Flamme und fuhr fort: »Selbst nachts, selbst bei Mondschein habe ich keine Ruhe! Oh Götter! Du hast auch einen schlechten Beruf, Marcus. Die Soldaten machst du zu Krüppeln …«

Verblüfft blickte Marcus den Prokurator an, und der Prokurator kam zu sich. Um die unbedachten, fast noch im Halbschlaf gesprochenen Worte zu tilgen, sagte er: »Sei nicht beleidigt, Centurio. Ich sage ja, mein Amt ist noch schlechter. Was willst du?«

»Der Befehlshaber der geheimen Schutzpolizei ist hier«, berichtete Marcus ruhig.

»Herein, herein mit ihm«, rief Pilatus, räusperte sich und tastete mit bloßen Füßen nach den Sandalen. Die Flamme flackerte über die Säulen, die Caligae trampelten über das Mosaik: Der Centurio ging in den Garten hinaus.

»Selbst bei Mondschein habe ich keine Ruhe«, murmelte der Prokurator und knirschte mit den Zähnen.

Anstelle des Centurios erschien der Mann mit Kapuze auf dem Balkon.

»Ruhig, Banga«, befahl Pilatus leise und hielt den Hund am Nacken.

Ehe er zu sprechen begann, sah sich Afranius gewohnheitsmäßig um und trat in den Schatten. Als er sich versichert hatte, dass Banga der einzige Mithörer auf dem Balkon war, sagte er leise: »Ich bitte darum, vor Gericht gestellt zu werden, Herr Prokurator. Ihr hattet recht. Ich konnte Judas aus Kirjat nicht retten; er wurde erstochen. Und so bitte ich darum, vor Gericht gestellt und abgesetzt zu werden.«

Es schien ihm, dass ihn zwei Hundeaugen und zwei Wolfsaugen ansahen.

Unter seinem Chlamys holte er einen Geldbeutel hervor, steif vor Blut, mit zwei Siegeln verschlossen. »Diesen Geldbeutel haben die Mörder im Haus des Hohepriesters gelassen. Das Blut darauf ist das Blut des Judas aus Kirjat.«

»Wie viel wohl darin ist?«, Pilatus beugte sich über den Beutel.

»Dreißig Tetradrachmen.«

Mit einem schiefen Lächeln sagte der Prokurator: »Nicht viel.«

Afranius schwieg.

»Wo ist der Ermordete?«

»Das weiß ich nicht«, sagte der Besucher, der sich nie von seiner Kapuze trennte, mit ruhiger Würde. »Heute in aller Frühe beginnen wir die Suche.«

Der Prokurator zuckte zusammen und ließ den Sandalenriemen in Ruhe, der sich nicht schließen lassen wollte.

»Aber Ihr seid sicher, dass er tot ist?«

Darauf erhielt er eine trockene Antwort: »Ich arbeite seit fünfzehn Jahren in Judäa, Herr Prokurator. Ich habe meinen Dienst unter Valerius Gratus begonnen. Ich muss nicht die Leiche sehen, um sagen zu können, ob jemand lebt oder nicht. Und so berichte ich: Der, den man Judas aus Kirjat nannte, wurde vor einigen Stunden erstochen.«

»Verzeiht mir, Afranius«, antwortete Pilatus, »ich bin noch nicht richtig wach, daher die Frage. Ich schlafe schlecht«, und wieder lächelte er sein freudloses Lächeln, »ich träume immer wieder von einem Mondstrahl. Sehr amüsant, wisst Ihr. Dass ich über diesen Mondstrahl laufe ... Nun, ich möchte gern erfahren, in welche Richtung Eure Vermutungen gehen. Wo wollt Ihr die Leiche suchen? Setzt Euch, Befehlshaber der geheimen Schutzpolizei.«

Afranius machte eine Verbeugung, rückte den Sessel an das Schlaflager und setzte sich. Sein Schwert klirrte.

»Ich werde ihn unweit der Ölpresse im Garten von Getsemani suchen.«

»So, so. Und warum ausgerechnet dort?«

»Ich glaube, Hegemon, dass Judas nicht in Jerschalaim selbst ermordet wurde, aber auch nicht weit von hier. Er ist in der Nähe der Stadt gestorben.«

»Ich verbeuge mich vor Eurer Kennerschaft. Ich weiß nicht, wie es in Rom ist, aber in den Kolonien kann Euch keiner das Wasser reichen. Könntet Ihr mir Euren Gedankengang erklären?«

»Nun, Judas würde sich auf keinen Fall innerhalb der Stadtmauern irgendwelchen verdächtigen Gestalten ausliefern«, sprach Afranius leise. »Man kann nicht jemanden mitten auf der Straße heimlich erstechen. Da müsste er schon in einen Keller gelockt werden. Aber in der Unterstadt haben meine Leute bereits gesucht und hätten ihn zweifellos gefunden. Er ist nicht in Jerschalaim, dafür kann ich bürgen. Hätte man ihn aber weitab getötet, wäre der Geldbeutel nicht so schnell bei Qajfa erschienen. Nein, Judas wurde nahe Jerschalaim ermordet. Man hat ihn aus der Stadt gelockt.«

»Ich kann mir nicht vorstellen, wie das hätte geschehen können.«

»Ja, Herr Prokurator, das ist die schwierigste Frage in der ganzen Angelegenheit. Ich weiß nicht, ob ich jemals eine Lösung finde.«

»Mysteriös, in der Tat! Ein gläubiger Mensch verzichtet auf das Pessachmahl, verlässt am Vorabend des Festes die Stadt und stirbt außerhalb der Stadtmauern … Wer hätte ihn herauslocken können, und wie?« Auf einmal hatte Pilatus eine Eingebung: »War es vielleicht eine Frau?«

Afranius antwortete ruhig und gewichtig:

»Auf keinen Fall, Herr Prokurator. Dies ist völlig ausgeschlossen. Man muss logisch denken. Wer war an Judas' Tod interessiert? Wandernde Träumer – ein Kreis, in dem es keine Frauen gibt. Zum Heiraten braucht man Geld; um einen Menschen in die Welt zu bringen, ebenfalls – aber um jemanden mit der Hilfe einer Frau zu erstechen, braucht man sehr viel Geld. Das können sich Landstreicher nicht leisten. Es war keine Frau beteiligt, Herr Prokurator. Mehr noch, ich muss sagen, dass eine solche Deutung des Mordes die Untersuchung nur behindern kann und mich von der richtigen Spur ablenken würde.«

»Ich sehe, Ihr habt völlig recht, Afranius«, sagte Pilatus. »Ich habe mir lediglich erlaubt, eine Mutmaßung zu äußern.«

»Leider ist sie falsch, Herr Prokurator.«

»Aber was war es dann, was?«, rief der Prokurator und blickte Afranius mit brennender Neugier ins Gesicht.

»Ich nehme an, es handelt sich wieder um Geld.«

»Ein ausgezeichneter Gedanke! Aber wer hätte ihm nachts da draußen Geld anbieten können, und wofür?«

»Oh nein, Herr Prokurator, das ist es nicht. Ich habe nur eine Vermutung, und wenn sie falsch ist, komme ich wohl auf keine andere.« Afranius lehnte sich näher und flüsterte: »Judas wollte sein Geld verstecken, an einem abgelegenen Ort, den nur er selbst kannte.«

»Eine sehr subtile Erklärung! So ist es wohl tatsächlich gewesen. Jetzt verstehe ich: Er wurde nicht von Menschen herausgelockt, sondern von seinen eigenen Gedanken. Sicher, so muss es gewesen sein.«

»Ja, das meine ich. Judas war ein misstrauischer Mensch. Er wollte das Geld verstecken.«

»In Getsemani, sagt Ihr. Aber warum ausgerechnet dort? Ich muss zugeben, das verstehe ich nicht.«

»Oh, das ist ganz simpel, Herr Prokurator. Niemand versteckt sein Geld auf der Straße, und auch nicht irgendwo in der Öde, wo alles offen liegt. Judas ging weder nach Hebron noch nach Bethanien. Er brauchte einen geschützten, abgelegenen Ort mit Bäumen. So einfach ist das. Getsemani ist der einzige solche Ort nahe Jerschalaim. Zeit für eine lange Reise hatte er nicht.«

»Ihr habt mich völlig überzeugt. Nun, was sollen wir jetzt tun?«

»Ich werde sofort die Suche nach den Mördern einleiten, die Judas dort aufgespürt haben, und mich in der Zwischenzeit, wie ich bereits sagte, dem Gericht stellen.«

»Weswegen?«

»Meine Leute haben ihn gestern Abend auf dem Basar verloren, nachdem er Qajfas Palast verlassen hatte. Wie es dazu kam, kann ich nicht begreifen. So etwas ist mir noch nie passiert. Er wurde gleich nach unserem Gespräch unter Beobachtung gestellt. Aber in der Nähe des Basars bog er ab und machte eine so seltsame Schleife, dass er uns spurlos entwischte.«

»Nun. Ich erkläre hiermit, dass ich es nicht für notwendig erachte, Euch vor Gericht zu stellen. Ihr habt alles getan, was Ihr konntet, und niemand auf der Welt«, da lächelte der Prokurator, »hätte mehr tun können als Ihr! Bestraft die Spitzel, die Judas verloren haben – aber auch da soll die Strafe nicht harsch sein. Letztendlich haben wir alles getan, um uns um diesen Schurken zu kümmern! Ach ja, ich vergaß«, er rieb sich die Stirn, »wie haben es die Mörder geschafft, Qajfa das Geld unterzuschieben?«

»Nun, Herr Prokurator, das war nicht besonders schwierig. Die Rächer kamen von hinten zum Palast, dort, wo die Straße höher liegt als der Hof. Sie warfen das Paket über die Mauer.«

»Mit einer Notiz?«

»Ja, genau so, wie Ihr es vermutet habt, Herr Prokurator. Seht doch selbst –«, und Afranius riss das Siegel ab und zeigte Pilatus den Inhalt.

»Gütiger Himmel, was macht Ihr, Afranius! Das sind doch wohl Tempelsiegel?«

»Den Herrn Prokurator braucht das nicht zu bekümmern«, erwiderte Afranius und schloss das Paket.

»Habt Ihr etwa von jedem Siegel eine Kopie?«, fragte Pilatus lachend.

»Anders darf es nicht sein, Herr Prokurator«, antwortete Afranius äußerst ernst und streng.

»Was wohl bei Qajfa los war!«

»Ja, Herr Prokurator, die Aufregung war groß. Man ließ mich sofort rufen.«

Selbst im Halbdunkel sah man Pilatus' Augen blitzen: »Interessant, sehr interessant.«

»Ich erlaube mir zu widersprechen, Herr Prokurator, es war nicht interessant. Eine sehr langweilige und lästige Angelegenheit. Meine Frage, ob jemand in Qajfas Palast Geld bekommen habe, wurde kategorisch verneint.«

»Ach so? Nun, wenn nicht, dann nicht. Umso schwieriger wird es sein, die Mörder zu finden.«

»Absolut richtig, Herr Prokurator.«

»Mir fällt plötzlich ein, Afranius: Er hat sich nicht etwa selbst umgebracht, oder?«

»Aber nein, Herr Prokurator«, erwiderte Afranius und lehnte sich vor Erstaunen sogar zurück, »verzeiht mir, das ist aber ganz unmöglich!«

»Ach, in Jerschalaim ist alles möglich. Ich könnte wetten, dass sich in kürzester Zeit Gerüchte darüber in der ganzen Stadt ausbreiten.«

Da warf Afranius einen seiner Blicke auf Pilatus, dachte kurz nach und erwiderte: »Das kann schon sein, Herr Prokurator.«

Offenbar konnte sich Pilatus von der Ermordung des Mannes aus Kirjat nicht lösen, obschon bereits alles klar war, und etwas wie Verträumtheit klang in seiner Stimme als er sagte: »Ich hätte gern gesehen, wie sie ihn töten.«

»Er wurde mit großer Kunst getötet, Herr Prokurator«, antwortete Afranius mit einem etwas ironischen Blick.

»Woher wollt Ihr das denn wissen?«

»Beachtet bitte den Geldbeutel, Herr Prokurator«, sagte der Befehlshaber der geheimen Schutzpolizei. »Ich versichere Euch, dass Judas' Blut in einem Strom hervorgesprudelt ist. Ich habe in meinem Leben den einen oder anderen Mord gesehen.«

»Also steht er bestimmt nicht wieder auf?«

»Doch, Herr Prokurator«, erwiderte Afranius mit einem philosophischen Lächeln, »er steht auf, wenn über ihm die Posaune des Messias ertönt, den hier alle so sehnlich erwarten. Aber nicht früher.«

»Genug, Afranius! Diese Angelegenheit ist geklärt. Nun, zum Begräbnis.«

»Die Hingerichteten wurden beerdigt, Herr Prokurator.«

»Afranius, es wäre ein Verbrechen, Euch vor Gericht zu stellen! Ihr verdient jede Belohnung. Erzählt!«

Und Afranius erzählte: Während er selbst mit der Angelegenheit Judas' beschäftigt war, erreichte gegen Abend eine Abteilung der Schutzpolizei unter der Leitung seines Gehilfen den Kahlen Berg. Auf dem Gipfel fehlte eine der Leichen. Pilatus zuckte und sagte heiser: »Wieso habe ich nicht daran gedacht!«

»Kein Grund zur Sorge, Herr Prokurator«, erwiderte Afranius und erzählte weiter: »Die Körper von Dismas und Gestas, deren Augen bereits die Aasvögel ausgepickt hatten, wurden geborgen, und dann machte man sich auf die Suche nach dem dritten Körper. Dieser wurde sehr bald entdeckt. Ein gewisser –«

»Levi Matthäus«, sagte Pilatus, eher feststellend als fragend.

»Ja, Herr Prokurator. Levi Matthäus hatte sich in einer Höhle am Nordhang des Kahlen Berges versteckt, wo er auf die Dunkelheit wartete. Der nackte Körper des Jeschua Ha-Nozri war bei ihm. Als meine Leute mit ihren Fackeln die Höhle betraten, verfiel er in zornige Verzweiflung. Er rief, dass er kein Verbrechen begangen habe, dass jeder, der es wünscht, laut Gesetz einen hingerichteten Verbrecher begraben dürfe. Er wiederholte, er lasse sich nicht von diesem Körper trennen. Er war aufgeregt, schrie ohne Zusammenhang, bettelte, drohte, fluchte –«

»Er musste wohl verhaftet werden?«, sagte Pilatus düster.

»Nein, Herr Prokurator, nein«, beruhigte ihn Afranius, »den dreisten Verrückten konnte man mit der Erklärung beschwichtigen, dass der Körper begraben werden soll. Als Levi das Gesagte begriff, wurde er ruhig, wollte aber unbedingt an der Beerdigung teilnehmen. Er sagte, er würde nicht gehen, selbst wenn man ihn töten wollte. Zu diesem Zweck bot er sogar ein Brotmesser an, das er bei sich hatte.«

»Wurde er verjagt?«, fragte Pilatus mit gepresster Stimme.

»Aber nicht doch, Herr Prokurator. Mein Gehilfe erlaubte ihm, der Beerdigung beizuwohnen.«

»Welcher Gehilfe war das?«

»Tolmai«, antwortete Afranius und fügte besorgt hinzu: »War das vielleicht ein Fehler?«

»Keinesfalls, erzählt bitte weiter. Überhaupt fühle ich mich mittlerweile etwas ratlos, Afranius. Ich habe nie zuvor einen Menschen getroffen, der keine Fehler macht. Ihr seid der erste.«

»Levi Matthäus durfte mitfahren. In etwa zwei Stunden erreichten die Wagen mit den Leichen eine einsame Schlucht nördlich von Jerschalaim. Dort schaufelte die Mannschaft innerhalb einer Stunde eine tiefe Grube und beerdigte darin alle drei.«

»Nackt?«

»Nein, Herr Prokurator, man brachte dafür Chitone mit. Zudem wurde jedem vor dem Begräbnis ein Ring angelegt, Jeschua mit einer Kerbe, Dismas mit zweien und Gestas mit dreien. Die Grube wurde überdeckt und Steine darüber gehäuft. Das Erkennungszeichen ist Tolmai bekannt.«

»Hätte ich das bloß vorhergesehen!«, sprach Pilatus mit einem Stirnrunzeln. »Diesen Levi Matthäus, den müsste ich eigentlich sehen –«

»Er ist hier, Herr Prokurator.«

Pilatus starrte Afranius mit weit geöffneten Augen an. Dann sagte er: »Ich danke Euch für alles, was in dieser Angelegenheit getan wurde. Tolmai soll bitte morgen zu mir kommen. Kündigt ihm an, dass ich mit ihm zufrieden bin. Und Euch, Afranius, bitte ich«, – hier nahm der Prokurator seinen Gürtel vom Tisch, holte einen Siegelring heraus und überreichte ihn dem Befehlshaber der geheimen Schutzpolizei – »dies als Andenken anzunehmen.«

Afranius verbeugte sich und sagte: »Eine große Ehre, Herr Prokurator.«

»Ich bitte Euch auch, die für das Begräbnis verantwortliche Mannschaft zu belohnen und die Spitzel, die Judas verloren hatten, zu ermahnen. Levi Matthäus soll sofort zu mir: Ich brauche Details zum Fall Jeschua.«

»Verstanden, Herr Prokurator«, antwortete Afranius und zog sich unter Verbeugungen zurück. Pilatus klatschte in die Hände und rief: »Zu mir! Eine Lampe in die Kolonnade!«

Afranius ging in den Garten hinaus, und hinter Pilatus' Rücken blitzten schon die Lichter in den Händen der Diener. Drei Öllampen erschienen vor ihm auf dem Tisch, und die Nacht zog sich in den Garten zurück, als ob Afranius sie weggeführt hätte. Anstelle des Befehlshabers trat ein kleiner, dünner Unbekannter in Begleitung des gigantischen Centurios auf den Balkon. Der Rattenschinder fing einen Blick des Prokurators und verschwand sofort im Garten.

Der Prokurator studierte den Neuankömmling gierig und etwas ängstlich. So blickt man auf einen, über den man viel gehört und gedacht hat, wenn er schließlich erscheint.

Der Mann war Ende dreißig, schwarzhaarig, zerlumpt, mit verkrustetem Schlamm verschmiert und schaute wölfisch unter gesenkten Augenbrauen hervor. Kurzum, er war sehr unansehnlich, wie ein Bettler, wie sie auf den Tempelterrassen und auf den Basaren der lauten und schmutzigen Unterstadt herumlungern.

Die Stille dauerte lange. Gebrochen wurde sie durch das seltsame Verhalten des Mannes, den man zu Pilatus gebracht hatte. Er wurde bleich, schwankte und wäre gefallen, hätte er sich nicht mit einer schmutzigen Hand an der Tischkante festgehalten.

»Was hast du?«, fragte Pilatus.

»Nichts«, antwortete Levi Matthäus und machte eine schluckende Bewegung. Sein nackter grauer Hals schwoll an und wurde wieder dünn.

»Was hast du? Antworte«, wiederholte Pilatus.

»Ich bin müde.«

Er sah mürrisch zu Boden.

»Setz dich«, sagte Pilatus und zeigte auf den Sessel.

Levi sah den Prokurator misstrauisch an, machte einen Schritt auf den Sessel zu, schielte ängstlich auf die vergoldeten Armlehnen und setzte sich nicht hinein, sondern daneben auf den Boden.

»Warum hast du nicht den Sessel genommen? Erkläre dich«, verlangte Pilatus.

»Ich bin dreckig. Ich würde ihn verschmutzen«, sagte Levi, ohne den Blick zu heben.

»Du bekommst gleich zu essen.«

»Ich habe keinen Hunger«, antwortete Levi.

»Warum lügen?«, fragte Pilatus leise. »Du hast den ganzen Tag nichts gegessen, vielleicht auch länger. Nun gut, wenn du nicht willst … Ich habe dich herbeigerufen, damit du mir das Messer zeigst, das du bei dir hattest.«

»Die Soldaten haben es mir weggenommen, als sie mich hereinführten«, sagte Levi und fügte finster hinzu: »Gebt es mir wieder, ich muss es zurückbringen. Ich habe es gestohlen.«

»Wozu?«

»Um die Seile durchzuschneiden.«

»Marcus!«, rief Pilatus, und der Centurio trat unter die Säulen. »Gib mir sein Messer.«

Der Centurio nahm ein schmutziges Brotmesser aus einer Tasche an seinem Gürtel, überreichte es dem Prokurator und zog sich zurück.

»Wo hast du das Messer genommen?«

»In der Bäckerei am Hebron-Tor. Wenn man die Stadt betritt, gleich links.«

Pilatus betrachtete die breite Klinge, prüfte, wer weiß wozu, die Schärfe mit dem Finger und sagte: »Mach dir wegen des Messers keine Sorgen, es wird in den Laden zurückgebracht. Ich brauche nun etwas anderes – zeig mir die Charta, die du mit dir trägst, in der Jeschuas Worte aufgeschrieben sind.«

Levi sah Pilatus hasserfüllt an und lächelte derart feindselig, dass sein Gesicht noch hässlicher wurde. »Alles wollt Ihr mir wegnehmen? Das Letzte, was ich habe?«

»Ich sagte nicht ›gib‹. Ich sagte ›zeig‹«, erwiderte Pilatus.

Levi kramte in seiner Kleidung und holte ein Pergament hervor. Pilatus nahm und entrollte es, breitete es zwischen den Lampen aus und studierte mit verengten Augen die Tintenspuren. Die rauen Zeilen waren schwer zu lesen. Pilatus runzelte die Stirn, beugte sich immer tiefer, fuhr mit dem Finger über die Buchstaben. Immerhin konnte er feststellen, dass er eine zusammenhangslose Sammlung von Zitaten, Daten, Haushaltsnotizen und lyrischen Fragmenten vor sich hatte. Einiges konnte er entziffern: »Es gibt keinen Tod … Gestern aßen wir süße Frühlingsfeigen …«

Das Gesicht vor Anspannung verzerrt, blinzelte er und las weiter: »Wir werden den reinen Fluss des Lebenswassers sehen … Die Menschheit wird die Sonne durch einen transparenten Kristall betrachten …«

Da zuckte Pilatus zusammen. In den letzten Zeilen des Pergaments erkannte er die Worte »schlimmeres Laster … Feigheit«.

Er rollte das Pergament zusammen und steckte es abrupt Levi zu. »Nimm«, sagte er, und dann, nach einer Pause: »Ich sehe, du bist ein gelehrter Mensch, und doch streifst du allein herum, in dürftigem Gewand, ohne Unterkunft. Ich habe eine große Bibliothek in Caesarea, ich bin sehr reich und will dich einstellen. Du wirst die Papyri sortieren und aufbewahren, bekommst Kleidung und Essen.«

Levi stand auf und erwiderte: »Nein, ich will nicht.«

»Warum?«, fragte der Prokurator, und seine Miene verdüsterte sich. »Du magst mich nicht? Du hast Angst vor mir?«

Das gleiche ungute Lächeln verzerrte Levis Züge, und er sagte: »Nein. Aber du wirst Angst vor mir haben. Es wird dir nicht leichtfallen, mir in die Augen zu schauen, nachdem du ihn getötet hast.«

»Sei still«, sagte Pilatus. »Dann nimm doch etwas Geld.«

Levi schüttelte den Kopf. Da sprach der Prokurator weiter: »Ich weiß, du hältst dich für einen Jünger Jeschuas. Nun, ich sage dir, du hast nichts von ihm gelernt, denn sonst würdest du sicherlich etwas von mir annehmen. Vergiss nicht: Er sagte vor seinem Tod, dass er niemandem die Schuld gebe!« Pilatus hob bedeutungsvoll den Finger. Sein Gesicht zuckte. »Er – ja, er hätte bestimmt etwas angenommen. Du bist grausam, und er war es nicht. Und außerdem: Wo kannst du jetzt schon hin?«

Levi näherte sich dem Tisch, stützte beide Hände darauf, starrte den Prokurator mit glühenden Augen an und flüsterte: »Wisse, Hegemon, ich werde in Jerschalaim jemanden töten. Das will ich dir sagen, damit du weißt: Es wird noch Blut fließen.«

»Ich weiß, dass Blut noch fließen wird. Deine Worte überraschen mich nicht. Mich willst du töten, nicht wahr?«

»Das schaffe ich nicht.« Levi fletschte die Zähne. »Ich bin nicht so dumm, mir das anzumaßen. Aber Judas aus Kirjat, den werde ich erstechen. Darauf verwende ich den Rest meines Lebens.«

Da glommen die Augen des Prokurators vor Genuss. Er winkte Levi Matthäus mit dem Finger zu sich und sagte: »Das kannst du nicht, da brauchst du dich nicht zu bemühen. Judas wurde heute Nacht schon erstochen.«

Levi fuhr zurück, schaute wild umher und schrie: »Wer hat es getan?«

»Sei nicht eifersüchtig«, sagte Pilatus und rieb sich die Hände. Auch er bleckte nun die Zähne. »Ich fürchte, er hatte außer dir noch andere Bewunderer.«

»Wer hat es getan?«, wiederholte Levi flüsternd.

Und Pilatus antwortete: »Ich habe es getan.«

Levi öffnete den Mund und starrte den Prokurator an, der leise sagte: »Es ist nicht viel, aber immerhin: Das habe ich getan.« Und er fügte hinzu: »Nimmst du jetzt etwas an?«

Levi überlegte, und sagte schließlich milder: »Lass mir ein Stück sauberes Pergament geben.«

Eine Stunde verging. Levi war nicht mehr im Palast. Nur die leisen Schritte der Wachen im Garten störten die Stille der Morgendämmerung. Schnell verblich der Mond, am anderen Rand des Himmels sah man den hellen Punkt des Morgensterns. Längst waren die Lampen erloschen. Der Prokurator lag auf seinem Nachtlager, eine Hand unter der Wange. Er schlief und atmete lautlos. Neben ihm schlief auch Banga.

So fand der Sonnenaufgang am fünfzehnten Nisan den fünften Prokurator von Judäa, Pontius Pilatus.

# Kapitel 27

## Das Ende der Wohnung 50

Als Margarita die letzten Worte des Kapitels erreichte – »so fand der Sonnenaufgang am fünfzehnten Nisan den fünften Prokurator von Judäa, Pontius Pilatus« –, kam der Morgen.

Draußen im Hof führten die Spatzen in den Weiden und Linden ihr fröhliches, frühes Gespräch.

Margarita stand auf, streckte sich und spürte erst jetzt, wie zermartert ihr Körper war und wie sehr sie schlafen wollte. Interessanterweise befand sie sich dabei seelisch in bester Verfassung. Ihre Gedanken waren nicht zerstreut, und es erschütterte sie keineswegs, dass sie die Nacht übernatürlich verbracht hatte. Die Erinnerungen an den Satansball, daran, dass der Meister ihr durch ein Wunder zurückgegeben worden war, dass der Roman aus der Asche erschienen war, dass sich alles in der Gasse wieder an seinem Platz befand, hier im Kellerstübchen, aus welchem der Denunziant Alois Mogaritsch vertrieben worden war – das alles machte ihr keine Sorgen. Kurzum, die Bekanntschaft mit Woland hatte ihr nicht den geringsten psychischen Schaden zugefügt. Ihr war, als ob sich alles so gehörte.

Sie ging ins andere Zimmer, überzeugte sich, dass der Meister fest und friedlich schlief, knipste die unnötige Tischlampe aus und legte sich auf die kleine Couch gegenüber, auf ein altes, zerrissenes Laken. Eine Minute später schlief auch sie, und sie sah an jenem Morgen keine Träume. Die Zimmer schwiegen, es schwieg das ganze kleine Mietshaus, still war die Sackgasse.

Aber unterdessen, also bei Tagesanbruch am Samstag, schlief eine ganze Etage einer gewissen Moskauer Behörde nicht. Ihre Fenster mit Blick auf den großen asphaltierten Platz, welchen dröhnende Spezialmaschinen langsam mit Bürsten putzten, leuchteten selbst gegen das Licht der aufgehenden Sonne.

Die ganze Etage war mit der Untersuchung des Falls Woland beschäftigt, in zehn Büros hatten die ganze Nacht hindurch die Lichter gebrannt.

Im Wesentlichen war die Sache bereits seit dem Vortag klar, als das Varieté in Anbetracht der verschwundenen Verwaltung und diverser Missetaten während der berüchtigten Vorstellung in schwarzer Magie geschlossen werden musste. Aber ständig und unaufhörlich kam neues Material in die schlaflose Etage der Behörde.

Dieser seltsame Fall, der auf geradezu diabolische Weise Hypnose-Tricks mit unverschämten Straftaten vereinte, bestand aus vielseitigen und verworrenen Ereignissen, welche sich in verschiedenen Teilen Moskaus abgespielt hatten und nun von den Ermittlern irgendwie zu einem Klumpen zusammengeformt werden mussten.

Der Erste, der in die elektrisch beleuchtete Etage bestellt wurde, war Arkadi Apollonowitsch Semplejarow, Vorsitzender des Akustikausschusses.

Nach dem Abendessen am Freitag hatte das Telefon in seiner Wohnung an der Großen Steinbrücke geklingelt. Eine männliche Stimme bat Arkadi Apollonowitsch zum Apparat. Arkadi Apollonowitschs Gattin erwiderte mürrisch, dass es Arkadi Apollonowitsch nicht gut gehe, dass Arkadi Apollonowitsch sich hingelegt habe und nicht rangehen könne. Sogleich wurde aber klar, dass Arkadi Apollonowitsch sehr wohl rangehen würde. Denn auf die Frage, wer Arkadi Apollonowitsch denn anriefe, erwiderte die Stimme im Telefon mit einem gewissen Kürzel.

»Eine Minute – Sekunde – sofort –«, stammelte die sonst so hochmütige Gattin des Vorsitzenden und sauste wie ein Pfeil ins Schlafzimmer, um Arkadi Apollonowitsch aus dem Ruhebette zu holen, wo er sich unter Höllenqualen an die Vorstellung vom Vortag und den darauf folgenden Skandal erinnerte, der in der Vertreibung der Saratower Nichte aus der Wohnung kulminiert hatte.

Zwar nicht in einer Sekunde, aber auch nicht erst in einer Minute, sondern in einer Viertelminute war Arkadi Apollonowitsch, mit einem Hausschuh am linken Fuß und in Unterwäsche, am Telefon und stotterte: »Am Apparat … Ich höre …«

Seine Gattin, die in diesem Augenblick all die abscheulichen Verbrechen gegen die Ehetreue vergaß, deren der unselige Arkadi Apollonowitsch überführt worden war, steckte das Gesicht erschreckt in den Flur, hielt einen Hausschuh in die Luft und flüsterte: »Den Pantoffel! Zieh den Pantoffel an, du erkältest dich noch!«

Arkadi Apollonowitsch schnitt darauf in ihre Richtung tierische Grimassen, versuchte, sie mit dem bloßen Fuß wegzuwinken und murmelte ins Telefon: »Ja, ja, natürlich, ich verstehe … Fahre sofort los …«

Anschließend verbrachte er den ganzen Abend in der Etage der Ermittlung. Das Gespräch war bedrückend, ja, es war ein äußerst peinliches Gespräch, denn Arkadi Apollonowitsch musste mit voller Aufrichtigkeit nicht nur von der abscheulichen Vorstellung und der Schlägerei in der Loge erzählen, sondern auch, da es im Laufe des Gesprächs nötig wurde, von Miliza Pokobatko aus der Jelochowskaja-Straße, von der Nichte aus Saratow und von vielen anderen Dingen, die zu besprechen ihm unaussprechliche Pein bereitete.

Natürlich brachte seine Aussage die Untersuchung erheblich voran: Als intelligenter und kultivierter Mensch stellte er einen qualifizierten Zeugen dar, der die unerhörte Vorstellung, den mysteriösen maskierten Magier und die beiden Hilfshalunken sehr gut beschrieb und sich gemerkt hatte, dass der Magier tatsächlich Woland hieß. Anschließend wurde Arkadi Apollonowitschs Aussage mit anderen abgeglichen, darunter mit denen der leider so zahlreichen Damen, die der Vorstellung zum Opfer gefallen waren (auch der in lila Unterwäsche, die Rimski so erschüttert hatte), sowie mit der Aussage des Kuriers Karpow, der in die Wohnung 50 in der Sadowaja-Straße geschickt worden war, woraufhin bald klar wurde, wo die Schuldigen stecken mussten.

Die Wohnung 50 wurde aufgesucht, ja mehrmals mit äußerster Sorgfalt durchleuchtet; auch nach Verstecken wurde überall geschaut, die Wände wurden abgeklopft, die Schornsteine begutachtet. Alle diese Maßnahmen brachten jedoch keinerlei Ergebnisse, und bei all diesen Besuchen wurde niemand in der Wohnung entdeckt. Und doch befand sich jemand darin – das war klar, obwohl alle Personen, die beruflich über ausländische Künstler in Moskau Bescheid wissen sollten, entschieden und kategorisch darauf bestanden, dass es in der Stadt keinen Schwarzmagier namens Woland gab oder auch nur geben könnte.

Kein Woland hatte sich irgendwo angemeldet; kein Woland hatte seinen Pass beziehungsweise andere Papiere, Verträge oder Vereinbarungen vorgelegt; niemand hatte etwas von einem Woland gehört! Der Programmleiter des Volksbelustigungsausschusses, Kitaizew, schwor und beteuerte, der verschwundene Stepan Lichodejew habe ihm nie ein Auftrittsprogramm eines Woland zur Genehmigung geschickt, ja er habe nicht einmal bezüglich eines Woland angerufen. Damit sei es ihm, Kitaizew, vollkommen schleierhaft, wie Stepan einen solchen Auftritt im Varieté hätte zulassen können. Als er hörte, dass Arkadi Apollonowitsch den Auftritt des Magiers mit eigenen Augen gesehen hatte, breitete er nur die Arme aus und hob die Augen gen Himmel – und in diesen Augen konnte nun wirklich jeder lesen, dass Kitaizew unschuldig war wie ein Lamm.

Auch Prochor Petrowitsch, der Vorsitzende des Volksbelustigungsausschusses –

Nebenbei gesagt: Sobald die Polizei sein Büro betreten hatte, kehrte er in den Anzug zurück, zur ekstatischen Freude Annas und zur großen Ratlosigkeit der unnötig herbeigerufenen Polizisten. Und noch etwas nebenbei: Wieder in seinem grauen Streifenanzug angekommen, bestätigte Prochor Petrowitsch alle Beschlüsse, die der Anzug während seiner kurzfristigen Abwesenheit eigenständig getroffen hatte.

– nun also, auch Prochor Petrowitsch wusste entschieden nichts von einem Woland.

Das war schon ein Unding, da können Sie sagen, was Sie wollen. Tausende von Zuschauern, das gesamte Varieté-Personal, ja selbst Arkadi Apollonowitsch Semplejarow, ein äußerst gebildeter Mensch, haben diesen Magier sowie seine vermaledeiten Assistenten gesehen, und doch war es absolut unmöglich, ihn aufzuspüren. Wie ist das denn jetzt, wenn man fragen darf: Wurde er vielleicht gleich nach seiner widerlichen Vorstellung vom Erdboden verschluckt? Oder ist er, wie einige behaupten, gar nicht erst in Moskau gewesen? Doch im ersten Fall müsste er die gesamte Führungsetage des unseligen Varietés in den Erdboden mitgenommen haben. Und im zweiten Fall – hieße das nicht, dass diese Führungsetage nach irgendeiner begangenen Schandtat (denken Sie nur an das zerbrochene Fenster im Büro und das Verhalten des Hundes Lex) aus eigenem Antrieb spurlos aus Moskau verschwunden war?

Der Ermittlungsleitung gebührt unsere volle Anerkennung. Der verschollene Rimski wurde erstaunlich schnell gefunden. Dazu reichte es, das Verhalten des Hundes Lex am Taxistand neben dem Kino mit bestimmten Zeiten abzugleichen, beispielsweise dem Ende der Vorstellung und dem möglichen Zeitpunkt von Rimskis Verschwinden, und sofort nach Leningrad zu telegrafieren. Eine Stunde später (gegen Abend am Freitag) kam die Antwort, dass Rimski in Zimmer 14 des Hotels Astoria entdeckt wurde, im dritten Stock – ja, genau, gleich neben dem einen besonders schönen Zimmer, wo die graublauen Möbel bekanntlich goldverziert sind, und das Badezimmer einfach prächtig, und wo übrigens an jenem Tag der Intendant eines Moskauer Theaters logierte, das gerade in Leningrad ein Gastspiel gab.

Ja nun, im Zimmer 14 also, und zwar im Kleiderschrank, wurde Rimski entdeckt, woraufhin er festgenommen und noch vor Ort in Leningrad befragt wurde. Dann ging ein Telegramm nach Moskau, das berichtete, der Direktor Rimski sei tief verstört, wolle oder könne keine vernünftigen Antworten geben und bitte nur um eines: Dass man ihn in eine gepanzerte Zelle stecke und vor dieser Zelle bewaffnete Schutzmänner aufstelle. Darauf wurde, ebenfalls telegrafisch, angeordnet,

Rimski mit Sicherheitsbegleitung in einen Zug nach Moskau zu setzen, was auch entsprechend geschah.

Ebenfalls am Freitagabend wurde auch Lichodejew aufgespürt. Telegramme mit Anfragen zu seiner Person waren in alle Städte des Landes geschickt worden, und aus Jalta kam die Antwort, Lichodejew sei dort gewesen, inzwischen aber nach Moskau abgeflogen.

Keine Spur gab es lediglich von Warenucha. Der in ganz Moskau bekannte Theaterverwalter hatte sich scheinbar in der Luft aufgelöst.

In der Zwischenzeit hatte man auch mit Vorfällen in anderen Teilen Moskaus zu tun, fernab vom Varieté. Der außergewöhnliche Fall des singenden Personals war aufzuklären (übrigens hatte Professor Strawinsky alle innerhalb von zwei Stunden mit Injektionen auskuriert), auch mussten Menschen befragt werden, die anderen Personen oder Institutionen irgendwelchen Kram als Geld untergejubelt hatten, und dann noch die entsprechenden Geschädigten.

Der unangenehmste, skandalöseste und unlösbarste der Vorfälle war natürlich, dass der Kopf des verstorbenen Redakteurs Berlioz am helllichten Tage direkt aus dem Sarg in der Gribojedow-Halle entwendet worden war.

Zwölf Ermittler waren damit beschäftigt, die verfluchten Maschen dieses verzwickten, moskauweiten Falls wie auf Stricknadeln aufzufädeln. Einer fuhr in Professor Strawinskys Klinik und bat um eine Liste der Personen, die in den letzten drei Tagen eingewiesen worden waren. So wurde Nikanor Bossoi entdeckt, und auch der unselige Conférencier mit dem wiederaufgesetzten Kopf. Allerdings befasste man sich wenig mit ihnen: Inzwischen war klar, dass beide derselben Bande zum Opfer gefallen waren, die vom mysteriösen Magier angeführt wurde. Iwan Besdomny hingegen interessierte die Ermittler ungemein.

Am frühen Freitagabend öffnete sich die Tür des Krankenzimmers 117, und herein kam ein ruhiger und milder junger Mann mit rundem Gesicht, der überhaupt nicht nach einem Ermittler aussah und doch einer der besten Ermittler Moskaus war. Im Bett sah er einen blassen, hohlwangigen Patienten, dessen Augen keinerlei Interesse an dem Geschehen um ihn herum zeigten, sondern in die Ferne blickten, über seine Umgebung hinaus, oder vielleicht in sich selbst hinein.

Der Ermittler stellte sich freundlich vor und erklärte, er schaue bei Iwan vorbei, um sich über die vorgestrigen Ereignisse am Patriarchenteich zu unterhalten.

Oh, wie hätte Iwan triumphiert, wenn der Ermittler früher zu ihm gekommen wäre – sagen wir, in der Nacht auf Donnerstag, als er so heftig und leidenschaftlich bemüht war, Gehör für seine Geschichte zu finden! Nun wurde sein Traum wahr, er könnte helfen, den Berater zu fangen; er musste niemandem hinterherlaufen, man hatte ihn mit dem ausdrücklichen Ziel aufgesucht, von ihm zu hören, was am Mittwochabend passiert war.

Doch es war zu spät – der arme Iwan hatte sich in der Zeit seit dem Tode des Redakteurs völlig verändert. Er war bereit, alle Fragen höflich zu beantworten, aber Gleichgültigkeit war seinen Augen und seinem Ton abzulesen. Das Schicksal von Berlioz interessierte den Dichter nicht mehr.

Vor der Ankunft des Ermittlers hatte er im Dämmerschlaf gelegen, und Visionen waren ihm erschienen. Da war eine Stadt, seltsam, unwirklich, unbegreiflich, mit von Kolonnaden zerfressenen Marmorbrocken, mit gleißenden Dächern, mit der gnadenlosen schwarzen Burg Antonia, mit dem Palast auf dem westlichen Hügel, fast bis zu den Dächern im tropischen Grün des Gartens versunken, mit Bronzestatuen, die im Sonnenuntergang über diesem Grün loderten, und mit panzergekleideten römischen Centurien unter den Mauern der alten Stadt.

In Iwans Dämmerschlaf erschien ein regloser Mann im weißen Umhang mit rotem Saum, mit gequältem fahlem Gesicht – ein Mann in einem Sessel, der voller Hass in den prachtvollen und fremden Garten blickte. Iwan sah auch einen baumlosen gelblichen Berg, und darauf leere Pfähle mit Querbalken.

Was am Patriarchenteich geschehen war, interessierte den Dichter nicht mehr.

»Sagen Sie, Genosse Besdomny, wie weit waren Sie denn selbst vom Drehkreuz entfernt, als Berlioz unter die Straßenbahn geraten ist?«

Ein gleichgültiges Lächeln berührte flüchtig Iwans Lippen, als er antwortete: »Ziemlich weit.«

»Und dieser Karierte, war er direkt am Drehkreuz?«

»Nein, er saß auf einer Bank in der Nähe.«

»Sie sind also sicher, dass er sich nicht dem Drehkreuz genähert hat, als Berlioz gefallen ist?«

»Sicher. Hat er nicht. Er hat sich auf der Bank breitgemacht.«

Dies waren die letzten Fragen des Ermittlers. Er stand auf, gab Iwan die Hand, wünschte ihm eine schnelle Genesung und äußerte die Hoffnung, bald wieder seine Gedichte lesen zu dürfen.

»Nein«, antwortete Iwan leise, »ich werde keine Gedichte mehr schreiben.«

Der Ermittler lächelte höflich und erlaubte sich, die Gewissheit auszudrücken, dass die momentane, nun, Depression des Dichters bald vorübergehen würde.

»Oh nein«, sagte Iwan und schaute nicht auf den Ermittler, sondern in die Ferne, in den erlöschenden Himmel. »Das geht nie vorüber. Die Gedichte, die ich geschrieben habe, waren schlechte Gedichte. Jetzt verstehe ich das.«

Der Ermittler verließ den armen Iwan mit sehr wichtigem Material in der Hand. Der Strang der Ereignisse, vom Ende aus zurückverfolgt, hatte schließlich zu dem Anfang geführt, zu der Quelle all dieses Geschehens. Der Ermittler war sicher, dass alles mit dem Mord am Patriarchenteich begonnen hatte. Natürlich hatten weder der Dichter noch dieser Karierte den unseligen MassLit-Vorsitzenden unter die Straßenbahn geschubst; körperlich hatte niemand zu seinem Fall beigetragen. Nein, der Ermittler war überzeugt, dass Berlioz sich selbst unter die Straßenbahn geworfen hatte oder auf die Schienen gefallen war – und zwar unter Hypnose.

Ja, es gab viel Material; es war bereits klar, wer und wo festzunehmen war. Die Sache war nur: Da war einfach nichts mit Festnehmen! Noch einmal: Es steckte zweifellos jemand in der verfluchten Wohnung 50. Gelegentlich nahm die Wohnung ab, wenn man anrief, redete mal mit einer ratternden, mal mit einer nasalen Stimme; manchmal wurde ein Fenster geöffnet, sogar ein Grammophon war zu hören. Doch nie wurde dort jemand vorgefunden, wie oft man die Wohnung auch aufsuchte. Und wie gesagt, man hatte sie oft aufgesucht, zu verschiedenen Tageszeiten. Nicht nur das: Die gesamte Wohnung wurde mit einem Netz durchgekämmt, jede Ecke überprüft. Sie hatte sowieso schon lange unter Verdacht gestanden. Nicht nur das Tor zum Innenhof wurde bewacht, sondern auch der Hintereingang; mehr noch, selbst an den Schornsteinen auf dem Dach waren Posten aufgestellt. Aber die Wohnung 50 spielte Streiche – und es ließ sich nichts dagegen tun.

So ging es bis zur Mitternacht auf Samstag, als Baron Meigel in Abendanzug und Lackschuhen feierlich an der Tür dieser Wohnung klingelte. Man hörte, wie der Baron hineingelassen wurde. Genau zehn Minuten später betrat man die Wohnung, diesmal ohne zu klingeln – doch wieder waren die Bewohner nicht da, und, was nun ganz bizarr war, auch von Baron Meigel fehlte jede Spur.

So zog sich die Sache hin, und zwar, wie gesagt, bis zum Tagesanbruch am Samstag. Dann kamen neue und äußerst interessante Informationen dazu. Am Moskauer Flughafen sind sechs Passagiere in einem kleinen Flugzeug aus Jalta gelandet. Unter den Aussteigenden befand sich ein seltsamer junger Bürger mit wuchernden Stoppeln, offenbar seit Tagen ungewaschen, mit entzündeten, erschrockenen Augen, ohne Gepäck und etwas ausgefallen gekleidet. Auf seinem Kopf türmte sich ein hoher Fellhut, ein kaukasischer Filzumhang war über sein Nachthemd geworfen, die Füße steckten in nagelneuen Hausschuhen aus blauem Leder. Sobald er sich von der Flugzeugtreppe gelöst hatte, wurde er angehalten. Ja, diesen Bürger hatte man erwartet, und bald stand der unvergessliche Varieté-Direktor Stepan Lichodejew vor den Ermittlern und steuerte neue Fakten bei. Es wurde nun klar, dass Woland mithilfe von Hypnose in Gestalt eines Künstlers ins Varieté eingedrungen war. Anschließend hatte er es geschafft, den Direktor aus Moskau aberhunderte Kilometer weit hinauszuschleudern. Somit gab es also noch mehr Material, doch das machte die Sache nicht einfacher, sondern wohl sogar etwas schwerer: Eine Gestalt, die Kunststücke wie das Teleportieren des Direktors beherrschte, war sicherlich nicht leicht zu fassen. Übrigens wurde Lichodejew auf eigenen Wunsch in eine sichere Zelle gesperrt.

Als Nächstes befragten die Ermittler Warenucha, der in seiner Wohnung festgenommen wurde, in die er nach fast zwei Tagen Verschollenheit zurückgekehrt war. Obwohl er vor Asasello das Lügen abgeschworen hatte, legte er bei der Befragung sogleich damit los. Seien wir aber nachsichtig: Asasello hatte ihm ja nur gesagt, er solle niemanden am Telefon anschnauzen oder anlügen; im vorliegenden Fall aber sprach der Verwalter ohne Zuhilfenahme dieses Apparates. Abgewandten Blickes erklärte Warenucha, er habe sich am Donnerstag mitten am Tag ganz allein in seinem Varieté-Büro besinnungslos betrunken und sei dann irgendwo (er wisse nicht mehr, wo) unterwegs gewesen, habe irgendwo (er wisse nicht mehr, wo) gewürzten Wodka getrunken und sei anschließend irgendwo (wo, wisse er ebenfalls nicht mehr) in der Gosse gelandet. Erst nachdem man dem Verwalter mitteilte, dass sein dummes und unbesonnenes Verhalten die Untersuchung eines wichtigen Falles behindert und dass er sich dafür natürlich verantworten würde, brach er in Schluchzen aus, sah sich um und flüsterte mit zitternder Stimme, er lüge nur aus Angst, Wolands Bande würde sich an ihm rächen. Er sei bereits einmal in ihren Händen gewesen, und deswegen bitte er, flehe er, beschwöre er, ihn in eine gepanzerte Zelle zu sperren.

»Zum Teufel noch mal! Die mit ihren gepanzerten Zellen!«, brummte einer der Ermittler.

»Diese Schurken haben sie sehr eingeschüchtert«, sagte sein Kollege, der den armen Iwan besucht hatte.

Man beruhigte Warenucha nach Kräften, versprach, ihn auch ohne eine gepanzerte Zelle gut zu beschützen, und vernahm dann, dass er keinen gewürzten Wodka in der Gosse getrunken hatte, sondern vielmehr verprügelt wurde, und zwar von einem Rotschopf mit Reißzahn und so einem fetten –

»Sieht aus wie ein Kater?«

»Ja, ja, genau!«, flüsterte der Verwalter. Starr vor Angst und ständig umherblickend erzählte er weiter darüber, wie er etwa zwei Tage lang in Wohnung 50 als Vampirgehilfe tätig gewesen war und dabei um ein Haar den Tod des Finanzdirektors Rimski verschuldet hätte –

Da wurde auch schon Rimski hereingeführt, der mit dem Zug aus Leningrad gebracht worden war. Allerdings weigerte sich der sichtlich geistesgestörte, schlotternde graue Greis, in dem man kaum den Finanzdirektor erkennen konnte, äußerst hartnäckig, die Wahrheit zu sagen. Er bestand darauf, in der Nacht weder Hella noch Warenucha gesehen zu haben – nein, er sei einfach krank geworden und in einem unbewussten Zustand abgereist. Wie der kranke Finanzdirektor seine Aussage beendete, versteht sich von selbst: Er bat um die Inhaftierung in einer gepanzerten Zelle.

Auch Annuschka wurde festgenommen, und zwar als sie versuchte, einer Kassiererin im Kaufhaus am Arbat einen Zehn-Dollar-Schein zu geben. Ihre Geschichte über Menschen, die in der Sadowaja aus dem Fenster flogen, und über das Hufeisen, das sie nach ihrer Aussage aufgehoben hatte, um es der Polizei zu präsentieren, erfreute sich großer Aufmerksamkeit.

»War das Hufeisen wirklich aus Gold und mit Diamanten besetzt?«, fragte man sie.

»Mit Diamanten werde ich mich doch wohl auskennen!«, antwortete Annuschka.

»Und er hat Ihnen Zehnrubelscheine gegeben, sagen Sie?«

»Mit Zehnrubelscheinen werde ich mich doch wohl auskennen!«, antwortete Annuschka.

»Wann wurden sie denn zu Dollars?«

»Ich kenne keine Dollars, hab nie welche gesehen!«, schrillte Annuschka. »Ist mein gutes Recht! Finderlohn gekriegt, Blümchenstoff gekauft!«

Und dann ratterte sie den reinsten Unsinn darüber, dass sie nicht für die Hausgemeinschaft verantwortlich sei, die da Teufelsvolk im vierten Stock einquartiere, das einen ständig behellige.

Bald hatten alle sie gehörig satt. Der Ermittler fuchtelte sie mit seiner Füllfeder weg und schrieb auf einen grünen Zettel, dass sie das Gebäude verlassen dürfe, woraufhin sie sich zu jedermanns Erleichterung davonmachte.

Dann kam eine ganze Reihe von Menschen dran, darunter Nikolai Iwanowitsch, der nur wegen der Torheit seiner eifersüchtigen Gattin festgenommen wurde: Gegen Morgen hatte sie der Polizei mitgeteilt, dass ihr Mann verschwunden war. Nikolai Iwanowitsch überraschte die Ermittler nicht allzu sehr mit der närrischen Urkunde, die ihm bestätigte, die Nacht auf Satans Ball verbracht zu haben. In seiner Erzählung darüber, wie Margaritas nacktes Hausmädchen auf seinem Rücken durch die Luft zu ihrem Flussbad ritt, und wie ihm davor Margarita selbst ebenso nackt im Fenster erschienen war, hielt sich Nikolai Iwanowitsch nicht allzu genau an die Wahrheit. So fand er es nicht erwähnenswert, dass er mit der aufgehobenen Chemise in den Händen das Schlafzimmer betreten oder dass er Natascha als Venus bezeichnet hatte. Vielmehr stellte er die Sache so dar, als wäre Natascha aus dem Fenster geflogen, hätte sich ihm auf den Rücken geschwungen und ihn aus Moskau fortgetrieben.

»Bin gewaltsam gezwungen worden«, betonte Nikolai Iwanowitsch und beendete seine Geschichte mit der Bitte, seiner Gattin nicht ein Wort davon zu sagen – was ihm auch versprochen wurde.

Seine Aussage ermöglichte die Feststellung, dass Margarita und ihr Hausmädchen Natascha spurlos verschwunden waren. Maßnahmen wurden ergriffen, um sie zu finden.

Und so gingen die Ermittlungen am Samstagmorgen ununterbrochen weiter. Gänzlich unmögliche Gerüchte, die ein winziges Stückchen Wahrheit mit den üppigsten Lügen verzierten, überfluteten indes die Stadt. Es hieß, dass nach einer Vorstellung im Varieté alle zweitausend Zuschauer beiderlei Geschlechts splitterfasernackt hinausgerannt seien, dass in der Sadowaja eine Druckerei für falsche Scheine der magischen Art aufgeflogen sei, dass eine Bande fünf leitende Angestellte aus dem Unterhaltungssektor entführt habe, die aber alle sogleich von der Polizei gefunden worden seien, und vieles mehr, was wir hier gar nicht erst wiederholen möchten.

Es war schon fast Mittag, als in der Behörde, welche die Ermittlung durchführte, das Telefon schellte. Aus der Sadowaja wurde berichtet, die verfluchte Wohnung zeige wieder Lebenszeichen: Die Fenster gehen von innen auf, Klavierklänge und Gesang seien zu hören, und auf einem Fenstersims sonne sich ein großer schwarzer Kater.

Gegen vier Uhr an diesem heißen Tag stiegen kurz vor der Sadowaja 302b aus drei Autos zahlreiche Männer in Zivil. Hier teilte sich die große Gruppe in zwei kleinere. Die erste ging durch den Torweg und den Innenhof direkt zum Hauseingang 6, während die zweite eine kleine Tür öffnete, die normalerweise zugenagelt war und zum Hintereingang führte. Beide stiegen über separate Treppen zur Wohnung 50.

Zu dieser Zeit saßen Korowjew und Asasello im Esszimmer am Frühstückstisch, wobei Korowjew nicht mehr den Frack trug, sondern seine übliche Kleidung. Woland befand sich nach seiner Gepflogenheit im Schlafzimmer. Der Verbleib des Katers ist nicht genau bekannt, das Gepolter des Geschirrs in der Küche aber ließ vermuten, dass Begemot sich ebendort befand und, wiederum nach seiner Gepflogenheit, Unsinn trieb.

»Was sind das denn für Schritte auf der Treppe?«, fragte Korowjew und spielte mit dem Löffel in seiner Tasse schwarzen Kaffee.

»Da kommen welche uns verhaften«, antwortete Asasello und kippte ein Gläschen Cognac.

»Ach so. Na dann«, meinte Korowjew darauf.

Die Gruppe auf der Haupttreppe war bereits im zweiten Stock. Dort bastelten zwei Klempner an der Rippenheizung. Die Gruppe tauschte mit den Klempnern bedeutsame Blicke aus.

»Alle da«, flüsterte einer der Klempner, während er mit dem Hammer auf ein Rohr klopfte.

Dann holte der vordere Mann ganz offen eine schwarze Mauserpistole unter dem Mantel hervor, und ein anderer einen Dietrich. Überhaupt waren sie gut ausgestattet. In den Hosentaschen trugen zwei von ihnen leicht entfaltbare, feine Seidennetze, ein dritter ein Lasso, und ein vierter Mullmasken sowie Chloroform-Ampullen.

In einer Sekunde war die Tür der Wohnung 50 geöffnet, und alle Besucher schritten in die Diele, während das Zuschlagen einer Tür in der Küche die gleichzeitige Ankunft der Gruppe vom Hintereingang ankündigte.

Diesmal war den Ermittlern das Glück hold, wenn auch nicht in Gänze. Zwar fanden sie niemanden vor, als sie sich auf alle Zimmer verteilten; auf dem Tisch im Esszimmer entdeckten sie aber die Überreste eines offenbar gerade beendeten Frühstücks, und im Wohnzimmer saß auf dem Kaminsims neben einem Kristallkrug ein riesiger schwarzer Kater. In den Pfoten hielt er einen Petroleumkocher.

Die Besucher betrachteten den Kater recht lange in völliger Stille.

»Tja … Alle Achtung«, flüsterte einer.

»Ich tu keinem was, bin brav am Kocher reparieren«, meldete der Kater mürrisch, »und im Übrigen muss ich warnen: Der Kater ist seit Urzeiten ein sakrosanktes Tier.«

»Ausnehmend saubere Arbeit«, flüsterte einer der Besucher, und ein anderer sagte laut und deutlich: »Nun, dann mal rein mit Ihnen, Sie sakrosankter Bauchredner-Kater!«

Ein Netz entfaltete sich und flog hoch, aber der Werfende traf zum allgemeinen Erstaunen daneben und erwischte nur den Krug, der klirrend zerschmetterte.

»Rimesse!«, schrie der Kater, »heißa!«

Er stellte den Petroleumkocher beiseite, griff sich hinter den Rücken und zückte einen Browning. Blitzschnell richtete er ihn auf den Mann, der ihm am nächsten stand, doch bevor das Tier schießen konnte, spuckte die Pistole des Mannes Feuer. Der Kater stürzte Kopf voran vom Kaminsims auf den Boden, gefolgt von Browning und Kocher.

»Es ist aus«, seufzte er mit schwacher Stimme und streckte sich lasziv in der Blutlache. »Tretet für einen Augenblick zurück, lasset mich von der Erde Abschied nehmen …« Dann stöhnte der verblutende Kater: »Oh Asasello, mein Freund! Wo bist du?« Mit erlöschendem Blick schaute er zur Esszimmertür. »Du bist mir nicht zu Hilfe gekommen in diesem ungleichen Kampfe. Du hast den armen Begemot verlassen – für ein Glas Cognac! Zugegeben, ein Glas sehr guten Cognac … Nun, mein Tod bleibt auf deinem Gewissen, doch ich vermache dir meinen Browning.«

»Das Netz, das Netz!«, flüsterte man aufgeregt um den Kater herum. Doch das Netz hatte sich irgendwie in einer Tasche verklemmt und wollte nicht heraus.

»Nur eins kann den fatal verletzten Kater retten –«, sprach indes der Verblutende, »ein Schlückchen Petroleum.«

In der allgemeinen Verwirrung beugte er sich zu der runden Öffnung des Kochers, nahm einen guten Schluck – und schon strömte kein Blut mehr unter seiner linken Vorderpfote hervor. Der Kater sprang auf, munter und quicklebendig, packte den Kocher unter die Pfote, hechtete damit zurück auf den Kamin und kletterte von dort aus, die Tapete zerfetzend, die Wand hinauf. Zwei Sekunden später saß er hoch über den Besuchern auf einer metallischen Gardinenstange.

Sofort ergriffen starke Hände die Gardine und rissen sie mitsamt der Stange ab, sodass Sonnenlicht das Zimmer überflutete. Aber weder der schwindlerisch genesene Kater noch der Petroleumkocher fielen herunter. Der Kater flitzte irgendwie mit dem Kocher durch die Luft und landete auf dem Kronleuchter.

»Eine Trittleiter!«, rief man unten.

»Ich fordere Genugtuung!«, schrie der Kater, auf dem schwingenden Kronleuchter über die Köpfe segelnd. Er hielt wieder seinen Browning in der Pfote; den Kocher hatte er im Geäst des Kronleuchters untergebracht. Wie ein Pendel über den Besuchern sausend, richtete er den Browning auf sie und feuerte los. Das Rattern erschütterte die Wohnung. Kristallscherben prasselten vom Kronleuchter nieder, der Spiegel auf dem Kamin bedeckte sich mit sternförmigen Sprüngen, Gipsstaub flog zu allen Seiten, verbrauchte Hülsen hüpften über den Boden, Fensterscheiben zerbarsten, der durchgeschossene Kocher spritzte Petroleum. Es konnte jetzt keine Rede davon sein, den Kater lebendig zu fassen; die Besucher schossen rasend und präzise aus ihren Mauserpistolen zurück, trafen Kopf, Bauch, Brust und Rücken. Im Innenhof begann eine Panik.

Aber die Schießerei dauerte nicht lange und hörte von allein auf – und zwar weil sie weder dem Kater noch den Besuchern den geringsten Schaden zugefügt hatte. Es wurde niemand verwundet, geschweige denn getötet; alle, auch der Kater, blieben völlig unversehrt. Um auch ganz sicher zu sein, schoss einer der Männer dem verdammten Vieh ein halbes Dutzend Kugeln in den Kopf, und der Kater erwiderte munter mit einem ganzen Patronenstreifen. Alles vergebens. Das Tier schaukelte auf dem Kronleuchter, der immer schwächer hin- und herschwang, blies aus irgendeinem Grund in die Mündung seines Brownings und spuckte sich auf die Pfote. Die Menschen unter ihm schauten vollends verwirrt. Sie hatten es kaum je erlebt, dass sich Schießen als derart unwirksam erwies. Man könnte natürlich annehmen, dass der Browning des Katers eine Art Spielzeug war, aber von den Mausern der Besucher konnte man dies nun wirklich nicht behaupten. Was die erste Wunde des Katers angeht, so bestand kein Zweifel mehr: Das Blut, und auch das Trinken von Petroleum, war nichts als Trickserei und schweinischer Schwindel.

Man versuchte noch einmal, den Kater zu fangen. Das Lasso verfing sich aber im Kronleuchter und riss diesen herunter. Der Aufprall schien das ganze Haus zu erschüttern, aber der Fang gelang nicht. Die Anwesenden wurden mit Scherben überschüttet, während der Kater über sie hinweg durch die Luft segelte und sich unter der Decke auf den vergoldeten Rahmen des Kaminspiegels setzte. Er hatte nicht die geringste Absicht, zu fliehen. Im Gegenteil: Dort, in verhältnismäßiger Sicherheit, setzte er wieder zum Monolog an.

»Ich kann ganz und gar nicht begreifen«, sprach er von oben, »warum ich derart harsch behandelt werde –«

Sogleich aber wurde diese Rede von einem schweren Bass aus unklarer Richtung unterbrochen: »Was ist in der Wohnung los? Man stört mich bei der Arbeit.«

Eine andere Stimme, unangenehm nasal, antwortete: »Begemot natürlich, der Teufel soll ihn holen!«

Eine dritte Stimme klirrte: »Messère! Es ist Samstag. Die Sonne geht unter. Es ist Zeit.«

»Verzeihung, ich muss die Konversation abbrechen«, sagte der Kater vom Spiegel, »es ist Zeit.« Er warf seinen Browning aus dem Fenster, wobei dieser beide Scheiben ausschlug. Dann kippte er etwas Petroleum hinunter; ganz von allein loderte dieses Petroleum auf und warf eine Flammensäule bis zur Decke.

Selbst für einen Petroleumbrand war das Feuer bemerkenswert stürmisch und heftig. Augenblicklich rauchte die Tapete, die heruntergefallene Gardine brannte auf dem Boden, und auch der Rahmen des zerbrochenen Fensters begann zu schwelen. Der Kater setzte zum Sprung an, miaute, flitzte vom Spiegel auf den Sims und verschwand mitsamt Petroleumkocher aus dem Fenster. Draußen ertönten Schüsse. Ein Mann, der auf der eisernen Fluchttreppe nahe dem Fenster saß, beschoss den Kater, als dieser von Fensterbank zu Fensterbank segelte und dann auf das Regenrohr an der Ecke des u-förmigen Hauses sprang. Über dieses Rohr kletterte er aufs Dach. Dort wurde er ebenfalls beschossen, diesmal von den Posten, welche die Schornsteine bewachten – jedoch leider auch diesmal vergebens.

Im nachmittäglichen Sonnenlicht, das die Stadt überflutete, machte sich der Kater davon.

In der Wohnung loderte unterdessen das Parkett unter den Füßen der Besucher, und an der Stelle, wo sich der Kater mit seiner Scheinwunde gerekelt hatte, verklumpte sich die Luft zu einer Leiche: Da lag Baron Meigel mit zurückgeworfenem Kopf und glasigen Augen. Ihn herauszuholen, blieb keine Zeit.

Die Besucher sprangen über die brennenden Parketttafeln des Wohnzimmers, schlugen sich auf die rauchenden Jacken, flohen in die Diele und ins Arbeitszimmer. Diejenigen, die im Ess- und Schlafzimmer gewesen waren, liefen durch den Flur hinaus. Aus der Küche rannte man in die Diele. Das Wohnzimmer war voller Rauch und Feuer. Jemand schaffte es, im Vorbeilaufen die Feuerwehr anzurufen und in den Hörer zu schreien:

»Sadowaja, drei-null-zwei-b!«

Länger konnte man nicht bleiben. Flammen schossen in die Diele. Das Atmen wurde schwer.

Sobald die ersten Rauchschwaden durch die zerbrochenen Fenster der verhexten Wohnung drängten, kamen verzweifelte Schreie aus dem Innenhof: »Feuer! Feuer! Wir brennen!«

In den Wohnungen schrien Leute ins Telefon: »Sadowaja! Sadowaja, drei-null-zwei-b!«

Und während die Glocken der langen roten Fahrzeuge, die von überall her angerast kamen, die Herzen zusammenzucken ließen, sahen die im Innenhof umherrennenden Menschen: Zusammen mit dem Rauch flogen aus dem Fenster im vierten Stock drei dunkle Gestalten, die wohl männlich waren, und eine weibliche und nackte.

# Kapitel 28

## Abschließende Abenteuer von Begemot und Korowjew

Ob diese Gestalten tatsächlich existierten, oder nur in der Einbildung der erschrockenen Einwohner des unseligen Hauses, lässt sich nicht bestimmen. Auch wenn sie existierten, weiß niemand, wohin sie sich begaben. Wo sie sich trennten, können wir auch nicht sagen. Wir wissen aber genau, dass etwa eine Viertelstunde nach dem Brand in der Sadowaja ein hochgeschossener Bürger im karierten Anzug an den Spiegeltüren eines Devisenladens auf dem Arbat erschien, und mit ihm ein großer schwarzer Kater.

Der Bürger schlängelte sich geschickt durch die Menge und öffnete die äußere Ladentür. Doch da versperrte ihm ein kleiner, dürrer, ungemein feindseliger Portier den Weg, und zwar mit den Worten »Katzen verboten!«

»Ich bitte um Verzeihung«, klirrte der Lange und legte sich eine knorrige Hand ans Ohr, als höre er schlecht, »Katzen, sagen Sie? Wo sehen Sie denn Katzen?«

Dem Portier quollen die Augen aus dem Kopf, und das mit gutem Grund: An den Beinen des Bürgers trieb sich kein Kater mehr herum; stattdessen lugte hinter seiner Schulter ein Fettwanst hervor, mit abgewetzter Mütze und, zugegebenermaßen, einer etwas katerhaften Visage. In den Händen hielt der Fettwanst einen Petroleumkocher.

An diesen beiden Kunden fand der misanthropische Portier kein Gefallen.

»Wir nehmen nur Devisen«, brummte er heiser. Unter zottigen, wie mottenzerfressenen, grauschwarzen Brauen hervor richtete er einen finsteren Blick auf die Besucher.

»Mein lieber Mann«, sagte der Lange scheppernd, und sein Auge blitzte im gebrochenen Zwicker, »woher wollen Sie denn wissen, dass ich keine habe? Schließen Sie das aus meiner Kleidung? Das sollten Sie niemals tun, mein teurer Türhüter! Sie könnten einen Fehler machen, und zwar einen großen. Da brauchen Sie nur wieder die Geschichte des berühmten Kalifen Harun al-Raschid zu lesen. Aber in diesem Fall will ich jene lehrreiche Geschichte ausklammern und Ihnen stattdessen sagen, dass ich mich beim Verwalter über Sie beschweren werde und ihm dabei allerlei Dinge erzählen kann. Ob Sie dann noch Ihren Posten zwischen diesen glänzenden Spiegeltüren behalten?«

»Vielleicht ist der Kocher hier ja vollgespickt mit Devisen!«, versetzte aufbrausend der Katerartige, der unentwegt versuchte, sich an dem Portier vorbeizuquetschen.

Hinter ihnen drängelten bereits verärgert andere Kunden. Der Portier musterte das ausgefallene Paar mit Abscheu und Misstrauen, tat aber einen Schritt zur Seite, und unsere alten Bekannten Korowjew und Begemot betraten den Laden. Hier sahen sie sich zunächst um, und dann verkündete Korowjew so klangvoll, dass man es in jeder Ecke hörte:

»Ein wunderbarer Laden! Ein sehr, sehr guter Laden!«

Die Kundschaft wandte sich von den Verkaufstheken ab und betrachtete ihn mit Erstaunen. Dabei hatte er allen Grund, den Laden zu loben.

Hunderte von Stoffballen in den sattesten Farben lagen in den Regalen: Kaliko und Chiffon und Anzugstoffe. Endlose Stapel von Schuhkartons verloren sich in der Ferne; davor saßen auf Schemeln mehrere Bürgerinnen, den einen Fuß im alten abgenutzten Schuh, den anderen im glänzenden neuen, mit dem sie konzentriert auf den Teppich stampften. Irgendwo in der Tiefe um die Ecke sangen und spielten Grammophone.

Korowjew und Begemot gingen aber an all dieser Pracht vorbei und schnurstracks dorthin, wo sich die Konditorei mit dem Rest der

Lebensmittel traf. Anders als in der Stoffabteilung, wo sich zahllose Frauenköpfe in Baskenmützen und dreieckigen Tüchern über die Theken beugten, herrschte hier kein Andrang.

Ein kleiner, vollkommen würfelförmiger Mann mit glatt rasierten Wangen, Hornbrille, brandneuem Hut (unzerknittert und ohne Schweißflecke am Band), lila Mantel und orangefarbenen Glacéhandschuhen stand an der Theke und grunzte gebieterisch. Ein Verkäufer mit sauberem weißem Kittel und blauer Mütze bediente den lila Kunden. Mit einem Messer, so scharf wie das von Levi Matthäus gestohlene, schälte er einen fettig schwitzenden rosa Lachs aus seiner schlangensilbrigen Haut.

»Diese Abteilung ist ebenfalls großartig«, urteilte Korowjew feierlich, »und auch der Ausländer da ist reizend«. Er zeigte mit dem Finger wohlwollend auf den lila Rücken.

»Nein, Fagott«, erwiderte Begemot nachdenklich, »du irrst dich, mein Freund. Ich meine, dem lila Gentleman fehlt etwas im Gesicht.«

Der lila Rücken zuckte. Das musste aber ein Zufall sein, denn sicherlich konnte der Ausländer nicht verstehen, was Korowjew und sein Begleiter auf Russisch sagten.

»*Haraschо?*«, fragte der lila Kunde streng und mit dem stärksten Akzent.

»Extraklasse«, antwortete der Verkäufer und stocherte mit der Messerspitze kokett in dem Fisch herum.

»*Harascho da, njet harascho njet*«, verkündete der Ausländer streng.

»Ja eben, eben!«, gab ihm der Verkäufer begeistert recht.

Da verließen unsere Bekannten den Ausländer mit seinem Lachs und schlenderten zur Konditorei.

»So eine Hitze«, wandte sich Korowjew an die junge rotwangige Verkäuferin, erhielt aber keine Antwort. »Was kosten die Mandarinen?«, erkundigte er sich dann.

»Dreißig Kopeken das Kilo zum aktuellen Kurs«, sagte die Verkäuferin.

»Alles geht ins Geld«, bemerkte Korowjew, überlegte noch ein bisschen, seufzte und sagte zu seinem Begleiter: »Greif ruhig zu, Begemot.«

Der Fettwanst klemmte den Petroleumkocher unter den Arm, bemächtigte sich der obersten Mandarine der Pyramide, verschlang sie augenblicklich mit Schale und nahm eine zweite.

Das schiere Entsetzen überwältigte die Verkäuferin. Die Farbe wich aus ihren Wangen, die Zuckerzange fiel ihr aus der Hand.

»Sind Sie verrückt geworden!«, schrie sie. »Den Beleg! Den Bezahlbeleg muss ich haben!«

»Meine Liebste, meine Schönste«, krächzte Korowjew, lehnte sich über die Theke und zwinkerte der Verkäuferin zu, »wir haben heute nun mal keine Devisen dabei – kann man nichts machen! Aber ich schwöre, das nächste Mal, Montag spätestens, bezahlen wir alles mit barer Münze! Wir wohnen hier in der Nähe, in der Sadowaja, wissen Sie, wo's brennt…«

Nach der dritten Mandarine steckte Begemot die Pfote in eine raffinierte Konstruktion aus Schokoladentafeln, zog eine von unten heraus, was natürlich alles zum Einsturz brachte, und schluckte sie mitsamt der goldenen Hülle.

Die Verkäufer hinter der Fischtheke standen mit ihren Messern wie versteinert da, der lila Ausländer drehte sich zu den Plünderern, und da stellte sich heraus, dass Begemot sich geirrt hatte: Es fehlte nichts in seinem Gesicht. Im Gegenteil, eher gab es einen gewissen Überfluss an hängenden Backen und an huschenden Blicken.

Die Verkäuferin wurde kanariengelb und schrie gequält über den ganzen Laden: »Pawel I-o-si-fo-witsch!«

Dieser Schrei zog jede Menge Publikum aus der Stoffabteilung an. Unterdessen entfernte sich Begemot von den Reizen der Konditorei, steckte die Pfote in ein Fass mit der Aufschrift »Asowscher Hering 1a«, zog ein paar Fische heraus, schluckte sie hinunter und spuckte die Schwänze aus.

»Pawel I-o-si-fo-witsch!«, kam wieder der verzweifelte Schrei, und hinter der Fischkasse bellte ein Verkäufer mit Spitzbart: »Was soll das, du Drecksack?«

Pawel Iosifowitsch eilte bereits zum Handlungsort. Er war ein imposanter Mann, sein sauberer weißer Kittel erinnerte an den eines Chirurgen, aus seiner Brusttasche ragte ein Bleistift. Offensichtlich hatte er viel Erfahrung. Als er den Schwanz des dritten Herings in Begemots Mund sah, beurteilte er augenblicklich die Lage und verstand entschieden alles. Ohne sich mit den Rüpeln anzulegen, winkte er in die Ferne und befahl: »Pfeif los!«

Der Portier stürzte aus der Spiegeltür auf den Arbat und erging sich in ominösem Pfeifen. Das Publikum umzingelte die Schurken. Da übernahm Korowjew.

»Ihr lieben Bürger!«, rief er mit hoher vibrierender Stimme. »Ja, wie kann das denn sein? He? Das soll mir mal einer sagen! Der arme Mann«, – Korowjew ließ die Stimme noch stärker zittern und zeigte auf Begemot, der darauf eine weinerliche Miene schnitt – »ja, der arme Mann hier tut von früh bis spät nichts als Petroleumkocher reparieren, da kriegt man eben Kohldampf – und woher sollte er schon Devisen haben?«

Darauf schrie Pawel Iosifowitsch, der sonst nie die Fassung verlor: »Hör mir sofort auf damit!«

Er winkte wieder in die Ferne, diesmal ungeduldig. Das Trillern vor der Tür wurde munterer.

Aber Korowjew ließ sich nicht stören und fuhr fort: »Ja, woher sollte er denn Devisen haben? Das frage ich euch! Der arme Schlucker schmachtet vor Hunger, Durst und Hitze. Da will er eben ein Mandarinchen probieren. Drei Kopeken ist die dumme Frucht wert! Und da pfeifen die schon wie die Nachtigallen im Frühlingswald, behelligen die Polizei, die doch Wichtigeres zu tun hat. Und der hier – der darf also Mandarinen fressen, wie?« Hier zeigte Korowjew auf den lila Ausländer, der äußerst alarmiert zurückblickte. »Wer ist er? He?

Wo ist er hergekommen? Und warum? Hat er uns hier etwa gefehlt? Haben wir ihn eingeladen, oder was? Natürlich«, brüllte der ehemalige Kantor sarkastisch, »er steckt in seinem feschen lila Anzug, vollgefressen mit Lachs, er platzt nur so vor Devisen – und was ist mit unsereinem?! Um den kümmert sich keiner in schlechten Zeiten? Jawohl, in schlechten Zeiten!«, verkündete Korowjew, als leiste er ein Ehegelübde.

Diese überaus dumme, taktlose und wohl auch politisch unangebrachte Rede ließ Pawel Iosifowitsch vor Zorn erzittern, aber seltsamerweise war den Augen des mittlerweile zahlreichen Publikums viel Sympathie zu entnehmen. Und als Begemot sich den zerrissenen, schmutzigen Ärmel an die Augen presste und tragisch ausrief –

»Danke, mein treuer Freund, dass du mir in meinem Leide beistehst!«

–, da geschah ein Wunder. Ein äußerst gesitteter, stiller Greis, ärmlich doch reinlich gekleidet, ein Greis, der soeben in der Konditorei drei Makronen erworben hatte, ward plötzlich verwandelt. Seine Augen blitzten mit kriegerischem Feuer, er lief rot an, schmetterte die Tüte mit den Makronen auf den Boden und rief mit hoher Kinderstimme: »So ist es!«

Dann schnappte er sich ein Tablett, von dem die Überreste des von Begemot abgerissenen Schokoladen-Eiffelturms hinunterregneten, schwang es hoch, riss dem lila Ausländer mit der Linken den Hut vom kahlen Kopf und schmetterte mit der Rechten das Tablett aus diesen nieder. Ein Geräusch hallte durch das Geschäft, als wäre eine Ladung Blech von einem Lastwagen gefallen. Der würfelförmige Mann erbleichte und fiel rückwärts ins Fass mit dem Asowschen Hering, aus dem eine salzige Fontäne schoss. Sogleich geschah ein zweites Wunder. Aus dem Fass schrie der Lilafarbene in reinstem Russisch, ohne jede Spur von Akzent: »Mord und Totschlag! Polizei! Banditen!«

Offensichtlich hatte er durch den Schock die ihm bisher unbekannte Sprache gemeistert.

Dann hörte das Trillern des Portiers auf, und in der aufgeregten Menge erschienen zwei Polizistenhelme. Aber der hinterhältige Begemot übergoss die Konditoreitheke mit Petroleum aus seinem Kocher, wie man in der Banja eine Liege mit Wasser übergießt, und das Petroleum flammte ganz von allein auf. Das Feuer spritzte nach oben, lief die Theke entlang und verschlang die schönen Papierbänder um die Obstkörbe. Kaum waren die Verkäuferinnen schreiend hinter den Theken hervorgestürzt, schon loderten die Leinenvorhänge an den Fenstern, und auch auf dem Boden brannte das Petroleum. Die Menge quetschte den nicht mehr benötigten Pawel Iosifowitsch beiseite und rannte mit Geschrei aus der Konditorei; die Fischverkäufer trabten hinter ihrer Theke hervor und liefen mit ihren scharfen Messern in den Händen im Gänsemarsch zum Hinterausgang. Der lila Bürger, der sich inzwischen – gründlich mit Heringssaft getränkt – aus dem Fass herausgewunden hatte, krabbelte über die Theke mit dem Lachs und folgte den Verkäufern. Das Glas der Spiegeltüren klirrte und zerbarst, herausgepresst von der fliehenden Menge. Die beiden Schurken aber, Korowjew und der gefräßige Begemot, waren verschwunden, und niemand wusste, wohin. Später dann erzählten Zeugen, die den Beginn des Brandes im Devisenladen am Arbat miterlebt hatten, die zwei Ganoven wären zur Decke hochgeflogen und dort wie Kinderballons zerplatzt. Es ist schon zweifelhaft, ob sich das Ganze tatsächlich so zugetragen hat, aber Genaueres wissen wir nun mal nicht.

Dafür wissen wir, dass genau eine Minute nach diesen Ereignissen sowohl Begemot als auch Korowjew bereits auf dem Bürgersteig vor dem Gribojedow waren. Korowjew blieb am Zaun stehen und sagte: »Sieh mal einer an, das ist ja das Literatenhaus! Weißt du, Begemot, ich habe viele gute und schöne Dinge darüber gehört. Betrachte dieses Gebäude, mein Freund. Ist es nicht eine Wonne, daran zu denken, was unter diesem Dach für Talente reifen?«

»Wie Ananasse im Gewächshaus«, sagte Begemot und kletterte auf den Betonsockel des schmiedeeisernen Zauns, um das cremefarbene Haus mit den Säulen aus der Nähe zu bewundern.

»Ganz genau«, stimmte Korowjew seinem ewigen Begleiter zu. »Weißt du, süße Ehrfurcht beschleicht mich bei dem Gedanken, dass hier in just diesem Augenblicke der künftige Autor großer Werke wächst und gedeiht – eines *Don Quijote* oder eines *Faust* oder, verdammt nochmal, der neuen *Toten Seelen*. Nicht wahr?«

»Wär schon ein Ding«, bestätigte Begemot.

»Ja, von diesem Gewächshaus sind die wunderlichsten Dinge zu erwarten. Unter einem Dach haben sich hier Tausende Schaffende versammelt, um ihr Leben selbstlos dem Dienste an Melpomene, Polyhymnia und Thalia zu widmen. Kannst du dir das Jauchzen vorstellen, wenn einer von ihnen der Leserschaft zunächst, sagen wir, so einen *Revisor* vorlegt, oder doch zumindest einen *Jewgeni Onegin?*«

»Und wie!«, stimmte Begemot zu.

»Ja«, fuhr Korowjew fort und hob besorgt den Finger, »aber! Aber, sage ich, und ich wiederhole: aber! Dies kann nur geschehen, wenn kein schädlicher Mikroorganismus diese zarten Treibhauspflänzchen befällt und an ihren Wurzeln nagt. Sonst könnten sie verrotten! Das kommt bei Ananassen durchaus vor. Oh ja, sehr wohl kommt das vor!«

»Übrigens«, erkundigte sich Begemot und steckte seinen runden Kopf durch eine Öffnung im Zaun, »was machen die denn gerade auf der Terrasse?«

»Sie speisen«, erklärte Korowjew. »Und ich darf hinzufügen, mein Lieber, dass das Restaurant hier nicht zu verachten ist, und preiswert dazu. Dabei hätte ich, wie jeder Wanderer vor der Weiterreise, durchaus Lust, einen Bissen zu mir zu nehmen und einen großen Krug eiskaltes Bier zu trinken.«

»Und ich erst recht«, sagte Begemot, und die beiden Halunken marschierten über den lindenbeschatteten Asphaltweg direkt auf die Terrasse des arglosen Restaurants.

Eine blasse, gelangweilte Bürgerin in weißen Socken und mit einer ebenso weißen Baskenmütze saß auf einem Bugholzstuhl am Eckeingang der Terrasse, wo im grünumrankten Spalier eine Öffnung vorgesehen war. Vor ihr lag auf einem einfachen Holztisch ein dickes Registerbuch, in das sie für unbekannte Zwecke alle eintrug, die das Restaurant betraten. Diese Bürgerin hielt Korowjew und Begemot nun an.

»Ihre Ausweise?«

Erstaunt betrachtete sie Korowjews Zwicker sowie Begemots Petroleumkocher und den gerissenen Ellenbogen seiner Jacke.

»Verzeihen Sie vielmals, aber was für Ausweise denn?«, fragte Korowjew überrascht.

»Sie sind Schriftsteller?«, erkundigte sich ihrerseits die Bürgerin.

»Zweifellos«, erwiderte Korowjew mit Würde.

»Ihre Ausweise?«, wiederholte die Bürgerin.

»Mein Augenschmaus –«, setzte Korowjew zärtlich an.

»Ich bin kein Augenschmaus«, unterbrach die Bürgerin.

»Wie schade!«, sagte Korowjew enttäuscht und fuhr fort: »Tja, wenn Sie kein Augenschmaus sein wollen, müssen Sie auch keiner sein, so leid es mir tut. Nun also: Muss man Dostojewski etwa nach seinem Ausweis fragen, um sich zu überzeugen, dass er Schriftsteller ist? Nehmen Sie doch einfach fünf beliebige Seiten aus einem beliebigen Roman, und Sie werden ganz ohne Ausweis sehen: Er ist Schriftsteller. Ja, er hatte wohl überhaupt keinen Ausweis! Was meinst du?«, wandte er sich an Begemot.

»Ich wette, er hatte keinen«, antwortete dieser, stellte den Petroleumkocher auf den Tisch neben das Buch und wischte sich den Schweiß von der rußigen Stirn.

»Sie sind aber nicht Dostojewski«, sagte die Bürgerin etwas verwirrt.

»Wer weiß, wer weiß«, erwiderte Korowjew.

»Dostojewski ist tot«, meldete die Bürgerin, aber irgendwie nicht ganz sicher.

»Ich protestiere!«, rief Begemot leidenschaftlich. »Dostojewski ist unsterblich!«

»Ihre Ausweise«, sagte die Bürgerin.

»Das wird aber langsam lächerlich!«, empörte sich Korowjew. »Schriftsteller ist man doch nicht wegen eines Ausweises, sondern wegen dem, was man schreibt! Woher wollen Sie denn wissen, was für Ideen in meinem Kopf schwirren? Oder auch in diesem Kopf hier?« Er zeigte auf Begemot, der sogleich die Kappe abnahm, damit die Bürgerin seinen Kopf studieren konnte.

»Treten Sie zur Seite, Bürger«, sagte sie nervös.

Korowjew und Begemot traten auch tatsächlich zur Seite und ließen einen Schriftsteller durch. Er trug einen grauen Anzug, ein weißes Sommerhemd mit weit aufgeschlagenem Kragen und keine Krawatte; unter seinem Arm klemmte eine Zeitung. Der Schriftsteller nickte der Bürgerin freundlich zu, kritzelte im Gehen etwas in das ihm zugereichte Buch und schritt auf die Terrasse.

»Nicht wir, nein«, sagte Korowjew traurig, »sondern er bekommt den Krug eiskaltes Bier, von dem wir arme Wanderer so sehnsüchtig geträumt haben. Traurig ist unser Los, schwierig unsere Lage, und es ist mir ein Rätsel, was wir nun tun sollen.«

Begemot breitete nur bitter die Arme aus und stülpte die Kappe wieder auf seinen runden Kopf, dessen dichtes Haar ungemein an Katzenfell erinnerte. Da ertönte – nicht laut, aber gebieterisch – eine Stimme über dem Kopf der Bürgerin: »Bitte durchlassen, Sofia.«

Die Bürgerin mit dem Buch war verblüfft: Im Grün des Spaliers waren die weiße Frackbrust und der Spitzbart des Korsaren erschienen. Dieser blickte freundlich auf die beiden zerlumpten Gestalten, ja mehr noch, er machte einladende Gesten. Artschibald Artschibaldowitschs Autorität hatte in dem Restaurant, das er leitete, sehr viel Gewicht, und Sofia fragte Korowjew gehorsam: »Wie ist Ihr Name?«

»Panajew«, erwiderte er höflich. Die Bürgerin schrieb dies auf und warf einen fragenden Blick auf Begemot.

»Skabitschewski«, quietschte dieser und zeigte aus unerfindlichen Gründen auf seinen Kocher. Sie notierte auch dies und schob das Buch den Besuchern zum Unterschreiben zu. Korowjew zeichnete »Skabitschewski« neben dem Namen Panajew, und Begemot schrieb »Panajew« in der Zeile für Skabitschewski.

Da frappierte Artschibald Artschibaldowitsch das Empfangsfräulein noch mehr: Mit einem verführerischen Lächeln führte er die Gäste zum Tisch am anderen Ende der Terrasse – zu dem besten Tisch, im tiefsten Schatten, doch mit einem freudigen Sonnenfleck an der Kante. Sofia unterdes studierte die seltsamen Einträge und blinzelte vor Erstaunen.

Die Kellner waren vor Artschibald Artschibaldowitschs Verhalten nicht minder überrascht. Er zog persönlich einen Stuhl vom Tisch zurück und lud Korowjew zum Sitzen ein, zwinkerte den einen Kellner an, flüsterte dem anderen etwas zu, und beide begannen, um die neuen Gäste zu wuseln, von denen einer den Kocher auf den Boden neben seinem verblichenen Schuh abgestellt hatte.

Die alte Tischdecke mit ihren gelben Flecken verschwand sofort vom Tisch, eine neue schwang sich knisternd in die Luft, weiß wie ein Beduinengewand, und Artschibald Artschibaldowitsch hauchte Korowjew ins Ohr, leise aber äußerst ausdrucksvoll: »Womit darf ich dienen? Ich hätte da einen besonderen gedörrten Stör – habe die Zuteilung dem Architektenkongress weggeschnappt –«

»So, so … Tja, bringen Sie uns einfach mal was Gutes, ja?«, murmelte Korowjew wohlwollend und rekelte sich auf dem Stuhl.

»Verstehe«, erwiderte Artschibald Artschibaldowitsch und senkte für einen Moment bedeutungsvoll die Lider.

Als die Kellner sahen, wie der Leiter die suspekten Besucher behandelte, ließen sie alle Zweifel fallen und legten sich ins Zeug. Der eine bot Begemot ein Streichholz an, sobald dieser einen Stummel aus der Hosentasche gezogen und sich in den Mund gesteckt hatte, der andere raste klirrend umher und arrangierte diverse grüne Weingläser und auch jene dünnen Glasbecher, aus denen sich unter dem Sonnensegel der unvergesslichen Gribojedow-Terrasse so schön kühles Mineralwasser trinken lässt – oder, sagen wir vorauseilend, trinken ließ.

»Dürfte ich das Haselhuhn-Filet empfehlen?«, schnurrte Artschibald Artschibaldowitsch musikalisch. Der Gast mit dem zersprungenen Zwicker billigte, was der Kapitän der Brigg vorschlug, und musterte ihn gütig durch das nutzlose Glas.

Der Belletrist Petrakow-Suchowej am Tisch nebenan, dessen Gattin gerade ihr Schweineschnitzel verspeist hatte, bemerkte mit schriftstellerischer Beobachtungsgabe, wie Artschibald Artschibaldowitsch die Neuankömmlinge umwarb, und wunderte sich sehr. Die Gattin, eine sehr respektable Dame, wurde geradezu eifersüchtig und klopfte sogar mit dem Teelöffel: Warum ließ man sie warten? Man könnte ruhig schon das Eis servieren! Was war denn da los?

Aber Artschibald Artschibaldowitsch schickte ihr nur ein verführerisches Lächeln und einen Kellner, während er selbst bei den neuen Gästen blieb. Ach, wie klug er doch war! Auch seine Beobachtungsgabe ließ sich durchaus mit der jedes Schriftstellers messen. Er hatte von der Vorstellung im Varieté und von vielen anderen Ereignissen jener Tage gehört, und im Gegensatz zu anderen hatte er weder das Wort »kariert« noch das Wort »Kater« vergessen. Artschibald Artschibaldowitsch hatte sofort erraten, wer seine Besucher waren – und wollte natürlich keinesfalls Streit mit ihnen. Sofia hingegen …! Also wirklich, diesen zweien den Weg zu versperren! Aber gut, wie sollte sie es schon besser wissen.

Die Belletristengattin stieß hochmütig das Löffelchen ins matschige Sahneeis und beobachtete mürrisch, wie sich der Tisch vor den zerlumpten Besuchern wie von Geisterhand mit Leckereien bedeckte. Glänzend saubere Salatblätter kleideten eine Schale mit frischem Kaviar aus, und schon erschien auf einem separaten Tischlein ein schwitzender Silbereimer …

Erst als er sich versichert hatte, dass alles bestens organisiert war, erst als ein rumorendes geschlossenes Pfännchen in flinker Kellnerhand angeflogen kam, erlaubte sich Artschibald Artschibaldowitsch, die mysteriösen Besucher kurz zu verlassen, nicht ohne zu wispern: »Verzeihen Sie, einen Moment nur! Um die Filets will ich mich persönlich kümmern.«

Er huschte weg und verschwand in einem inneren Durchgang des Restaurants. Hätte ein Beobachter sein weiteres Vorgehen verfolgen können, wäre es ihm zweifellos rätselhaft erschienen.

Artschibald Artschibaldowitsch ging mitnichten in die Küche, wo er sich um die Filets hätte kümmern können, sondern in die Speisekammer. Diese öffnete er mit seinem eigenen Schlüssel, schloss sich darin ein, nahm vorsichtig, ohne die Manschetten zu verschmutzen, zwei gewichtige Störstücke aus dem Kühlschrank, wickelte sie in Zeitung, verband sie jeweils ordentlich mit einer Schnur und legte sie beiseite. Dann überprüfte er im Raum nebenan, ob sein Hut und sein seidengefütterter Sommermantel an ihren Plätzen waren. Erst danach ging er in die Küche, wo der Koch beflissen die Filets zerlegte, welche der Korsar seinen Besuchern versprochen hatte.

Man muss sagen, dass all diese Handlungen in Wirklichkeit keineswegs rätselhaft oder seltsam waren; ja, nur ein oberflächlicher Beobachter könnte sie so beurteilen. Das Verhalten Artschibald Artschibaldowitschs folgte vielmehr logisch aus dem zuvor Geschehenen. Die Kenntnis der aktuellen Ereignisse und vor allem die phänomenale Intuition sagten dem Leiter des Gribojedow-Restaurants, dass das Mittagessen seiner Besucher, obschon exquisit und üppig, von sehr kurzer Dauer sein würde. Das Gespür, das den ehemaligen Korsaren noch nie getäuscht hatte, ließ ihn auch diesmal nicht im Stich.

Als Korowjew und Begemot mit dem zweiten eiskalten Glas des herrlichen, doppelt gefilterten Moskovskaya anstießen, erschien auf der Terrasse der verschwitzte und aufgeregte Reporter Boba Kandalupski, dessen erstaunliche Allwissenheit in ganz Moskau bekannt war, und setzte sich sogleich zum Literaten Petrakow und seiner Gattin Petrakowa. Er ließ seine pralle Aktentasche auf den Tisch klatschen, steckte die Lippen dem Belletristen geradezu ins Ohr und begann etwas sichtlich Spannendes hineinzuflüstern. Vor Neugierde verglühend, rückte auch Frau Petrakowa ihr Ohr an Bobas mollige, buttrig glänzende Lippen. Er schaute sich gelegentlich diebisch um und wisperte weiter.

Man konnte einzelne Wörter erkennen, wie zum Beispiel: »Ehrenwort! In der Sadowaja«, er senkte die Stimme noch mehr, »nicht totzuschießen! Schüsse – Mauser – Petroleum – Feuer – Schüsse –«

»Die Lügner, die so garstige Gerüchte verbreiten«, dröhnte Frau Petrakowa empört mit tiefer Altstimme – etwas lauter, als Boba es sich gewünscht hätte – »sollte man mal durchleuchten! Na, das wird man schon, man wird sie schon noch durchnehmen. So ein schädliches Gequassel!«

»Wo denn Gequassel, Antonida Porphyrowna!«, rief Boba aus, verstimmt über den Unglauben der Schriftstellergattin, und flüsterte wieder los: »Ich sage ja, nicht totzuschießen! Und dann Feuer – in die Luft gestiegen – hochgeschwebt –« Boba zischte weiter und ahnte nicht, dass die Objekte seiner Erzählung neben ihm saßen und an seinem Zischen viel Vergnügen fanden.

Doch bald hörte dieses Vergnügen auf: Aus dem Inneren des Restaurants kamen rasch drei Männer auf die Terrasse, die Gürtel stramm gezogen, in Ledergamaschen und mit Revolvern in den Händen. Der vordere rief schallend und erschreckend:

»Keine Bewegung!«

Und sofort zielten alle drei auf die Köpfe der verdächtigen Besucher und eröffneten auf der Terrasse das Feuer. Darauf zerschmolzen die beiden Beschossenen in der Luft, aus dem Petroleumkocher aber loderte eine Feuersäule zum Sonnensegel empor und brannte darin einen klaffenden Schlund mit schwarzen Rändern, der immer weiter auseinanderlief. Das Feuer sprang durch diesen Schlund und stieg aufs Dach. Die Ordner mit Papieren auf der Fensterbank der Redaktion im zweiten Stockwerk loderten auf, gefolgt von den Vorhängen, und dann stürmten die Flammensäulen heulend, wie von Geisterhand angefacht, ins Haus der Tante Gribojedows.

Wenige Sekunden später rannten die Schriftsteller über die asphaltierten Pfade, während ihre Mahlzeiten verbrannten; es rannten die Kellner, Sofia, Boba, Petrakowa, Petrakow – alle rannten sie zum schmiedeeisernen Zaun auf dem Boulevard, wo am Mittwochabend Iwan erschienen war, der erste und von niemandem verstandene Vorbote der Katastrophe.

Artschibald Artschibaldowitsch hingegen, der beizeiten durch eine Seitentür hinausgegangen war, rannte nicht, sondern stand ruhig da, ein Kapitän, der seine brennende Brigg als letzter verlassen muss. Er trug einen Sommermantel mit Seidenfutter und hielt einen Balken gedörrten Störs unter jedem Arm.

# Kapitel 29

## Das Schicksal des Meisters und Margaritas ist beschlossen

Hoch über der Stadt, auf der Steinterrasse eines etwa hundertfünfzig Jahre alten Hauses, eines der schönsten Bauwerke Moskaus, befanden sich bei Sonnenuntergang zwei Gestalten: Woland und Asasello. Durch eine Balustrade mit Gipsvasen und Gipsblumen vor unerwünschten Blicken von der Straße verborgen, konnten sie die Stadt fast in ihrer Gänze betrachten.

Woland saß auf einem Klapphocker, gekleidet in seine schwarze Soutane. Sein langer breiter Degen steckte in einem Spalt zwischen zwei Fliesen der Terrasse und diente als eine Art Sonnenuhr. Langsam wuchs der Schatten des Degens, schlich stetig zu den schwarzen Schuhen an den Füßen des Satans. Sein scharfes Kinn auf der Faust, den Rücken gekrümmt, ein Bein unter sich gezogen, blickte Woland unentwegt auf die endlose Ansammlung von Palästen, riesigen Häusern und abrissreifen Hütten.

Asasello, der seine moderne Kleidung – Jackett, Melone und Lackschuhe – abgelegt hatte und nun wie Woland schwarz trug, stand reglos unweit seines Gebieters und richtete wie er die Augen auf Moskau.

Woland sprach als Erster: »Eine spannende Stadt, nicht wahr?«

Asasello rührte sich und erwiderte respektvoll: »Ich mag Rom lieber, Messère.«

»Ja, das ist eine Geschmacksfrage.«

Nach einer Weile erklang Wolands Stimme wieder: »Der Rauch dort, auf dem Boulevard – was ist das?«

»Da brennt das Gribojedow«, antwortete Asasello.

»Dort ist wohl dieses unzertrennliche Pärchen gewesen, Korowjew und Begemot?«

»Daran kann es keinen Zweifel geben, Messère.«

Wieder wurde es still, und die zwei auf der Dachterrasse blickten auf die zerbrochene Sonne, die in den westwärts gerichteten oberen Fenstern der Hochhäuser gegenüber blendend aufloderte. Obwohl Woland mit dem Rücken zum Sonnenuntergang stand, glühte sein Auge wie eines dieser Fenster.

Da ließ ihn aber etwas von der Stadt wegschauen und die Aufmerksamkeit auf den runden Turm richten, der hinter ihm emporragte. Aus seinem Mauerwerk trat ein zerfetzter, lehmbeschmierter Mann mit schwarzem Bart, in einem Chiton und selbst gemachten Sandalen.

»Oho!«, rief Woland und betrachtete den Neuankömmling spöttisch. »Du hier, welch eine Überraschung! Was führt dich hierher, ungebetener doch vorausgeahnter Gast?«

»Ich komme zu dir, du Geist des Bösen und Gebieter der Schatten«, sagte der Besucher mit einem feindseligen Blick.

»Wenn du zu mir kommst, warum wünschst du mir nicht einen guten Abend, ehemaliger Steuereintreiber?«, fragte Woland streng.

»Weil ich dir nichts Gutes wünsche«, erwiderte dieser unverfroren.

»Mein Abend ist aber gut, damit musst du dich abfinden«, sagte Woland, und ein Grinsen verzerrte seinen Mund. »Kaum bist du hier auf dem Dach erschienen, schon gibst du Unsinn von dir. Ich sage dir auch, worin dieser Unsinn liegt: In deinem Tonfall liegt er. Du sprichst, als ob du die Schatten nicht akzeptiertest, und auch nicht das Böse. Nun, überlege doch einmal selbst: Was würde das Gute anfangen, wenn es das Böse nicht gäbe? Wie würde die Erde aussehen, wenn die Schatten von ihr verschwänden? Es sind schließlich Dinge und Menschen, die Schatten werfen. Hier ist der Schatten meines Degens. Aber auch Bäume und Lebewesen werfen Schatten. Willst du die ganze Erde verwüsten, alles Grün und alles Leben von ihr reißen, weil du die Grille hast, reines Licht zu genießen? Dumm bist du.«

»Ich werde nicht mit dir streiten, alter Sophist«, antwortete Levi Matthäus.

»Du kannst auch nicht mit mir streiten, aus dem Grund, den ich bereits erwähnt habe: Du bist dumm«, erwiderte Woland. Dann sagte er: »Nun, fass dich kurz, stiehl mir die Zeit nicht: Warum bist du hier?«

»Er hat mich geschickt.«

»Und was hat er dir aufgetragen, Sklave?«

»Ich bin kein Sklave«, entgegnete Levi Matthäus mit wachsender Wut, »ich bin sein Jünger.«

»Du und ich sprechen wie immer unterschiedliche Sprachen, aber das ändert nichts an den Dingen, über die wir sprechen. Nun?«

»Er hat das Werk des Meisters gelesen, und er bittet dich: Nimm ihn mit, belohne ihn mit Frieden. Das ist doch nicht schwer für dich, Geist des Bösen?«

»Nichts ist schwer für mich, und das weißt du auch sehr gut.« Woland hielt inne und fragte dann: »Warum nehmt ihr ihn denn nicht zu euch, ins Licht?«

»Das Licht hat er nicht verdient, nur den Frieden«, sagte Levi traurig.

»Du kannst ausrichten, dass es geschehen wird«, antwortete Woland und fügte flackernden Auges hinzu: »Und nun verlasse mich.«

»Er bittet darum, dass du auch diejenige mitnimmst, die den Meister geliebt und für ihn gelitten hat«, sagte Levi, und zum ersten Mal war Flehen in seiner Stimme.

»Darauf wären wir ohne dich nie gekommen. Weg mit dir.«

Als Levi Matthäus verschwand, rief Woland Asasello zu sich und befahl: »Fliege zu ihnen und richte alles ein.«

Asasello verließ die Dachterrasse, und Woland war allein.

Aber das blieb er nicht lange. Auf den Fliesen ertönten Schritte, man hörte erregte Stimmen, und vor Woland erschienen Korowjew und Begemot. Der Fettwanst hatte keinen Petroleumkocher mehr dabei, sondern war mit anderen Dingen beladen. Über seinem Ellenbogen hing eine versengte Kochjacke, unter dem linken Arm klemmte ein kleines Landschaftsbild im Goldrahmen, und unter dem rechten war ein ganzer Lachs, komplett mit Schwanz und Schuppen. Beide stanken nach

Feuer, zudem war Begemots Visage ganz verrußt, und seine Kappe halb verbrannt.

»Seien Sie gegrüßt, Messère!«, rief das unbändige Pärchen, und Begemot winkte mit dem Lachs.

»Eine Augenweide«, sagte Woland.

»Stellen Sie sich vor, Messère«, rief Begemot in freudiger Aufregung, »die haben mich für einen Plünderer gehalten!«

»Nach den Gegenständen in deinen Armen zu urteilen«, bemerkte Woland mit einem Seitenblick auf das Gemälde, »bist du genau das.«

»Können Sie sich vorstellen, Messère –«, begann Begemot mit inniger Stimme.

»Nur zu gut«, unterbrach ihn Woland.

»Messère, ich schwöre, ich habe mich heldenhaft darum bemüht, zu bergen, was ich konnte – und das hier ist alles, was ich zu retten vermochte.«

»Erklär mir lieber, warum hat das Gribojedow denn Feuer gefangen?«, erkundigte sich Woland.

Darauf breitete Korowjew die Arme aus, und beide Freunde hoben gleichzeitig die Augen gen Himmel. Begemot rief: »Unergründlich! Da sitzen wir ganz brav und friedlich, essen einen Happen –«

»Und plötzlich – peng! peng!«, stimmte Korowjew ein, »Schüsse! Außer uns vor Angst stürzen wir zum Boulevard, werden verfolgt, rennen zum Timirjasew-Denkmal –«

»Aber das Pflichtgefühl«, übernahm Begemot, »hat unsere schändliche Furcht besiegt, und wir sind zurückgekehrt.«

»Zurückgekehrt seid ihr?«, sagte Woland. »Na dann liegt das Restaurant natürlich in Schutt und Asche.«

»Jawohl, in Schutt und Asche!«, bestätigte Korowjew tragisch. »Wortwörtlich, Messère, nichts als Asche, wie Sie es so treffend formuliert haben, und Schutt!«

»Ich eile also in den Sitzungssaal«, erzählte Begemot, »den mit den Säulen, wissen Sie, Messère, in der Hoffnung, etwas Wertvolles zu retten. Ach, Messère, meine Frau, wenn ich eine hätte, wäre dabei ein ums andere Mal beinahe Witwe geworden! Aber glücklicherweise, Messère, bin ich nicht verheiratet und, ich muss zugeben, sehr froh drüber. Oh, Messère, wie kann man denn für dieses Joch die Junggesellenfreiheit opfern!«

»Wieder wird Unsinn geredet«, versetzte Woland.

»Ich höre sofort auf und berichte weiter«, sagte der Kater, »nun, ich berge also dieses Landschaftsbild hier. Sonst ist aus dem Saal nichts zu holen, die Flammen schlagen mir ins Gesicht. Ich renne zur Speisekammer, rette den Lachs. Ich renne in die Küche, rette die Kochjacke. Ich denke, Messère, ich habe alles mir Mögliche getan! Ihre Skepsis ist mir rätselhaft.«

»Und was hat Korowjew während deiner Plünderei getan?«, fragte Woland.

»Der Feuerwehr geholfen, Messère«, antwortete Korowjew und zeigte auf seine zerrissene Hose.

»Na, wenn das so ist, werden sie natürlich ein neues Gebäude errichten müssen.«

»Das werden sie, Messère«, sagte Korowjew, »das versichere ich Ihnen.«

»Bleibt nur zu wünschen, dass es noch schöner wird als das alte«, bemerkte Woland.

»So wird es sein, Messère«, versicherte Korowjew.

»Das können Sie mir glauben«, fügte der Kater hinzu, »ich bin ein regelrechter Prophet!«

»Jedenfalls sind wir nun hier, Messère«, meldete Korowjew, »und erwarten Ihre Befehle.«

Woland stand auf, ging zur Balustrade hinüber und blickte lange in die Ferne, schweigend, mit dem Rücken zu seinem Gefolge. Dann trat er weg, ließ sich wieder auf den Hocker nieder und sagte: »Es gibt keine Befehle. Ihr habt alles erledigt, was ihr konntet, und ich brauche eure Dienste im Moment nicht mehr. Ihr könnt euch ausruhen.

Gleich kommt das Gewitter – das letzte Gewitter. Es wird alles abschließen, was abgeschlossen werden muss, und dann machen wir uns auf den Weg.«

»Sehr gut, Messère«, antworteten die zwei Schelme und verschwanden hinter dem runden Turm in der Mitte der Dachterrasse.

Das Gewitter, von dem Woland gesprochen hatte, sammelte sich bereits am Horizont. Eine schwarze Wolke stieg im Westen auf und verschluckte die Sonne erst zur Hälfte, dann ganz. Auf dem Dach wurde es kühl. Nach einer Weile dunkelte es.

Die Finsternis, von Westen gekommen, bedeckte die riesige Stadt. Verschwunden waren die Brücken, die Paläste. Alles war verschwunden, als wäre es nie da gewesen. Ein Feuerfaden lief über den ganzen Himmel. Dann erschütterte ein Schlag die Stadt. Er wiederholte sich, und das Gewitter begann. In seiner Finsternis war Woland nicht mehr zu sehen.

# Kapitel 30

## Es ist Zeit!

»Weißt du«, sagte Margarita, »als du gestern Abend eingeschlafen bist, habe ich über die Finsternis gelesen, die vom Mittelmeer gekommen war … Die Finsternis, und diese Götzen! Die goldenen Götzen, irgendwie muss ich immer an sie denken. Ich glaube, hier regnet es gleich auch. Spürst du, wie frisch es wird?«

»Das ist alles gut und schön«, antwortete der Meister, während er den Rauch seiner Zigarette mit der Hand auseinanderschlug, »die Götzen, ja, auch gut … Aber was weiter? Das ist nun vollkommen schleierhaft!«

Dieses Gespräch fand bei Sonnenuntergang statt, zur selben Zeit, als Levi Matthäus vor Woland auf der Dachterrasse erschien. Das Fenster im Kellerstübchen war offen, und hätte man hineingeschaut, würde man staunen, wie seltsam die beiden Sprechenden aussahen. Margarita trug einen schwarzen Mantel über dem nackten Körper, der Meister sein Krankenhemd. Der Grund für Margaritas Aufmachung war, dass sie nichts anzuziehen hatte: Ihre Kleidung war in der Villa geblieben, und obwohl sich diese Villa ganz in der Nähe befand, kam es natürlich nicht in Frage, dorthin zu gehen und die Sachen zu holen. Und der Meister, dessen Sachen allesamt wieder im Schrank waren, als wäre er nie weg gewesen – nun, er wollte sich einfach nicht anziehen. Er legte vor Margarita den Gedanken aus, dass sogleich irgendein Unsinn beginnen müsste. Aber zumindest war er zum ersten Mal seit jener Herbstnacht rasiert. In der Klinik hatte man ihm den Bart mit der Maschine gestutzt.

Das Zimmer wirkte ebenfalls seltsam und chaotisch. Auf dem Teppich lagen Manuskripte, auf dem Sofa auch. Ein Buch buckelte sich auf dem Sessel. Auf dem runden Tisch stand ein Abendessen, dazu mehrere Flaschen. Woher all diese Speisen und Getränke kamen, wusste weder Margarita noch der Meister. Sie hatten den Tisch beim Aufwachen gedeckt vorgefunden.

Der Meister und seine Gefährtin hatten am Samstag bis zum Sonnenuntergang geschlafen und waren wieder zu Kräften gekommen. Körperlich erinnerte nur eines an die Abenteuer vom Vortag – beide hatten leichte Schmerzen in der linken Schläfe. Psychisch aber hatten sie sich stark verändert, wovon man sich leicht überzeugen würde, wenn man nur das Gespräch im Souterrain belauschte. Aber es war niemand da, der es hätte belauschen können. Das Schöne an dem kleinen Innenhof war ja eben, dass er immer leer war. Die Linden und die Weide vor dem Fenster wurden mit jedem Tag grüner und verströmten ihren Frühlingsduft; der aufkommende leichte Wind trug ihn ins Kellerstübchen.

»Verdammt noch mal!«, rief auf einmal der Meister. »Das ist doch – das ist –« Er drückte den Stummel seiner Zigarette im Aschenbecher aus und packte sich mit beiden Händen an den Kopf. »Hör mal, du bist doch ein vernünftiger Mensch, du bist ja nie verrückt gewesen. Glaubst du allen Ernstes, wir waren gestern beim Satan?«

»Allen Ernstes«, antwortete Margarita.

»Na wunderbar«, sagte der Meister, »nun gibt es also statt eines Verrückten gleich zwei! Mann und Weib, alle beide.« Er riss die Arme empor und schrie: »Weiß der Teufel, was hier los ist! Weiß der Teufel!«

Statt einer Antwort ließ sich Margarita auf das Sofa fallen und prustete los. Sie strampelte mit den nackten Beinen und brachte nichts heraus als: »Ich lach mich weg! Ich lach mich weg! Schau doch mal, wie du aussiehst!«

Während der Meister verschämt die lange Unterhose seines Krankengewandes zurechtzupfte, wurde Margarita ernst: »Du hast gerade ungewollt die Wahrheit gesagt. Der Teufel weiß, was hier los ist, und der Teufel, glaub mir, wird alles einrichten!« Ihre Augen glühten, sie sprang auf und rief tänzelnd: »Ich bin so glücklich, so überglücklich, mit ihm im Bunde zu sein! Oh, Satan, Satan … Tja, du musst nun mit einer Hexe leben, mein Lieber!«

Dann stürzte sie zum Meister, schlang ihm die Arme um den Hals und begann ihn zu küssen, auf die Lippen, auf die Wangen, auf die Nase. Sein zerzaustes schwarzes Haar wippte unter den Küssen, seine Wangen und seine Stirn glühten.

»Weißt du, du hast inzwischen wirklich etwas von einer Hexe.«

»Das will ich gar nicht leugnen«, antwortete Margarita, »ich bin eine Hexe, und das ist auch gut so.«

»Na dann«, sagte der Meister, »du bist also eine Hexe. Wunderbar, großartig! Ich wurde aus dem Krankenhaus entführt – auch nett – und hierhergebracht, gut, nehmen wir es mal an … Nehmen wir sogar an, man wird uns nicht suchen. Aber sag mir doch bitte um Himmels willen, wie und wovon sollen wir leben? Ich denke an dich, wenn ich das sage, glaub mir!«

In diesem Moment erschienen im Fenster quadratisch zulaufende Schuhe und der untere Teil einer Nadelstreifenhose. Dann beugte sich die Hose am Knie und ein kräftiger Schenkel verdeckte das Abendlicht.

»Alois, bist du da?«, fragte eine Stimme über der Hose.

»Jetzt geht es los«, sagte der Meister.

Margarita aber trat ans Fenster und sprach so: »Alois? Er wurde gestern verhaftet. Wer fragt denn? Wie ist Ihr Name?«

Sogleich verschwanden die Beine, die Pforte schlug zu, und alles wurde still. Margarita brach wieder wiehernd auf dem Sofa zusammen, dass ihr Tränen aus den Augen strömten. Als sie sich aber beruhigt hatte, war ihr Gesicht verwandelt. Sie sprach ernsthaft, und während sie sprach, rutschte sie vom Sofa, krabbelte zu dem Meister, schaute ihm in die Augen und streichelte ihm über den Kopf.

»Wie du gelitten hast, mein Ärmster, wie du gelitten hast! Nur ich weiß, wie. Schau, du hast weiße Fäden im Haar, und diese ewige Falte an den Lippen … Mein Einziger, mein Liebster, mach dir keine Gedanken! Du hast zu viel denken müssen, ab jetzt denke ich für dich. Und ich verspreche dir, ich verspreche, alles wird gut, alles wird strahlend gut!«

»Ich habe vor nichts Angst, Margot«, antwortete der Meister, hob den Kopf und schien auf einmal so wie damals, als er beschrieb, was er nicht gesehen hatte, was er aber mit Sicherheit wusste, »ich habe vor nichts Angst, weil ich bereits alles erlebt habe. Man hat mich so sehr erschreckt, dass mich nichts mehr erschrecken kann. Aber du tust mir leid, Margot, du, das ist es! Deshalb sag ich ja immer wieder das Gleiche. Komm zur Besinnung! Wozu dein Leben an einen bettelarmen Kranken verschwenden? Geh nach Hause! Du tust mir leid, deswegen sage ich das.«

»Du, du …«, flüsterte Margarita und schüttelte den zerzausten Kopf, »du Armseliger, du Kleingläubiger! Die ganze Nacht hab ich gestern für dich nackt geschlottert, ich habe meine Natur verloren und eine neue gefunden. Monatelang hab ich im dunklen Kämmerlein gesessen und an nichts gedacht als das Gewitter über Jerschalaim, ich habe mir die Augen ausgeweint – und jetzt, als das Glück auf uns gestürzt ist, vertreibst du mich? Dann gehe ich! Ich gehe, aber ich sage dir: Du bist grausam! Sie haben deine Seele verwüstet!«

Schmerzliche Zärtlichkeit erhob sich im Herzen des Meisters, und er vergrub weinend das Gesicht in Margaritas Haar. Sie weinte auch, ihre Finger flatterten an seinen Schläfen, und sie wisperte: »Die weißen Fäden – vor meinen Augen bedeckt sich dein Kopf mit Schnee. Mein Armer, dieser Kopf musste so viel leiden … Und deine Augen! Die Wüste darin … Und die Schultern, die Last auf deinen Schultern! Verkrüppelt, sie haben dich verkrüppelt –« Ihre Worte wurden immer undeutlicher, sie bebte vom Schluchzen.

Dann wischte sich der Meister die Augen, zog Margarita hoch, stand selbst auf und sagte mit fester Stimme: »Genug! Du hast mich beschämt. Nie wieder werde ich so kleinmütig sein und darüber reden, versprochen. Ich weiß: Wir sind beide Opfer einer Geisteskrankheit, vielleicht hast du sie sogar von mir. Nun, dann wollen wir zusammen krank sein.«

Margarita legte ihre Lippen an das Ohr des Meisters und flüsterte: »Ich schwöre dir bei deinem Leben, ich schwöre bei dem Sohn des Sterndeuters, über den du alles erraten hast: Alles wird gut!«

»Na dann, na dann«, sagte der Meister und lachte: »Wem alles geraubt wird, wie dir und mir, der sucht die Rettung natürlich im Übersinnlichen! Nun gut, ich bin bereit, auch dort zu suchen.«

»Endlich, endlich bist du wieder der Alte, endlich lachst du! Aber zum Teufel mit deinen gelehrten Worten. Übersinnlich oder nicht – was macht das schon? Ich habe Hunger!«

Und sie zog den Meister bei der Hand zum Tisch.

»Vielleicht wird dieses Essen gleich vom Erdboden verschluckt oder fliegt aus dem Fenster«, sagte er, aber ganz ohne Sorge in der Stimme.

»Es fliegt schon nicht weg!«

Und in diesem Augenblick kam eine nasale Stimme durch das Fenster: »Friede sei mit Ihnen.«

Der Meister zuckte zusammen, Margarita aber, das Außergewöhnliche schon gewohnt, rief: »Das ist ja Asasello! Wie schön, wie wunderbar!« Dann flüsterte sie dem Meister zu: »Siehst du, sie lassen uns nicht allein!«, und eilte zur Tür.

»Dein Mantel ist auf!«, rief der Meister ihr nach.

»Schert mich nicht!«, entgegnete Margarita aus dem Flur.

Und schon war Asasello im Zimmer, verbeugte sich, begrüßte den Meister und blitzte mit dem einen guten Auge, während Margarita ausrief: »Was bin ich froh! Nie im Leben war ich so froh! Aber Asasello, entschuldigen Sie bitte, dass ich nackt bin!«

Asasello beteuerte, sie müsse sich keine Sorgen machen – er habe nicht nur nackte Frauen gesehen, sondern sogar gänzlich gehäutete – und setzte sich bereitwillig an den Tisch, nachdem er ein in dunklen Brokat gehülltes Paket in die Ecke neben den Ofen abgestellt hatte.

Margarita goss Asasello einen Cognac ein, den er mit sichtlichem Vergnügen trank. Der Meister ließ die Augen nicht von ihm und kniff gelegentlich die eigene linke Hand unter dem Tisch. Aber die Kniffe halfen nicht. Asasello zerschmolz nicht in der Luft, und, ehrlich gesagt, wäre das auch gar nicht nötig. Es gab nichts Unheimliches an diesem kleinen rothaarigen Mann. Ja, er hatte einen weißen Star, aber das gibt es ja ganz ohne Zauberei, und dass seine Kleidung nicht ganz gewöhnlich war – eine Art Soutane oder Umhang – auch das kommt vor, wenn man es recht bedenkt. Seinen Cognac trank er sehr flott, wie alle guten Menschen, auf ex und ohne nachzuessen.

Der Meister trank mit. Ihm wurde etwas schwindlig, und er dachte: »Nein, Margarita hat recht! Natürlich sitzt hier vor mir wirklich ein Bote Satans. Ich habe ja erst vorgestern Nacht Iwan beweisen wollen, dass er keinen anderen als den Satan am Patriarchenteich getroffen hatte – und nun fürchte ich mich auf einmal vor diesem Gedanken, will die Sache irgendwie mit Hypnose und Halluzinationen erklären … Von wegen Hypnose!«

Er betrachtete Asasello genauer und stellte fest, dass in dessen Augen etwas Gezwungenes war, ein Gedanke, den er nicht vor der Zeit verraten wollte. »Das ist nicht einfach ein Besuch, er kommt mit einem Auftrag«, dachte der Meister.

Seine Beobachtungsgabe täuschte ihn nicht.

Nach dem dritten Cognac, der auf Asasello übrigens keinerlei Wirkung zeigte, sprach dieser so: »Das ist ja beileibe ein gemütliches Kellerlein! Es stellt sich nur die Frage: Was soll man hier denn anfangen?«

»Genau das sage ich auch«, antwortete lachend der Meister.

»Wozu beunruhigen Sie mich, Asasello?«, fragte Margarita. »Irgendwie wird das schon!«

»Ich bitte Sie!«, rief Asasello. »Ich hatte wirklich nicht vor, Sie zu beunruhigen. Ich meine ja auch: irgendwie … Ach ja, fast hätte ich vergessen! Messère lässt grüßen, und außerdem bittet er mich, Sie zu einem kleinen Ausflug mit ihm einzuladen – falls Sie Lust haben, versteht sich. Was sagen Sie?«

Unter dem Tisch stieß Margarita den Meister mit dem Fuß.

»Mit Vergnügen«, antwortete er und musterte Asasello. Dieser fragte: »Dürfen wir hoffen, dass auch Margarita nicht ablehnt?«

»Ganz bestimmt nicht!«, sagte Margarita, und wieder fuhr ihr Fuß über den Fuß ihres Gefährten.

»Das ging aber schnell!«, rief Asasello. »Das mag ich! Zack, fertig! Nicht wie damals im Alexandergarten.«

»Ach, müssen Sie das denn erwähnen, Asasello? Ich war damals dumm. Und zu streng darf man mit mir doch auch nicht sein: Man trifft ja nicht jeden Tag einen Dämon!«

»Allerdings!«, stimmte Asasello zu. »Jeden Tag einen Dämon – das wäre ja zu schön!«

»Wissen Sie, ich mag es auch, wenn es schnell geht«, sagte Margarita aufgeregt, »Schnelligkeit und Nacktheit – wie aus dem Mauser – peng! Ach, wie er schießen kann!«, nun wandte sie sich an den Meister. »Eine Sieben unter dem Kissen – und jedes beliebige Auge!« Sie war beschwipst, und ihre Augen glühten.

»Auch noch das andere vergessen!«, rief Asasello mit einem Mal und schlug sich auf die Stirn. »So viel um die Ohren … Messère hat Ihnen doch ein Geschenk geschickt, eine Flasche Wein. Schauen Sie: Es ist der Wein, den der Prokurator von Judäa getrunken hat. Ein Cäcuber.«

Natürlich erregte diese Rarität die größte Aufmerksamkeit. Asasello zog einen völlig verschimmelten Krug aus dem dunklem Sargbrokat. Man roch den Wein, goss ein, hielt die Gläser an das vorgewittrig dämmernde Licht im Fenster. Man sah, wie sich alles blutrot färbte.

»Auf Woland!«, rief Margarita und erhob ihr Glas.

Alle drei legten die Gläser an die Lippen und nahmen je einen großen Schluck. Sofort schwand das Gewitterlicht in den Augen des Meisters, sein Atem stockte, und er spürte: Das Ende kommt. Er sah, wie die totenblasse Margarita hilflos die Arme nach ihm ausstreckt, den Kopf auf den Tisch fallen lässt und dann zu Boden gleitet.

»Giftmischer!«, konnte der Meister noch rufen. Er wollte ein Messer vom Tisch schnappen, auf Asasello einstechen, aber seine Hand glitt an der Tischdecke hinab, alles um ihn herum färbte sich schwarz und verschwand. Er fiel rückwärts um und schlitzte sich im Fallen die Schläfe an der Ecke des Schreibtischs auf.

Als die Vergifteten still wurden, begann Asasello zu handeln. Erst entschwand er durch das Fenster. Ein paar Augenblicke später war er in der Villa, in der Margarita gelebt hatte. Immer sauber und präzise in seiner Arbeit, wollte er sicherstellen, dass alles seine Richtigkeit hatte. Und das hatte es: Er sah, wie eine düstere Frau aus dem Schlafzimmer tritt, plötzlich blass wird, sich ans Herz fasst, hilflos: »Natascha! Irgendjemand … Hilfe!«, ruft und auf den Boden des Wohnzimmers stürzt.

»Alles in Ordnung«, sagte Asasello. Im nächsten Moment stand er neben dem gefallenen Liebespaar. Margarita lag bäuchlings auf dem Teppich. Mit seinen eisernen Händen drehte Asasello die Vergiftete wie eine Puppe um und studierte aufmerksam ihr Gesicht. Es veränderte sich vor seinen Augen. Selbst in der zunehmenden Dämmerung des Gewitters war zu sehen, wie das Hexenhafte, Grausame und Wilde aus ihren Zügen verschwand. Das Antlitz der Toten verklärte sich, wurde sanfter, und statt gefletschter Zähne sah Asasello den Mund einer leidenden Frau. Diesen Mund öffnete er nun und goss einige Tropfen des gleichen Weins hinein, mit dem er Margarita vergiftet hatte. Sie seufzte, setzte sich langsam, aber ohne Hilfe, auf und fragte schwach: »Warum, Asasello, warum? Was haben Sie mir angetan?«

Dann sah sie den ausgestreckten Meister, schauderte und flüsterte: »Das habe ich nicht erwartet … Mörder!«

»Aber nein doch, nein«, sagte Asasello, »er steht gleich auf. Müssen Sie denn so nervös sein?«

Und Margarita glaubte ihm sofort, so überzeugend war die Stimme des rothaarigen Dämons. Sie sprang auf, stark und lebendig, und half, dem Liegenden einen Schluck Wein einzuträufeln. Er öffnete die düsteren Augen und wiederholte hasserfüllt sein letztes Wort: »Giftmischer!«

»Oh ja, Beleidigung ist der übliche Lohn für gute Arbeit«, erwiderte Asasello. »Sind Sie denn erblindet? Sie müssen wieder sehen!«

Da stand der Meister auf, schaute sich mit lebhaftem hellem Blick um und fragte: »Was bedeutet dieses Neue?«

»Es bedeutet dies –«, antwortete Asasello, »es ist Zeit. Das Gewitter donnert bereits, hören Sie? Es dämmert. Die Rosse scharren mit den Hufen, und der kleine Garten schaudert. Sagen Sie Lebewohl zu Ihrem Kellerstübchen, sagen Sie schnell Lebewohl.«

»So«, sagte der Meister, »Sie haben uns getötet; wir sind tot. Oh, wie klug das doch ist! Wie rechtzeitig! Jetzt wird mir alles klar.«

»Also wirklich«, sagte Asasello, »dass ausgerechnet Sie das sagen! Ihre Gefährtin nennt Sie doch einen Meister: Sie denken, wie können Sie also tot sein? Darf sich denn nur für lebendig erachten, wer in Krankenhemd und Unterhosen im Keller sitzt? Das ist doch lachhaft!«

»Ich verstehe! Sprechen Sie nicht weiter, Sie haben tausendmal recht!«

»Der große Woland«, rief Margarita, »der große Woland! Er hat etwas viel Besseres ausgedacht als ich. Aber der Roman, der Roman!«, sie wandte sich an ihren Gefährten. »Den Roman musst du mitnehmen, wohin du auch fliegst!«

»Nicht nötig«, antwortete der Meister, »ich kenne ihn auswendig.«

»Wirst du denn auch bestimmt kein Wort – kein einziges Wort – vergessen?«, fragte Margarita. Sie drückte sich an ihren Geliebten und wischte das Blut von seiner Schläfe.

»Mach dir keine Sorgen. Ich werde jetzt nichts vergessen, nie wieder«.

»Dann kommt jetzt das Feuer!«, schallte Asasellos Stimme. »Das Feuer, mit dem alles begann und mit dem wir alles beenden.«

»Das Feuer!«, rief Margarita. Das kleine Fenster im Kellerstübchen schlug auf, der Wind riss den Vorhang zur Seite. Im Himmel donnerte es kurz und fröhlich. Asasello steckte die Hand in den Ofen, zog mit seinen Krallen einen rauchenden Holzscheit heraus und zündete die Tischdecke an, dann einen Stapel alter Zeitungen auf dem Sofa, das Manuskript und den Vorhang.

Der Meister, vom bevorstehenden Ausritt berauscht, schnappte ein Buch aus dem Regal, warf es auf den Tisch, zerzauste die Seiten auf der brennenden Tischdecke, und das Buch loderte heiter auf.

»Verbrenne, du früheres Leben!«

»Verbrenne, alles Leid!«, schrie Margarita.

Schon wogten im Zimmer purpurrote Säulen, und mit dem Rauch verließen die drei die Wohnung, stiegen die Steintreppe hinauf und fanden sich im Hof wieder. Da sahen sie sogleich die Köchin des Vermieters, die zwischen auseinandergerollten Kartoffeln und Lauchbündeln auf dem Boden saß. Ihr Zustand war verständlich: Am Schuppen schnaubten und zuckten drei schwarze Rosse, Staubfontänen wirbelten empor.

Margarita schwang sich als Erste auf ihren Rappen, dann bestieg Asasello sein Ross, und zuletzt der Meister. Die Köchin stöhnte und wollte sich bekreuzigen, doch Asasello donnerte von oben: »Ich hack dir den Arm ab!«

Er pfiff. Die Rappen schwangen sich empor, brachen durch die Lindenzweige, stiegen in die Luft und durchbohrten eine niedrige schwarze Wolke. Aus den Fenstern im Souterrain strömte Rauch. Von unten kam das erbärmliche Schreien der Köchin: »Es brennt!«

Die Rosse rasten über den Dächern Moskaus.

»Ich will mich von der Stadt verabschieden!«, rief der Meister zu Asasello. Donner verschluckte die letzten Worte. Asasello nickte und galoppierte los. Die Gewitterwolke wälzte auf die Fliegenden zu, verspritzte aber noch keinen Regen.

Sie flogen über den Boulevard und sahen kleine menschliche Gestalten, die auseinanderliefen, um Schutz vor dem Regen zu suchen. Mit den ersten Tropfen flogen sie über Rauchschwaden – das war alles, was vom Gribojedow übrig geblieben war. Sie flogen über die Stadt, die langsam von Finsternis geflutet wurde. Es blitzte über ihnen. Dann kam Grün anstatt der Dächer. Da strömte der Regen hernieder, an den Fliegenden jedoch vorbei, als wären sie von Luftblasen umschlossen.

Margarita kannte das Fliegen schon, der Meister aber nicht, und er staunte, wie schnell sie ihr Ziel erreichten – den Hort des einzigen Menschen, von dem er sich verabschieden wollte, denn er hatte niemand anders. Durch den Regenschleier erkannte er Strawinskys Klinik, den Fluss und den Kiefernwald am anderen Ufer, den er so lange aus dem Fenster betrachtet hatte. Sie landeten auf einer Lichtung im Hain unweit der Klinik.

»Ich warte hier«, rief Asasello, die Hände zu einem Schalltrichter geformt, mal von Blitzen beleuchtet, mal unsichtbar hinter der grauen Wand aus Wasser, »nehmen Sie Abschied, aber beeilen Sie sich!«

Der Meister und Margarita sprangen aus den Sätteln und flatterten wie Regenschatten durch den Klinikgarten. Einen Moment später schob der Meister mit geübter Hand das Balkongitter des Zimmers 117 zur Seite. Margarita folgte ihm. Unsichtbar und unbemerkt im Rumpeln und Heulen des Gewitters betraten sie den Raum des armen Iwan. Der Meister trat ans Bett.

Iwan lag reglos da, genau wie damals, als er zum ersten Mal an seinem Ort der Einkehr einem Gewitter zugesehen hatte. Aber diesmal weinte er nicht. Als er die dunkle Silhouette erkannte, die vom Balkon in sein Zimmer drang, streckte er die Arme nach ihr aus und sagte freudig: »Sie sind's! Ich warte schon die ganze Zeit auf Sie, Nachbar. Hier sind Sie endlich!«

Darauf erwiderte der Meister: »Hier bin ich! Aber ich kann nicht mehr Ihr Nachbar sein. Ich fliege weg, für immer. Ich bin nur gekommen, um mich zu verabschieden.«

»Ich wusste es. Ich hatte es erraten«, antwortete Iwan leise und fragte: »Sie haben ihn getroffen?«

»Ja … Ich will von Ihnen Abschied nehmen, weil Sie der Einzige sind, mit dem ich in der letzten Zeit gesprochen habe.«

Iwans Gesicht verklärte sich.

»Schön, dass Sie hier bei mir vorbeifliegen! Ich werde nämlich Wort halten, wissen Sie, und keine Verse mehr drechseln. Ich interessiere mich jetzt für etwas anderes.« Er lächelte und sah mit entrücktem Blick an dem Meister vorbei. »Ich will etwas anderes schreiben. Wissen Sie, seit ich hier liege, ist mir vieles klar geworden.«

Aufgeregt ob dieser Worte setzte sich der Meister zu Iwan auf die Bettkante und sagte: »Das ist aber gut, das ist sehr gut. Schreiben Sie doch über ihn, schreiben Sie eine Fortsetzung!«

Iwans Augen leuchteten auf.

»Aber wollen Sie das denn nicht selbst tun?« Sogleich ließ er nachdenklich den Kopf hängen: »Ach ja … was frage ich da.« Er schaute verängstigt zu Boden.

»Ja«, sagte der Meister, und seine Stimme schien Iwan unbekannt und hohl, »ich werde nicht mehr über ihn schreiben. Ich werde andere Dinge tun.«

Ein Pfiff durchbohrte den Gewitterlärm.

»Hören Sie?«, fragte der Meister.

»Das Gewitter …«

»Nein, man ruft mich. Es ist Zeit«, erklärte der Meister und erhob sich.

»Warten Sie! Noch ein Wort. Ihre Gefährtin, ist sie wieder bei Ihnen? Ist sie Ihnen treu geblieben?«

»Hier ist sie«, antwortete der Meister und deutete mit der Hand. Margaritas Gestalt löste sich von der weißen Wand und trat ans Bett. Sie sah den Liegenden an, und ihre Augen waren voller Trauer.

»Du armer, armer Junge«, flüsterte sie lautlos und beugte sich hinunter.

»Wie schön sie ist«, sprach Iwan leise, nicht neidisch, sondern traurig und gerührt. »Mensch, hat sich ja doch alles gut gefügt für Sie beide. Für mich nicht.« Er dachte ein wenig nach und sagte: »Oder vielleicht doch …«

»Doch, doch«, wisperte Margarita und beugte sich über ihn. »Ich werde dich jetzt auf die Stirn küssen, und dann fügt sich alles auch für dich. Glaub mir. Ich habe alles gesehen, ich weiß es.«

Iwan schlang ihr die Arme um den Hals, und sie küsste seine Stirn.

»Lebe wohl, mein Jünger«, sagte der Meister kaum hörbar und zerschmolz langsam in der Luft. Er verschwand, und Margarita verschwand mit ihm. Das Balkongitter schloss sich.

Da überkam Beklemmung den armen Iwan. Er setzte sich auf, sah sich ängstlich um, stöhnte, sprach zu sich selbst, erhob sich. Das Gewitter wurde immer wütender und machte ihn rastlos. Das Unbehagen wurde noch schlimmer, als er mit seinem bereits die Stille gewohntem Gehör deutlich unruhige Schritte und dumpfe Stimmen vor der Tür vernahm. Zitternd rief er: »Schwester Praskowja!«

Da kam Praskowja schon herein, sah ihn fragend und besorgt an.

»Was ist denn? Was ist los?«, fragte sie. »Ist es das Gewitter? Schon gut, schon gut. Gleich geht es uns besser. Ich rufe den Doktor.«

»Nein, den Doktor brauchen Sie nicht zu rufen. Mit mir ist nichts Schlimmes, keine Sorge. Ich kenne das ja mittlerweile«, sagte Iwan. Dann bat er innig, den rastlosem Blick nicht auf Praskowja, sondern auf die Wand gerichtet: »Sagen Sie mir lieber, was ist nebenan passiert, im Zimmer 118?«

»118?«, wiederholte Praskowja, und ihre Augen huschten zur Seite. »Gar nichts ist dort passiert.« Aber ihre Stimme war falsch, und der arme Iwan hörte es sogleich.

»Liebste Praskowja«, sagte er, »Sie sind doch ein ehrlicher Mensch! Denken Sie, ich werde randalieren? Nein, bestimmt nicht. Sagen Sie mir lieber die Wahrheit. Ich spüre ja doch alles durch die Wand.«

Machtlos gegen die eigene Aufrichtigkeit und Herzensgüte flüsterte Praskowja: »Er ist gerade verstorben, Ihr Nachbar.« Sie sah den armen Iwan ängstlich an, mit einem Mal in Blitzeslicht gekleidet.

Aber der Patient blieb ruhig. Er hob nur bedeutend den Zeigefinger und sagte: »Ich wusste es! Ich versichere Ihnen, meine liebe Praskowja, gerade ist noch jemand anders in der Stadt gestorben. Ich weiß sogar, wer.« Er lächelte geheimnisvoll. »Eine Frau.«

# Kapitel 31

## Auf den Sperlingsbergen

Das Gewitter war spurlos hinweggefegt, ein Regenbogen stand hoch am Himmel über ganz Moskau und trank aus dem Moskwa-Fluss. Hoch oben, auf einem Hügel zwischen zwei Hainen, zeichneten sich drei dunkle Silhouetten ab. Woland, Korowjew und Begemot schauten von ihren schwarzen Rossen auf die Stadt hinter dem Fluss, auf die Sonnensplitter in den Tausenden westgewandten Fenstern, auf die bunten Zwiebeltürme des Jungfrauenklosters.

Da rauschte es in der Luft, ein schwarzer Umhang flatterte, und Asasello landete neben den Wartenden, dicht gefolgt von dem Meister und Margarita.

»Margarita; Meister«, sagte Woland nach einer kurzen Stille. »Verzeihen Sie mir die Unannehmlichkeiten. Ich denke aber nicht, dass Sie etwas bereuen werden. Nun also«, jetzt wandte er sich an den Meister allein, »nehmen Sie Abschied von der Stadt. Es ist Zeit.« Er zeigte mit seinem schwarzen Handschuh hinter den Fluss, wo unzählige Sonnen in unzähligen Fenstern zerschmolzen, und höher, auf den Rauch, Dunst und Nebel der ausgedörrten Stadt.

Der Meister warf sich aus dem Sattel, ließ die Gruppe stehen und eilte zum Abhang des Hügels. Sein schwarzer Umhang schleifte ihm nach. Er blieb stehen und betrachtete die Stadt. Erst kroch Trauer über sein Herz, aber sehr schnell gab sie einer süßen Unruhe nach, einer aufgeregten Reiselust.

»Für immer! Das muss man erst einmal begreifen«, flüsterte der Meister und fuhr sich mit der Zunge über die trockenen, rissigen Lippen. Er horchte in sich hinein, spürte nach, was in ihm vorging. Seine Aufregung verwandelte sich, wie es ihm schien, in ein Gefühl tiefster

Kränkung. Aber auch dieses Gefühl verschwand alsbald, und wich einer unerklärlich hochmütigen Gleichgültigkeit, und diese dann ihrerseits einer Vorahnung fortwährenden Friedens.

Still warteten die Berittenen auf den Meister. Still sahen sie der langen schwarzen Gestalt zu, die am Abhang gestikulierte und mal den Hals reckte, als wollte sie die ganze Stadt mit dem Blick überqueren und über sie hinausschauen, mal den Kopf hängenließ, als studierte sie das zertrampelte, kümmerliche Gras.

Gelangweilt brach Begemot die Stille.

»Maître«, sagte er, »erlauben Sie mir einen Pfiff vor dem Ritt, zum Abschied.«

»Du könntest die Dame erschrecken«, antwortete Woland, »und überhaupt, vergiss nicht: Für heute sind deine Eskapaden vorbei.«

»Aber nein doch, Messère«, sagte Margarita. Sie hatte beide Beine über die Flanke ihres Rosses geschlagen und die Hände in die Hüften gestemmt. Die spitz zulaufende Schleppe ihres Umhangs reichte bis zum Boden. »Lassen Sie ihn bitte pfeifen! Vor der langen Reise hat mich Wehmut überkommen. Das ist doch nur natürlich, Messère, nicht wahr, selbst wenn man weiß, dass am Ende das Glück wartet? Soll er uns doch zum Lachen bringen, sonst verderben uns noch Tränen die Reise!«

Woland nickte Begemot zu, und dieser lebte auf, sprang aus dem Sattel, steckte sich zwei Finger in den Mund, blähte die Wangen auf und pfiff. In Margaritas Ohren klirrte es. Ihr Rappe bäumte sich empor, im Hain prasselten trockene Zweige von den Bäumen, eine ganze Schar von Krähen und Spatzen flog auf, eine Staubsäule wirbelte bergab, und man sah, wie mehreren Passagieren eines Wassertaxis die Mützen in den Fluss flogen.

Bei dem Pfiff zuckte der Meister zusammen, drehte sich aber nicht um, sondern gestikulierte noch wilder, streckte einen Arm zum Himmel, als wollte er der Stadt drohen. Begemot blickte stolz umher.

»Da hast du einen Pfiff gepfiffen, will ich nicht bestreiten«, bemerkte Korowjew herablassend, »aber, wenn man ehrlich ist, doch einen recht bescheidenen«.

»Ich bin ja auch kein Kantor«, erwiderte Begemot schmollend, doch mit Würde, und zwinkerte auf einmal Margarita zu.

»Na, dann lass mich mal versuchen, wie in guten alten Zeiten«, sagte Korowjew, rieb die Hände zusammen und blies sich auf die Finger.

»Aber pass mir ja auf«, kam Wolands strenge Stimme, »dass alle heil davonkommen!«

»Mein Ehrenwort, Messère«, antwortete Korowjew und legte sich die Hand aufs Herz, »im Spaß, nur im Spaß.« Er schraubte sich plötzlich in die Höhe, als wäre er aus Gummi, formte die Finger seiner rechten Hand zu einer raffinierten Figur, und dann, während er sich mit einem Mal herunterschraubte, pfiff er.

Diesen Pfiff hörte Margarita nicht, sie sah ihn aber, als er sie und ihr feuriges Ross zwei Dutzend Meter zur Seite schleuderte. Neben ihr wurde eine Eiche entwurzelt, und Risse durchfurchten die Erde bis zum Fluss. Ein großes Stück Ufer mitsamt Kai und Restaurant war im Fluss gelandet. Das Wasser darin brodelte, schoss auf, und das Schiff landete auf dem niedrigen grünen Ufer gegenüber – heil und ganz, mit unversehrten Passagieren. Nur eine Dohle wurde von Fagotts Pfiff getötet und fiel zu den Hufen von Margaritas schnaubendem Ross.

Dieser Pfiff verschreckte den Meister. Er packte sich am Kopf und rannte zu den Wartenden zurück.

»Nun«, sagte Woland von seinem Ross herab, »sind alle Rechnungen beglichen? Ist der Abschied vollbracht?«

»Ja, er ist vollbracht«, antwortete der Meister. Er hatte sich beruhigt und blickte Woland direkt und mutig ins Gesicht.

Dann donnerte Wolands schaurige Stimme über die Hügel wie die letzte Posaune: »Es ist Zeit!«

Begemot pfiff und lachte. Die Pferde stürmten empor und galoppierten los. Margarita spürte, wie ihr rasendes Ross in die Kandare biss. Wolands Umhang wogte über den Köpfen der Kavalkade und bedeckte den Abendhimmel. Als dieses schwarze Tuch für einen Augenblick zur Seite flog, blickte Margarita zurück und sah keine bunten Türme mehr, kein darüber kreisendes Flugzeug, und auch keine Stadt – längst war sie in die Erde versunken, und nichts blieb von ihr als Nebel und Dunst.

# Kapitel 32

## Vergebung und ewige Einkehr

Oh Götter, Götter! Wie traurig ist die abendliche Erde, wie unergründlich die Nebel über den Sümpfen! Wer in diesen Nebeln gewandert ist, wer vor dem Tode gelitten hat, wer mit einer viel zu schweren Last über diese Erde geflogen ist, der weiß es. Wer erschöpft ist, weiß es und verlässt ohne Reue die Nebel der Erde, ihre Sümpfe und Flüsse. Wer erschöpft ist, der gibt sich leichten Herzens dem Tode hin, gewiss, dass nur der Tod –

Sogar die fliegenden Rosse waren müde und trugen die Reitenden so langsam, dass die unabwendbare Nacht sie einzuholen begann. Mit dem Dunkel im Rücken krallte selbst der nimmermüde Begemot sich ernst und still in den Sattel, den schwarzen Schwanz gebauscht.

Die Nacht bedeckte Wiesen und Wälder langsam mit ihrem schwarzen Schal, die Nacht entzündete tief unten triste kleine Lichter – fremde Lichter, die den Meister und Margarita nicht mehr erfreuten und nicht mehr interessierten. Die Nacht überholte die Kavalkade, streute sich wie durch ein Sieb hinab, ließ hier und da weiße Sternenflecken in den traurigen Himmel fallen.

Die Nacht verdichtete sich, flog mit, zerrte an den Umhängen, riss diese von den Schultern und enthüllte die Täuschungen. Als Margarita, vom kühlen Wind umspült, die Augen öffnete, sah sie, wie sich alle Fliegenden auf dem Weg zu ihrem Ziel nach und nach veränderten. Und als der glutrote Vollmond ihnen über dem Wald entgegenstieg, fiel jede Täuschung weg, in den Sumpf hinab; die herbeigezauberten flüchtigen Gewänder ertranken im Nebel.

Es war kaum noch Korowjew-Fagott, der selbst ernannte Dolmetscher des mysteriösen und keinerlei Dolmetscher benötigenden Beraters, der nun neben Margarita und Woland flog. Anstelle des Ex-Kantors, der die Sperlingsberge in einem zerlumpten Clownskostüm verlassen hatte, ritt in tiefstem Violett unter dem leisen Klirren der goldenen Zügelkette ein Ritter mit düsterem, niemals lächelndem Gesicht. Sein Kinn neigte sich zur Brust, er schaute nicht auf den Mond, er interessierte sich nicht für die Erde – er flog an Wolands Seite und dachte an etwas Eigenes.

»Warum hat er sich so verändert?«, fragte Margarita im Pfeifen des Windes.

»Dieser Ritter hat einst einen unglücklichen Scherz gemacht«, erwiderte Woland und richtete sein glühendes Auge auf sie. »Das Wortspiel, das er sich in einem Gespräch über Licht und Dunkel erlaubte, gelang nicht ganz. Und so musste der Ritter etwas mehr und länger scherzen als ihm lieb gewesen wäre. Aber diese Nacht ist eine Nacht, in der Rechnungen beglichen werden. Der Ritter hat bezahlt!«

Die Nacht hatte Begemots Fell ausgerissen und büschelweise in die Sümpfe gestreut, auch sein bauschiger Schwanz war verschwunden. Der Kater, der den Fürsten der Finsternis erheitert hatte, erwies sich nun als schlanker Jüngling, dämonischer Page, der geistreichste Narr, den je die Welt gesehen. Er flog ruhig und lautlos, hielt sein junges Antlitz ins Mondlicht.

Etwas abseits glänzte Asasellos stählerne Rüstung. Auch ihn hatte der Mond verwandelt. Der scheußliche Reißzahn war verschwunden, der weiße Star ebenso. Beide Augen in Asasellos kaltem, blutlosem Gesicht waren gleichermaßen schwarz und leer. Nun ritt er in seiner wahren Form, als Dämon der wasserlosen Wüste, ein mörderischer Dämon.

Sich selbst konnte Margarita nicht sehen, aber wie sich der Meister verändert hatte, das sah sie gut. Sein Haar war im Mondlicht weiß geworden und hatte sich zu einem Zopf geflochten, der ihm nachflog.

Wenn der Wind den Umhang von seinen Beinen blies, sah Margarita die Stiefelsporen blitzen. Wie der anmutige Jüngling ließ auch der Meister den Mond nicht aus dem Blick; anders als Begemot lächelte er ihn an wie einen alten Freund und führte, wie er es sich im Zimmer 118 angewöhnt hatte, ein leises Selbstgespräch.

Auch Woland ritt in seiner wirklichen Gestalt. Margarita könnte nicht sagen, woraus die Zügel seines Rosses bestanden, aus Mondlicht vielleicht, und auch das Ross selbst war womöglich nur ein Klumpen Finsternis, seine Mähne eine Gewitterwolke, und die Sporen des Reiters die weißen Flecken der Sterne.

So flogen sie lange in Stille, bis auch die Landschaft unter ihnen sich zu verändern begann. Die tristen Wälder ertranken mitsamt den matten Klingen der Flüsse in irdischem Dunkel. Unten schimmerten nun Felsbrocken, und dazwischen schwarze Tiefen, die das Mondlicht niemals erreichte.

Woland landete auf einem freudlosen, steinigen Plateau, die anderen folgten und ritten dann im Schritt. Steine knirschten unter den beschlagenen Hufen der Rappen. Mondlicht durchflutete lindgrün das Plateau, und bald erblickte Margarita in der leeren Landschaft einen Sessel und darin eine weiße, sitzende Gestalt. Der Sitzende mochte wohl taub sein, oder tief in Gedanken versunken. Er merkte nicht, wie die steinige Erde unter den schweren Rossen bebte, und die Reitenden näherten sich ihm unbemerkt.

Der Mond leuchtete heller als die beste elektrische Lampe, und nun schien es, der Sitzende sei nicht nur taub, sondern auch blind. Nichtsehend richtete er die Augen auf die Scheibe des Mondes und rieb sich immer wieder die Hände. Jetzt sah Margarita auch, dass neben dem schweren, im Mondlicht funkelnden Steinsessel ein Hund lag – dunkel, riesig, mit spitzen Ohren – und genauso wie sein Herr besorgt zum Mond blickte. Die Scherben eines zerbrochenen Kruges lagen zu den Füßen des Mannes, und vor ihm war eine niemals trocknende, schwärzlich rote Lache.

Die Reitenden blieben stehen. Woland wandte sich an den Meister:

»Ihr Roman wurde gelesen. Man sagte nur eins: Er ist leider unvollendet. Nun, ich will Ihnen seine Hauptfigur zeigen. Seit zweitausend Jahren sitzt er schlafend auf diesem Plateau, aber wenn der Vollmond kommt, findet er nicht in den Schlaf und leidet, wie Sie sehen. Mit ihm wacht und leidet dann auch sein treuer Hüter, der Hund. Wenn Feigheit tatsächlich das schlimmste Laster ist, dann ist Banga des schlimmsten Lasters nicht schuldig. Das tapfere Tier hat nie etwas gefürchtet außer Gewitter. Aber der Liebende muss das Los des Geliebten teilen.«

»Was redet er denn?«, fragte Margarita, und ein Schleier von Mitleid legte sich über ihr ruhiges Gesicht.

»Er redet stets dasselbe«, antwortete Woland. »Er sagt, selbst bei Mondschein habe er keine Ruhe. Er sagt, er habe ein schlechtes Amt. Das wiederholt er unentwegt, wenn er nicht schläft. Und wenn er schläft, träumt er stets den gleichen Traum: einen Pfad aus Mondlicht. Diesen Pfad will er einschlagen und unterwegs mit dem Gefangenen Ha-Nozri sprechen; er habe nämlich damals, am vierzehnten Tag des Frühlingsmonats Nisan, mit ihm nicht zu Ende geredet. Aber bedauerlicherweise schafft er es nie, den Pfad zu betreten, und niemand kommt zu ihm. Dann bleibt ihm nichts anderes als mit sich selbst zu reden. Doch ganz ohne Abwechslung geht es nicht, also spricht er nicht nur von dem Mondpfad, sondern gelegentlich auch davon, dass er seine Unsterblichkeit und seinen unerhörten Ruhm mehr als alles in der Welt hasse. Liebend gerne, sagt er, würde er sein Los gegen das Los des zerlumpten Landstreichers Levi Matthäus tauschen.«

»Zwölftausend Monde für einen Mond vor langer Zeit, ist das nicht zu viel?«, fragte Margarita.

»Hatten wir das nicht schon mit Frieda?«, lächelte Woland. »Aber diesmal müssen Sie sich keine Sorgen machen. Alles wird sich fügen, darauf gründet die Welt.«

»Lassen Sie ihn frei!«, schrie Margarita so jäh und durchdringend, wie sie als Hexe geschrien hatte, und dieser Schrei lockerte weit oben einen Stein, der über die Felsen in den Abgrund fiel. Doch ob es das Grollen des fallenden Steins war, das durch die Berge hallte, oder das satanische Lachen, das vermochte Margarita nicht zu sagen. Jedenfalls sah Woland sie belustigt an und sagte: »Man sollte in den Bergen nicht schreien. Dieser Mann da ist Lawinen gewohnt, ihm kann das egal sein. Sie brauchen aber nicht für ihn zu bitten, Margarita: Es hat bereits der für ihn gebeten, mit dem er so gern reden würde.«

Da wandte sich Woland an den Meister: »Nun, jetzt können Sie Ihren Roman mit einem Satz vollenden!«

Darauf schien der Meister, der bis jetzt reglos den Prokurator betrachtet hatte, nur gewartet zu haben. Er hielt sich die Hände wie einen Schalltrichter vor den Mund und rief, dass das Echo über die unbesiedelten und unbewaldeten Berge polterte:

»Du bist frei! Frei! Er wartet auf dich!«

Die Berge verwandelten die Stimme des Meisters in Donner, und ebendieser Donner riss sie nieder. Die verfluchten Felswände fielen. Allein das Plateau mit dem Steinsessel blieb stehen. Über dem schwarzen Abgrund, in den die Felsen gestürzt waren, leuchtete nun eine grenzenlose Stadt mit ihren strahlenden Götzen und einem üppigen Garten, der dort Tausend Monde lang gewachsen war. Über den Garten erstreckte sich der langersehnte Mondpfad, und der Erste, der darauf zustürzte, war der spitzohrige Hund. Der Mann im weißen Umhang mit blutrotem Saum erhob sich von seinem Sessel und rief etwas mit heiserer, gebrochener Stimme. Was er da rief, konnte man nicht verstehen, und auch nicht, ob er weinte oder lachte. Man sah nur, dass er aufsprang und seinem treuen Hüter auf den Mondpfad nachlief.

»Soll ich ihm folgen?«, fragte der Meister unruhig und berührte die Zügel.

»Nein«, antwortete Woland, »warum dem hinterhereilen, was bereits vollendet ist?«

»Also dorthin?« Der Meister wandte sich um und zeigte zurück, wo sich die kürzlich verlassene Stadt mit den bunten Zwiebeltürmen des Klosters und den Fenstern voller Sonnenscherben in die Luft gewebt hatte.

»Auch nicht«, sagte Woland. Seine Stimme verdichtete sich und floss über die Felsen. »Ach Meister, Sie Romantiker! Der eine, den die von Ihnen ersonnene und befreite Figur so sehr vermisste, hat Ihren Roman gelesen.« Nun wandte sich Woland an die Gefährtin des Meisters: »Margarita! Ohne jeden Zweifel wollten Sie für den Meister die beste Zukunft erfinden, aber was ich anbiete – und was Jeschua für Sie beide erbeten hat – das ist noch besser.« Dann beugte sich Woland im Sattel zum Meister hinüber und zeigte auf den sich entfernenden Prokurator: »Lassen wir die beiden allein, wir wollen ihr Gespräch nicht stören. Vielleicht werden sie sich tatsächlich aussprechen.« Woland winkte in Richtung Jerschalaim, und die Stadt erlosch.

»Und auch dort«, Woland zeigte nach hinten, »was wollen Sie im Kellerstübchen schon machen?« Sogleich erlosch die zersplitterte Sonne in den Fenstern. »Wozu?«, fuhr er überzeugend und sanft fort. »Meister, Sie dreifacher Romantiker, wollen Sie denn nicht mit Ihrer Gefährtin unter erblühenden Kirschbäumen lustwandeln und abends Schubert hören? Wäre es Ihnen nicht ein Genuss, bei Kerzenschein mit dem Gänsekiel zu schreiben? Möchten Sie sich nicht wie Faust über eine Retorte beugen und sich einen neuen Homunkulus erträumen? Auf, auf! Dort erwarten Sie das Haus und der alte Diener, die Kerzen brennen schon und werden bald verlöschen, denn sogleich geht für Sie die Sonne auf. Schlagen Sie diesen Weg ein, Meister, diesen hier. Alles Gute! Es ist Zeit.«

»Alles, alles Gute!«, riefen Margarita und der Meister wie aus einem Munde. Dann stürzte Wolands schwarze Gestalt sich blind in den Abgrund, und sein Gefolge polterte ihm nach. Es gab keine Felsen mehr, kein Plateau, keinen Mondpfad, kein Jerschalaim. Auch die schwarzen Rosse verschwanden.

Der Meister und seine Gefährtin sahen den versprochenen Sonnenaufgang. Er kam gleich nach der Mitternacht mit ihrem hellen Mond. Im Schimmer der ersten Morgenstrahlen gingen sie über eine kleine, moosbewachsene Steinbrücke. Die treuen Liebenden ließen den Bach hinter sich und schritten einen sandigen Weg hinab.

»Hörst du die Stille?«, sagte Margarita, und der Sand knirschte sanft unter ihren nackten Füßen. »Dein Leben lang hat sie dir gefehlt; jetzt kannst du ihr lauschen und sie genießen. Schau, da vorne ist dein ewiges Zuhause, deine Belohnung. Ich kann schon die Rundbögen sehen, die Kletterreben ranken sich bis zum Dach. Hier ist dein Zuhause, dein ewiges Zuhause. Ich weiß, dich werden abends Menschen besuchen, die du magst und schätzt, Freunde, die deinen Frieden nicht stören. Sie werden für dich musizieren und singen, und du wirst im Kerzenlicht lauschen. Abends wirst du dir die ewige fettige Mütze überziehen und lächelnd einschlafen. Der Schlaf wird dich stärken, dein Denken wird weise. Und mich wirst du nicht mehr vertreiben können. Ich werde über deinen Schlaf wachen.«

So sprach Margarita, als sie mit dem Meister auf ihr ewiges Zuhause zuschritt, und ihm war, als flössen ihre Worte, wie der Bach in ihrem Rücken floss und flüsterte. Das Gedächtnis des Meisters – sein rastloses, von unzähligen Nadelstichen wundes Gedächtnis – war besänftigt, die Erinnerungen begannen zu verblassen. Jemand hatte ihn befreit, genauso wie er gerade eine von ihm selbst erschaffene Figur befreit hatte. In den Abgrund gestiegen, unwiderruflich verschwunden war der Sohn des sterndeutenden Königs, dem in der Nacht auf Ostersonntag vergeben wurde – der grausame fünfte Prokurator von Judäa, der Reiter Pontius Pilatus.

# Epilog

Was ist aber denn nun in Moskau geschehen, nachdem Woland am Samstag bei Sonnenuntergang die Hauptstadt verlassen hatte und mitsamt Gefolge von den Sperlingsbergen verschwunden war?

Müßig zu erwähnen, dass die unglaublichsten Gerüchte durch die Stadt und bald auch durch die abgelegensten Provinzen dröhnten. Diese Gerüchte mag man gar nicht wiederholen.

Der Verfasser dieser wahrheitsgetreuen Zeilen hat persönlich im Zug nach Feodossija gehört, in Moskau hätten über zweitausend Menschen splitternackt ein Theater verlassen und wären allesamt in diesem Zustand in Taxis gestiegen. In den Warteschlangen vor den Milchläden, in Straßenbahnen, Geschäften, Wohnungen, Küchen, Regional- und Fernzügen, großen und kleinen Bahnhöfen, auf Datschas und an Stränden wurde über Hexen und Dämonen getuschelt.

Natürlich beteiligten sich die Fortschrittlichen und Gebildeten nicht an dem Gerede über das Unheil, das Moskau heimgesucht haben sollte, ja sie lachten darüber und bemühten sich, die Fabulisten zur Raison zu bringen. Aber Fakten sind nun mal Fakten, und sie lassen sich eben nicht ohne Erklärung beiseitewischen: Jemand hat die Hauptstadt tatsächlich – nun, wenn nicht heimgesucht, so doch besucht. Das Häuflein Asche, das vom Gribojedow übrig geblieben war, und viele andere Dinge bestätigten dies in aller Deutlichkeit.

Die Fortschrittlichen und Gebildeten teilten die Sichtweise der Kriminalpolizei: Hier war eine Bande von begnadeten Hypnotiseuren und Bauchrednern am Werk gewesen.

Selbstverständlich wurden sowohl in der Hauptstadt als auch außerhalb sofortige und energische Maßnahmen zur Festnahme dieser Bande ergriffen; aber leider, leider blieben diese vergeblich. Der Mann, der sich Woland nannte, war mit all seinen Handlangern wie vom Erdboden verschluckt worden, erschien nie wieder in Moskau oder sonst irgendwo und tat sich auch auf keine Weise kund. Dies führte zu der logischen Annahme, dass er ins Ausland geflohen sei, aber auch im Ausland gab es von ihm keine Spur.

Die Ermittlung zog sich in die Länge. Der Fall war nun mal ungeheuerlich! Von vier niedergebrannten Gebäuden und Hunderten in den Wahnsinn getriebenen Menschen ganz zu schweigen, gab es auch Todesopfer. Zwei ließen sich mit Sicherheit bestimmen: Berlioz und Baron Meigel, jener unselige Mitarbeiter des Büros für die Vertrautmachung ausländischer Besucher mit Moskauer Sehenswürdigkeiten. Diese zwei waren definitiv ermordet worden. Die verkohlten Knochen des ehemaligen Barons wurden nach der Brandlöschung in der Wohnung 50 in der Sadowaja entdeckt. Ja, es gab Opfer, und diese Opfer bedurften einer Ermittlung.

Aber es hatte auch andere Opfer gegeben, und zwar nachdem Woland die Hauptstadt verlassen hatte. Diese Opfer waren traurigerweise schwarze Katzen.

Etwa hundert dieser friedlichen, treuen und nützlichen Tiere wurden in verschiedenen Teilen des Landes erschossen oder auf eine andere Art ums Leben gebracht. Ein Dutzend Katzen, manche davon verstümmelt, wurden an Polizeistationen in diversen Städten abgeliefert. In Armawir zum Beispiel brachte ein Bürger eines dieser unschuldigen Wesen mit gefesselten Vorderpfoten zur Polizei.

Er hatte den Kater in dem Moment erwischt, als dieser mit diebischer Miene –

Können Katzen denn etwas dafür, dass sie so eine Miene haben? Das liegt nicht etwa an ihrer Verkommenheit, sondern an der Angst, dass stärkere Wesen wie Hunde oder Menschen ihnen etwas zuleide tun. Das ist nämlich sehr einfach – wenn auch nicht ehrenwert, das versichere ich Ihnen. Nein, ehrenwert ist es nicht!

–, ja nun, als der Kater mit diebischer Miene im Gebüsch verschwinden wollte. Der Bürger drückte das Tier mit seinem ganzen Gewicht zu Boden und riss sich seine grüne Krawatte vom Hals, um es zu fesseln. Dabei zischte er giftig und bedrohlich: »Aha! Nun wollen Sie also uns in Armawir einen Besuch abstatten, Herr Hypnotiseur? Nun, wir fürchten Sie nicht! Und tun Sie nicht so, als wären Sie stumm. Wir wissen schon, was Sie für einer sind!«

Er brachte den Kater zur Polizei, indem er das arme Tier an den krawattengefesselten Vorderpfoten zog und dabei mit leichten Tritten zwang, gefälligst auf den Hinterbeinen zu laufen.

»Jetzt hören Sie schon auf mit dem Quatsch!«, rief er unterm Gepfeife von Jungen, die ihm durch die Straßen nachliefen. »Damit kommen Sie bei uns nicht durch! Jetzt laufen Sie schon wie alle anderen Leute!«

Der schwarze Kater verdrehte nur gequält die Augen. Da ihm die Gabe der Sprache nicht beschert war, konnte er sich nicht rechtfertigen. Das arme Tier verdankte seine Rettung vor allem der Polizei und dazu noch seiner Besitzerin, einer ehrwürdigen greisen Witwe. Als der Bürger auf der Wache erschien, wurde festgestellt, dass er unsäglich nach Alkohol roch, was seine Angaben sogleich in ein zweifelhaftes Licht rückte. Die alte Dame hatte unterdessen von den Nachbarn erfahren, dass ihr Kater hopsgenommen worden war, eilte zur Wache und schaffte es noch rechtzeitig. Sie gab dem Verhafteten äußerst überzeugende Referenzen, erklärte, dass sie ihn seit fünf Jahren – seit seiner jüngsten Kätzchenzeit – kenne und für ihn wie für sich selbst bürgen könne. Sie wies nach, dass er niemals dubios aufgefallen und vor allem niemals nach Moskau gereist sei, sondern stets in seiner Geburtsstadt Armawir gelebt habe, wo er aufgewachsen sei und das Mausen gelernt habe.

Daraufhin wurde der Kater aus den Fesseln befreit und der Besitzerin zurückgegeben, jedoch nicht ohne am eigenen Leib erfahren zu haben, was Irrtum und Verleumdung anrichten können.

Neben Katern haben auch einige Menschen kleinere Unannehmlichkeiten erlebt. Es gab mehrere Festnahmen. Kurzzeitig verhaftet wurden: in Leningrad die Bürger Wolman und Wolper; in Saratow, Kiew und Charkow drei Wolodins; in Kasan ein Woloch; und schließlich in Pensa – aus vollkommen unverständlichen Gründen – ein Wetschinkewitsch, Doktor der Chemie. Zugegebenermaßen war er hochgewachsen, braunhäutig und dunkelhaarig.

An diversen Orten wurden außerdem neun Korowins, vier Korowkins und zwei Karawajews festgenommen.

Ein Bürger wurde im Zug nach Sewastopol geknebelt und am Belgoroder Bahnhof der Polizei übergeben: Er war auf die Idee verfallen, seine Mitreisenden mit Kartentricks zu unterhalten.

In Jaroslawl betrat ein anderer Bürger zur Mittagszeit ein Restaurant mit einem Petroleumkocher in der Hand, den er gerade von der Reparatur abgeholt hatte. Die beiden Portiers verließen darauf eilig ihre Posten an der Garderobe und machten sich davon, gefolgt von dem Rest des Personals und der gesamten Kundschaft. Dabei ging der Kassiererin unerklärlicherweise der Tagesertrag verloren.

Es ist noch so viel anderes passiert, alles kann man gar nicht aufschreiben. Es herrschte, wie ein Schriftsteller einmal sagte, eine große Gärung der Gemüter.

Man kann nur immer wieder betonen: Die Ermittlung hat ganze Arbeit geleistet. Es wurde alles Menschenmögliche getan – nicht nur um die Verbrecher zu fassen, sondern auch um die Geschehnisse zu erklären. Tatsächlich wurden Erklärungen gefunden, und zwar durchaus vernünftige, ja unwiderlegbare Erklärungen.

Ermittler und erfahrene Psychiater stellten fest, dass es sich bei den Mitgliedern der Bande oder zumindest bei einem von ihnen (der Verdacht fiel vor allem auf Korowjew) um Hypnotiseure von beispiellosem Können handelte. Sie hatten die Fähigkeit, sich nicht an dem Ort zu zeigen, wo sie sich befanden, sondern an verschobenen, vorgeblichen Orten. Außerdem konnten sie ihren Opfern leicht weismachen, dass bestimmte Dinge oder Menschen sich irgendwo befanden, wo sie in Wirklichkeit nicht waren – und umgekehrt vermochten sie vorhandene Dinge und Menschen aus dem Blickfeld zu entfernen.

Im Lichte solcher Erklärungen war entschieden alles klar – auch die scheinbar recht geheimnisvolle und die Gemüter am meisten aufwiegelnde Unverletzlichkeit des Katers, als er in der Wohnung 50 beim Verhaftungsversuch beschossen wurde.

Es hat natürlich überhaupt keinen Kater auf dem Kronleuchter gegeben, niemand hat das Feuer in Wirklichkeit erwidert. Die Schüsse der Besucher gingen ins Leere, während Korowjew hinter ihnen stand und sich ins Fäustchen lachte, als er seine unvergleichliche hypnotische Gabe auf kriminelle Weise nutzte und einen herumalbernden Kater auf dem Kronleuchter suggerierte. Selbstverständlich war er auch derjenige, der das Petroleum vergossen und die Wohnung in Brand gesteckt hatte.

Stepan Lichodejew ist natürlich nie in Jalta gewesen (ein solcher Trick überstieg selbst Korowjews Kräfte) und hat ebenso wenig von dort Telegramme geschickt. Vielmehr ist er – erschrocken von der Illusion eines Katers, der eingelegte Pilze aufgabelte – in der Wohnung der Juwelierswitwe ohnmächtig geworden. In diesem Ohnmachtszustand verblieb er, bis Korowjew ihn zum Hohn mit einem kaukasischen Fellhut ausstattete und zum Moskauer Flughafen schickte. Dabei hat er den Ermittlern, die Stepan dort erwarteten, wiederum suggeriert, dass dieser aus dem Sewastopoler Flugzeug steige.

Zwar behauptete die Kriminalpolizei in Jalta, wirklich Telegramme nach Moskau geschickt zu haben, weil Stepan sie tatsächlich barfuß aufgesucht habe – aber es wurden keine Kopien dieser Telegramme in den Akten gefunden, was zu der ebenso traurigen wie unwiderlegbaren Schlussfolgerung führte, dass die Bande auch auf enorme Entfernung zu hypnotisieren vermochte, und zwar nicht nur einzelne Personen, sondern auch ganze Gruppen. Mit solchen Fähigkeiten konnten die Kriminellen selbst Menschen mit der stärksten psychischen Verfassung mühelos in den Wahnsinn treiben.

Was ist dagegen schon ein Kartenspiel in der Tasche eines Zuschauers im Parkett, ein paar verschwundene Kleider oder eine miauende Baskenmütze! Alles Bagatellen. Zu solchem Hokuspokus ist ein durchschnittlicher professioneller Hypnotiseur auf jeder Bühne fähig. Dazu zählt auch der recht simple Trick mit dem abgerissenen Kopf des Conférenciers. Der sprechende Kater war auch ein Kinderspiel. Um einen solchen Kater zu präsentieren, genügt es, die Grundlagen des Bauchredens zu beherrschen, und es wird kaum jemand bezweifeln, dass Korowjews Kunst deutlich über diese Grundlagen hinausging.

Ja, hier ging es nicht um Kartenspiele oder falsche Briefe in Bossois Aktentasche. Alles Lappalien! Hier ging es um mehr: Er, Korowjew, hatte Berlioz vor die Straßenbahn – in den sicheren Tod – geschickt. Er hatte dem armen Dichter Iwan Besdomny den Verstand geraubt und ihn gezwungen, Visionen und quälende Träume vom alten Jerschalaim zu sehen, und von dem sonnenverbrannten, wasserlosen Kahlen Berg mit den drei an Pfählen Gehängten. Er und seine Bande haben Margarita und ihr Hausmädchen, die schöne Natascha, aus Moskau verschleppt. Übrigens befasste sich die Ermittlung besonders eingehend mit dieser Angelegenheit. Es galt herauszufinden, ob die beiden Frauen von den Mördern und Brandstiftern entführt worden waren oder sich freiwillig der kriminellen Vereinigung angeschlossen hatten. Die absurden und inkohärenten Aussagen von Nikolai Iwanowitsch sowie die seltsame, ja wahnsinnige Notiz, in der Margarita ihrem Mann schrieb, sie sei zur Hexe geworden – und schließlich auch der Umstand, dass Natascha bei ihrem Verschwinden ihre gesamte Kleidung zurückgelassen hatte –, all das führte die Ermittler zu dem Schluss, dass sowohl Margarita als auch ihr Hausmädchen wie die vielen anderen hypnotisiert worden waren, und dass man sie in diesem Zustand entführt hatte. Es kam auch der wohl ganz richtige Gedanke auf, dass es die Schönheit der beiden Frauen gewesen war, die hier die Verbrecher interessiert hatte.

Was aber völlig schleierhaft blieb, war, wieso die Bande den Geisteskranken, der sich als »den Meister« bezeichnete, aus der psychiatrischen Klinik entführt hatte. Die Motive konnten nicht ermittelt werden, und auch nicht der Name des Entführten. So verschwand er für immer und hinterließ nur ein totes Aktenzeichen: »Nummer 118, Gebäude 1«.

Nun, fast alles war geklärt, und die Ermittlung endete, wie alles endet.

Jahre vergingen. Nach und nach vergaß man Woland, Korowjew und den Rest. Für die Opfer der Bande aber hatte sich einiges verändert, und so geringfügig und unbedeutend diese Veränderungen auch sein mögen, gebührt ihnen doch eine kurze Erwähnung.

Nehmen wir einmal Georges Bengalski. Er hatte sich nach drei Monaten in der Klinik erholt und wurde aus dieser entlassen, musste aber seine Arbeit im Varieté aufgeben, und das zur Hochsaison, als das Publikum nur so hereinströmte: Die Erinnerung an schwarze Magie und ihre Entlarvungen hatte sich als äußerst hartnäckig erwiesen. Bengalski verließ das Varieté, denn er verstand, was für eine Qual es wäre, jeden Abend vor zweitausend Menschen zu stehen, unvermeidlich erkannt und immer wieder höhnisch gefragt zu werden, wie er das Leben denn besser finde, mit Kopf oder ohne.

Außerdem hatte der Conférencier einen beträchtlichen Teil der Fröhlichkeit verloren, die in seinem Beruf so notwendig ist. Er entwickelte die lästige Gewohnheit, jedes Frühjahr bei Vollmond in einen Angstzustand zu verfallen, sich jäh an den Hals zu greifen, erschreckt umherzuschauen und zu weinen. Diese Anfälle vergingen wieder, aber trotzdem war die frühere Tätigkeit mit ihnen unvereinbar, und so zog er sich zurück und lebt nun von Ersparnissen, die nach seiner Einschätzung für mindestens fünfzehn Jahre reichen sollten.

Er verließ das Varieté und traf nie wieder Warenucha, dessen selbst unter Theaterverwaltern einzigartige Freundlichkeit und Hilfsbereitschaft ihn nun allgemein beliebt machen. So nennen ihn Freikartenjäger ausschließlich »unser Wohltäter«. Wer auch immer wann auch immer das Varieté anruft, hört eine sanfte, traurige Stimme: »Wie kann ich Ihnen helfen?« Auf die Bitte, Warenucha ans Telefon zu rufen, erwidert die Stimme stets beflissen: »Zu Ihren Diensten.« So viel Höflichkeit macht dem Verwalter das Leben nicht gerade leicht, das ist natürlich klar!

Stepan Lichodejew hingegen kommt nicht mehr dazu, im Varieté zu telefonieren. Unmittelbar nach seiner Entlassung aus der Klinik, wo er acht Tage verbracht hatte, wurde er nach Rostow versetzt und übernahm dort die Leitung eines großen Lebensmittelgeschäfts. Angeblich trinkt er keinen Likörwein mehr, sondern nur noch Johannisbeerenknospenschnaps, was seiner Gesundheit unendlich wohlgetan haben soll. Man sagt, er sei schweigsam geworden und halte sich von Frauen fern.

Lichodejews Entfernung aus dem Varieté hat Rimski nicht die Freude bereitet, von der er jahrelang so sehnsüchtig geträumt hatte. Nach einem Klinikaufenthalt und einer Kur in Kislowodsk kehrte der Finanzdirektor gänzlich vergreist, mit wackelndem Kopf, zurück, und reichte seine Kündigung ein. Und zwar war es seine Gattin, die das Schreiben ins Varieté brachte: Rimski fand selbst tagsüber nicht die Kraft, das Gebäude aufzusuchen, in dem er das mondüberflutete, zerbrochene Fenster gesehen hatte, und den langen Arm auf dem Weg zum unteren Fensterriegel.

Nach seiner Kündigung wurde er Finanzdirektor eines Puppentheaters für Kinder am rechten Ufer des Moskwa-Flusses. Aber obwohl er im Theatermilieu blieb, traf er nie wieder den viel beachteten Arkadi Apollonowitsch Semplejarow des Akustikausschusses: Dieser wurde nämlich umgehend nach Brjansk versetzt und leitet dort nun eine Pilzkonservenfabrik. Die gesalzenen Reizker und die eingelegten Steinpilze gibt es in der Hauptstadt zu kaufen, und die Moskauer können sie nicht genug loben. Überhaupt war der Transfer in jeder Hinsicht ein Gewinn. Mit der Akustik, das können wir inzwischen ruhig sagen, hatte es bei Arkadi Apollonowitsch nämlich nie so richtig geklappt: So sehr er sich bemüht hatte, sie zu verbessern, blieb sie doch vollkommen unverändert.

Zu jenen, die mit dem Theater gänzlich gebrochen haben, gehört auch der Hausgemeinschaftsvorsitzende Iwan Bossoi. Freilich hatte sich seine Beziehung zu Theatern auch zuvor auf eine Leidenschaft für Freikarten beschränkt. Nun aber geht er gar nicht mehr hin, nicht einmal kostenlos, und wird bleich, sobald jemand das Theater auch nur erwähnt. Noch mehr als die Schauspielerei hasst er nur den Dichter Puschkin und den dramatischen Künstler Sawwa Kurolessow. Diesen verabscheut er in einem unerhörten Maße. Ja, letztes Jahr, beim Anblick einer schwarz gerahmten Zeitungsannonce – der berühmte Schauspieler hatte in der vollen Blüte seiner Karriere einen Schlaganfall erlitten – lief Bossoi so lila an, dass er vor Aufregung dem Verstorbenen beinah ins Jenseits gefolgt wäre, und brüllte: »Geschieht ihm recht!« Am Abend dann hatte der Vorsitzende, in dessen Herzen der Tod des beliebten Künstlers äußerst schmerzhafte Erinnerungen wachgerufen hatte, sich ganz allein – nur mit dem Vollmond über der Sadowaja als Kumpanen – ungeheuerlich besoffen. Mit jedem Glas verlängerte sich die verfluchte Kette der verhassten Gestalten: Da waren Dunchill und die schöne Ida Wors, der rothaarige Kampfgans-Züchter und der ehrliche Nikolai Kanawkin …

Übrigens, was ist denn mit denen passiert? Um Himmels willen! Rein gar nichts ist mit ihnen passiert, und es kann auch rein gar nichts mit ihnen passieren, da sie nie existiert haben, ebenso wenig wie jenes Theater selbst oder sein sympathischer Conférencier oder die knauserige alte Tante Porochownikowa, in deren Keller Kanawkins Devisen verrotteten. Die goldenen Posaunen und die unverschämten Köche gab es natürlich erst recht nicht. All das hatte Bossoi unter dem Einfluss des garstigen Korowjew nur geträumt. Die einzige lebende Person, die sich in den Traum verirrt hatte, war eben der Schauspieler Sawwa Kurolessow, und zwar weil seine häufigen Radioauftritte sich Bossoi eingeprägt hatten. Den hatte es tatsächlich gegeben, ja, den Rest aber nicht.

Dann hat es vielleicht auch Alois Mogaritsch nicht gegeben? Oh doch! Den hat es sehr wohl gegeben, ja, es gibt ihn immer noch, und zwar bekleidet er nun den Posten, der von Rimski aufgegeben wurde: Er ist Finanzdirektor im Varieté.

Damals, etwa einen Tag nach seinem Besuch bei Woland, kam Alois nahe Wjatka in einem Zug zu sich und stellte fest, dass er bei seiner geistig umnachteten Flucht aus Moskau vergessen hatte, ein Beinkleid anzulegen – dafür aber völlig nutzloserweise das Hausbuch des Vermieters gestohlen hatte. Gegen einen riesigen Geldbetrag erwarb Alois vom Zugbegleiter eine alte, fettige Hose und fuhr zurück. Das kleine Haus in der Gasse am Arbat fand er nicht mehr vor: Ein Feuer hatte die morsche Bude weggeleckt. Aber Alois war ein äußerst umtriebiger Mensch. Binnen zwei Wochen lebte er in einem wunderschönen Zimmer in der Bruce-Gasse, und binnen weniger Monate saß er in Rimskis Büro. Und wie Rimski einst unter Stepan gelitten hatte, so wurde nun die Arbeit unter Alois für Warenucha zur Qual. Er träumt nur noch davon, dass man diesen Alois irgendwie aus dem Varieté entfernte, denn, wie er manchmal zu engen Freunden flüstert, so hundsgemeinen Abschaum wie diesen Alois hatte er noch nie gesehen – »ja, dem ist alles zuzutrauen!«

Aber vielleicht ist diese Meinung voreingenommen. Es ist nicht bekannt, dass Alois jemals etwas Dubioses tat – oder dass er überhaupt irgendetwas tat, außer einmal einen neuen Büfettier einzustellen. Andrej Sokow war nämlich etwa neun Monate nach Wolands Erscheinen in Moskau in der Klinik der Ersten Staatsuniversität an Leberkrebs verstorben.

Ja, es ist viel Zeit vergangen, und die in diesem Buch wahrheitsgemäß beschriebenen Ereignisse sind verblasst und aus der Erinnerung verschwunden. Aber nicht bei allen, nein!

Jedes Jahr erscheint mit dem ersten festlichen Frühlingsvollmond ein Mann von etwa dreißig, vielleicht etwas älter, unter den Linden am Patriarchenteich. Er hat rötliches Haar, grüne Augen und ist bescheiden gekleidet. Es handelt sich um einen Professor des Instituts für Geschichte und Philosophie, Iwan Ponyrjow.

Unter den Linden setzt er sich immer auf jene Bank, auf der er damals gesessen hatte, als der von allen längst vergessene Berlioz den Mond in Scherben zerfallen sah.

Nun gleitet der Mond heil und ganz, erst weiß und später golden, mit seinem dunklen, buckeligen Pferdchen oder auch Drachen über den ehemaligen Dichter und bleibt doch oben stehen.

Professor Ponyrjow weiß Bescheid, er versteht alles. Er weiß, dass er als junger Mann kriminellen Hypnotiseuren zum Opfer gefallen war und danach behandelt und geheilt wurde. Aber er weiß auch, dass es Dinge gibt, über die er machtlos ist. Über diesen Frühlingsvollmond ist er machtlos. Sobald er naht, sobald die Leuchte golden anschwillt, die einst höher gehangen hatte als die zwei fünfarmigen Kerzenleuchter, wird er ängstlich, nervös, und wartet ohne Appetit und Schlaf, bis der Mond reift. Und wenn dann der Vollmond kommt, kann ihn nichts zu Hause halten. Gegen Abend geht er hinaus, zum Patriarchenteich.

Er setzt sich auf die Bank und spricht offen mit sich selbst, raucht, schaut auf den Mond und das unvergessliche Drehkreuz.

Eine Stunde oder zwei verbringt er auf diese Weise. Dann steht er auf und geht mit leeren, blicklosen Augen immer den gleichen Weg, über die Spiridonowka, zu den Gassen des Arbats.

Er geht an einem Petroleumladen vorbei, biegt an einer windschiefen alten Gaslaterne ab und schleicht sich an ein Gitter heran, hinter dem er einen üppigen, wenngleich noch recht kahlen Garten sieht, und darin eine gotische Villa, von der einen Seite dunkel, von der anderen, der mit dem Erkertürmchen, mondüberflutet.

Professor Ponyrjow weiß nicht, was ihn zum Gitter lockt oder wer in der Villa lebt, aber er weiß, dass er bei Vollmond nichts gegen sich machen kann. Außerdem weiß er: Er wird im Garten hinter dem Gitter jedes Mal das Gleiche sehen.

Er sieht einen respektablen älteren Mann auf der Bank sitzen, mit Bärtchen, Zwicker und etwas ferkelhaften Zügen. Immer findet der Professor diesen Bewohner der Villa in derselben verträumten Pose, das Gesicht dem Mond zugewandt. Er weiß, dass der Sitzende, wenn er sich am Mond satt gesehen hat, den Blick auf den Erker richten und so verharren wird, wie in der Erwartung, dass sogleich ein Fenster aufgeht und auf dem Sims etwas Außergewöhnliches erscheint.

Auch alles Weitere kennt Professor Ponyrjow auswendig. Hier muss er sich tiefer hinter dem Gitter verstecken, denn bald wird der Mann den Kopf unruhig hin- und herdrehen, mit wanderndem Blick etwas in der Luft haschen, verzückt lächeln, die Hände in süßer Qual zusammenfalten – und dann recht laut murmeln: »Venus! Die wahrste Venus! Ich Idiot!«

»Oh Götter, Götter!«, wird dann seinerseits Ponyrjow in seinem Versteck flüstern, ohne den mysteriösen Fremden aus den leuchtenden Augen zu lassen. »Noch ein Opfer des Mondes – ja, das muss noch ein Opfer sein, wie ich.«

Der Sitzende wird weiterreden: »Ich verdammter Idiot! Warum, warum bin ich nicht mit ihr weggeflogen? Was habe ich gefürchtet, ich blöder Esel? Eine Urkunde hab ich mir geben lassen! Und jetzt muss ich's halt erleiden, ich alter Trottel!«

So wird es weitergehen, bis ein Fenster im dunklen Teil der Villa aufgeht, etwas Weißliches darin erscheint und eine unangenehme Frauenstimme ertönt: »Nikolai, wo bist du? Was sind das für Grillen? Willst du dir die Malaria holen? Komm rein, Tee trinken!«

Da wird der Sitzende natürlich zu sich kommen und mit verlogener Stimme antworten: »Ich wollte nur etwas frische Luft atmen, Schatz! Die Luft ist so schön!«

Und er wird von der Bank aufstehen, dem sich schließenden Fenster heimlich mit der Faust drohen und sich ins Haus schleppen.

»Gelogen, meine Götter, alles gelogen!«, wird Professor Ponyrjow murmeln und sich von dem Gitter lösen. »Es ist nicht die Luft, die ihn in den Garten lockt. Er sieht da etwas bei diesem Frühlingsvollmond, im Garten und dort oben auch. Was würde ich nicht dafür geben, sein Geheimnis zu erfahren! Was für eine Venus hat er verloren? Nach was für einer Venus sucht und hascht er jetzt vergeblich in der Luft?«

Wenn er nach Hause zurückkehrt, ist Iwan Ponyrjow stets vollends krank. Seine Frau tut, als bemerke sie seinen Zustand nicht, drängt ihn nur, gleich ins Bett zu gehen. Aber sie selbst geht nicht ins Bett, sondern sitzt mit einem Buch an der Lampe und betrachtet traurig den Schlafenden. Sie weiß: Iwan wird bei Tagesanbruch mit einem Schmerzensschrei aufwachen, weinen und um sich schlagen. Deshalb liegt vor ihr auf der Tischdecke eine vorbereitete Spritze in Alkohollösung und eine Ampulle mit Flüssigkeit, dunkelbraun wie starker Tee.

Danach wird die arme Frau, die ihr Leben an einen Schwerkranken gebunden hat, ohne Bedenken selbst zu Bett gehen können. Nach der Spritze wird Iwan bis in den Vormittag hinein mit seligem Gesicht schlafen und Träume sehen, die seiner Frau unbekannt bleiben, aber offenbar erhaben und glücklich sind.

Was den Professor bei Vollmond weckt und ihn so mitleiderregend schreien lässt, ist stets dasselbe. Er sieht einen widernatürlichen, nasenlosen Henker. Der Henker jault auf, springt hoch und rammt dem gefesselten Gestas, der an dem Pfahl den Verstand verloren hat, seinen Speer mitten ins Herz. Das Schlimmste dabei ist aber nicht der Henker, sondern das unmögliche Licht in diesem Traum, Licht aus einer Gewitterwolke, die sich wie eine überwältigende Katastrophe brodelnd auf die Erde niederwuchtet.

Nach der Spritze verwandelt sich der Traum. Ein breiter Mondpfad erstreckt sich von dem Bett zum Fenster. Ein Mann im weißen Umhang mit blutrotem Saum betritt ihn und macht sich auf den Weg zum Mond. Es begleitet ihn ein junger Mensch in zerrissenem Chiton und mit entstelltem Antlitz. Die Gehenden reden hitzig, streiten, wollen sich aussprechen.

»Oh Götter, Götter!«, sagt der Mann im Umhang und dreht das hochmütige Gesicht zu seinem Gefährten. »Diese abgeschmackte Hinrichtung! Aber sag mir, bitte«, und da wird aus dem hochmütigen Gesicht ein flehendes, »sie ist doch nie passiert, nicht wahr? Sag es mir, ich beschwöre dich: Sie ist nie passiert, oder?«

»Natürlich ist sie nie passiert«, antwortet sein Begleiter heiser, »das hast du nur geträumt.«

»Kannst du das auch schwören?«, fragt der Mann im Umhang flehend.

»Ich schwöre es!«, sagt der Begleiter, und seine Augen lächeln.

»Mehr brauche ich nicht!«, ruft der Mann im Umhang mit belegter Stimme, und beide steigen immer weiter zum Mond hinauf. Hinter ihnen schreitet ruhig und majestätisch ein riesiger Hund mit spitzen Ohren.

Da beginnt der Pfad zu brodeln, das Mondlicht sprudelt aus ihm heraus und strömt zu allen Seiten. Der Mond schaltet und waltet, der Mond tanzt und tobt. Dann formt sich im Lichtstrom eine Frau von unermesslicher Schönheit. Sie hält einen ängstlich umherblickenden unrasierten Mann bei der Hand und führt ihn zu Iwan, der ihn sogleich erkennt. Es ist sein nächtlicher Gast, die Nummer 118. Im Traum streckt Iwan die Arme nach ihm aus und fragt inbrünstig: »So endet es also?«

»So endet es, mein Jünger«, antwortet Nummer 118. Dann kommt die Frau auf Iwan zu und sagt: »Natürlich endet es so. Alles endet, wie alles enden muss … Ich werde dich jetzt auf die Stirn küssen, und dann fügt sich alles für dich.«

Sie beugt sich über Iwan und küsst ihn auf die Stirn. Iwan streckt sich nach ihr aus und schaut ihr in die Augen, aber sie zieht sich zurück, zurück und empor, zusammen mit ihrem Gefährten schreitet auch sie zum Mond hinauf.

Dann beginnt der Mond zu wüten. Er überschüttet Iwan mit Licht, sprüht es in alle Richtungen, eine Mondflut beginnt im Zimmer, das

Licht schwillt an, steigt immer höher, überflutet das Bett. Und dann schläft Iwan Ponyrjow mit seligem Gesicht.

Am nächsten Morgen wacht er auf und ist schweigsam, aber vollkommen gesund und ruhig. Sein wundes Gedächtnis ist beschwichtigt, und bis zum nächsten Vollmond stört den Professor niemand: weder der nasenlose Mörder von Gestas noch der grausame fünfte Prokurator von Judäa, der Reiter Pontius Pilatus.

# Nachwort der Übersetzerin

Wenn es *Den Meister und Margarita* nicht gäbe, wäre ich nicht auf der Welt. Das behaupten zumindest meine Eltern. 1983, als sie sich kennenlernten, existierte zwar bereits eine russische Ausgabe, und sie war nicht einmal illegal – aber rar. Erst mit der Perestroika würde sich ganz Russland in den sprechenden Kater, das fliegende Hausmädchen und andere unerhört fantastische Gestalten Bulgakows verlieben. 1983 aber hatten nur wenige Glückliche das Buch, und zu diesen wenigen zählte eine junge Bibliothekarin. Als mein künftiger Vater sie traf und hörte, dass sie den sagenumwobenen Roman besaß, fasste er den Plan, diesen auszuleihen. Während er aber seine neue Bekannte zu diesem Zwecke umschmeichelte, war es um ihn geschehen: Er machte ihr den Antrag, noch bevor er das Buch ausgelesen hatte. *Dem Meister und Margarita* habe ich also alles zu verdanken.

Und da schon vom Danken die Rede ist: Übersetzen ist, zumindest für mich, keinesfalls ein einsamer Zeitvertreib. Ohne den guten Rat wunderbarer Kolleginnen und Kollegen wäre dies hier wohl nur eine Übersetzung »zweiter Frischeklasse« geworden, wie der gute Büfettier Sokow sagen würde. Mein tiefster Dank gilt: Birgit Kirberg, Katharina Meyer, Hannes Meyer (verwandt nur durch die Zunft), den Grande Dames der Übersetzerkunst Olga Radetzkaja und Christa Schuenke, dem Deutschen Übersetzerfonds, allen Teilnehmenden der Übersetzerwerkstatt des Literarischen Colloquiums Berlin und dessen Leiter Thomas Brovot, meinem Lektor Jochen Veit; meinem Mann, meinem Sohn und allen anderen Menschen, die ich zu den unpassendsten Tageszeiten anrief und anschrieb, um zu fragen, was es für Gerichte mit Zubrowka-Marinade gibt oder welche Grußformeln im Jenseits üblich sind.

## *Bulgakow und sein Meisterwerk*

Nun aber zu dem Werk und seinem Autor. *Der Meister und Margarita* gilt für viele als *der* Moskauer Roman; hier lebt und atmet die sowjetische Hauptstadt der 1930er – die schmutzigsten Petroleumläden in dunklen Gässchen und die elegantesten Restaurants am Gartenring, »die endlose Ansammlung von Palästen, riesigen Häusern und abrissreifen Hütten«, mit Kennerblick erfasst. Und so stellt man sich Bulgakow als einen Moskauer Schriftsteller vor; dabei kommt er aus der ukrainischen Stadt Kiew. Dort wurde er 1891 als Sohn eines Theologen geboren; beide Großväter waren Priester. Über christliche Traditionen wusste er also bestens Bescheid, und zwar nicht nur über russisch-orthodoxe: Ungewöhnlicherweise war sein Vater auch an Protestantismus und Katholizismus interessiert. Mit dem kleinen Michail pflegte er philosophische Gespräche zu führen, die wohl auch in die Romandialoge einflossen.

Als der Vater jung und qualvoll stirbt, und auch unter dem Einfluss von Darwins Werken, beschließt der 16-jährige Sohn, den Glauben aufzugeben. Erst ein ignoranter und hämischer Staatsatheismus schafft es später, ihm wieder ein Interesse für Religion abzugewinnen – ein Interesse trotziger und kultureller Art, in dem Gounods Oper *Faust* wohl nicht minder wichtig ist als die Bibel. Schließlich ist nicht genau bekannt, wie oft Bulgakow die Bibel las; wohl wissen wir aber, dass er über vierzig Mal diese Oper gesehen hat – die Karten pinnte er wie gesammelte Schmetterlinge an die Wand.

1909 bis 1916 studiert Bulgakow Medizin in Kiew; während seiner Studienzeit heiratet er und beginnt die ersten literarischen Versuche, oft autobiografischer Natur. Gleich nach dem Abschluss wird er als Arzt tätig, was ihm nicht leichtfällt. Im Zusammenhang mit seiner Arbeit wird er morphiumabhängig – eine Sucht, über die er in *Aufzeichnungen eines jungen Arztes* (1925) mit schonungsloser Aufrichtigkeit schreibt und von der er sich nach einem Jahr befreit. (Erst kurz vor seinem Tod muss er, wie Pilatus von ungeheuren Kopfschmerzen geplagt, wieder Morphium nehmen; Spuren davon fanden Wissenschaftler*innen 2015 auf dem Manuskript der letzten Fassung.)

1917 kommt dann die Revolution. Genauer gesagt, die Revolutionen – erst die im Februar, dann die im November (genannt »Oktoberrevolution«). Für den Umsturz empfindet der junge Arzt nichts als Furcht und Abscheu. Sein Leben lang würde er keinen Hehl daraus machen, dass er damals auf der Seite der antisowjetischen »Weißen« war. Ja, er gab nicht einmal vor, es zu bereuen; dass er trotzdem eines natürlichen (wenn auch frühen) Todes starb, ist ein seltenes Glück.

Nun herrscht also ein Bürgerkrieg, nicht nur blutig, sondern auch äußerst kompliziert: Es gibt die Weißen, die Roten, auch die Grünen (ganz ohne Naturschutz-Interessen) und andere Gruppierungen … Kurzum, Chaos. 1918 vollziehen sich in Kiew vierzehn gewaltsame Machtwechsel, und zehn davon erlebt Bulgakow persönlich mit, während er als Spezialist für Geschlechtskrankheiten in Kiew praktiziert. 1919 wird er in die Armee der Ukrainischen Volksrepublik (eines Staats innerhalb des neuen Sowjetrusslands) eingezogen, schafft es aber bald, zu desertieren. Feigheit ist es nicht: 1916 hatte er sich noch freiwillig als Frontarzt gemeldet, wurde wegen Nierenproblemen abgewiesen und volontierte darauf beim Roten Kreuz. Aber auf der falschen Seite gewaltsam an die Front verschleppt werden – das will Bulgakow nun wirklich nicht. Im Dezember 1919 kündigt er seine Stellung im Krankenhaus und vernichtet Unterlagen, die seine medizinische Bildung nachweisen. Schon seit Jahren ist ihm das Schreiben lieber als die Medizin; nun kommt dazu, dass Ärzte an der Front besonders begehrt sind. »Ich hätte mich vier Jahre früher auf das konzentrieren sollen, was ich jetzt mache – das Schreiben«, heißt es in einem Brief an seinen Bruder.

1920 – hundert Jahre vor dem Erscheinen dieser Übersetzung – wird Bulgakow also zum Schriftsteller. Vor allem schreibt er humoristische Feuilletons. »Ich habe eine satirische Denkweise […] Es ist das

Negative an dem Leben in der Sowjetunion, was meine Aufmerksamkeit anzieht, weil ich darin instinktiv gutes Material für mich sehe. Ich bin eben ein Satiriker«, sagte er bei einer Vernehmung durch die OGPU. (Ich verwende die jeweils historisch korrekte Bezeichnung für die Behörde, die später NKWD hieß und jetzt FSB heißt; einfachheitshalber kann man sich aber bei jeder russischen Abkürzung, die mit Verhören und Durchsuchungen zu tun hat, die bekannteste denken: KGB.) Erstaunlicherweise durfte er nach dieser Vernehmung nach Hause gehen.

Ebenfalls 1920 passiert ein zweites schicksalhaftes Ereignis: Bulgakow landet zu seiner Erschütterung in einer Stadt, die endgültig den roten Kräften gehört. Seine Frau und er waren immer weiter vor der Roten Armee geflohen, bis sie sich Anfang 1920 im Nordkaukasus wiederfanden. Sie wären weitergezogen, doch im Februar 1920 erkrankte Bulgakow an Typhus. In seinem Zustand war ans Reisen nicht zu denken, und als er im April gesund wurde, war es zu spät: Am 24. März war die Stadt Wladikawkas von den Roten eingenommen worden.

1921 ziehen die Bulgakows nach Moskau: Wenn er schon unter der sowjetischen Herrschaft leben muss, will der junge Autor doch das Literatur- und Theatertreiben der Hauptstadt erleben, selbst wenn der Alltag sich nicht einfach gestaltet. Nicht zurück nach Kiew, nein, unbedingt nach Moskau! In diesem Sinne ist Berlioz' Onkel auch eine ironische Selbstreferenz. Ja, Bulgakow wäre vielleicht weiter gegangen als dieser: »Für eine Wohnung würde ich mich dem Teufel verkaufen!«, pflegte er zu scherzen. Auch Wolands Monolog im Varieté, größtenteils der Oper *Faust* entlehnt, endet nicht zufällig mit den Worten »Nur hat ihnen [den Moskauern] der Wohnungsmangel zugesetzt«. Doch trotz allem schreibt Bulgakow in Moskau seine wichtigsten Werke, unter anderem *Die Weiße Garde* sowie *Hundeherz* (bzw. *Das hündische Herz).* Beides sind durchaus antisowjetische Romane; das Manuskript des Letzteren wird zusammen mit Bulgakows Tagebüchern von der OGPU beschlagnahmt. Später gibt die Behörde beides zurück;

das Tagebuch verbrennt Bulgakow sicherheitshalber. Die OGPU hat aber netterweise eine Kopie aufbewahrt, die heute zugängig ist – und zwar auch auf Deutsch: *Ich bin zum Schweigen verdammt: Tagebücher und Briefe* (wie die meisten Werke Bulgakows von Renate und Thomas Reschke übersetzt).

Neben den Erzählungen und Romanen verfasst Bulgakow auch zahlreiche Theaterstücke. Überhaupt liebt er das Theater in all seinen Formen, versucht sich sogar als Schauspieler. Selbst die Beschreibung eines sowjetischen Varietés zeigt seine Leidenschaft für die Bühne – oder vielmehr seine Hassliebe; Bulgakows Beziehung zum Theater ist nämlich kompliziert. Vor allem wegen der Zensur wird sehr wenig von dem, was er schreibt, zu seinen Lebzeiten aufgeführt. Dabei gibt es viel Abwechslung. Manche Stücke werden sofort verboten. Häufiger wird ein Stück einstudiert – und dann doch verboten. Oder es wird ein paar Mal gezeigt, und erst dann verboten. Oder auch hochgelobt, offiziell erlaubt, der Autor mit einer Recherche-Reise gewürdigt – und dann verboten. Gelegentlich passiert es auch, dass ein Stück wegen persönlicher Konflikte mit Regisseuren, vor allem Stanislawski, nicht auf die Bühne kommt.

Die Ausnahme bildet das Drama *Die Tage der Turbins*, das auf dem Roman *Die Weiße Garde* basiert. Trotz der mit unverhohlener Sympathie gezeichneten Weißgardisten wird es nur zweimal relativ kurzzeitig verboten und erlebt von 1926 bis 1940 fast eintausend Aufführungen. Stalin selbst begutachtet es und befindet: »eher nützlich als schädlich«. Oft wird behauptet, der Diktator habe dieses Stück geliebt und es fünfzehn Mal gesehen. Nachweise gibt es dafür aber keine, und Elena Bulgakowa nannte diese Behauptung eine schamlose Lüge. Nein, Stalin hatte keine Bulgakow-Manie; umgekehrt war Bulgakow aber sehr wohl von Stalin besessen. Wie Berlioz den Satan fand er ihn »nicht unbedingt sympathisch, aber, nun ja … faszinierend«. So gerne man diese Faszination aus seiner Biografie ausklammern würde, muss man sie doch erwähnen, so wichtig war sie für ihn.

Alles beginnt mit einem Bittschreiben: Bulgakow fleht den mächtigsten Mann der Sowjetunion an, seinen Pariastatus bei den Theatern und Verlagen aufzuheben – oder ihn emigrieren zu lassen. Daraufhin ruft Stalin höchstpersönlich an: Eine Laune des Mächtigen, vielleicht weil der Dichter Majakowski sich gerade umgebracht hat und nun noch ein Schriftsteller mit Suizid droht. Als der Anruf kommt, kann Bulgakow es nicht glauben und beschimpft den Scherzbold im Hörer; zum Glück ist dieser noch nicht der Diktator selbst, sondern sein Sekretär. Und dann beginnt das Gespräch. »Sollen wir Sie vielleicht wirklich gehen lassen?«, fragt Stalin, »Sie haben uns gehörig satt, was?«

Nun, was soll man auf so eine Frage aus dem Munde eines Tyrannen schon erwidern? Bulgakow nimmt seine Bitte zurück, was er stets bereuen würde. Nie wieder bekommt er eine Chance, die Länder zu sehen, über die er gelesen hat und von denen er träumt. Wenn Korowjew zu einem sowjetischen Bürger sagt: »Nächsten Sommer, wenn Sie mal so im Ausland herumreisen, schauen Sie doch extra in Nizza vorbei«, ist der Vorschlag grotesker als so mancher andere diabolische Scherz. Bulgakow bleibt in der Sowjetunion gefangen. Wie der Meister im Irrenhaus sagt: »Ich zum Beispiel wollte um die Welt reisen. Nun, es hat nicht sein sollen. Ich sehe nur ein kleines Stück der Weltkugel. Ich denke, das ist nicht das beste Stück …«

Immer wieder schreibt Bulgakow nach diesem Gespräch an Stalin und bittet ihn vor allem darum, ins Ausland reisen zu dürfen. Wolands Ratschlag – »Bitten Sie niemals, bitten Sie um nichts, vor allem nicht die Mächtigen« – scheint vor allem eine Ermahnung Bulgakows an sich selbst zu sein; eine Ermahnung, die zu befolgen er nicht die Kraft findet. »Wir sollten uns einmal treffen und miteinander reden«, hat Stalin zum Abschied bei seinem einzigen Anruf gesagt – und dieser Satz geht Bulgakow nie wieder aus dem Kopf. Er führt ständig imaginäre Gespräche mit dem Tyrannen; wenn er einmal wirklich mit ihm reden könnte, würde sich alles, alles ändern – das ist seine tiefe Überzeugung.

Hier drängt sich eine frevelhafte Parallele zu Pilatus auf, der unbedingt mit Jeschua reden will. Nicht, dass Jeschua etwa für Stalin stünde – Woland und Pilatus sind ihm eher ähnlich, und auch hier wäre eine Gleichsetzung viel zu einfach –, aber dieses »Zu-Ende-Reden-Wollen« ist so sehr Leitmotiv in Bulgakows Leben, dass es sich einen Weg in den Roman gebahnt hat. Sein letztes Drama, *Batum*, schreibt Bulgakow über den Diktator, und vieles spricht dafür, dass dies nicht aus Katzbuckelei, sondern aus Faszination geschieht. Auch dieses Stück wird verboten.

Nun gilt Bulgakows Leidenschaft aber nicht nur dem Generalsekretär, sondern auch den Frauen. 1925 lässt er sich scheiden und heiratet wieder, die neue Ehe hält aber nicht lange. 1929 lernt er Elena Schilowskaja kennen, die 1932 schließlich zu seiner dritten und letzten Frau wird. Der Satz »Sie wird zu seiner Margarita« mutet kitschig an, und auch die Idee der weiblichen Selbstaufopferung im Dienste eines männlichen Genies – ein Topos des russischen literarischen Lebens von Sofia Tolstaja bis Vera Nabokova – hat einen unangenehmen Beigeschmack. Die Parallelen sind aber nicht von der Hand zu weisen: Wie Margarita ist Elena eine Schönheit mit kurzen Locken und Silberblick; sie ist mit einem erfolgreichen und liebenden Mann verheiratet, als sie Michail Bulgakow trifft. Wie Margarita nimmt sie Armut und Gefahr auf sich – für einen Menschen, den sie für genial hält. Wie Margarita widmet sie ihr Leben einem psychisch kranken Schriftsteller.

Bulgakow leidet zu dieser Zeit nämlich an Panikattacken. Ob in den 1930ern das Gefühl, ständig in Gefahr zu sein, von Paranoia oder vielmehr von gesundem Menschenverstand zeugt, sei dahingestellt. Wie bei dem Meister äußerst sich die Furcht jedenfalls in einer irrationalen Form. »Ich hatte nicht vor den Artikeln selbst Angst, sondern vor anderen Dingen, die nichts mit ihnen oder dem Roman zu tun hatten. Auf einmal fürchtete ich mich zum Beispiel vor der Dunkelheit«, sagt der Meister. Bulgakow selbst leidet an Agoraphobie; immer wieder traut er sich monatelang nicht allein auf die Straße. Verhaftet wurde man aber nicht mitten auf dem Roten Platz, sondern meist nachts zu Hause – die Dunkelheit zu fürchten, wäre also eher schlüssig. Auch Selbstmordgedanken suchen Bulgakow heim. Es ist er selbst, der in *Dem Meister und Margarita* plötzlich die Maske des ironisierenden, allwissenden Erzählers abnimmt und flüstert: »Das Eis schmilzt in der Schüssel, und am nächsten Tisch stiert einer mit blutunterlaufen Augen, und die Angst … O Götter, Götter! Gift, bringt mir Gift!«

Genau wie Margarita hasst auch Elena die Kritiker, die ihren Mann hetzen. Das ist hier das richtige Wort – bei sowjetischer Literaturkritik handelte es sich nicht um persönlichen Geschmack oder ästhetische Beurteilung. Vielmehr wurden negative Rezensionen von der Partei initiiert und läuteten eine Hetzjagd ein, die in Verbot und meist auch in Verhaftung endete. Viele Details sind direkt dem Leben entnommen: Genauso wie man im Roman dazu aufruft, »die Pilaterei zu zerschlagen«, spricht ein damaliger Artikel von »Bulgakowerei« *(bulgakowschtschina*, ein Neologismus von beeindruckender Hässlichkeit). Margarita demoliert die Wohnung des Kritikers Latunski; Elena droht, sie würde den Kritiker Litowski – den Urheber des Wortes *bulgakowschtschina* – vergiften.

Ob es auch eine Parallele zu Margaritas Bund mit dem Teufel gibt, ist eine offene Frage. Vieles spricht dafür, dass Elena von der OGPU/NKWD angeworben wurde. Es gibt keine eindeutigen Beweise, aber viele Fingerzeige (überzeugend von der Literaturwissenschaftlerin Marietta Tschudakowa zusammengefasst). Sollte die Vermutung richtig sein, darf man Elena Bulgakowa diese Beziehung zu dem Bösen kaum vorwerfen: Wenn der sowjetische Geheimdienst jemanden anwerben wollte, war Nein in den 1930ern keine mögliche Antwort. Es sei denn, um es mit Pilatus' Worten zu sagen, man wünschte sich und seinen Nächsten »einen nicht nur unvermeidlichen, sondern auch qualvollen Tod«.

Auf jeden Fall umgaben Bulgakow zahlreiche Spitzel. Mehrere Menschen in seinem engeren Kreis arbeiteten für die Geheimpolizei, der

Ehemann seiner Schwägerin beispielsweise – welche für Bulgakow *Den Meister und Margarita* abtippte.

Auch wenn er die Arbeit immer wieder unterbricht und an ihr verzweifelt, schreibt Bulgakow insgesamt zwölf Jahre lang an seinem Hauptwerk, von 1928 bis zu seinem Tod im Jahre 1940. Dabei weiß die OGPU schon 1928 darüber Bescheid, dass er an einem Roman über den Teufel arbeitet; dazu gibt es ausführliche Berichte. Wenn auch Elena mit der Geheimpolizei in Kontakt steht, und wenn Bulgakow es weiß oder zumindest ahnt, liegt in der Figur Margaritas eine Rechtfertigung: Schließlich nimmt es ihr kaum jemand übel, dass sie dem Teufel einen Dienst erweist, um den Meister zu retten.

Interessanterweise gab es in der ersten Fassung des Romans weder einen Meister noch eine Margarita. Den Teufel aber gab es sehr wohl. Der Entwurf, der zwischen 1928 und 1930 entstand und von Bulgakow zum größten Teil verbrannt wurde, trägt in verschiedenen Notizbüchern (von denen verkohlte Reste existieren) unter anderem den Titel *Der schwarze Magier* und *Der behufte Berater:* Der Höllenfürst spielt hier die Hauptrolle. Von Liebesgeschichten ist keine Rede; der Text ist ein Schelmenroman, zu dessen Zusammenfassung man den berühmten Schlager von Dschinghis Khan zitieren könnte: In Moskau ist hier wirklich der Teufel los.

*Der schwarze Magier* ist durchgehend eine groteske Satire – inklusive der Erzählung über Jerschalaim, überschrieben mit den Worten »Das Evangelium nach Satan«. Noch hebt sich dieser Teil stilistisch nicht von dem Rest ab; Pilatus und Jeschua sprechen wie zwei Sowjetbürger, und der Humor erinnert fast schon an *Das Leben des Brian*: So versucht die Gattin des Prokurators den lockigen jungen Jeschua zu retten, weil sie ihn so hübsch findet. Selbst in der letzten, vorliegenden Fassung gibt es übrigens Momente, die durchaus den Monty Pythons zuzutrauen wären, wie den Ausruf »Ruhe auf dem zweiten Pfahl!«

Insgesamt sind die früheren Versionen wilder, haben mehr Sex, Mord und Totschlag zu bieten. Statt des Balls gibt es einen Sabbat, bei dem hübsche Hexen nackte Jünglinge mit Wachs beträufeln und sich »so an Margarita drücken, dass ihr ganz heiß wird«; statt der vergleichsweise bescheidenen Petroleumkocher-Brände steht fast ganz Moskau in Flammen.

In der zweiten Fassung erscheinen Margarita und ihr Geliebter, ein Schriftsteller (erst unter dem Namen »Faust«, dann »Poet«, und erst dann »Meister«). Als »Faust« wird er von Woland eindeutig und unverhohlen aus dem GULAG gerettet; 1933 verbrennt Bulgakow diesen Teil, als seine Bekannten verhaftet werden. Immer wieder wirft er den Roman über den Teufel ins Feuer. Aber was ebendieser Teufel sagt, scheint zu stimmen: »Manuskripte brennen nicht.«

Es ist eine große Versuchung, mich in die Geschichte der frühen Versionen zu vertiefen, doch dann würde dieses Nachwort länger werden als die Schlange vor dem Varieté. Zudem gibt es für die Interessierten den Band *Der schwarze Magier: Urfassungen des Romans »Der Meister und Margarita«* in der deutschen Ausgabe Bulgakows gesammelter Werke. Es sei also nur festgehalten, dass der vorliegende Text laut den meisten Forscher*innen die sechste Fassung darstellt. Vielleicht hätte es auch eine siebte und mehr gegeben, wenn Bulgakow länger gelebt hätte. Am Rand des letzten Manuskripts steht die Notiz »zu Ende schreiben, bevor ich sterbe!«

Dies schafft Bulgakow nicht ganz. Todkrank und erblindend diktiert er Änderungen bis zuletzt; Elenas Tagebuch beschreibt, wie eine längere Passage weniger als einen Monat vor seinem Tod entsteht. Wir haben es also einerseits mit einem Kultklassiker zu tun, anderseits aber auch mit einem unvollendeten Roman. Fast jeder Satz könnte etwas anders lauten; der Text, den man unter dem Titel *Der Meister und Margarita* kennt, ist das Ergebnis von über zwanzig Jahren Arbeit, die ihm Elena Bulgakowa widmete. Dazu kommt in der vorliegenden Fassung die Bearbeitung der Literaturwissenschaftlerin Lidia Janowskaja (der ich auch einige hier angeführte Betrachtungen zu verdanken habe) – und einige kosmetische Änderungen meinerseits; dazu aber gleich mehr.

Jahrzehnte lang harrte der Roman seiner Veröffentlichung. 1966 und 1967 erschien schließlich eine von der Zensur stark gekürzte Fassung in der *Moskwa*, einer Literaturzeitschrift, die sich genauso wie die unter Berlioz' Leitung als ein *tolstyj zhurnal* bezeichnen ließe. Wörtlich bedeutet dies »dicke Zeitschrift«, suggeriert aber auch ein hohes Niveau (daher »seriöse und voluminöse Zeitschrift« in meiner Übersetzung). Auf eine unzensierte Version musste die sowjetische Leserschaft bis 1973 warten; die Auflage war klein, wenn auch durch Samisdat-Kopien vergrößert. Erst in den 1990ern kam in Russland der millionenfache Druck, und *Der Meister und Margarita* wurde vor allem unter jungen Menschen zum Kultbuch. Kein Wunder: Man könnte ja durchaus sagen, es handelt sich um den ersten russischen Fantasy-Roman.

Von Thomas Reschke übersetzt, erschien *Der Meister und Margarita* auf Deutsch: 1968 in der DDR, zehn Jahre später auch in der BRD. 2012 wurde Alexander Nitzbergs neue Version veröffentlicht. Meine Fassung maßt es sich keinesfalls an, die anderen zu ersetzen. Sie will danebenstehen, mit ihren eigenen Ansätzen, Lösungen und Prioritäten. Nun also: Warum wurde in dieser Übersetzung über hundert Mal das Wort »Bürger« verwendet? Warum heißt der Kater »Begemot« und nicht »Behemoth«? Und warum fliegt einer durch die Tür, wenn er im Original doch durch das Fenster fliegt?

## *Übersetzungsentscheidungen*

Zwei Dinge waren mir bei der Übersetzung am wichtigsten: Einerseits der Humor, anderseits das unterschwellige Grauen der Zeit, in der Menschen ganz ohne Teufelswerk aus ihren Wohnungen verschwanden.

Bulgakow selbst hielt den Humor für sein größtes Talent. Er betrachtete sich sein Leben lang als Satiriker. Als er seiner Schwägerin

*Den Meister und Margarita* diktierte, war er sehr betrübt, dass sie die Scherze nicht schätzte: »Sie half mir, mit aller Strenge mein eigenes Werk zu beurteilen, indem sie kein einziges Mal lachte.« Kein Wunder, dass ihr nicht nach Lachen zumute war: Sie würde ja ihrem Mann erzählen, was für haarsträubende Dinge Bulgakow da schreibt, und er würde es wiederum an die NKWD berichten. Aber immerhin lächelte sie einmal, und zwar als im Volksbelustigungsausschuss das Zwangssingen einsetzte. Im Original wird ein anderes Lied gesungen, *Herrlicher Baikal, du heiliges Meer.* Man hat aber mehr Spaß, wenn man mitsingen kann, und da sah ich unter den zeitlich passenden Liedern die größten Chancen bei *An jenem Tag, mein Freund.*

Was nun das Grauen angeht: Ein paar unterhaltsame Morde, die sich der Satan erlaubt, sind nichts im Vergleich zu den zehn bis über zwanzig Millionen Toten, die Stalins Herrschaft forderte. Wann genau in den 1930ern der Roman spielt, ist schwer zu bestimmen, vieles spricht aber für die Zeit des Großen Terrors, von 1936 bis 1938. In diesen Jahren wurden jeden Tag etwa 1000 Menschen ermordet, und Bulgakow war nicht blind dafür. Das Furchtbare wird im Roman sowohl ins Fantastische verwandelt als auch verschleiert angedeutet. Sogar von der Geheimpolizei ist die Rede – wenn auch nur in Jerschalaim. In Moskau sind die Anspielungen etwas vorsichtiger, aber für Eingeweihte klar genug. Bei den ersten Ereignissen in der unseligen Wohnung zum Beispiel geht es ganz ohne Hexenwerk zu: Wenn man bei den Nachbarn »die ganze Nacht etwas klopfen hört«, »in den Fenstern bis zum Morgen elektrisches Licht brennt«, und am nächsten Morgen die Nachbarn verschwunden sind, weiß man ganz genau, was passiert ist.

Wer zu Bulgakows Lebzeiten das Manuskript las oder hörte (er versammelte Freunde zu Leseabenden), schauderte bei Sätzen wie: »Auf die Frage, wer Arkadi Apollonowitsch denn anriefe, gab die Stimme im Telefon eine äußerst knappe Antwort.« Auch moderne russische Lesende mit etwas geschichtlichem Bewusstsein werden es entziffern können: Die Geheimpolizei ruft an. Meine Übersetzung macht die

Umstände etwas deutlicher: »die Stimme am Telefon [erwiderte] mit einem gewissen Kürzel.« Ähnlich wird an mehreren Stellen verfahren, wenn auf Verhaftungen und Verhöre angespielt wird; »Behörde« und »durchleuchten« sind dabei oft Signalwörter.

Auch in einem anderen Bereich habe ich behutsam verdeutlicht, und zwar bei literarischen Anspielungen. Viele Verweise auf russische Werke gehen für Uneingeweihte nämlich verloren: Ich kann zwar vom »schrägen Regen« schreiben, aber selbst wer den Reim merkt, wird kaum wissen, dass Bulgakow hier wahrscheinlich auf ein Gedicht von Majakowski anspielt. Und so nahm ich mir zum Ausgleich die Freiheit, versteckte Faust-Zitate zu verdeutlichen und vielleicht sogar eins oder zwei hinzuzufügen, wo sich die Gelehrten streiten, ob denn eine Referenz überhaupt intendiert war. Diese Stellen sind hier nicht aufgezählt, um die Entdeckungsfreude nicht zu trüben. Auch ein paar Mehrdeutigkeiten wurden ausgleichend hinzugefügt, wenn sich Wörter wie »zum Behufe« oder »leibhaftig« anboten. Auch Berlioz (der übrigens seinen Namen dem Komponisten zu verdanken hat, der die Oper *La damnation de Faust* verfasste) trägt gleich im ersten Satz einen aschgrauen Anzug, weil er am Ende des Romans zu Asche wird.

In diesem ersten Satz fällt es vielleicht auf, dass »zwei Bürger« (und nicht einfach nur zwei Menschen oder zwei Männer) am Patriarchenteich erscheinen. Auch im nächsten Kapitel kann es beim Lesen womöglich irritieren, dass »eine Bürgerin« irgendwo in der Ferne kichert. Das Wort, das in der Sowjetunion jener Zeit zur Standardanrede wurde, hat aber Bulgakow selbst auch irritiert, und genau deswegen hat er es verwendet. Es war nicht Teil seines normalen Wortschatzes, sondern markiert den Handlungsort und die Protagonisten als sowjetisch. In den ersten Fassungen war im ersten Satz übrigens von »zwei Menschen« die Rede; später hat Bulgakow den Text durchgehend mit UdSSR-Lexik gesättigt.

Während das, was vom Autor selbst markiert war, in der Übersetzung ebenso auffällig gestaltet ist, übersetze ich das Neutrale möglichst neutral (wobei man sich natürlich darüber streiten kann, was in welche Kategorie gehört). So gibt es den Aprikosensprudel einfach nur in einem »Getränkekiosk« und nicht, wie es wörtlich hieße, »in einem Kiosk [mit der Aufschrift] ›Bier und Wässer‹«: Dies war nämlich eine übliche Bezeichnung für einen Getränkekiosk. Aus dem Bestreben, nicht übermäßig zu exotisieren, habe ich auch weitgehend auf Vatersnamen und Kosenamen verzichtet: Sie erschaffen ein russisches Lokalkolorit, während es hier viel mehr auf ein sowjetisches Kolorit ankommt. Zudem ist es für deutsche Leser*innen schlichtweg verwirrend, wenn die gleiche Person mal »Michail Aleksandrowitsch«, mal »Mischa«, mal »Bürger Berlioz« heißt. Vatersnamen behalte ich (auf die Gefahr hin, dass man sie für Nachnamen hält) nur in zwei Fällen: Wenn kein Nachname angegeben ist und der Vorname nicht reicht – wie zum Beispiel bei Nikolai Iwanowitsch, dem fliegenden Schwein – oder wenn der Vatersname auffällig gestaltet ist, wie bei dem mythendurchtränkten Arkadi Apollonowitsch oder dem phonetisch feuerwerkelnden Artschibald Artschibaldowitsch.

Für Namen hatte Bulgakow eine wahre Leidenschaft: Viele Seiten in seinen Notizbüchern sind mit lustigen und bedeutungsschwangeren Spielereien bedeckt; seinem Stiefsohn zahlte er einen Rubel für jeden interessanten Namen, den der Junge erfand. Fast jede Figur des Romans *Der Meister und Margarita* hat ihre Bezeichnung mehrere Male verändert, und so manche ist dabei eine Herausforderung beim Übersetzen. Zu meiner eigenen Überraschung gestaltete sich die Sache in den Jerschalaim-Teilen am einfachsten. Bulgakow benutzt viele Abwandlungen, die er authentischer findet – Jeschua statt Jesus, Jerschalaim statt Jerusalem, und so weiter. Diese habe ich möglichst nah am Original transliteriert. Wer mehr über die Figuren wissen möchte, wird Material mit Leichtigkeit finden: Auch wer nach »Qajfa« sucht, wird auf Artikel zu dem eher als Kaiphas bekannten jüdischen Priester stoßen.

Auch für den Meister gab es im Grunde nur eine Übersetzungsmöglichkeit: Das russische *Master* teilt mit dem deutschen Wort die allermeisten Assoziationen. Seine Geliebte blieb einfach Margarita – auch wenn Margarete eine mögliche Lösung wäre, denn sowohl Goethes Gretchen als auch Margarete von Valois sind relevante Figuren (und heißen auf Russisch »Margarita«). Der Teufel und seine Assistenten aber bedürfen einer Erklärung, und die Vereinigung MassLit mitsamt ihrem Mitglied Besdomny ebenfalls. Dabei geht es natürlich nicht nur um den Namen an sich, sondern auch um die entsprechende Figur.

*Asasello.* Der Name kommt von Asasel. In der jüdischen Tradition ist er ein Wüstendämon – wie der Roman auch sagt, als er in seiner wahren Form aus Moskau wegfliegt. In der islamischen Tradition ist es ein anderer Name des Satans.

*Begemot.* Über meinem Schreibtisch hängen unzählige Zettel mit Versuchen, dem diabolischen Kater einen Namen zu geben: »Kater Alligator«, »Behemötchen«, »Behemiez«, sogar »Hippo« … Einer schlimmer als der andere, das gebe ich zu – aber ich hatte es auch nicht leicht. *Begemot* heißt auf Russisch »Nilpferd«; das ist die erste und offensichtliche Bedeutung. Dabei ist das Nilpferd, eigentlich ein gefährliches Tier, im Russischen liebenswürdig-tollpatschig assoziiert: Man stelle sich vor, die Gestalt hieße etwa »Brummbär«. Zudem reimt sich das russische Wort für Kater, *kot*, auf *Begemot.* Weiterhin gab es in den 1920ern eine sowjetische satirische Zeitschrift namens *Begemot.* Der erste Eindruck ist somit verspielt. Behemoth ist aber auch ein Ungeheuer aus der Bibel/Torah, wahrscheinlich vom Hebräischen *behema* – Tier – abgeleitet, und diese Anspielung hatte Bulgakow im Sinn. Für die allermeisten Lesenden ist es aber ein Aspekt, der sich unter dem lustigen, reimenden Nilpferd versteckt; man kann sich kaum vorstellen, dass der Witzbold auf Russisch etwa »Leviathan« hieße. Und so schien mir »Behemoth« als Name für diese Figur zu ernst. Hätte ich ein biblisches Ungeheuer gefunden, das wie ein gefährliches, aber sympathisches Tier heißt und sich auf »Kater« reimt … Da ich aber keines fand, blieb ich bei der

Transliteration. Dafür spricht auch, dass der Roman, wie gesagt, die Namen biblischer Figuren durchweg eigenwillig behandelt.

*Besdomny, Iwan. Besdomny* heißt etwa »obdachlos«, klingt aber auch nach einem echten Nachnamen (daher die Übersetzung »Ohnehaus« im ersten Kapitel). Sowjetische Autoren legten sich solche Pseudonyme zu, wenn sie als besonders proletarisch gelten wollten. Das berühmteste und phonetisch nächste Beispiel ist wohl Demian Bedny, »der Arme«, Autor vieler atheistischer Werke. »Iwan« wird im Russischen mit einem naiven Märchenhelden assoziiert – man denke an Hans oder Hänschen. Besonders deutlich wird dies in der zärtlichen Form »Iwanuschka«, wie Bulgakow sie auch oft verwendet. Da russische Diminutive im Deutschen schlecht funktionieren, wird »Iwanuschka« gelegentlich mit »der arme Iwan« übersetzt.

*Hella.* Bulgakow las einmal in einer Enzyklopädie, auf Lesbos habe man geglaubt, dass früh verstorbene junge Frauen zu Vampirinnen werden. Diese Frauen nannte man Hella (in russischer Transliteration Gella). Zudem könnte auch die nordische Todesgöttin Hel eine Rolle spielen, die oft als halb lebendig und halb verwesend dargestellt wird. Um beide Anspielungen miteinzubeziehen, entschied ich mich für Hella (und nicht das phonetisch nähere Gella).

*Korowjew-Fagott.* Der Name ist vom russischen *korowa* (Kuh, immerhin ein gehörntes Wesen) abgeleitet, womöglich auch vom hebräischen *karow* (Vertrauter, wie er für Woland einer ist). Zudem verweist er auf einen Korowkin aus den Werken Dostojewskis. Was das Musikinstrument angeht, so kann ein Fagott – wie Korowjews Stimme – knarzend klingen.

*MassLit.* Im Original nennt sich der Literaturverband Massolit, das schien mir aber im Deutschen nach einem Spülmittel zu klingen, und so griff ich zu einer wahrscheinlichen Entschlüsselung (»Massenliteratur«) und kürzte diese ab. Es gibt aber auch andere Lesarten, wie zum Beispiel »Moskauer Assoziation der Literaten«.

*Woland.* Goethes Figur heißt bekanntlich Voland, mit V. In Bulgakows Text ist aber explizit von einem »W« auf der Visitenkarte die Rede. Warum? Nun, »Woland« ist auf Russisch wohlklingender, zudem sieht ein »W« aus wie ein umgedrehtes »M«: Nicht umsonst erzählen Woland (mit dem W auf der Karte) und der Meister (mit dem M auf der Mütze) abwechselnd die Geschichte Jeschuas. Jedenfalls hat Bulgakow den Namen bewusst verändert: In einer frühen Fassung stand auf der Karte – man beachte den hochchristlichen Vornamen! – »Dr. Theodor Voland«. Noch früher probierte Bulgakow für Woland die Namen »Belial« und »Asasello« aus.

In einem Text, der sich so oft veränderte und nicht abgeschlossen wurde, sind Anschlussfehler – wenn zum Beispiel derselbe Hut zweimal aufgesetzt wird – unvermeidlich. Trotz der titanischen Arbeit, die Elena Bulgakowa und Lidia Janowskaja am Manuskript leisteten, sind auch in der von mir benutzten Ausgabe einige geblieben. Was ich an Kleinigkeiten dieser Art bemerkte, habe ich behoben. Zwei etwas größere Änderungen möchte ich hier erklären: Erstens fliegt Mogaritsch im Original aus dem Fenster der unseligen Wohnung – und dann sieht ihn Annuschka im Treppenhaus wieder aus dem Fenster fliegen. Schuld ist hier eher die unredigierte Version als die berühmte vierte Dimension, über die sich Korowjew so charmant auslässt; und so fliegt Mogaritsch bei mir durch die Tür. (Übrigens gibt es auch Fassungen, in denen der Meister dem jungen Dichter im Irrenhaus von seiner Freundschaft mit Mogaritsch erzählt; ich gebe aber Janowskaja recht in ihrer Annahme, dass Bulgakow diese Stelle am Ende nicht verwenden wollte.)

Die zweite Stelle ist ein Dialog, im Fliegen auf Schrubber und Schwein geführt und in der vorliegenden Übersetzung ausgelassen.

»Margarita! Königin! Erbitten Sie für mich, dass ich Hexe bleibe! Ihnen wird jeder Wunsch erfüllt, Sie haben die Macht!«, bat Natascha.

Und Margarita antwortete: »Gut. Ich verspreche es.«

»Danke!«, rief Natascha.

Dass Margarita von ihrem Versprechen an Frieda so gequält wird, das an Natascha aber vergisst, scheint unwahrscheinlich – viel eher könnte Bulgakow dieses Versprechen vergessen haben. Als Natascha ihre Bitte nach dem Ball wiederholt, klingt es, als bitte sie zum ersten Mal – und so ist es in meiner Fassung auch.

Unverändert hingegen beließ ich den seltsamen Umstand, dass Margarita und der Meister sowohl tot aufgefunden werden als auch spurlos verschwinden. Auch das scheint eher ein Anschlussfehler als Teufelswerk zu sein, es handelt sich aber um lange Passagen, von denen ich keine den Lesenden vorenthalten wollte. Zudem ist nicht bekannt, für welche der beiden Fassungen Bulgakow sich am Ende entschieden hätte. Auch dass Hella nicht dabei ist, als Woland mit seinem Gefolge Moskau verlässt, bleibt unverändert: Erstens darf sich eine Übersetzerin kaum in den Bereich der Fanfiction begeben und eine nackte Vampirin hinzudichten, wo keine ist. Und zweitens – obwohl Elena Bulgakowa einmal verzweifelt ausrief: »Oh nein, Michail hat Hella vergessen!« – gibt es gerade hier eine Chance, dass die Unstimmigkeit kein Zufall ist. Denn am Ende reiten alle in ihrer wahren Gestalt in die Nacht: In wen aber soll sich eine Untote verwandeln? Doch nicht etwa in eine verwesende Leiche? Viel besser kann man sich vorstellen, dass sie immer noch, zusammen mit Natascha vielleicht, in Moskau umherhext …

Wie kann man sich sonst auch das Folgende erklären? Im April 2020 wurde in Moskau wegen Nichteinhaltung der Covid-Quarantäne ein Mann namens Jesus verhaftet, der seinen Hund spazieren führte. Ob der Hund muskulös war und spitze Ohren hatte, steht in keinem Bericht (und so muss man zugeben, dass keiner dieser Berichte etwas taugt). Wo der Mann aber verhaftet wurde, werden die treue Leserin und der geneigte Leser schon ahnen: am Patriarchenteich.

Düsseldorf, Mai 2020

# Inhalt